すぐに役立つ日本語活用ブック

三省堂編修所＝編

三省堂

はじめに

情報化社会の拡大は、私たちの生活を豊かにしつつも、逆に、知りたい情報の探し方がわからない、その整理のしかたがわからないなどという状況を、もたらしもしました。情報を適格に整理し、解釈し、また判断する能力は、まさしく「言葉の力」によるものでしょう。

『すぐに役立つ　日本語活用ブック』では、社会生活・日常生活における正しい日本語の「使い方」に重点を置き、引きやすさと見やすさを追究した本をめざしました。もちろん、現代人がいざという時に必要な基礎的な知識や、言葉の決まりも随所に丁寧に紹介しています。

本書は大きく、

第一部　正しく豊かに使う日本語のルールとマナー

第二部　深く知りたい・身につけたい日本語の知識

第三部　正しく使う漢字の知識

付　録　自在に使う現代の日本語環境

から構成されています。「敬語の使い方」「冠婚葬祭のあいさつ・マナー・知識」など、社会生活・日常生活にかかわるものから、より広く日本語を知るための便利な「サイト一覧」まで、この一冊で日本語の世界を楽しむことができます。また、必要な情報をすぐに見つけ出せるよう、「索引」を付けたのも特徴です。

日本語の基礎的な知識や決まりを体得し、さらに多くの具体例から、ご自身の言語生活に役立てていただければ幸いです。

二〇〇七年八月

三省堂編修所

目次

第3部 正しく使う漢字の知識

付録

自在に使う現代の日本語環境

第1部

正しく豊かに使う
日本語のルールとマナー

一　敬語の使い方

二　冠婚葬祭のあいさつ・マナー・知識

三　手紙とメールの書き方・電話のかけ方

四　間違えやすい言葉の使い方

五　日本語を正しく書き表すためのルール

一 敬語の使い方

敬語の種類

敬語

（三種類）
- 尊敬語
  - 尊敬語（「いらっしゃる・おっしゃる」型）
- 謙譲語
  - 謙譲語Ⅰ（「伺う・申し上げる」型）
  - 謙譲語Ⅱ（丁重語）（「参る・申す」型）
- 丁寧語
  - 丁寧語（「です・ます」型）
  - 美化語（「お酒・お料理」型）

（五種類）

尊敬語

相手側又は第三者の行為・ものごと・状態などについて、その人物を立てて述べるもの。

該当語例

［行為等（動詞、及び動作性の名詞）］
いらっしゃる、おっしゃる、なさる、召し上がる
お使いになる、御利用になる、読まれる、始められる

［ものごと等（名詞）］
お導き、御出席、（立てるべき人物からの）御説明
お名前、御住所、（立てるべき人物からの）お手紙

［状態等（形容詞など）］
お忙しい、御立派

「いらっしゃる」の文例

先生は来週海外へいらっしゃるんでしたね。

注 「いらっしゃる」は、「行く」のほかに「来る」「いる」の尊敬語としても使われる。

「お導き」／「お名前」の文例

先生のお導き。／先生のお名前。

「お忙しい」の文例

先生はお忙しいようですね。

謙譲語Ⅰ

自分側から相手側又は第三者に向かう行為・ものごとなどについて、その向かう先の人物を立てて述べるもの。

> **該当語例**
> 伺う、申し上げる、お目に掛かる、差し上げる
> お届けする、御案内する
> （立てるべき人物への）お手紙、御説明

「伺う」の文例

先生のところに伺いたいんですが……。

注「伺う」は、「行く」のほかに「聞く」「尋ねる」の謙譲語Ⅰとしても使われる。

「お届けする」／「御案内する」の文例

先生にお届けする。／先生を御案内する。

「お手紙」／「御説明」の文例

先生へのお手紙。／先生への御説明。

※これらは全て「先生」を立てている。

〈向かう先〉とは

「先生からお借りする」という場合、「借りる」側から見れば「先生」が〈向かう先〉だと見ることができる。また、「先生からいただく」「先生に指導していただく」の場合、「もらう」「指導を受ける」という側から見れば、「先生」はその〈向かう先〉である。ここで言う〈向かう先〉とは、このような意味である。

謙譲語Ⅱ

自分側の行為・ものごとなどを、話や文章の相手に対して丁重に述べるもの。

> **該当語例**
> 参る、申す、いたす、おる
> 拙著、小社

◆謙譲語Ⅱの主な用法

①「私は明日から海外に参ります。」のように、「自分」について使う。

②「息子は明日から海外に参ります。」のように、「自分の側の人物」について使う。

③「向こうから子供たちが大勢参りました。」「あ、バスが参りました。」「夜も更けて参りました。」のように、「第三者」や「事物」について使う。

注意

謙譲語Ⅱは、基本的には「自分側」の行為に使うものなので、「相手側」の行為や「立てるべき人物」の行

為について、「(あなたは) どちらから参りましたか。」「先生は来週海外へ参ります。」などと使うのは、不適切である。

◆「謙譲語Ⅰ」と「謙譲語Ⅱ」との違い

謙譲語Ⅰの場合、例えば「先生のところに伺います。」とは言えるが、「弟のところに伺います。」は不自然である。謙譲語Ⅱの場合、例えば「先生のところに参ります。」とも「弟のところに参ります。」とも言える。謙譲語Ⅱは、〈相手〉に対する敬語であるため、立てるのにふさわしい〈向かう先〉があってもなくても使うことができる。

丁寧語

話や文章の相手に対して丁寧に述べるもの。

該当語例
です、ます

「です」の文例
次は来月十日です。

「ます」の文例
六時に起きます。

【補足】
更に丁寧さの度合いが高い敬語として「(で) ございます」もある。

美化語

ものごとを、美化して述べるもの。

該当語例
お酒、お料理

「お酒」の文例
お酒は百薬の長なんだよ。

解説
この場合の「お酒」は、尊敬語である「お導き」「お名前」などのように〈行為者〉や〈所有者〉を立てるものではなく、また、謙譲語Ⅰである「(立てるべき人物への) お手紙」などとも違って、〈向かう先〉を立てるものでもない。さらに、謙譲語Ⅱや丁寧語とも違って、〈相手〉に丁重に、あるいは丁寧に述べているということでもない。すなわち、「お酒」は、「酒」という言い方と比較して、「ものごとを、美化して述べている」といえる。

※文化審議会「敬語の指針」(平成一九年二月二日) より要約引用。⇩313ページに文化庁のホームページアドレスを掲載しています。

場面別　敬語用例集

食事の席で

(1) 相手の注文したものが先に来た場合

どうぞ、冷めないうちに**召し上がってください。**

誤用例

お先にいただいてください。

ポイント

「いただく」は謙譲語。「食べる」の尊敬語「召し上がる」を使い、さりげない気配りを込める。

(2) 接待のお礼を言われた場合

行き届いたおもてなしができなくて、**お粗末**でございました。

誤用例

どういたしまして。

ポイント

「ごちそうさまでした」に対して「お粗末でございました」と返す。「お粗末」は、こちらの接待のしかたを謙遜していう言葉。

(3) 上司から勧められたお酒を断る場合

もう限界のようです。**お気持ちだけいただきます。**

誤用例

もうやめてください。

ポイント

「お気持ちだけいただきます」と、上司を立てながら断る。「やめてください」と拒絶反応を示すのは失礼。

(4) 目上の人のお供をして一緒にもてなしを受ける場合

お相伴させていただきます。

誤用例

私まで、どうも……。

ポイント

正客の相手をして一緒にもてなしを受けることを「相伴」という。これが自分の動作の時、「お相伴する」「お相伴に預かる」などと使う。

（5）酒席を切り上げたい場合

この辺でそろそろ**お開きにしましょう。**

誤用例　もう終わりにしますよ。

ポイント　会合・宴会を終わりにする時は「お開きにする」を使うのが一般的。

勤務先で

（1）上司と話をしたい場合

お忙しいところ恐れ入ります。少々**お時間を頂戴できますでしょうか。**

誤用例　今、ちょっといいですか。

ポイント　時間を割いてもらうのだから丁寧に。「お時間を頂戴できますか」「お時間をいただけますか」などの言い方で。

（2）上司に書類などを見てほしい場合

恐れ入りますが、こちらに**お目を通していただけないでしょうか。**

誤用例　こちらを拝見していただきたいのですが。

ポイント　「拝見」は謙譲語なので使わない。「お目通しいただく」「御覧になっていただく」などを使う。

（3）上司に協力を仰ぐ場合

大変申し訳ありませんが、**お力添えをいただけないでしょうか。**

誤用例　協力が必要なので、よろしくお願いします。

ポイント　対等な関係の場合は「協力が必要なので」でもよいが、上司に対して使うのは不適切。このような時は「お力添えをいただく」などの言葉を使う。

（4）上司に相談し、指示を受けた場合

はい。では、そのようにさせていただきます。

誤用例

じゃ、そうしておきます。

ポイント

「させていただく」のような謙譲表現にすることによって、上司に対する敬意が伝わる。

（5）こちらに来てほしいと目上の人にお願いする場合

こちらまでご足労いただいてもよろしいでしょうか。

誤用例

こちらまで来てもらっていいですか。

ポイント

足を運んでもらうときは「ご足労いただく」を使う。

（6）失敗してしまったことを謝る場合

私の不注意からご迷惑をおかけしてしまい、誠に申し訳ありませんでした。

誤用例

ごめんなさい。おわびします。

ポイント

お客様や目上の人に対しては、「ごめんなさい」ではなく、「申し訳ありません」を使う。

（7）休暇を願い出る場合

大変申し訳ありませんが、明後日は休ませていただいてもよろしいでしょうか。

誤用例

大変申し訳ありませんが、明後日は休まさせていただけますか。

ポイント

「休まさせていただく」のように、余計な「さ」を入れないように注意する。

来客・訪問の際に

（1）来客に用件を尋ねる場合

本日は、何か承っておりましたでしょうか。

誤用例
何か聞いてましたでしょうか。

ポイント
「聞く」の謙譲表現である「承る」を使う。

(2) 相手の名前が読めない場合

失礼ですが、何と**お読みすればよろしいでしょうか。**

誤用例
どう読むんですか。

ポイント
「読む」を謙譲表現にする。相手のことを尋ねる場合は、「失礼ですが」と一言添えるのが礼儀。

(3) 部屋に通され、茶菓を出された場合

ありがとうございます。**頂戴いたします。**

誤用例
ごちそうさまです。

ポイント
出された時点で「ごちそうさま」は言わない。

人や会社の呼称

(1) 目上の人の娘や息子をよぶ場合

ご子息様は大学、**お嬢様**は高校にご入学だそうで、おめでとうございます。

誤用例
息子様は大学、娘様は高校にご入学、おめでとうございます。

ポイント
目上の人の子どもの尊敬表現は「ご子息（様）」「お嬢様」を使うのが一般的。他人の身内をよぶ時には、「ご尊父様」「ご母堂様」「お姉様」「弟様」「妹様」「ご主人様」「ご令室様」などを覚えておきたい。

(2) 取引先の会社をよぶ場合

御社にはいつもお引き立ていただき、ありがとうございます。

誤用例
お宅の会社様にはいつもお引き立ていただき、ありがとうございます。

ポイント
「会社」に「様」はつけない。また、相手の会社をよぶ時には、「御社」「貴社」を使うのが一般的。

（3）自分の会社をよぶ場合

弊社の者を出向かせます。

誤用例
自社の者を出向かせます。

ポイント
自分の会社をよぶ時には、「弊社」「小社」「わたくしども」などを使う。

電話応対の際に

（1）電話をかけてきた相手が名乗らなかった場合

失礼ですが、**どちら様**ですか。

誤用例
お宅様はだれですか。

ポイント
「だれ」ではなく、「どちら様」を使う。

（2）会社で、電話のかかってきた本人がいない場合

あいにく○○は**席を外しております**。まもなく戻って参ると思いますが。

誤用例
○○さんは、ちょっと出ています。

ポイント
自社の社員に敬称や尊敬語を使わない。すぐに戻ってきそうな場合は「席を外している」を使うのが一般的。

（3）伝言を申し出る場合

もしよろしければ、私、××と申しますが、**ご用件を承って**○○に伝えますけれども。

誤用例
伝言しときますけど。

ポイント
「ご用件を承ります」「ご用件を伺います」「伝言いたします」などを使う。「よろしければ」と前置きすると押し付けがましくならない。

二　冠婚葬祭のあいさつ・マナー・知識

よく使うあいさつ

慶事のあいさつ

本日はおめでとうございます

結婚式に限らず、出版記念パーティー、会社創立記念パーティー、ピアノや踊りの発表会などに招かれても、開口一番はこのあいさつから始めるのが順当であろう。また、特殊な用例として演劇などの興行では、初日、中日《なかび》、千秋楽といった区切りに、「おめでとうございます」とあいさつを交わす習慣がある。

ここに注意！

「先輩をさしおいて」や「僭越《せんえつ》ながら」などの前置きは、冗長な印象を与えることが多いため、特に必要があるとき以外は省いたほうがよい。

今日の佳《よ》き日に

「お日柄もよく」とは、大安吉日のことで、「佳き日」も同じことである。したがって、完工式や開通式などの式典にも使えるわけだが、結婚式専用といってよいくらい、結婚祝いの決まり文句となっている。もっと親しみを込めるなら、

「まあ、なんてきれいな花嫁さんでしょう」
「とてもきれい。幸せになってね」
「美しい花嫁と結婚した○○君にあやかりたいものです」

など、新郎新婦を褒めると、祝福する気持ちが自然に外に表れるものである。最後に、若い二人を育てたご両親の喜び、心情にもひと言触れたいものである。

ここに注意！

「佳き日」は天候のことではないので、「今日の佳き日に、と申しましても、あいにくの雨でございますが……」などという言い訳は必要ない。

ますますのご発展を祈っております

会社設立、開店、開業、また受賞や当選などに対して使われる言葉である。設立だけでなく、十周年記念など、区切りの祝いにもしめくくりの言葉とされる。一般的には、会社や商店などには「発展」「繁栄」「隆盛」を、個人には「活躍」「成功」を使うことが多いようだが、個人に「発展」を使っても問題はない。いずれにしても、当事者（会社なら、社長をはじめ従業員）の努力や実績をたたえることがポイントになる。

「なみなみならぬご努力とご苦労の結果と…」

「あなたの実行力には頭が下がります」

「社員一丸となって、ここまで盛り立てて」

また、祝う側の「私もうれしい、喜んでいる」という気持ちをうまく伝えたいものである。

「ご同慶に（あるいは「慶賀」に）たえません」

というのが決まり文句になっているが、いささか古めかしく、口頭のあいさつでは使いにくい場合には、

「自分のことのようにうれしく思っています」

くらいが自然な感情がこもっていて、相手にも素直に伝わる。今日に至る奮闘や苦労の一端を知っているならば、そのことに触れて今日の繁栄をたたえると、あいさつに深みが増す。物事の始まりにせよ、区切りにせよ、将来に向けての激励、期待を強調することが大事である。

すっかり大きくなられて、お楽しみですね

子どもの成長を祝う、最も基本的な言葉である。幼児から大学生、社会人になろうという青年まで幅広く使える。親に対して言う時は、礼儀正しくその育児をたたえ、本人に対しては親しみを込めて励ます。幼稚園や小学校に上がる幼児には、

「この間まで赤ちゃんだとばかり思っていたのに、もうすっかりお兄(姉)ちゃんになって。幼稚園(小学校)に行くと、新しいお友達もできて、楽しいことがいっぱいね」

と、しっかりしてきたことをほめ、明るい未来へ向けて励ます。成人式や卒業、就職を迎えた青年へも、基本的には同じだが、社会人になる厳しさをさとし、先輩としていやみにならない程度にアドバイスをしたり、相談にのろうという態度も必要であろう。

「ご立派になられて、ご両親もさぞお喜びでしょう」

と、自分一人で大きくなったわけではないよと暗に釘をさしても、

「いや、まだ子ども扱いばかりして、うるさくてかなわないんです」

とかわされることもあるが、

「いえ、これからです。どうぞよろしくご指導ください」

と受けられると、社交辞令とわかっていても、うれしくなるものである。

老いてますます壮《さか》ん

人生八十年の時代になると、還暦なんてまだ人生これからの時期という風潮もうかがえる。それだけに長寿を祝う機会も増えてきた（七十七歳になると「喜寿」、八十歳になると「傘寿《さんじゅ》」、八十八歳になると「米寿」を祝う）。ただ年をとるだけがめでたいのではなく、年をとっても矍鑠《かくしゃく》として、しかも年の功という貫禄がそなわっているところに値打ちがあるわけで、この褒め言葉も、それを言っている。また、長寿時代になると、銀婚式どころか、金婚式やダイヤモンド婚式（六十年説と七十五年説がある）を迎える夫婦も増えてきた。とはいえ、いくら人生八十年といっても、夫婦そろって仲よく五十年、六十年を迎えられるのはやはりおめでたいことである。

「夫婦仲よく年を重ねられることは、人生の何にもまさる幸せで、めでたいことです」

というのは、誇張とはいえない。**「老いてますます壮ん」**に対して、**「無事これ名馬」**という言葉があるように、これも人生の一面の真理を言い当てている。大きな病気もせず、夫婦ともに生き抜いてきた、健康と運の強さをたたえて贈る言葉である。

弔事のあいさつ

このたびはご愁傷様でございます

通夜、葬式ともに、最も一般的なお悔やみの文句である。あまりに定型化しているので、悲しみが伝わらないと言う人もいるが、受付などで簡潔にこちらの気持ちを伝えるためには、欠かせない言葉である。語尾まできちんとゆっくり言うと丁寧に聞こえるが、

「このたびは」

と言って、あとは口の中で語尾が濁っても、お悔やみの悲しい気持ちがより伝わることもある。ご愁傷様のあと、

「さぞお力落としのことと存じます」

「心からお悔やみ申し上げます」

などと続けるとよい。もし遺族に、遺体との対面を求められた時は、

「おだやかなお顔で…」

くらいが無難。死に顔を見るのがつらい場合には、

「お顔を拝見すると悲しみが増しますので（つらくなりますから）」

と言って丁重に断る。

ここに注意！
自分から遺体との対面を求めることは控える。

ご存命中は、ひとかたならずお世話になりました

恩師や上司、友人、知人にも使う悔やみ言葉である。

恩師や上司などの場合には、このあとに

「いつかはお心にそえるように(ご期待に応えられるように)と励んでまいりましたのに、本当に残念でございます」

と続ける。亡くなったのが目上の人であるとか、親しい間柄であったのなら、

「もし私でお役に立つことがありましたら、何なりとお申しつけください」

と言い添えるとよいだろう。遺族は、気が動転している中で葬儀の準備や雑用に追われることが多いので、気のおけない人に手伝いを申し出られると心強いものである。知人への死亡通知を依頼されたら、故人の姓名、年齢、死亡日時、喪主名、通夜・告別式の日時と場所（電話番号も）、さらに仏式・神式・キリスト教式など、告別式の形式も知らせる。故人の遺志で花輪や供花を断る場合は、その旨を知らせる。

なお、仏式での香典は受付で渡すことが多いが、焼香の際、祭壇に供えることもある。この場合は、祭壇の前に進んで、遺族に一礼して、

「お参りさせていただきます」

とあいさつしたあと、表書きが向こう向きになるように置いてから拝む。

おつらいでしょうが、気をしっかりおもちになってください

遺族への励ましの言葉は、うっかりすると空回りすることもあり、難しいものであるが、長いつきあいである場合には、ひと言励ましてあげたいのが人情。

「お嘆きはごもっともですが、お体をいたわって、一日も早く立ち直ってください」

「あなたがしっかりした方と結婚なさったから、おかあさまもご安心なさったと思いますよ」

「あとに残ったあなたが、しっかり生きていかれるのが、何よりのご供養ですよ」

など、つきあいの深浅や、相手の心持ちを推しはかって言うことが大切である。また、喪主をつとめた人には、

「あなたが堂々としているのをご覧になって、きっとおとうさまもご安心なさったことでしょう。立派にご成長なさることがいちばんの親孝行ですから」

葬儀から日がたってからの見舞いには、

「お寂しくおなりでしょう」

などがよい。

ここに注意！
形見分けは、故人より目上の人にはあげないようにする。また、裸で渡すことが鉄則である。

場面別　あいさつ例集

新年のあいさつ 1

◆同好会新年会／幹事のあいさつ

あけましておめでとうございます。新春にあたり、わが将棋同好会の皆さんの親睦を深めるため、新年会のお席を設けましたが、多数お集まりいただき、まことにありがとうございます。

私は、新しい年を迎えるたび、今年こそは少しでも上達しようと一年の計を立てるのですが、進歩のあとがまったくみられません。その分幹事役を一生懸命務めさせていただきますので、よろしくお願いいたします。「まずは新春第一局を」と心はやるところでしょうが、本日に限っては休戦ということで、「呉越同舟」、ともに杯を酌み交わし、敵を知るチャンスにしていただきたいと存じます。

私どもの将棋の会は、とにかく〝好き〟ということでは共通しておりますが、そのレベルは千差万別、趣味の域をはるかに超えている方、三度のご飯よりもただ好きなだけという方、また、私のような下手の横好きもいるといった具合で、たいへんバラエティに富んでおります。もし将棋という共通の趣味がなかったら、こうしてお近づきになる機会もなかったことでしょう。趣味というのは、ただ楽しむばかりでなく、人間関係を築くうえで不可欠のものであると、しみじみ思います。

皆さん、今日は、そういう将棋の取り持つ縁でめぐり合った者同士のおめでたい席、心ゆくまでご歓談いただきたいと思います。

《こんな言葉も使える》

［心機一転］

ある事を契機にすっかり気持ちが変わること。決意を新たに事にあたる場合に用いる。

＊呉越同舟

敵味方が同席したり、行動を共にしたりすること。春秋時代、敵対関係にあった呉の国と越の国の人が一つの船に乗り合わせた際、暴風雨にあい、両者は力を合わせて乗り切ったという故事による。

新年のあいさつ 2

《こんな言葉も使える》

［一日の計は晨《あした》に在り、一年の計は春に在り］

中国の『月令広義《がつりょうこうぎ》』から出た言葉。一日の計画は朝に立て、一年の計画は春（元旦）に立てるべきである、の意。物事をきっちり成しとげるには、強い意志と、周到な計画・準備が必要であることのたとえ。

＊目出度《めでた》さもちう位《くらいなり》也おらが春

小林一茶の句文集『おらが春』の冒頭の句。

長い放浪生活の末、結婚して安住の家郷を得た一茶の五十七歳の心境をつづっており、「から風の吹けばとぶ屑屋《くずや》はくづ屋のあるべきやうに、門松立てず、煤《すす》はかず、雪の山路の曲り形《な》りに、ことしの春もあなた任せになんむかへける。／目出度さも……」とある。「ちう位」は「中位」のこと。

◆――会社新年会／幹事のあいさつ

皆さん、あけましておめでとうございます。本年も、社長はじめ社員一同の晴れ晴れとした顔がそろい、こうして新年会を開くことができましたのは喜ばしい限りです。

もっとも、私ども幹事にとりましては、小林一茶の「目出度《めでた》さもちう位《くらいなり》也おらが春」の心境でございまして、実は新年会にどんな趣向を盛りこむか考えあぐね、頭の痛い正月でした。年末から何度も酒を飲みつつ相談したのですが、名案が浮かばず、型どおりの新年会となってしまいました。罪ほろぼしに、とりあえずお酒とその肴《さかな》だけは十分に用意しました。また、社長賞の出るクイズ大会の準備もあります。

本日は、大いに楽しみつつ、心ゆくまで今年の抱負などを語り合い、明日からの仕事への英気を養っていただきたいと思います。それでは皆さん、社業の発展のため、自分自身の幸せのため、がんばりましょう。

これも覚えておこう！

乾杯の音頭

乾杯の音頭をとる場合は、次の構成で行うのが一般的。

1 **自己紹介** 「ご指名をいただきました○○でございます」など。

2 **お祝いの言葉** 会に招かれた場合はそのお礼も述べる。

3 **乾杯の発声** 祈念の言葉を前に置く。「当会のますますの発展をお祈りして、乾杯をいたします。『カンパイ！』」など。

4 **お礼の言葉** 「ありがとうございました」

式典などでのあいさつ 1

《こんな言葉も使える》

［益者三友《えきしゃさんゆう》］

付き合ってためになる三種の友人のこと。正しいと思うことを直言する正直な人、誠実な人、そして博識の人のことで、交際するにあたって、友人をどう選ぶべきかを述べた語。

［古い道と古い友を忘れてはならない］

北欧のことわざ。

◆高等学校同窓会／幹事のあいさつ

ただいまご紹介にあずかりました幹事の○○です。本日は、多くの方のご参加、まことにありがとうございます。では、まず初めに、本日の同窓会第一部総会の趣旨をご説明いたします。

ご存じのように、××高校同窓会は、四年に一度開催しておりますが、今回は、たまたま来年が創立七十周年にあたりますので、その記念行事に関する事柄を中心に進めてまいりたいと存じます。七十周年の行事に同窓会としてどのように協力するかにつきましては、これまで幹事会で検討を重ねてまいりました。本日は、作成いたしました原案を、皆様のお手もとにお配りしてございます。ぜひ、忌憚《きたん》のないご意見をお聞かせいただきたいと存じます。

ところで、本日ご参加の皆様、数多くの人材を輩出した××高校にふさわしく、多彩な顔ぶれでございます。特に十年前から共学になりましたので、女性の同窓生が加わり、華やかなムードが醸し出されております。このように、親子ほど、あるいはそれ以上に年齢の離れた人々が一堂に会し、共通の話題をもって談笑できますのは、同窓会ならではのことと申せましょう。

それぞれ時代は違っても、同じ学校で学んだ私ども、××高校のますますの発展を願う気持ちはひとつですので、これを機会に、いっそう深いつながりをもちたいものでございます。

本日はまた、現校長先生をはじめ、ほかに九人の先生方にもおいでいただいております。後ほどお言葉を賜り、××高校七十年の歩みなどについて、積もるお話を伺いたいと存じます。

《こんな言葉も使える》

［商い三年］

商売は始めてから三年ぐらいたたなければ利益が上がるようにはならない。だから、そのくらいの間は辛抱して基礎を固め、信用を得るように努力せよ、ということ。

＊海のものとも山のものともつかぬ

物事の性質や傾向などが、この先どうなるか定まらないこと。例えば事業の見通しについて、期待できるのかどうか、予想のつきかねるような場合をいう。江戸末期の『諺苑《げんえん》』という本には、「海のものとも川のものともつかぬ」ともある。

◆創立十周年記念日／社長のあいさつ

本日は、当社創立十周年の記念式典に、ご多用中にもかかわらず、多数のご出席を賜り、まことにありがたく、厚く御礼申し上げます。

早いもので、私が三人の仲間とともに、自然食品を扱う○○フードをスタートさせてから、本日で満十周年を迎えました。ご列席の皆様方の会社の伝統に比べますと、十年などという歳月は、取るに足らない短い年数でございます。しかし、創業当初は、自然食品への志向はあっても、これが商売として成り立つのかどうか、「海のものとも山のものともつかぬ」というのが本音でありました。そんな暗中模索の末の〝見切り発車〟的な発足でしたので、それだけに、今振り返ってみますと、「よくもちこたえたもの……」という感慨もひとしおでございます。

ご存じのとおり、環境問題との関連により、最近は、本格的な自然食、健康食品ブームが定着してきております。○○フードも、おかげさまでこの波にうまく乗ることができまして、順調に業績を伸ばしております。デパートへの納入も増加し、また、昨年は××駅地下街に、ささやかではありますが、直営店を開設いたしました。現在、社員も二十五人に増え、来年度はさらに五人の新規採用を予定しております。これもひとえに、お取引先の皆様方のご支援の賜物と、社員一同深く感謝申し上げます。

この十周年を節目に、さらに創意工夫を重ねてまいりたいと存じますが、常に足もとを見失わないよう、創業時の原点に立ち返り、心を引き締めていく心組みでございます。今後とも、今までに変わらぬご指導とご鞭撻《べんたつ》を、よろしくお願い申し上げます。

式典などでのあいさつ 3

《こんな言葉も使える》

［良い客は三年たっても店を変えない。良い店は三年たっても客を変えない。］

中国の古いことわざで、店と客との信頼関係がうかがえる。

［信用は資本なり］

イギリスのことわざで、商売にあたっての信用の大切さを言ったもの。

＊商売とは感動を与えることやな

〝経営の神様〟と言われた松下幸之助の言葉。商売というものはただ儲けさせてもらったらそれでいいというものではない。消費者にも、「いい品物を買った」「これは使いやすい」など、喜びや感動を与えるものでなくてはいけないとする考え方で、企業の〝奉仕の精神〟がここにある。

◆──店舗落成式／同業者の祝辞

○○さん、本日はお店の落成、おめでとうございます。なんだか、自分の店が完成した時のような、うきうきした気分です。あなたが、スーパー経営の実習のためということで、私の店においでになった三か月間、一緒に仕事をしながら、ご自分のお店に賭ける夢をいつも伺っていたせいでしょうか……。

初めて○○さんとお会いした時のこと、今もよく覚えております。スマートな長身を折り曲げるようにして、「脱サラです。よろしくお願いします」とあいさつされました。その時、朝早くから夜遅くまで重労働の続くスーパーの仕事に、こんな体格で大丈夫だろうかと、一瞬不安がよぎったものです。ところがどうして、そんな第一印象はその日のうちにふっとびました。なによりも新しい世界に賭けるあなたの情熱が快く、どんなに仕事が遅くなっても音を上げないファイト、きびきびした客扱いなど、「この人ならお店をやっていける」と、家内ともよく話したものでした。

お店を拝見し、まだ品物の陳列こそされておりませんが、かつておっしゃっていた夢が、さまざまなかたちで実現されているのに感心いたしました。ミニスーパーということで制約はありますが、その機能性をいかして、きっとお客様本位の気づかいをされていくことでしょう。

最後に、私の尊敬する松下幸之助さんの「商売とは感動を与えることやな」という言葉をはなむけにお贈りし、お祝いのごあいさつとさせていただきます。

式典などでのあいさつ４

《こんな言葉も使える》

[百聞は一見に如かず]

中国の『漢書』から出た言葉。

物事を知ろうとする時、他人から百回伝え聞くよりは、一度でも自分の目でしっかり見た方が、正しく知ることができる、の意。同じ意味の言葉で、「伝聞は親しく見るに如かず、景を視るは形を見るに如かず」（『後漢書』）、「耳で聞くは目で見るに如かず」（『魏書』）、などがある。

[日進月歩]

絶え間なく、常に進歩していること。時代の変化に応じ、新しいものがどんどん登場する世の中の様子を表すのに使う。

◆──新柄展示会／店舗責任者の開催のあいさつ

本日は、私どもの春の新柄展示会にお越しいただきまして、まことにありがとうございました。厚く御礼申し上げます。

このたびの発表展示会では、自然、すなわちナチュラル志向が一つの大きなテーマとなっております。やはり、地球規模の環境破壊への危機感、エコロジーへの関心の高まりなど、時代の流れや背景を敏感に反映していると申せましょうか……。

柄を見ましても、自然の草花をモチーフにしたものが目立ちますし、生地の色も、深い森の色とか新芽の黄緑、木の実の赤などのエコロジーカラーが増え、大地の色をそのままに表すアースカラーなども主流となっております。素材もまた、綿、麻、あるいは絹といった、天然素材を使ったものが多いようです。

デザインの面から見ましても、ゆったりした、体にしなやかによりそう、いわゆる自然ラインが注目をあびています。どのように自然と仲よくするか、自然のままに生きるかという点が、強く表現されております。

その他の素材や柄、色物もふんだんに展示させていただきました。評判のニューシルクなどの新素材も、多数取りそろえてございます。それぞれのコーナーごとに担当の者がおりますので、どのようなことでもお尋ねいただきたいと存じます。それでは、ごゆっくりご覧ください。

結婚式でのあいさつ 1

《こんな言葉も使える》

［愛し得るということは、すべてをなし得ることである。］

ロシアの作家・劇作家チェーホフの作品『手帖』の中の言葉。

真実の愛を貫き通すということは、極めて難しい。だからこそ、愛し得た人は、何物にも負けないほど強い意志の持ち主である、という意。

［人の幸福の第一は家内の平和だ。家内の平和は何か。夫婦が互いに深く愛するというほかはない。］

尾崎紅葉『金色夜叉』より。

中国のことわざにも「平和な家庭には、幸福はおのずから訪れる」というものがある。

◆媒酌人／新郎新婦の上司夫妻のあいさつ

本日はご多用の折、ご両家ご両人のためにご参集いただきまして、まことにありがとうございます。黄菊《きぎく》白菊《しらぎく》が秋の陽に映えるこの佳き日、○○○○君と×××さんがめでたく結ばれ、ここに結婚式を無事挙げられましたことを、心からお慶び申し上げます。

ところで、こうした席では、新郎は将来を嘱望される秀才であり、新婦は才色兼備の佳人であると決まっておりますので、それはあえて申し上げないことにいたします。

さて、新郎○○○○君は、○○大学工学部を卒業後、私どもの会社に入社され、現在、企画開発部において、エンジニアとして活躍されています。斬新な発想、緻密な計画性に基づく仕事の進行には定評があり、本年三月に発売して話題となった△△は、○○君を中心とした、若手グループによって開発されたものでございます。

一見もの静かな技術者タイプという印象ではありますが、人間同士のつながりを特に大切にされ、専門外の分野の方々とも幅広くおつきあいをもたれているようです。○○君の卓越したアイディアは、そうした交際の広さがひとつの母胎となり、生まれてくるものでもございましょう。

新婦×××さんは、××大学英文科をご卒業ののち、やはり私どもの会社に入社、現在は宣伝部に勤務されています。高校時代からバレーボールの選手としてご活躍で、入社後もわが社の有力メンバーの一人として今日に至っています。このしとやかなお姿からは想像もしかねるような、絶妙なスパイクを決められます。スポーツを通じて培われたファイティングスピリットといったものが、毎日の仕事の中でも存分に発揮され、宣伝部は彼女のおかげでいつも明るく活気に満ちた場となっております。

「静」と「動」と申しましょうか、いかにも対照的なお二人ですが、どちらも自分にない世界をもっている部分にひかれたとのお話で、まさにともに助け合い補い合っていける理想的なカップルとお見受けいたします。

この、一見、接点のなさそうだったお二人の仲立ちをしましたのは、先に申し上げました△△だということです。この製品の発売をめぐり、わが社の制作側と宣伝側で再三にわたり交流がもたれました。お二人はその交流の中で出会いを果たされ、お互いのすばらしさを見いだし、信頼を深めていかれたものと拝察いたします。

仕事を通して愛情をはぐくまれたお二人のことゆえ、理想的な家庭を築いていかれるものと確信しておりますが、人の世にはどのような困難が待ち受けているか知れません。「愛は惜しみなく与う」という言葉がございますが、どうかこの愛情の根源を示す姿勢を忘れず、力を合わせて生きていっていただきたいと思います。

新郎新婦のご多幸とご両家のご繁栄をお祈りして、ごあいさつの言葉に代えさせていただきます。


[人間の長所は欠点があるということである。]

ユダヤの格言。

結婚生活の先輩として、夫婦の愛情を保つ秘訣となる言葉を一つ贈る、などとユーモアを交えて使うとよい。

＊愛は惜しみなく与《あた》う

聖書にある言葉で、愛するものに対しては、自分のすべてを捧げても惜しくはない、の意。

白樺派の作家有島武郎は、この言葉に基づいて『惜みなく愛は奪ふ』という評論を書いた。これは、愛するからこそ、相手のすべてを自分のものにしたいと求める意。


これも覚えておこう!

媒酌人のあいさつのポイント

1 紹介はかたよりなく
両家列席の中で話すので、新郎・新婦両人について、かたよりなく紹介する。

2 言葉づかいに注意
上司であっても、「私の部下の○○君は…」などと尊大に聞こえる言い方をしない。また、親族であってもなれなれしい呼び方をしない。

3 具体的なエピソードを
特に上司の場合は、新郎や新婦の仕事ぶりにふれるとよい。

結婚式でのあいさつ２

《こんな言葉も使える》

［青い鳥］

青い鳥とは幸せの象徴であり、それを遠くに求めなくても、身近なところに見いだせるというメーテルリンクの童話劇。

貧しい木こりの子チルチルとミチルの兄妹は、クリスマス・イブの夢の中で、妖婆の命令により、幸せの青い鳥を求めて、思い出の国、夜の宮殿、幸せの国、未来の国などを巡り歩くが、目的を果たせずに帰る。夢から覚めて、家で飼っていた籠の中の鳩こそが青い鳥であることを知るのである。

◆来賓／新婦の大学時代の友人の祝辞

××さん、本日は本当におめでとうございます。このようなおめでたい席にご招待いただき、光栄に思います。友人を代表して、心からお祝い申し上げます。

私は、大学時代を××さんとともに過ごし、現在も仲よくおつきあいさせていただいております△△と申します。楽しかった学生時代がつい昨日のことのように思われますが、卒業してもう三年になります。最近は以前よりは会う機会も少なくなりましたが、それでも、会えばいつでも、その瞬間から昔に返り、愛称で呼び合い、何時間でも話は尽きません。それが今日は、お美しい「六月の花嫁」、なんだか信じられないような気持ちもいたします。

ここで、学生時代の思い出の中から一つだけご紹介して、お祝いの気持ちを表したいと思います。

××さんは活発な印象が強いのですが、実は手先が大変器用で、料理も手芸もお上手です。料理の方は、学生時代、見られる時間帯の料理番組はすべて見たと豪語しておいでのことだけあって、和風・洋風・中華風何でもこいの腕前です。ことに研究に研究を重ねたというビーフシチューは絶品です。

編み物も、冬の衣類は大半が手編みで、私と一緒に行ったお店で買った毛糸が、三日後にはセーターとして着用されているのですから驚きでした。それだけではありません。

大学三年生の頃でしたが、私はお花を習っていまして、その日はその稽古帰りに××さんと待ち合わせて喫茶店に行きました。その日、私が持っていた花材の束の中にユリがありました。ご存知の方もおいでかと思いますが、種類によって、ユリの花粉は強いシミになることがございます。その時はそのような認識がなかったものですから、花材の束をテーブルに置くとき、うっかり××

さんのブラウスの袖にユリの花粉をつけてしまったのです。洗えば落ちるだろうと思い、すぐに二人で洗面所に行って水洗いしたのですが落ちません。石けんをつけてもだめでした。××さんの白いブラウスには、点々と濃い黄色のシミがついてしまいました。平謝りに謝る私に、××さんは怒りもせず、「いいよいいよ、だいじょうぶ」と言ってくれました。

数日後、授業で会った××さんは、そのブラウスを着ていました。気になって袖を見ますと、なんと刺繍がしてあるではありませんか。図案もご自分で考えたという、素朴なマーガレットの花が数輪、ちょうどあのシミを隠す形で咲いていたのです。そして、××さんは、「このブラウス、シンプルすぎるから何かしようと思っていたのよね」と笑顔で言ってくれました。その優しさと器用さ、そして機転には頭が下がります。

そんな××さんのことですから、新生活に何か事が起こっても、きっと臨機応変に対処していかれることと信じております。新郎〇〇様は、そんな××さんのお人柄にひかれて、彼女を生涯の伴侶と定められたのかもしれません。

〇〇さん、私たちの大切な友人××さんを捧げますから、どうかお二人で絶対に幸せになってください。そして、かわいい赤ちゃんを早く見せてください。

＊六月の花嫁

June marriages are happyともいわれ、六月は結婚に幸せをもたらす月とされる。ローマの故事に基づく俗信で、女性の守護神で婚姻をつかさどる女神ジュノーの祭礼が六月初めに行われたことに由来している。同じく古代ローマでは、五月は結婚にふさわしくない月とされたが、これは死者の霊を祀る祭事が五月に行われたからである。

これも覚えておこう！

友人祝辞の心得

1 節度を守って

親しさを強調するあまり、愛称で呼んだり、学生言葉を使ったりすると軽薄な印象を与える。宴席の雰囲気を考慮し、言葉を選んで述べる。

2 暴露話はご法度

友人だからこそ知る当人のエピソードを紹介するのはよいが、本人の恥をさらしたり、信用を損なったりするような話は絶対に避ける。

結婚式でのあいさつ 3

《こんな言葉も使える》

［妻は若い夫にとっては女主人公であり、中年の夫にとっては仲間であり、老人の夫にとっては乳母である。］

イギリスの哲学者・文学者フランシス＝ベーコンの『結婚と独身生活』より。

ともに若い頃には情熱が、中年の時代に入ったら信頼が、そして老境に入ったらいたわりが、夫婦の結びつきの軸になる。しかし、その基盤に愛情がなければならない。

◆主催者の謝辞／新郎の父の謝辞

新郎○○○○の父でございます。○○・××両家を代表いたしまして、ご列席の皆様方に、ひとことお礼のごあいさつを申し上げます。

本日は、皆様、お忙しい中を、二人の披露宴に多数ご出席を賜り、まことにありがとうございました。その上、ただいまは、お心のこもった励ましの言葉やお祝いの言葉、また、身に余るおほめの言葉や温かいご訓戒の数々をいただき、親といたしましてはまことにありがたく、感激しております。皆様から頂戴いたしました貴重なお言葉は、これから新しい家庭を築いていく二人にとりまして、この上ない支えとなることと存じます。二人とも、本日の感激を生涯忘れないことでしょうし、私どもも、心に残る記念の日として、いつまでも記憶にとどめてまいりたいと思います。

○○は、私どもの一人っ子として育てたため、どうもわがまま放題に成長してしまったようで心配しておりましたが、今日からは××さんというよき伴侶に恵まれ、新しい人生を踏み出すこととなり、私どもも、一安心の気持ちでございます。この上は、人生いつまでも二人が協力し合い、ともに健康で幸福な社会生活を送ってくれることを心から願うばかりであります。よくベターハーフと申しますが、二人が互いの長所を伸ばし合い、欠点を補い合って、その夫婦という組み合わせの妙において、いつの日か、ベストワンとなってくれるよう期待しているわけでございます。このようにすばらしいご上司、ご先輩、ご友人の方々のお導きがいただけるわけですから、きっとよい家庭を築いてくれるものと信じております。

しかしながら、二人ともまだまだ未熟者でございますから、皆様にご指導を仰ぐことも、また、ご迷惑をおかけするようなことも多いかと存じます。その

［夫婦は互いの気心］

夫婦がむつまじく暮らしていけるかどうかは、お互いの心の持ち方しだいであるということ。

＊海容

海のように広い心で許すこと。

節は、身勝手なお願いではありますが、どうぞよろしくご教導、ご叱正のほどを心からお願い申し上げます。

本日、ご媒酌の労をおとりくださいました△△様ご夫妻には、終始両人にご介添えを賜り、式の主宰から披露宴に至るまで、ひとかたならぬお世話になりました。新郎新婦ともども、厚く御礼を申し上げます。また、受付、司会、進行など、お世話役の方々、温かいお取り計らい、まことにありがとうございました。

皆様をお招きしたのにもかかわらず、十分なおもてなしもできず、また、行き届かない点も多かったと存じますが、ご海容のほどお願い申し上げます。本日は、まことにありがとうございました。

これも覚えておこう！

披露宴での親族のあいさつのポイント

各方面への謝辞と、新婚の二人への指導や厚情を願う内容を盛り込む。宴席の終わりのあいさつともなるので、列席者の疲れなども考慮し、あまり長くならないようにする。

1 **参列者への謝辞**
多忙をおして参列してくれたことへの感謝。

2 **媒酌人夫妻への謝辞**
介添え・取り仕切り全般に対しての感謝。

3 **世話役への謝辞**
とどこおりなく宴が進行したことへの感謝。

4 **もてなしの不行き届きへの謝意**
最後に入れるとよい。

結婚式でのあいさつ 4

《こんな言葉も使える》

【夫《ふ》唱《しょう》婦《ふ》随《ずい》】

中国の『関尹子《かんいんし》』から出た言葉。

夫がまず言い出し、妻がそれに従うこと。これが、夫婦がうまく暮らしていく最良の道である、ということ。「夫唱」は「夫倡」とも書く。「夫《ふ》は倡《とな》え、婦《ふ》は随《したが》う。牡《ぼ》は馳《は》せ、牝《ひん》は逐《お》う。雄《ゆう》は鳴《な》き、雌《し》は応《こた》う」から。

◆──主催者の謝辞／新郎・新婦の順で行う謝辞

〈新郎〉本日はお忙しい中、私と××のためにおいでいただきまして、お礼の言葉もございません。ようやく緊張もほぐれて、いささか人心地がついたところでございます。皆様方からの貴重なお言葉、ありがたいお言葉を深く胸に刻み、今日の感激を忘れることなく、折に触れて思い出しては、生きるよすがとさせていただきます。

ご媒酌をお願いいたしました△△先生ご夫妻に、心から御礼申し上げます。無事にこの日を迎えることができましたのは、ひとえに先生ご夫妻のおかげでございます。

今後は、皆様のご期待にそむかぬよう、幸せな家庭を築いてまいりたいと存じます。なにぶんにも若輩でございますので、どうかよろしくご指導くださいますようお願い申し上げます。

〈新婦〉皆様、本日はまことにありがとうございました。私も感激で胸がいっぱいです。今日からは、○○さんと一緒に力を合わせて、楽しい家庭を作っていきたいと存じます。当分は仕事を続けていくつもりでおりますが、家庭と仕事がうまく両立するよう、一生懸命に努力してまいりますので、変わらぬお力添えをよろしくお願い申し上げます。

なお、この場をお借りいたしまして、これまで私たちを育ててくれた双方の両親に、心から感謝の意を表したいと存じます。

賀寿の祝いでのあいさつ 1

《こんな言葉も使える》

［年の将《まさ》に衰えんことを恤《うれ》えずして、志の倦《う》むことあるを憂《うれ》う。］

中国後漢の人、徐幹《じょかん》の『中論』による言葉。

年をとって、体力が衰えることをなげくのではなく、意志が衰えてやる気がなくなることを戒めなければならない、という意味。

［老後は、若き時より、月日の早き事十倍なれば、一日を十日とし、十日を百日とし、一月を一年とし、喜楽して、あだに日をくらすべからず。］

貝原益軒《かいばらえきけん》の『養生訓《ようじょうくん》』の中の言葉。

現在は、六十歳という節目はまだ「老後」と言えないだろうが、心構えとしてはこの言葉のようでありたい。「あだに」はむだに、の意。

◆還暦祝い／退職記念の会を兼ねた場合の謝辞

皆様、本日はお忙しいところ、私の還暦祝いということでお集まりいただきまして、厚く御礼申し上げます。先刻から、過大評価としか思われないご祝詞を頂戴いたしまして、お恥ずかしい限りです。ついに昭和二けた生まれも賀寿の祝いを受ける年齢となってしまい、第二の人生のスタートなどと発想を変えてみましても、そろそろ終楽章の始まりであることはいなめません。

私、今年三月をもって、三十六年間にわたって勤務いたしました○○出版を退職の運びとなりました。在職中は、社会の激しい変化の波にもまれましたが、よき先輩や友人にめぐまれて、なんとか大過なくやってまいりました。退職後は、フリーのライターとしての道を選び、これまでの仕事とのつながりから、特に経済関係の雑誌の記事などをお引き受けしております。再就職の道も考えましたが、幸い子どもたちも独立いたしましたので、あえて組織を離れ、自由になった身で、新しい出発をすることにいたしました。

振り返ってみますと、出版の仕事が好きとはいえ、長い間忙しく明け暮れしておりましたので、退職と還暦をほとんど同時に迎えるというのは、いささか精神的ダメージが強すぎるのではないかと心配いたしましたが、想像していたほどの困難もなく、この坂を越えられそうでございます。

ところで皆様、ギリシア神話のスフィンクスの謎をご存じでしょうか。「朝は四足、昼は二足、夜は三足で歩く動物は何か」というものですが、スフィンクスはこの謎を旅人にしかけ、解けないものを次々と食い殺していたところ、英雄オイディプスに、「それは人間である」と解かれてしまったため、恥じて、みずから谷間に身を投じたという話です。この解答は、「赤児のときは手足四本ではい、やがて二本の足で立ち、老人になると杖をついて三本足で歩む、それは人間である」という他愛ないものなのですが、よく考えてみますと、なかなか寓意に富んだ謎であると思います。

何歳をもって老人とするかは諸説ありますものの、この還暦あたりが、老人としての第一関門であることは間違いございません。実際に杖をつくわけではありませんが、それまで二本の足で立っていた自分を、なにかで支えたいとの思いはしきりといたします。それは、長くなった老後を心豊かに暮らすための生きがいといったものではなかろうかと存じます。私も、惑い多き老後とならないよう、遅ればせながら、心の準備だけは整えたいと存じます。

とりあえず、還暦にあたっての感想をひとこと述べさせていただきました。今後ともよろしくご指導のほど、お願いいたします。本日は、まことにありがとうございました。

［さて冬枯れの気色こそ、秋にはをさをさ劣るまじけれ。］

兼好法師の『徒然草』第十九段にある言葉。

一般に、好ましい季節として秋が言われるが、冬には冬のよさがあり、決して秋に劣るものではない、の意。

『徒然草』のこの段は「折節のうつりかはるこそ、ものごとにあはれなれ」で始まり、時節折々のよさについて述べたもの。冬には冬のよさがあるように、老境には老境なりの味わいがあろうから、それを見いだしていきたいというふうに使う。

＊スフィンクス

エジプトの想像上の生き物。体はライオンで、顔は人間の女だとされる。

これも覚えておこう！

年齢の別称

◎還暦 六十歳。六十年で干支が生まれた年のもの（本卦《ほんけ》）に還ることから。

◎古稀 七十歳。「古希」とも書く。杜甫《とほ》の詩の一節「人生七十古来稀《まれ》なり」による。

◎喜寿 七十七歳。「喜」の字の草書体が「七十七」に見えることによる。

◎傘寿 八十歳。「傘」の略字が「八十」に見えることによる。

◎米寿 八十八歳。「米」の字を分解すると「八十八」になることによる。

◎白寿 九十九歳。「百」の字から一画目の「一」を除くと「白」になることによる。

賀寿の祝いでのあいさつ 2

＊老いてますます壮《さか》ん

老いても衰えを知らぬさまを表す言葉。中国では、二人張りの強弓で百発百中の腕前が老いても衰えなかった黄忠《こうちゅう》を、老いてますます壮んな人物の代名詞としている。

＊死生命《しせいめい》あり

『論語』の中で、孔子の弟子の子夏《しか》が述べている言葉。あとに「富貴天に在り」と続く。

人の生きるのも死ぬのも、天が決めることで、人の力ではいかんともしがたい、の意。

＊年たけてまた越ゆべしと思ひきや命なりけり小夜の中山

『新古今和歌集』所収の西行の歌。

老年になって、このように再び中山を越えて奥州へ行けるとは思っていなかった、これも命あってのことだなあ、という感慨を込めたもの。

◆米寿の祝い／友人代表の祝辞

○○さん、米寿のお祝いを申し述べます。まことにおめでとうございます。私は八十八までまだ六年ありますが、「老いてますます壮ん」な○○さんを見ていると、そのお元気さにあやかってがんばっていけそうな気がしております。

年賀状も年々減って、小学校同期生四十人のうち、健在なのは七人だけになってしまい、寂しいかぎりです。私のように、若いころ結核で生死の境をさまよった者が、この年齢まで生き延びるのですから、「死生命《しせいめい》あり」で、人の運命というものは計りしれません。

七十を過ぎたころ、急に思いたって、私は曾遊《そうゆう》の地を訪ねる計画を立てました。西行法師の「年たけてまた越ゆべしと思ひきや命なりけり小夜の中山」という歌が、なぜか心にかかっていたからでしょう。西行がこの歌を詠んだのは六十九歳、当時は今の米寿にも相当する感覚であったことと思います。西行法師の胸に去来した〝命なりけり〟と同様のものかどうかあやしいものですが、旅先で、歌の心がしみじみとわかるような気がしたものです。

○○さん、お互いにこの〝命なりけり〟を大切にして、一日を十日分くらい楽しむつもりで生きましょう。これからもますます健康に気を配り、世の中の移り変わりをきちんと見すえながら、立派に一生を全うしたいものですね。

弔辞・追悼のあいさつ１

《こんな言葉も使える》

［命《めい》は天にあり］

漢の高祖が矢傷を負ったとき、医者の手当てを拒んで言った言葉。

運命は人の力ではどうすることもできない、天の定めるものであるということ。

［逝く者はかくの如きか］

孔子が川のほとりで言った言葉。「昼夜を舎《お》かず」と続く。

時の流れも人生も、この川の流れのように、昼となく夜となく過ぎ去ってゆき、再び返らない、という意味。人間だれもが、死にゆく定めにあり、それを受け入れざるを得ないということ。

◆通夜／故人の子息へのお悔やみのあいさつ

父上様のご逝去、まことにご愁傷さまです。新しいお店も完成したばかりと伺っておりますのに、さぞかしお力落としのことでございましょう。

私は、お父様の学生時代からの友人で、つい最近も、新商品の買い入れを兼ねたご旅行にお供したばかりでした。

岩手の温泉宿では、ご子息のあなたが、○○商事営業部でのご経験を生かされ、ご商売の跡継ぎを決意されたことを、とてもうれしそうに話しておいででした。そして、ご自分は、引退後は好きな陶芸品を求めて、窯元《かまもと》巡りをするのだとおっしゃっていました。

たいしたお役に立てないとは存じますが、こんな時お父様だったらどうするだろう、というようなことがございましたら、ぜひお声をかけてください。そして、お母様をしっかりと支えてあげてください。

これも覚えておこう！

お悔やみの言葉

◎このたびはご愁傷さまでございます。心よりお悔やみ申し上げます。

◎このたびは、とんだことでございまして、お力落としのことでしょう。心よりご冥福をお祈り申し上げます。

◎このたびは思いがけないことで、本当に残念です。お慰めの言葉も見つかりません。

◎このたびのご不幸、突然のことで、私どもも驚き、言葉もございません。さぞご無念でございましょう。

弔辞・追悼のあいさつ２

《こんな言葉も使える》

［会うは別れの始め］

会えば必ず別れの時がくる。親子、きょうだい、夫婦であろうと、いずれ死ぬ運命にあるので、出会いが別れの始まりになるという意味で、人生の無常をいう。もともとは『法華経』にある仏教の八苦の一つ、「愛別離苦」から出ている。

［不帰の客となる］

「再びこの世に帰らぬ人となる」で、死ぬの意。類語として「鬼籍に入る」「死出の旅に出る」「黄泉《よみ》の客となる」「幽明境《ゆうめいさかい》を異にする」などがある。

◆――葬儀／喪主のあいさつ…亡父をしのんで

本日はご多用の折、また、雨の中を、故人のためにかけつけてくださいまして、まことにありがとうございました。たくさんの方々のご弔問をいただき、亡父もさぞ喜んでいることと存じます。

父は先月で満八十一歳になりましたが、四十歳の時から六十歳過ぎまで、この○○市の市議会議員を務めさせていただきました。根っからの世話好き、おせっかい好きでございまして、今、床に臥せっておりますﾞ母などは、父が市議会議員をしている間に、財産が半分になってしまったと、よく笑いながら話しておりました。しかし、この言葉も、父がまさしく市のお役に立っていたことを信ずるからでございまして、愛する○○市のために、思う存分働くことができたという意味で、父は幸せな人であったというほかはございません。

二十五年ばかり前、市の総合運動場建設計画の際には、地主の方や近隣の方が自分の頼みを快く聞き入れてくださり、「この市は、将来必ずやすばらしい発展を遂げるだろう」と申して、本当にうれしそうでした。また、あの運動場が国体のサッカー会場になりました時には、○○市にサッカーありと言われるような、強いチームを養成したいものだと希望を語っておりました。父が、いつもそのような喜びと希望をもって仕事を続けることができましたのも、皆様方のご協力があったからこそでございまして、ここに改めて感謝申し上げる次第でございます。

ところで、ご存知の方もおいでかと思いますが、父は山歩きを趣味としておりました。議員を辞めましてからは、「山が恋人だ」などと申しまして、カメラをかついではよく出かけていきました。ここ二年来、体調を崩してからも、容態が比較的安定している時などは、ベッドから起き上がっては飽きずに××

岳の方をながめておりました。

それが、一昨日になりまして、突然、どうしても××岳に登りたいと言い出したのです。本人も無理なことは承知の上での願いでしたので、それでは四月になって暖かくなったら一緒に行こう、と約束して私は帰宅したのですが、それきりでして、翌朝には帰らぬ人となってしまいました。この最後の希望をかなえてやれなかったことが、まことに心残りでなりません。

今夕は、心ばかりではございますが、別室にお清めの用意をいたしましたので、召し上がりながら、生前の故人をしのんでいただければと存じます。

天寿を全うしたとはいえ、私どもには「風樹の嘆」なきにしもあらずでございます。どうか、しみじみと故人の昔話などをお聞かせいただければ幸いに存じます。

本日は、まことにありがとうございました。


これも覚えておこう!

喪主のあいさつのポイント

次の三点を忘れずに盛り込む。

1 **会葬のお礼**
「本日はお忙しいところ、まことにありがとうございました」など。

2 **故人が生前世話になったことのお礼**
「生前賜りましたご厚誼《こうぎ》に対し、故人に代わりまして心より御礼申し上げます」など。

3 **今後も遺族に対し変わらぬつきあいを願う**
「故人亡き後も、残されました私ども遺族に対しまして変わらぬご厚情をお願い申し上げます」など。

＊天寿を全うす
天から授けられた寿命を十分に生きるという意。長生きすることも大切であるが、人生そのものが充実していて、人に惜しまれるのも大事な条件である。

＊風樹の嘆
親に孝行しようと思った時には、すでに親は死んでいて、それができないという嘆きのこと。『韓詩外伝』に「夫れ樹静かならんと欲すれども風止まず。子養わんと欲すれども親待たず」とある。樹木が静かであることを願っても、風がやまずに吹いていればどうしようもない。同様に、子どもが親に孝養を尽くそうと思っても、親が亡くなっているのではどうしようもないという意。「風木の嘆」ともいう。江戸時代の川柳（作者不詳）「孝行をしたい時には親はなし」も同じ意。

弔辞・追悼のあいさつ 3

《こんな言葉も使える》

［無常の風は時を選ばず］

死は、若者にも老人にも、また時節にも関係なく訪れる。人間の生命は、いつ終わりを迎えるかわからないことのたとえ。「無常」は、仏教で生あるものは必ず滅び、何一つとして常住ではないということ。

＊四十九日

初七日《しょなぬか》、二七日《ふたなぬか》（十四日目）、三《み》七日《なぬか》（二十一日目）、四七日《よなぬか》（二十八日目）、五七日《いつなぬか》（三十五日目）……と、忌日は七日ごとに続き、七七日を「四十九日」という。死者に閻魔大王の最後の審判が下り、極楽浄土へ行けるかどうか決まる日とされる。忌明けの日ともなる重要な日なので、僧侶・親戚・知人を招き法要を催す。この日に納骨も行う場合が多い。法要後、宴を開く。

◆法要（亡夫の四十九日の法要）／施主のあいさつ

本日はご多用の折、亡夫○○○○の四十九日法要にお集まりくださいまして、まことにありがとうございました。親しくしていただいた皆様にお目にかかることにより、新たな悲しみがわいてくるのではないかと存じ、ごく内輪でと思いましたが、子供たちに励まされ、皆様にご無理をお願いしたしだいでございます。

葬儀の際は体中の力が抜けたようになり、ごあいさつも十分にできないありさまで、何から何まで皆様のお力に頼ってしまいました。いろいろな面でお力添えをいただきましたこと、改めて深く感謝申し上げます。

しばらくは茫然と日々を過ごしておりましたが、温かい励ましやお見舞いをいただき、このところようやく気を取り直して、これからのことに目を向けなければ、という気持ちにもなってまいりました。

おかげさまで、亡夫の遺志に従いまして、このたび、長男××が店を引き継ぐこととなり、家に戻ってくると申しております。○○もこれで安心して成仏することができるのではないかと存じます。これまで同様、ご指導、ご鞭撻《べんたつ》のほど、よろしくお願い申し上げます。

ささやかではございますが、別室にお席を設けましたので、故人の思い出話などに花を咲かせていただければと存じます。

冠婚葬祭ミニ知識

◆冠婚葬祭とは

古来行われてきた四つの儀式のことで、もともとは冠＝元服、婚＝婚礼、葬＝葬儀、祭＝祖先の祭祀を指した。現在では「冠」は出生や成人などの祝い事、「祭」は年中行事を指すようになっている。

冠

帯祝い

安産祈願。妊娠五か月めの戌《いぬ》の日に岩田帯（腹帯）を巻く。お腹を安定させ保温するとともに、かつては妊娠を親戚などに知らせる意味があった。戌の日に巻くのは、多産・安産の犬にあやかるため。現在では適当な日に病院へ腹帯を持参し、着け方を指導してもらうのが一般的。

出産祝い

生後一週間から一か月くらいの間に贈る。直接家に届けるか、カードを添えて配送する。品物は先方の希望を聞くとよい。産婦の体調や授乳の時間・赤ちゃんの睡眠などを考慮し、見舞う場合は短時間で。

お七夜

生後七日めの祝い。産の忌み明けの日。命名式を行う。

お宮参り

生後一か月くらいに、子の健やかな成長を祈り神社に参拝すること。母子の健康状態のよい、穏やかな日を選ぶ。

お食い初め

生後百日ごろ、赤ちゃんを初めて膳につかせ、食べ物を口に運んで食べさせる真似をする行事。離乳食を始めるきっかけとなる。

初節句・初節供

生後初めて迎える節句。女児は三月三日の桃の節句、男児は五月五日の端午の節句。

七五三

三歳男女児、五歳男児、七歳女児に晴れ着を着せ、十一月十五日に神社へ参拝して祝う行事。伝統的には三歳女児は宮参りの祝い着に被布《ひふ》を重ね、五歳男児は紋付《もんつき》・羽織《はおり》・袴《はかま》、七歳女児は友禅の振袖に帯を締め、扱《しご》きを着け、筥迫《はこせこ》を懐にする。現在は洋装も多い。神社でお祓いを受け、祝詞をあげてもらう場合は社務所へ申し込み、「初穂料」「玉串料」と表書きしてお礼を包む。

成人式

満二十歳の祝い。各自治体で催される式典に参加する場合がほとんど。男女とも正装で、男性はドレスアップしたダークスーツや紋付羽織袴、女性は振袖や訪問着、ワンピースやスーツ、ドレスなどを着る。

婚

縁談

仲人に写真と釣書《つりがき》を渡す。写真はいわゆる見合い写真のほか、スナップ写真も添えたい。釣書には本人の履歴と家族について書く。男性は収入状態も書くのが望ましい。

見合い

以前は父母が付き添う形だったが、昨今は仲介者が引き合わせしばらく歓談した後、二人だけで話し合う形が一般的。費用は仲介者がまとめて払い、当日か翌日までに、両者が仲介者に、お礼分を含めた全ての費用を折半して渡す。最初から二人だけで会う場合も増えているが、これも費用は折半が原則。

仲人

結納から、または結婚式当日だけなど、頼まれ仲人が主流。職場の上司、恩師、親の知人、親戚関係に依頼する。依頼はまず報告を兼ねた手紙で行い、電話で都合を伺い、二人そろって訪問する。

結納

吉日を選び、結納品と結納金を交換する。正式には仲人が両家を二往復して取り交わす。現在は両家が仲人宅・一方の自宅・ホテルや結婚式場の一室など一か所に集まって行う略式がほとんど。終了後関係者一同で会食することが多い。結納品は正式には「目録（結納品明細）」「長熨斗《のし》（のし鮑《あわび》）」「金宝包（結納金）」「松《かつ》男《お》節《ぶし》（鰹節）」「寿留女《するめ》（鯣）」「子生《こん》婦《ぶ》（昆布）」「友志良賀《ともしらが》（白麻糸）」「末広（白扇）」「家内喜多留《やなぎだる》（清酒）」の九品目をそろえ、白木の台付折敷にのせる。結納金の表には男性側は「御帯料」、女性側は「御袴料」と書く。一般的に男性側は月収の二〜三倍、女性側はその半分程度を包む。仲人へのお礼はその日のうちに。

婚約解消

結納金、交換した指輪などを相手に返す。結婚準備にかけた費用は折半。一方的な事情で解消される場合は損害賠償を請求できる。

結婚式

結婚する二人が誓いを交わすのが目的。神前式、キリスト教式、仏前式、人前式などスタイルはさまざま。

披露宴

自分たちが結婚したことを披露するためのもので、主役は招待客。新郎新婦とその両親がもてなす側である。招待客の年齢層や顔ぶれを考慮して、披露宴の形式や料理の内容を考える。立食式やカクテルパーティー式もあるが、主流はホテルや専門式場での着席ディナー式。着席式の場合、メインテーブルの右側に新郎と媒酌人、左側に新婦と媒酌人夫人が座り、それぞれの側の来賓も左右に分ける。新郎新婦に近い方が上席で主賓はじめ恩師・上司の席となり、出入り口近くが末席で親族一同が座る。招待客の人数は双方ほぼ半分ずつにするのが基本。席次は知人どうしが並ぶように配慮する。招待状は二か月前に発送し、一か月前には出欠の返事をもらえるようにする。差出人は当事者二人の連名、または両家の親。

披露宴への出席

招待状の返事は早めに。宴のスタイルに合わせ準礼装・略礼装で出かける。男性はブラックスーツかダークスーツに黒革靴・黒靴下、ポケットチーフ、カフリンクスなど。女性はシルク系素材のドレス。上着着用でスーツやアンサンブルとしても可。透ける素材・露出の多いものは避ける。靴はパンプス。バッグは小型でドレッシーなもの。和装は振袖か訪問着・色無地・付け下げ・小紋など。

結婚祝い

披露宴に出席の場合は現金。額の目安は「食事代＋お祝い」だが、地方や立場により異なる。同様の立場の人と相談するとよい。祝儀袋のタイプは、金額との釣り合いを考えて選ぶ。表書きは濃い墨で毛筆・楷書。お祝い金を郵送するときは祝い状・祝儀袋を現金書留の封筒に入れ、披露宴前に届くように出す。品物を贈る場合は新生活に役立つものを。なるべく挙式の一週間前には届くよう手配する。

仲人への謝礼

結婚式後、一両日中に直接届けるのが礼儀だが、遠方の場合など、結婚式当日に渡すこともある。

葬

臨終

医師から死期の近いことを知らされたら家族・親戚に連絡。臨終の宣告を受けたら死水をとる。通例、遺体を清め、死装束を着せ、納棺するのは葬儀社に任せる。

訃報に接したら

服装・化粧は地味に、装飾品ははずす。この段階で喪服は着用しない。玄関先でお悔やみを述べる。遺族から対面を勧められたら「ありがとうございます。お別れをさせていただきます」と述べて遺体の枕元に座る。一礼。遺族が白布を取り除いてくれることもある。その場合は、故人の顔を見つめて一礼、合掌。「本当に残念なことです」などと述べ、一礼して下がる。長話は遠慮する。

通夜

通夜の弔問は、元来平服だったが、最近では喪服着用・香典持参が一般的になっている。午後六～七時の開始が多い。十分前くらいには到着し、受付で香典を差し出し、記帳して入室。仏式では、僧侶読経の後、焼香になる。神式は玉串奉奠《たまぐしほうてん》、キリスト教式では献花。通夜式の後、通夜ぶるまいの席に通されることがある。

葬儀・告別式

葬儀は死者を葬る儀式で故人とゆかりの深い人が参列し、告別式は死者に別れを告げる儀式で幅広い範囲の人が参列するもの。連続して行われる。一般的には葬儀から告別式まで参列し、焼香や玉串奉奠《たまぐしほうてん》、献花を行い、遺族のあいさつに耳を傾け、出棺を見送るという手順。参列者は喪服着用で少し早めに出向き、受付で記帳して香典を差し出す。火葬場まで行くのは遺族・親族ほかごく親しい人だが、同行の依頼があればなるべく応じる。その場合は遺族の勧めに従い、精進落としにも同席する。

香典

香の代わりに供える金銭の意。金額は地域の慣習に従う。表書きは仏式では「御香典」「御仏前」など、神式は「玉串料」、キリスト教式は「御花料」など。悲しみを表す薄墨で書く。仏式の四十九日以後の法要にはすべて「御仏前」を用いる。

香典返し

「半返し」で、いただいた金額の半分に相当する品物を四十九日が済んだ後送る。海苔、お茶、石けんなど、なくなるものがよいとされる。

納骨・埋葬

葬儀後、遺骨はしばらく自宅の祭壇などに安置され、仏式では四十九日の法要のころ墓所に納骨されるのが通例。納骨には埋葬許可証が必要。神式は火葬当日に埋葬する。最近では海や山への散骨など、自然葬を希望する人も増えている。

慰霊供養

仏式では死後、初七日、四十九日、百か日、一周忌、三回忌などの法要を営む。近親者が集い僧侶読経の後会食する形が一般的。忌明けの四十九日は特に手厚く営む。神式では翌日祭、十日祭、五十日祭、百日祭、一年祭などを営む。キリスト教でも追悼ミサや記念式がある。

祭

正月

新年を迎える行事。十二月後半から準備を進め、門松や注連《しめ》飾りなどは、「苦（九）」のつく二十九日や、一夜飾りとなる三十一日を避け、二十八日までに用意する。年神への供物として鏡餅も準備する。一般的に、三が日に食べるおせち料理は、四段重ねの重箱に奇数の品目を詰める。

節分

本来は季節の分かれ目の意だが、現在では特に立春の前日をいう。旧暦では立春が正月なので、節分は大晦日にあたる。豆まきは、奈良時代、大晦日に災厄を払うために行った「鬼やらい」に由来する。

春の彼岸・秋の彼岸

春分の日・秋分の日を中日とした前後三日、合わせて七日間が「彼岸」。「暑さ寒さも彼岸まで」といい、過ごしやすい、温和な季節にあたる。

七夕《しちせき（たなばた）》

陰暦七月七日の星祭り。八月七日に行う地方もある。短冊に願い事を書いて笹竹につるし、供え物をする。牽牛星《けんぎゅうせい》（鷲《わし》座のアルタイル）と織女星（琴《こと》座のベガ）が天の川を隔てて出会う中国の星合の伝説による。

盂蘭盆会《うらぼんえ》

祖先の霊が家に帰ってくるのを迎える行事。陰暦七月十三日から十六日に行われ、家々では果物などを供えて祖霊を迎える。祖霊を迎えるために焚《た》く火を迎え火、祖霊を送り出すために焚く火を送り火という。

冬至

昼が最も短い日。冬至南瓜《かぼちゃ》を食べ、柚子湯に入る習慣がある。

クリスマス

十二月二十五日のイエス・キリストの生誕日を祝う行事。前日の二十四日がクリスマス・イブ。

慶弔電報定型文例一覧

NTTの電報には、漢字電報（漢字仮名交じり）、仮名電報などがあり、NTTの定型文を使う場合は漢字仮名交じりになる。

電報が使われるのは結婚式と葬儀が代表的だが、合格祝いや節句祝い、開店祝いなど、各種文例が用意されている。

利用料金は、メッセージ・台紙・各種サービスの料金と消費税を合計したもの。このうちメッセージの料金は、文字数二十五字までを最低料金として、以降五文字ごとに値段が決められている。

申し込み必要事項

(1) 表題・用途

表題は、お祝い・お悔やみ・お見舞いなどの中から選択。また、お祝いの場合は、結婚・出産・記念日などの用途を選ぶ。

(2) 宛先

届け先の住所・式場名・肩書き・氏名・電話番号。

(3) 配達日

一か月先まで予約できる。また、午前・午後の指定もできる。申し込みが配達日の三日前までなら、利用料金の割引がある。

(4) 台紙の種類

慶弔電報の台紙は、うるしや刺繍、ぬいぐるみ付き（キャラクター電報）など各種ある。オプションで、生花と一緒に送るサービス（フラワー電報）もある。また、漢字電報は、書体（明朝体横書き・毛筆体縦書き）が選択できる。ただし、毛筆体は追加料金が必要。

(5) メッセージと差出人

メッセージ（一行三十字）は自由に決められる。また、定型文（漢字電報）が各種用意されており、定型文に独自の言葉をそえることもできる。差出人の名前（連名も可）や肩書き、住所、電話番号などはメッセージの字数に数えられ、料金に含まれる。

申し込み方法

(1) 電話

局番なしの一一五番。携帯電話は、NTTドコモなど契約会社によっては利用できるところもある。

(2) インターネット・携帯

インターネットはNTT各社の「D‐MAIL」専用サイトで、携帯電話は i モード(NTTドコモ)で申し込むことができる。

⇩313ページにホームページアドレスを掲載しています。

(3) コンビニエンスストア

キャラクター電報のみ、取り扱いのある店もある。

「結婚」の定型文例

★改まった言葉で――

番号　文例［文字数］

1001　ご結婚を祝し、末ながく幸多かれと祈ります。［21字］

1002　お二人の前途を祝し、あわせてご多幸とご発展をお祈りします。［29字］

1007　華燭《かしょく》の盛典を祝し、若いお二人に幸多からんことをお祈りいたします。［32字］

1008　ご結婚おめでとうございます。新生活の門出を、心からお喜びいたします。［34字］

1091　ご結婚おめでとうございます。お似合いのカップルの誕生に、心からの祝福をおくります。［41字］

1076　華燭のご盛典を祝しますとともに、お二人の新しい門出にあたり、ご多幸とご健康をお祈りいたします。［47字］

1072　人生最良の日を迎えられ、本当におめでとうございます。この日の感激を胸に、明るいご家庭をおつくりください。［52字］

1077　華燭のご盛典を祝し、若いお二人に幸多からんことをお祈りいたします。永遠に最良のパートナーでありますように。［53字］

1011　ご結婚おめでとうございます。この日の感激をいつまでも忘れず、長い人生をともに助け合って、楽しい家庭を築いてください。［58字］

1202　ご結婚おめでとうございます。若いお二人の輝かしい門出を祝福し、前途ますますのご多幸と、ご家族皆様方のご隆盛を祈念いたします。［62字］

1063　ご結婚おめでとうございます。新しい人生のスタートにあたり、これからの長い道のりをお二人でたゆまず進まれることを心より願っております。［66字］

1068　ご結婚をお喜び申しあげます。今日、お二人は、手を取り合ってスタートラインに立たれました。前方にはハードルも待ち受けていることでしょう。お二人で力を合わせて乗り越え、よき人生を築かれることをお祈りいたします。［103字］

★親しみを込めて――

番号　文例［文字数］

1047　新生活のスタートを祝し、希望に満ちた未来に乾杯！［24字］

1003　ご結婚おめでとうございます。お二人の世界を大切に。［25字］

1009　ご結婚おめでとう。愛情一杯、夢一杯、明るい家庭を築いてください。［32字］

1026 ご結婚おめでとう。いつまでも恋人同士のようなお二人でいてください。［33字］

1010 CONGRATULATIONS ON YOUR HAPPY WEDDING.［34字］

1032 やっとゴールイン、おめでとう。思えば長いつき合いだったお二人さん。お幸せにね。［39字］

1058 ご結婚おめでとう。一人ではできないことも、二人ならできる。中味の濃いご家庭を。［39字］

1096 ついに、やったな。結婚おめでとう。今度は、パパになった「おめでとう」を言わせてください。［44字］

1214 ご結婚おめでとう。最近急にきれいになったと思ったら、こういうワケだったんですね。お幸せに。［45字］

1218 今、そこにあるそのまっすぐな笑顔を互いに胸に刻んで進んでいってください。おめでとうございます。［47字］

1062 ご結婚おめでとう。人もうらやむような、仲睦まじい「おしどり夫婦」になられんことを、心よりお祈りします。［51字］

1070 よきパートナーを得られ、新世界へ船出されるお二人に、心からの祝福をおおくりいたします。ご結婚おめでとう。［52字］

1012 ご結婚おめでとうございます。これからはお二人のデュエットで、素晴らしいハーモニーを奏でてください。末ながくお幸せに！［58字］

1019 キラキラ輝いて美しい花嫁さん。緊張でいっそう凛々しい花婿さん。ご結婚おめでとうございます。いつまでも記念写真のお二人のまま、永遠の愛を。［68字］

1100 ご結婚おめでとうございます。いつも元気で、まっ黒に日焼けをして遊んでいた姿を思い出します。かわいい花嫁さんと、こちらにも遊びに来てください。いつでも大歓迎です。［80字］

★状況や関係の中で――

番号　文例［文字数］

1203 ご子息様のご結婚を祝し、ますますのご発展とご多幸をお祈りいたします。［34字］

1208 お嬢様のご結婚を祝し、ご家族の皆様のお幸せとご発展をお祈りいたします。［35字］

1108 ご結婚おめでとうございます。これからは家庭と仕事、ともに頑張ってください。私たちも応援します。［47字］

1117 ご結婚おめでとうございます。遥かな地より、末ながいご多幸を祈りつつ、新しい門出を祝福いたします。［48字］

1210 長い間慈しみ育まれたお嬢様の晴れの日を迎

えられ、どんなにか、お喜びのことと思います。心よりお祝い申しあげます。［５５字］

1229 ご結婚おめでとうございます。絶妙のバランス感覚で仕事と家庭の両立もきっとやりとげられることでしょう。お幸せに。［５５字］

1044 ご結婚おめでとう。テニスで結ばれたお二人だから、パートナーシップは完璧でしょう。長いラリーを続けられますように。［５６字］

1107 お二人の結婚式を心より祝福申しあげます。仕事仲間のお二人、お互いの力を十分に発揮できるご家庭をおつくりください。［５６字］

1205 ご子息様のご結婚、心よりご祝福申しあげます。あたたかく、しっかりしたご家庭をお築きになられることをお祈りいたします。［５８字］

1043 ご結婚おめでとうございます。スキー場で結ばれた恋。これからは二人そろって、人生のシュプールを描いてください。お二人の幸せをお祈りします。［６８字］

1119 ご結婚おめでとうございます。晴れ姿を見たかったのですが、残念ながら出席できません。あふれるほどの祝福の気持ちを、電報に込めておくります。［６８字］

1201 晴れのご成婚を心からお祝い申しあげます。ご両親様のお喜びもひとしおでございましょう。末ながくご健康で、幸多からんことをお祈りいたします。［６８字］

1118 ご結婚おめでとうございます。ご招待いただきましたのに、出席できずに申し訳ございません。お二人の未来が素晴らしいものでありますようお祈りいたします。［７３字］

1078 ご結婚おめでとうございます。ご両親様もさぞお喜びのことと存じます。これからは、お二人で親孝行をしてください。前途ますますのご多幸をお祈りいたします。［７４字］

【文例中の●には、固有名詞を当てはめて申し込む。】

※字数は、●を含まない場合

1242 笑顔が素敵な●●さん、ますます職場のムードメーカーでいてください。ご結婚おめでとうございます。［４５字］

1235 何事にも誠意をもって対処される●●様、きっと結婚生活も円満に歩んでいかれることと存じます。ご結婚おめでとうございます。［５７字］

1233 ご結婚おめでとうございます。しばらく酒席のほうを自粛いたし、●●様の一早いご帰宅に貢献いたしたいと存じます。末永くご指導くださいますよう。［６７字］

「お悔やみ」の定型文例

★改まった言葉で――

番号	文例	［文字数］
7502	ご逝去の報に接し、心から哀悼の意を捧げます。	［22字］
7501	ご逝去の報に接し、心からお悔やみ申しあげます。	［23字］
7504	在りし日のお姿を偲び、心からご冥福をお祈りいたします。	［27字］
7505	ご生前のご功績を偲び、心からご冥福をお祈りいたします。	［27字］
7507	ご訃報に接し、心から哀悼の意を表します。安らかにご永眠されますようお祈りいたします。	［42字］

★思いを込めて――

番号	文例	［文字数］
7503	悲報に接し、悲しみにたえません。心よりご冥福をお祈りいたします。	［32字］
7613	ご生前の笑顔ばかりが目に浮かびます。どうぞ安らかな旅立ちでありますよう、心からお祈りいたします。	［48字］
7605	悲報に接し、心からお悔やみ申しあげます。お力落としをお慰めするすべもなく、ただ故人のご冥福を祈りあげるばかりです。	［57字］
7510	いつまでも、いつまでもお元気で長生きしてくださるものと思っておりました。在りし日のお姿を偲び、心からご冥福をお祈りいたします。	［63字］
7612	突然の悲報に接し、呆然自失のありさまです。お元気だったころのお姿ばかりが目に浮かび、訃報がいまだに信じられません。今はただ、ご冥福を祈るのみです。	［73字］

★状況や関係の中で――

番号	文例	［文字数］
7571	ご主人様のご逝去を悼み、謹んでお悔やみ申しあげます。	［26字］
7581	ご令室様のご逝去を悼み、謹んでお悔やみ申しあげます。	［26字］
7610	お悲しみに対し弔問かなわぬ非礼をおわびし、謹んで哀悼の意を表します。	［34字］
7573	ご主人様のご逝去の報に接し、深く哀悼の意を表します。謹んでご冥福をお祈りいたします。	［42字］
7522	ご尊父様のご逝去の報に接し、謹んでお悔や	

み申しあげますとともに、心からご冥福をお祈りいたします。［48字］

7534 悲報に驚いています。あなたのお気持ちを思うと胸が痛みます。心から哀悼の意を表し、お母様のご冥福をお祈りいたします。［57字］

7623 社長様のご訃報に、当社社員一同、謹んで哀悼の意を表します。ご遺族の皆様ならびに社員ご一同様に、心からお悔やみ申しあげます。［61字］

7606 突然の悲報に接し、ご遺族様のお悲しみいかばかりかと拝察いたします。お別れもできなくて、残念です。故人のご冥福をお祈りいたします。［64字］

7554 お嬢様の突然のお旅立ち、ご両親様のお嘆きいかばかりかと、拝察申しあげます。在りし日の美しいお姿を偲び、衷心より哀悼の意を表します。［65字］

7619 先生のご訃報に接し、人生の師を失った悲しみでいっぱいです。先生の尊いお教えは、私の心の中に生き続けます。どうか安らかにお眠りください。［67字］

7585 最愛の奥様がお亡くなりになられたお悲しみは、計り知れないものとお察しいたします。どうぞお気を強くなさってください。心からお悔やみ申しあげます。［71字］

7535 ご母堂様のご急逝を悼み、謹んでお悔やみ申しあげます。いつも、お優しかったお顔を思い出し、まだ信じられない気持ちです。心よりご冥福をお祈りいたします。［74字］

7544 ご子息様の急逝の報に接し、悲しみにたえません。前途洋々たる時に突然他界され、ご両親様のお悲しみ、ご無念のお気持ちは、いかばかりかとお察し申しあげます。［75字］

【文例中の●には、固有名詞を当てはめて申し込む。】

※字数は、●を含まない場合

7512 ●●●様のご逝去を悼み、ご冥福をお祈りいたします。［22字］

7515 ●●●様のご訃報に接し、お悲しみをお察し申しあげますとともに衷心より哀悼の意を表します。［41字］

7514 ●●●様のご逝去の報に接し、心よりお悔やみ申しあげます。ご生前をお偲びし、悲しみにたえません。遥かにご冥福をお祈りいたします。［60字］

7518 最愛の●●●様がお亡くなりになられたお悲しみは、計り知れないものとお察しいたします。どうぞお気を強くなさってください。心からお悔やみ申しあげます。［70字］

人生の慶事

年代／故事による年齢の別称／成長の祝い

0

お七夜　おしちや

生後七日目。この日に命名することが多い。

お宮参り　おみやまいり

生後一月ほど。初めて氏神に参る。

お食い初め　おくいぞめ

生後百日目から百二十日目、赤子に初めて乳以外の食事を与える。

初節句（初節供）　はつせっく

生後初めての節句。女児は三月、男児は五月。

初誕生　はつたんじょう

満一歳の誕生日。

1

孩提　がいてい

二、三歳の幼児。笑う（孩）ことを覚え、抱きかかえられる（提）年齢。

七五三　しちごさん

男児三歳と五歳、女児三歳と七歳の祝い。男児は五歳だけの地域もある。

5

三尺童子　さんせきのどうじ

七、八歳。一尺は二歳半。一説に、身長が三尺ほど

年代／故事による年齢の別称／長寿の祝い

40

不惑　ふわく

四十歳。孔子の心の迷いが消えた年齢。

強仕　きょうし

四十歳。『礼記《らいき》』に「四十曰強、而仕」とあることから。身体強壮の意。

桑年　そうねん

四十八歳。桑の異体字「桒」が四つの「十」と「八」に分解できることから。

50

知命　ちめい

五十歳。孔子が天から与えられた使命を悟った年齢。

艾年　がいねん

五十歳。頭髪が艾《よもぎ》のように白くなることから。

60

耳順　じじゅん

六十歳。孔子が他人の言うことが素直に理解できるようになった年齢。

還暦　かんれき

六十一歳（満六十歳）。干支が六十年たつと一回りして元にかえることから。

70

従心　じゅうしん

七十歳。孔子が自分のしたいことを思いのままにしても人の道を踏みはずすことがなくなった年齢。

だからとする。

10 15 20 30

幼学 ようがく

十歳。昔、十歳で、初めて師について学んだことから。

志学 しがく

十五歳。孔子が学問を志した年齢。

笄年 けいねん

女子の十五歳。女子が初めて髪に笄《かんざし》を挿す年齢。

破瓜 はか

女子の十六歳。瓜の字を二分すると、八と八で十六になることから。また、男子の六十四歳。八に八をかけると六十四になることから。

弱冠 じゃっかん

男子の二十歳。二十歳を「弱」といって元服して冠をかぶったことから。

丁年 ていねん

二十歳。一人前の人間として認められる年齢。また、六十歳のこともいう。

成人式 せいじんしき

満二十歳で一人前の大人になったことを祝う集まり。成人の日に行われる。

而立 じりつ

三十歳。孔子が独り立ちできるようになった年齢。

80 90 100 110

古稀（古希） こき

七十歳。杜甫《とほ》の詩、「人生七十古来稀《まれ》なり」から。

喜寿 きじゅ

七十七歳。「喜」の字の草書体が「七十七」に見えることから。

傘寿 さんじゅ

八十歳。「傘」の略字「仐」が「八十」に似ていることから。

米寿 べいじゅ

八十八歳。「米」の字を分解すると「八十八」になることから。

卒寿 そつじゅ

九十歳。「卒」の略字「卆」が「九十」に似ていることから。

白寿 はくじゅ

九十九歳。百から一を引くと「白」になることから。

茶寿 ちゃじゅ

百八歳。「茶」の字が「八十八」と「十」二つに見え、合わせると「百八」になることから。

皇寿 こうじゅ

百十一歳。「皇」の字の「白」が「九十九」、「王」が「十」と「二」で、合わせると「百十一」になることから。

三 手紙とメールの書き方・電話のかけ方

手紙編

手紙の組み立て方

手紙の書き方には、一定のルールがある。これを押さえておけば、言葉だけでは表現しきれない、相手に対する心配りや親愛の気持ちを伝えることができる。

手紙は、出した人の人がらをも含めて、記録としてあとに残るものである。電話などとは違って、何度でも読み返すことができるため、読み返すに足る、心のこもった文面を心がけたい。

このような心構えは、ファックス・電子メールなど、別の媒体でのコミュニケーションについても必要である。

◆手紙の形式と例文

①前文	起首（頭語）	拝啓
	時候のあいさつ	桜花爛漫の季節となりました。
	先方の安否	○○様には、ますますご健勝のこととお慶び申し上げます。
	当方の安否	私どもも、家族一同無事に暮らしております。
	お礼やおわびの言葉	平素はご無沙汰しておりまして、申しわけございません。
②主文	起辞	ところで、
	用件	私、このたび、三十年来勤めてまいりました○○新聞社を、三月末日をもちまして、無事定年退職いたしました。

起首と結語

一般的な往信
拝啓／拝呈／啓上／啓白
（⇩敬具／拝具／拝白）

一般的な返信
拝復／復啓／拝答
（⇩敬具／拝具／拝白）

特に丁重な場合
謹啓／粛啓／恭啓／謹呈
（⇩敬白／謹白／謹具／再拝）

前文を省略する場合
前略／略啓／略陳／草啓／冠省
（⇩草々／匆々／不一／不備）

②主文	用件	在職中はひとかたならぬご高配にあずかり、厚く御礼申し上げます。今後とも、変わらぬご厚誼を賜りますよう、よろしくお願い申し上げます。
③末文	結びのあいさつ 結語	まずは、とり急ぎごあいさつまで。 敬具
④後付け	日付 差出人の署名 あて名 わき付け	平成☆年四月＊日 ×××× △△△△様 机下
⑤副文	追伸	追伸　お暇なときにでも、囲碁のおつきあいをお願いいたします。

手紙の形式（縦書き）

（1）前文

a 起首（または頭語）

行の初めから下げずに書き、起首は文末の結語とペアになっている。

起首は改まった手紙では欠かせないが、これを省いて、時候のあいさつから書き出してもかまわない。

「前略」の場合
起首を「前略」とした場合は、あとに述べるb～dを省略し、すぐ主文に入ることができる。ただし、目上の人への手紙には、ふつう使わない。

b 時候のあいさつ

四季豊かな日本ならではのスタイルで、季節感を楽しむ。起首のあと改行してもよいし、一字分あけて続けてもよい。

c 日常生活のあいさつ

まず相手の様子を尋ね、次に、自分や自分の家族の最近の様子を伝える。

★相手の様子を尋ねる言葉

「○○様には、おすこやかにお過ごしのことと存じます」

「貴君にはお変わりなくお過ごしでしょうか」

「御地、降雪のお具合いかがでしょうか」

※親しい人に対しては、「お元気ですか」「いかがお過ごしですか」などでよい。

★自分や家族の様子を伝える言葉

「わたくし（男性なら「小生」を使ってもよい）はおかげさまにて元気に過ごしております」

「わたし（男性なら「ぼく」でもよい）はちょっと風邪をひいてしまいました」

d お礼やおわびの言葉

「日ごろ種々ご高配を賜りありがとうございます」

「日ごろご無礼のみ重ね深くおわび申しあげます」

※親しい人には、「先日はありがとう」「すっかりご無沙汰してごめんなさい」などでよい。

> **字配りのコツ**
> - ・相手を示す言葉が行の終わりに来ないようにする。
> - ・自分を示す言葉が行の初めに来ないようにする。

（2）主文

主文は手紙の中心である。手紙を出す目的・用件を要領よくまとめて、すっきりした文章にする。

★主文の書き出し

「ところで」「さて」などのつなぎ言葉で書き始めると、文が自然に流れる。これを「起辞」という。起首（頭語）を「前略」とした場合は、書き始めは「早速ですが」などとする。

> **主文を上手に書くコツ**
> - ・文は短くまとめる。句読点や改行を効果的に使って、内容の重点がはっきりするように書く。
> - ・同じ語句をあまりくり返して使わないほうがよい。

（3）末文

a 結びのあいさつ

手紙をしめくくる言葉を書き、主文を要約するひと言をつけ加える。

★しめくくりの言い回し

「乱筆乱文お許しください」

「以上、どうかよろしくお願い申しあげます」

「今後のご活躍をお祈りいたします」

「寒さの厳しい折、くれぐれもご自愛くださいませ」

※親しい人には「これからもよろしくね」「それではお元気で」などでもよい。

★主文を要約する言葉

「とりあえずご報告かたがたお礼まで」

「まずは略儀ながら書中をもってごあいさつ申し上げます」

b 結語

手紙の終わりの区切りに書く。ふつう、下から一字分上げた位置に書く。はがきの場合は、これ以降は書かない。

※起首（頭語）との対応については、53ページの表参照。

(4) 後付け

a 日付

二字ほど下げて、手紙を書いた日を記す。お祝い事などでは、「十月吉日」のように書くこともある。

b 差出人の署名

下から一、二字分上げて書き終わるようにする。署名は必ず姓名を書く。姓だけでは失礼にあたる。

※親しい人には、「〇雄」「〇子」のように名だけでもよい。

c あて名

日付より上、本文よりやや下に、署名より大きめの字で書く。

あて名の敬称

個人…「様」　場合によっては「先生」

会社や団体…「御中」

複数の人…「各位」

※目下の場合は「君」「さん」なども

d わき付け

あて名の左下に、「机下」、「侍史」、「みもと（許）に」（差出人が女性の場合）、「御中」（団体・会社などにあてる場合）などの言葉を添えることがある。最近はあまり使われない。

会合などのお知らせの手紙の場合

後付けのあと、一行の中ほどに「記」と書き、改行のうえ、「日時」や「場所」を明記する。必要なら、会場の住所・電話番号を付記し、別紙に会場の案内地図を入れるなどする。

(5) 副文

すべて書き終わったあとに、さらにつけ加える事柄がある場合、「追伸」「二伸」「追って」などとして、そのあとを一、二字分あけて書く。

横書きの手紙

※後付けは、横書きでは一部、前付けになる。

①（前付け）日付…右に寄せて書く。

②（前付け）あて名…左に寄せて書く。

③前文……起首（頭語）は左に寄せて書く。

④主文

⑤末文…結語は右に寄せて書く。

⑥（後付け）差出人の署名…右に寄せて書く。

⑦副文

時候のあいさつ〈文例集〉

正月

○新春（初春・迎春・新陽《しんよう》・年始）の候（みぎり）
○謹んで新年のお慶（喜）びを申し上げます
○希望にあふれる新しい年を迎えました
○寒さも緩《ゆる》み気持ちのよいお正月を迎えました
○厳しい寒さの中、穏やかに年も明けました

一月

○厳寒（極寒・酷寒・厳冬・中冬）の候（みぎり）
○七草も慌ただしく過ぎてしまいました
○松飾りが取れ、普段の生活が戻ってまいりました
○初春とはいえ、毎日厳しい寒さが続いております
○寒さも急に増したように感じております
○寒気殊《こと》のほか厳しいころとなりました
○日を追って募る寒さに閉口しております
○近年にない寒さに縮み上がっております
○日ごとに寒さも加わり、こたつに親しむ毎日です
○寒風の吹きすさぶ毎日を迎えております
○みぞれ混じりの寒空に、身も縮む日が続いております
○積もる雪に一段と寒さを増すころとなりました

二月

○余寒（残冬・残寒・晩冬・向春）の候（みぎり）
○暦の上の春を迎え一息ついております
○立春とは名ばかりの毎日を迎えております
○余寒なお骨身にこたえる日が続いております
○冬の後戻りしたような寒さを迎えました
○残雪に身の縮む日が続いております
○雪解けの水もようやくぬるみはじめてまいりました
○朝夕には、まだ厳しい寒さが残っております
○春はまだ浅いとはいえども、少しずつ日脚《ひあし》が伸びはじめたのが感じられます
○春もなお遠く、寒さの身にしみる日を過ごしております
○節分も過ぎ、寒さの中にも春の気配が感じられるようになりました
○思わぬ大雪に春が遠のく思いがします
○春の訪れを待ちわびるころとなりました
○梅のつぼみも膨らみかけるころとなりました
○梅の一輪にも暖かさを感じるころとなりました
○早咲きの水仙に春の香気が感じられます
○うぐいすの初音《はつね》を耳にするようになりました
○日差しにも春の息吹《いぶき》を感じるころとなりました
○春の訪れを思わせるころとなりました
○寒さの中にも春の足音が聞こえるようです

三月

○早春（浅春《せんしゅん》・春寒・啓蟄《けいちつ》・春陽）の候（みぎり）
○遠くの山々はまだ白雪に覆われております
○春とは名ばかりでひどい寒さが続いております
○寒暖も定まらぬ毎日を迎えております
○今日は久しぶりに暖かい日を迎えております
○久しぶりに穏やかな好天を迎えました
○朝夕はともかく、昼間はようやくしのぎやすくなりました
○春寒もようやく緩《ゆる》む日を迎えるに至りました
○日ざしもようやく春めいてまいりました
○日を追って暖かさを加えております
○桃の節句が過ぎ、いよいよ春らしくなってまいりました
○寒さも緩《ゆる》み、一雨ごとに春めいてまいりました
○一雨ごとに暖かくなってまいりました
○辺りもようやく春めき、心も何となくのどかになりました
○日増しに暖かさを加えるころとなりました
○何となくのどかな日を迎えております
○春の光に誘われるころとなりました
○庭の趣にも春の近づきを感じるようになりました
○桜のつぼみも膨らむころとなりました
○桃の花がよい匂いを漂わせております
○花の便りも聞かれるころとなりました

四月

○春暖（陽春・春色・春和・桜花）の候（みぎり）
○春たけなわの好季節となりました
○ようやく暖かさを増してまいりました
○暖かい毎日を迎え心も弾んでおります
○快い春眠の朝を迎えるころとなりました
○野辺にはかげろうの立つころとなりました
○桜の花もほころび、心の何となく浮き立つころとなりました
○花の便りに心を弾ませるころとなりました
○木蓮の花が匂う季節となりました
○菜の花の黄色が目にまぶしく映ります
○桜の花も満開の昨今でございます
○桜花爛漫《おうからんまん》の季節を迎え、心も晴れ晴れとしております
○いつしか葉桜の季節を迎えております
○おぼろ月夜を楽しむころとなりました
○春雨に煙る季節となりました
○庭の若葉も一段とさわやかに感じられるころとなりました
○山の装いもすっかり春を迎えました
○花冷えで肌寒い日が続いております
○菜種梅雨《なたねづゆ》でぐずついた天気が続いております
○昨晩は春雷に驚かされました

五月

○新緑（薫風《くんぷう》・暖春・惜春・新緑）の候（みぎり）
○風も薫る好季《こうき》を迎えました
○寒からず暑からずのよい季節となりました
○こいのぼりに心も浮き立つころとなりました
○五月晴れに明るさを取り戻しております
○青葉若葉の季節となりました
○若葉のもえたつころとなりました
○青葉を渡る風も懐かしいころとなりました
○目にもまばゆい緑の季節を迎えました
○新緑もひときわ鮮やかに感じるようになりました
○新茶の香りを楽しむころとなりました
○魚屋で初鰹を見かけるようになりました
○庭の躑躅《つつじ》が咲き乱れるころとなりました
○八百屋の店先に掘ったばかりの筍《たけのこ》が並ぶようになりました
○カーネーションが花屋の店頭を飾るころとなりました
○晩春の物憂さを感じる昨今となりました
○行く春を惜しむころとなりました
○さわやかな初夏の風を楽しむころとなりました
○暑さに向かうころとなりました
○雲の様子からも夏が近いことを感じます
○うっすらと汗ばむ今日このごろです

六月

○梅雨《つゆ》（初夏・向暑・麦秋・薄暑《はくしょ》）の候（みぎり）
○初夏の風もすがすがしいころとなりました
○吹く風にも初夏のさわやかさを感じるようになりました
○青田を渡る風も快く感じられるころとなりました
○心もめいるような雨の毎日を迎えております
○毎日うっとうしい梅雨が続いております
○連日の雨に悩まされる昨今となりました
○梅雨空に心も湿りがちな毎日を迎えております
○梅雨とはいえ連日の雨に退屈しております
○空梅雨に蒸され暑さもひとしおの毎日を迎えております
○梅雨とはいえ好天の日を迎えております
○今年はどうやら空梅雨のようで好天が続いております
○あやめの便りも聞かれるころとなりました
○庭のあじさいも雨に濡れる毎日となりました
○連日の雨で木々の緑も濃くなったように感じられます
○暑さを感じる日を迎えております
○日ごとに暑さの加わるころとなりました
○蒸し暑い日が続きぶらぶらと過ごしております
○夏至《げし》を過ぎたころから吹く風がすっかり夏らしくなりました
○プール開きの便りにいよいよ夏の到来を感じます
○夜の明けるのも早く寝不足がちの日が続いております

七月

○猛暑（酷暑・炎暑・盛夏・三伏《さんぷく》）の候（みぎり）
○梅雨空も明けて緑も色を増したように感じられます
○梅雨も上がり、暑さもひときわ加わってまいりました
○梅雨明けの暑さもひとしお身にしみております
○海山の恋しい季節を迎えました
○いよいよ酷暑を迎える昨今となりました
○暑さも殊《こと》のほかひどく感じられる毎日を迎えております
○炎暑まことにしのぎがたい日が続いております
○厳しい暑さに蒸される日が続いております
○数日前から暑さ特に激しく困り果てております
○三十度を超す暑さに身の置きどころもない昨今となりました
○草木も枯れ果てるような暑さが続いております
○さっとひと雨ほしいこのごろです
○せみの声にも暑さを感じる日を迎えております
○寝苦しい毎夜を迎えております
○夏祭りでにぎわうころとなりました
○風鈴の音が心地よく聞こえております
○夜空の花火にひとときの涼を感じております
○真っ青な空に入道雲が浮かぶころとなりました
○暑中お見舞い申し上げます（小暑〔134ページ参照〕から立秋〔135ページ参照〕まで）

八月

○残暑（残夏・晩夏・新涼・秋暑）の候（みぎり）
○立秋とは名のみで相変わらず暑さに悩まされております
○秋とはいいましても、まだまだ当分は暑い日が続くようです
○日中の暑さなど、なお耐えがたい日が続いております
○猛夏も去りやらぬ日が続いております
○残暑なお厳しい日が続いております
○残暑ひときわ身にこたえる日が続いております
○涼風が恋しいこのごろです
○花もしおれるほどの暑さにぐったりしております
○帰省シーズンを迎え、静かな田舎町もいつになくにぎわっております
○子どもたちは夏休みの宿題に大忙しです
○暑さも峠を越したように感じられます
○朝夕は多少ともしのぎやすくなりました
○美しい夕焼けを迎えるようになりました
○たびたびの落雷に肝を冷やしております
○虫の声がしげく聞かれるようになりました
○海に土用波が立ちはじめるころとなりました
○吹く風に秋を感じるころとなりました
○空の色に秋の気配を感じるようになりました
○残暑お見舞い申し上げます（立秋〔135ページ参照〕以降）

九月

○秋涼（清涼・新涼・初秋・新秋）の候（みぎり）
○秋とは申しながらも残暑の厳しい日が続いております
○さしもの猛暑もようやく勢いを失ったように思われます
○朝夕は幾らかしのぎやすくなってまいりました
○朝夕に多少とも冷気を感じるころとなりました
○近年にない暴風雨に肝を冷やしております
○夜来の風雨もすっかりおさまりました
○二百十日も無事に過ぎ一息ついております
○長雨もようやくおさまり、にわかに秋色を帯びてまいりました
○秋気の訪れを感じるようになりました
○木の葉のそよぎに秋を感じるころとなりました
○虫の声に秋の訪れを感じるころとなりました
○秋気ひときわ身に感じるころとなりました
○一雨ごとに秋も深まってまいりました
○七草も咲きそろうころとなりました
○すすきの穂も揺れる季節を迎えました
○庭の柿が色づきはじめました
○月が冴えて美しい季節となりました
○澄みわたる秋空に赤蜻蛉《あかとんぼ》が飛び交う季節がやってまいりました
○天高く馬肥ゆる秋です

十月

○秋冷（秋色・秋容・清秋・寒露）の候（みぎり）
○秋風の快い季節となりました
○秋たけなわの季節がめぐってきました
○秋もようやく深まってまいりました
○天もひときわ高く感じられるころとなりました
○気持ちのよい秋色に包まれるようになりました
○日増しに秋も深まり、灯火《とうか》に親しむころとなりました
○読書の好期を迎え、落ち着いた日を過ごしております
○ずいぶんと日が短くなってまいりました
○夜長を楽しむ季節となりました
○虫の声も消え入るようなこのごろとなりました
○菊薫る今日このごろとなりました
○紅葉《もみじ》もひときわ鮮やかに彩られてまいりました
○街路樹の葉も、日ごとに黄ばむころとなりました
○銀杏《いちょう》の葉が黄金色に色づいてまいりました
○新米の出まわる時節となりました
○栗、秋刀魚《さんま》、松茸など、実りの秋を迎えました
○食欲の秋と申しますとおり、何をいただいてもおいしい季節となりました
○空には鰯雲《いわしぐも》が広がっております
○夜寒を迎えるころとなりました
○秋冷日増しに募るころとなりました

十一月

○向寒（暮秋・晩秋・初霜・霜降）の候（みぎり）
○秋の色もようやく深みを増してまいりました
○山々の紅葉も、ひときわ色を増してまいりました
○紅葉があでやかな季節を迎えました
○虫の音も何となく衰えてまいりました
○夜長をもてあます毎日に退屈しております
○夜寒が身にしみる季節となりました
○そろそろこたつが恋しくなるころです
○朝夕はひときわ冷え込む日が続いております
○日増しに寒さの募る昨今を迎えております
○冷気も急に加わったように感じております
○初霜に秋の終わりを感じるころとなりました
○庭に霜柱が立つようになりました
○霜枯れの季節が到来しました
○雪の便りが届くようになりました
○街路には銀杏《いちょう》の葉が散り積もっております
○道に落ち葉の散り敷くころとなりました
○北風に枯れ葉舞う季節です
○木枯らしが吹き始めました
○落ち葉焚きがうれしいこのごろです
○朝夕はめっきり冷え込み冬支度《ふゆじたく》に追われております
○小春日和《こはるびより》の穏やかなお天気が続いております

十二月

○寒冷（寒気・霜寒・初冬・季冬）の候（みぎり）
○日増しに寒さに向かう毎日となりました
○寒気日ごとに募る昨今となりました
○師走の寒さを感じる昨今となりました
○オーバーの手放せないころとなりました
○寒気もいよいよ強く朝夕は縮まる思いをしております
○木枯らしも骨身にこたえるようになりました
○木枯らしに一段と寒さを感じるころとなりました
○池にも薄氷の張る朝を迎えました
○初雪の待たれるころとなりました
○ちらちらと雪の舞うころとなりました
○夜来の雪に外出しかねる朝を迎えました
○降り積もる雪に閉じ込められております

年末

○歳末（歳晩・歳終・窮陰《きゅういん》・月迫《げっぱく》）の候（みぎり）
○心せわしい年の瀬を迎えるようになりました
○年の瀬もいよいよ押し詰まってまいりました
○今年も余日少なくなりました
○迎春の準備に忙しいころとなりました

場面別　手紙の書き方〈文例集〉

〜贈　答〜

《贈り物に添える手紙》
――お世話になっている方へ松茸を贈る

拝啓
日増しに秋も深まってまいりました。その後ごぶさたしておりますが、お変わりもなくお過ごしでしょうか、お伺い申し上げます。日ごろは一郎が何かとお世話になり、心から御礼申し上げます。

さて、当地の名産松茸も出回るころとなりました。今年はまずまず出来がよいとのことです。ご好物とのこと、手ごろなものを取りそろえ、別便をもってお送りいたしました。都会では別に珍しくもないとは存じますが、ご郷里を思い出されるよすがにしていただければ幸いと存じます。

末筆ながら、ご一同様のご多幸をお祈り申し上げます。奥様にもよろしくお伝えください。

まずは、ごぶさたおわびまで。

敬具

《贈り物をいただいたお礼の手紙》
――松茸をいただいたお礼を伝える

拝復
その後、久しくごぶさたいたしました。こちらは相変わらず仕事に追われておりますが、みな元気に過ごしております。

さて、このたびは、松茸をたくさんお贈りくださり、ありがとうございました。都会というところは、いろいろなものが簡単に手に入るとは申しながら、産地直送の味はまた格別、久しぶりに郷里の味覚を楽しませていただきました。厚く御礼申し上げます。

当地は毎日秋晴れの好日が続いておりますが、御地はいかがでしょうか。ご家族のご多幸をお祈り申し上げます。

まずは、とりあえず御礼まで。

敬具

※贈るほうは、贈り物のいわれを、贈られるほうは、贈り物についての具体的な感想を入れて書くと、気持ちが伝わってよい。

～祝い～

《出産祝いの贈り物に添える手紙》

――親友の女児出産を祝って贈り物をする

直子様

無事にご出産とのこと、本当におめでとうございます。

女のお子さんだそうですね。思えば学生時代、子供を何人作るとか、最初は男と女のどちらがいいかなどと話し合っていた時は、全くの空想の世界にすぎませんでした。それが現実となったご感想、いかがでしょうか。あの時、たしかあなたは、最初は女の子がいいとおっしゃいましたが、そのとおりになり、こんなに喜ばしいことはありません。心からお祝い申し上げます。

なお、別便にて、ベビー用品を見立ててお送りいたしました。お役立てくだされば幸いです。

赤ちゃんがお健やかでありますように。直子さんもどうぞお体を大切にお過ごしください。

かしこ*

＊かしこ…女性が手紙の末尾に書いて敬意を表す語。

《出産祝いのお礼の手紙》

――友人からケープを贈られたお礼を伝える

明子様

このたびは、ご丁寧なお手紙とかわいいケープをお贈りくださり、ありがとうございました。ぎりぎりまで働いていたので十分な出産準備ができず、赤ん坊用にはほんの当座の産着だけしか用意していませんでした。そんなわけで、あなたからいただいたケープが、裕美にとって最初の晴れ着となりました。

今はまだ梅干しのような顔で、寝ているか泣いているかの毎日、このケープを着て晴れの写真を撮る日を楽しみにしております。本当にありがとうございました。厚く御礼申し上げます。

まずは、とりあえず御礼まで。

かしこ

※出産祝いの礼状では、出産や赤ん坊の様子などを知らせるとよい。

〜見舞い〜

《病気見舞いの手紙》

——入院した知人を見舞う

冠省

昨日○○さんからそちら様がご入院とのことを伺い、何かの間違いではないかと耳を疑いました。寒さも一段と厳しい今日このごろ、ご容体はいかがかと案じ、お見舞い申し上げます。

承れば、お仕事の上でいろいろご無理をなさったことが原因とのこと。お互い元気に見えても、もう若い者にはかなわない年ごろになったと痛感いたします。奥様も、さぞご心配のことでしょう。どうか、十分にご養生のうえ、一日も早くお元気になられるよう、お祈り申し上げます。

まずは、とりあえずお見舞いまで。

草々

※お見舞いの手紙の場合、時候のあいさつなどを省いてすぐに主文に入ることにより、何よりも相手の安否を気にしているという思いを表す。

《病気見舞いのお礼の手紙》

——病気の夫に代わって病状を報告する

拝復

このたびはご丁重なお見舞い、ありがとうございました。いつも主人がお世話になり、お礼の言葉もございません。

実は、皆様にご心配をおかけしてはいけないと存じ、どちら様にもお知らせせずに入院いたしました。ところが、意外と長引いていろいろご迷惑をおかけしておりますこと、まことに申し訳ございません。それでも最近は、ようやく床の上に起き上がって食事ができるようになりました。あまり馬車馬のように働くのはいけないと、常日ごろから引き止めておりましたのに、とうとうこんなはめになってしまったこと、わたしの不注意と悔やまれてなりません。ついては、長い人生の休養期と心得て、ひたすら養生させております。

そちら様もご自愛専一のほど、お祈り申し上げます。本人からも、くれぐれもよろしくとのことでございます。

まずは、とりあえず御礼まで。

敬具

～災 害～

《火災見舞いの手紙》
――放火で類焼の被害にあった知人を見舞う

急啓
承れば、このたび火災にあわれたとのこと、驚き入っております。被害の模様などいかがでしょうか。

悪質な放火が原因とか、まことに憤慨にたえません。奥様も、さぞご落胆のことと拝察いたします。あるいはどちらかにご避難かと察せられますが、とりあえず元のご住所あてお見舞いのお手紙を差し上げます。どうかお気落としなく再建に励まれるよう、心からお祈り申し上げます。

なお、ご不自由なもの、何なりとご用立ていたしたいと存じます。どうか、お気軽にお申し付けください。

まずは、とりあえずお見舞いまで。

草々

※災害の見舞いは、近ければ現場に駆けつけ、遠ければ手紙などで励ましの気持ちを伝える。まずは先方の安否の確認をし、状況を把握した上で手伝えることを問い合わせる。

《火災見舞いのお礼の手紙》
――無事でいることと今後の見通しを伝える

拝復
過日は早速ご丁重なお見舞いをいただき、ありがとうございました。ご厚情のほど、厚く感謝しております。
さて、原因はご承知のとおり悪質な放火で、犯人もまだ捕まらず、憤激のやり場もございません。とりあえず子供たちは兄の家に避難させ、わたしと妻とが片付けに来ております。
幸い保険も下りますので、落ち着きましたら、また元のところに再建したいと思っております。それまでは、兄のところへ居候ということになります。
住所は、
〒○○○―○○○○
千代田区△△町二―二十二―十四
××方
です。どうぞよろしくお願いいたします。
まずは、とりあえずお見舞いの御礼まで。
草々

～弔 事～

《お悔やみの手紙》
――死亡通知をもらって弔意を伝える

このたびは突然ご主人様がお亡くなりになったとのこと、まったく驚き入っております。平素あれほどお元気でおられたのに、ご入院後まもなくご他界とは、さぞご落胆のことと拝察いたします。ご愁傷のほどお察し申し上げ、心からお悔やみ申し上げます。

ついては、何をおいてもお手伝いに上がり、ご霊前にお参りしなければならないところ、あいにく離れられない事情が起こってどうにも都合が付かず、まことに申し訳ございません。

ささやかではございますが、同封いたしましたもの、ご霊前にお供えくださるよう、お願い申し上げます。

※お悔やみ状は、前文を省略してすぐに追悼の言葉を書く。起首（頭語）や結語も省く。内容は、悲報に対する驚きや感謝、遺族への慰めでまとめる。礼状の場合も、起首（頭語）、前文、結語は省略する。

《お悔やみのお礼の手紙》
――臨終の様子を伝えて弔慰にこたえる

このたびはご丁寧なご弔慰のお手紙、ありがとうございました。その上お供え物までいただき、心から感謝しております。

最後は食が進まぬくらいで闘病というほどの苦しみもなく、衰弱の末あっけなく他界いたしました。老いの身なれば覚悟はしていたつもりですが、やはり空虚な気持ちを隠すことができません。気もめいっておりましたところ、ご弔慰のお言葉をいただき、ご激励を賜り、何とか元気づけられております。今まで夫にばかり相談して事を進めてまいりました習慣も、寄る辺を失い、今後は息子中心に一家の切り盛りをしなければならないかと思うと、その頼りなさに迷う気持ちでございます。

今後とも、いろいろ問題を抱えて、ご相談しなければならないことも多いかと存じます。どうか万事よろしくご指導のほど、切にお願い申し上げます。

まずは、略儀ながら御礼まで。

外国郵便の書き方

電話やパソコン通信のネットワークがどんなに発達しても、外国郵便がいらなくなることはないだろう。国際化していく現代においては、むしろ、その必要性は増していくものと思われる。

68～69ページに書き方の例を掲載したので、その形式面を参考にしてほしい。

◆―英文の手紙の形式

(1) 発信者の住所 (↓68ページ①)

住所は国名も書く。親しい友人の間では、発信者の住所は略されることも多い。

(2) 日付 (↓68ページ②)

発信の日付。当然のことながら、年は年号でなく西暦で書く。

(3) 受信者の氏名と住所 (↓68ページ③)

受信者の姓名を、敬称をつけて書く。発信者同様、親しい間柄では、住所は略される。

(4) 敬辞 (↓68ページ④)

敬称を冠して受信者の姓または名を書くなど、決まった呼びかけの語を配する。受信者名のあとにはカンマ(,)がつくが、商用文の場合、米国ではコロン(:)を用いる。

(5) 本文 (↓68ページ⑤)

手紙の用件をここに書く。日本の手紙の主文にあたる。

(6) 結辞 (↓68ページ⑥)

日本の手紙の結語にあたる部分。決まった表現がある。あとにはカンマ(,)をつける。

(7) 署名 (↓68ページ⑦)

発信者の名前を自筆で書く。本文はタイプでも、署名は必ず肉筆で書く。

印鑑万能のわが国では、署名(サイン)はあまりなじみのないものであるが、外国では本人の同一性を表すものとして、最も重要なものである。

そのため、自分なりのサインのスタイルを確立するのが望ましい。文字は判読できて、しかも他人に模倣されないものが理想的である。また、サインは常に不変で、ペン・インクも一定のものを用いるのがよい。

女性のサインには、相手が返信するときの便宜を考えて、(Ms.)(Miss)(Mrs.)を添えることもある。

(8) 追伸 (↓68ページ⑧)

日本の手紙と同じく、本文で書けなかったことなどを追記する。

追伸は、(P.S.)と頭書して、短く用件だけを記す。

※タイプ印書の場合、二枚目以下は一枚目と同質・同寸法の白紙の上端に受信者名・日付・頁数を一行に打つ。

①6-7 Asagaya 6-chome
Suginami-ku, Tokyo 166-0000
Japan
②May 2, 2007

③Mr. Jame Hudson
500 Starcrest Drive
San Antonio, TX 78247
U. S. A.

④Dear Mr.Hudson,

……………………………………………………………………………

……………………………………………………………………………

……………………………………………………………………………

……………………………⑤本文（Body）……………………………

……………………………………………………………………………

……………………………………………………………………………

……………………………………………………………………………

⑥Sincerely yours,
⑦（署名）

⑧P. S. ……………………………………………………………

◆──封筒の書き方

Yoshio Suzuki（発信者の名・姓）
6-7 Asagaya 6-chome（番地・町名）
Suginami-ku,Tokyo 166-0000（市区・都道府県・郵便番号）
JAPAN（国名）
May 2, 2007（日付）

切　手

（a） AIR MAIL
Mr. Jame Hudson（敬称・受信者の名・姓）
500 Starcrest Drive（番地・通り名）
San Antonio, TX 78247
（都市・州名または略号・Zip）
U.S.A.（国名）

（b） Registered

(1) 日付の書き方（→68ページ②）
米国式 May 2, 2007（月・日・年）
英国式 2nd May, 2007（日・月・年）

(2) 受信者名に冠する敬称（→68ページ③）
男性単数 Mr.／Sir／Dr.／Prof.
男性複数 Messrs.
女性単数 Miss（未婚者）
Mrs.（既婚者） Christian nameと夫の姓を合わせてMrs.をつける。
Ms. （未婚·既婚を問わない）
女性複数 Misses （未婚者のみ）
Mmes. （既婚者のみ）

(3) 敬辞の例（→68ページ④）
私信 Dear Mr.... , My dear Mrs.... など
公用通信 Gentlemen, Dear Sirs, Dear Mesdames...
団体宛て Dear Sir, Dear Madam... 個人宛てなど

(4) 結辞の例（→68ページ⑥）
結辞一般 Yours very truly, Very truly yours, Yours trulyなど
結辞私信 Sincerely yours, Affectionately, Cordiallyなど

◆──封筒を書く時の注意

◎68ページの（a）（b）は、次の用語が記されるときの位置を示す。

■（a）か（b）の位置に入る場合
Air Mail（航空便）／Special Delivery（速達）／via...（... 経由）／Printed Matter（印刷物）／Photo only（写真在中）

■（b）の位置に入る場合
Poste Restante... Post Office（... 局留め置き）／Registered（書留）／Introducing...（... を紹介）

◎封書を航空便として差し出す場合は、赤と青の縁どりをした専用の封筒を用い、[AIR MAIL][VIA AIR MAIL]などと書く。これらの表示のない外国郵便物は船便扱いとなり、届くまでにかなりの日数を要するので注意する。

◎「○○様方」「○○気付」は、[c/o Mr.○○]などのように書く。

◎私書箱は、「○○郵便局私書箱×号」なら[○○ Post Office P.O. Box ×]のように書く。

メール編

電子メールの組み立て方

電子メールを成り立たせている要素は、メーラー（電子メールを読み書きするためのソフト）によりデザインや呼称に多少の違いはあるが、ほぼ同じものと考えてよい。ここでは、Microsoft® Outlook Express に沿って解説する。

☆　☆　☆

ヘッダー

そのメールに関する情報を載せた部分。送信者の名前とメールアドレス、発信日時、宛先のメールアドレス、件名、経路情報（そのメールがネットワークのどこを通ってきたか）など。メーラーにより表示される項目の数は異なる。メールを送信する場合、ヘッダーには通常、宛先と件名だけ書き込めばよい。自分の名前とメールアドレスはメーラーに登録しておくと自動的に入る。発信日時も自動で入る。

宛先

アドレス帳機能を使って指定すれば、登録されている名前が入る。頻繁に送信する人については登録しておくと便利。

CC

カーボンコピー（carbon copy）の略。宛先の写しのこと。正式の宛先以外の人にも参考までに伝えておきたい内容の場合、CCを使うと、同時に何人もの人に同じメールを送ることができる。また、送られた人たちにも、同じ内容のメールが誰に送られたかがわかる。

BCC

ブラインドカーボンコピー（blind carbon copy）の略。発信者だけが知っている宛先の写しという意味。CCを使いたいが、送られた人どうしに面識がなく、名前やメールアドレスを伏せたい場合などにBCCを使う。

件名

表題。メールの内容を簡潔に表すもの。メールは受信されると、件名が一覧になって表示される。用件が相手に一目でわかるように短く具体的につける。ビジネスメールでは特に気を使いたい。「会合の日時決定」「2月3日の発注内容確認」はわかりやすいが、「昨日の件」「お願いがあります」などはわかりにくい。

本文

実際に用件が書いてある部分。通常は文章と署名で構成される。基本は左寄せ、一行30文字程度で改行する。

引用

返信メールを設定すると相手の文章に自動的に>などのマークが付く。受け答えに活用する。

署名

送信者がサイン代わりに書くもの。名前・所属のほか、メールアドレス、ホームページアドレスなどを入れるのが一般的。一度作成すれば登録できる。

Microsoft Corprationのガイドラインに従って画面写真を使用しています。

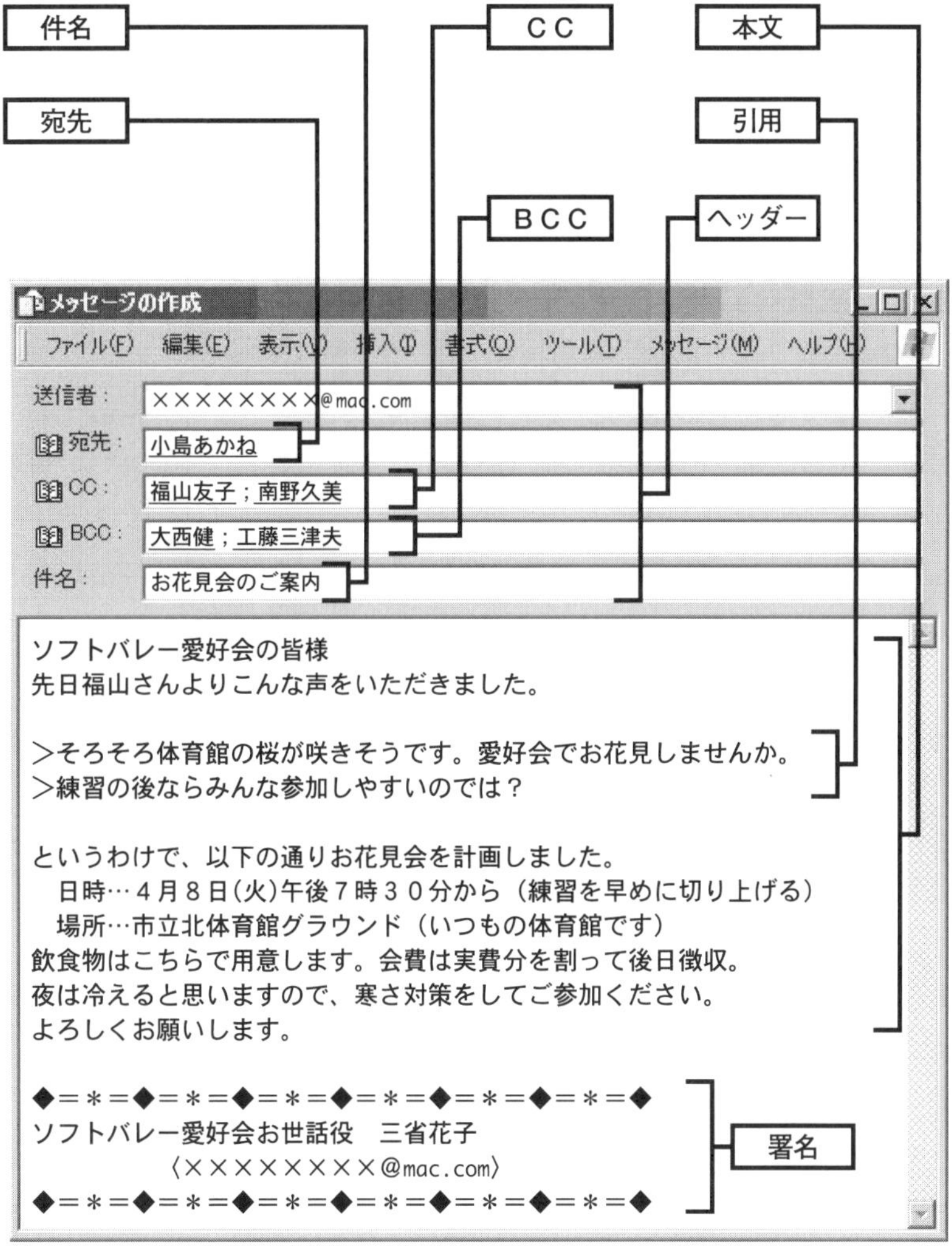
件名
宛先
CC
BCC
本文
引用
ヘッダー
メッセージの作成
ファイル(F) 編集(E) 表示(V) 挿入(I) 書式(O) ツール(T) メッセージ(M) ヘルプ(H)
送信者：××××××××@mac.com
宛先：小島あかね
CC：福山友子；南野久美
BCC：大西健；工藤三津夫
件名：お花見会のご案内
ソフトバレー愛好会の皆様
先日福山さんよりこんな声をいただきました。
＞そろそろ体育館の桜が咲きそうです。愛好会でお花見しませんか。
＞練習の後ならみんな参加しやすいのでは？
というわけで、以下の通りお花見会を計画しました。
日時…４月８日(火)午後７時３０分から（練習を早めに切り上げる）
場所…市立北体育館グラウンド（いつもの体育館です）
飲食物はこちらで用意します。会費は実費分を割って後日徴収。
夜は冷えると思いますので、寒さ対策をしてご参加ください。
よろしくお願いします。
◆＝＊＝◆＝＊＝◆＝＊＝◆＝＊＝◆＝＊＝◆＝＊＝◆
ソフトバレー愛好会お世話役　三省花子
〈××××××××@mac.com〉
◆＝＊＝◆＝＊＝◆＝＊＝◆＝＊＝◆＝＊＝◆＝＊＝◆
署名

Microsoft

電子メールのマナーと注意点

◆電子メールのマナー

電子メールに限らず、インターネットを利用する上で守るべき暗黙のルールというものがある。「ネチケット(＝ネットワーク上のエチケット)」といわれるものがそれで、おおまかにいえば「公序良俗に反する内容を発信しない」「プライバシーや著作権に配慮する」の二点である。電子メールも、これに従い節度をもって利用したい。

また、電子メールはコミュニケーションの手段である。人間関係を円滑にするために心がけておくとよい、電子メールならではのマナーもある。

以上の観点から、電子メールを利用する際の注意を具体的に並べると次のようになる。

◎宛先を間違えない

当然のことだが、送り先はよく確かめてから送信する。

◎件名を忘れない

件名がないと内容がわからず、相手にとって不便である。大量のメールをさばかなければならない立場の人は、受信トレイにずらりと並ぶ件名を見て処理の優先順位を決める。また、後で必要なメールを探す時にも件名が手がかりになる。

件名は短く、具体的なものを工夫して付ける。

◎機種依存文字を使わない

特定メーカーの機種でなければ読めない文字や記号は「機種依存文字」と呼ばれる。相手が同一機種を使用している場合は問題ないが、そうでない時は文字化けをするおそれがある。

おおむね、キー上面に表示されている文字や記号、ＪＩＳコードに割り付けられている文字や記号の範囲でメールを作成しておけば間違いない。

主な機種依存文字

- 丸付き数字……………①②❶❷
- ローマ数字……………Ⅰ Ⅱ Ⅲ Ⅳ
- 罫線文字……………┬ ├ ┤
- 合字… ㈱ ㈶ ㌀ ㌔ ㍻ ㍼ ㎐ ㎗
- 特殊文字…………ゔヸヹヺ✈✌
- 自分で作った外字…ロゴマークなど

◎不適切な内容のメールを送らない

第三者に対するプライバシーの侵害・不利益になる内容・公序良俗に反する内容のメールを送らない。相手が不快になるような感情的なメールもよくない。

◎もらったら早めに返事を出す

出したメールを読んでもらえたかどうかは、通常、返事をもらわない限りわからない。受け取ったということを知らせるためにも、返事を出すよう心がけたい。特に、仕事上の重要なメールの場合は早めに返事を出す。返事をゆっくり書く時間がない時は、受け取ったことだけを簡潔に伝えればよい。

◎むやみに転送しない

原則として他人からのメールは無断で転送しない。プライバシーや著作権保護の観点から重要なことである。相手の書いた文章が本人の知らないところで使われては困るし、個人情報であるメールアドレスも知られてしまう。

書いた本人の許可なく内容に手を加える、また、都合のよい部分だけを選んで転送するなどは言語道断である。メールの文章は加工しやすいだけに扱いには十分な注意が必要である。

◎引用は出典を明記する

第三者の著作物を引用する場合は、通常の文書での引用と同様、必要最小限の量にとどめ、著者名を明記する。出版物からの引用の場合は、書名・著者名・出版社名を明らかにする。また、引用部分と自分自身の考えなどを書いた部分との区別がはっきりするように書く。

◆——メール文の書き方

電子メールが便利なのは、やりとりが手早くできるからである。それを生かし、次の点に注意して書くとよい。

◎画面をスクロールせずに読める分量におさえる

電子メールは画面で読む。メール文が長く、スクロールしなければならないのは面倒である。開いた時に一目で全文が見渡せる程度の分量にまとめるのが望ましい。

◎一メールに一用件とする

複数の用件があっても、なるべく一つのメールに一つの用件にとどめる。「クレーム処理のご相談」という件名に、別件の、会合日時変更のお知らせが入っていたりすると、受け取った人が後で会合日時を確認したい時、目当てのメールを探すのに苦労する。また、長くなるため、後半に書いた内容に気付いてもらえないということも起こりうる。

◎起首（頭語）・時候のあいさつ・結語はいらない

迅速を旨とする電子メールでは、通常の手紙のような「拝啓　春暖の候となり……。敬具」という起首（頭語）・時候のあいさつ・結語を省略するのが普通である。個人宛の場合は本文冒頭に「○○様」と入れて書き出せばよい。

◎頭括型がよい

頭括型とは、結論を最初に置く叙述の型。通常の説明文などは結論が最後の尾括型が多いが、伝達を主目的とする文章に適しているのは頭括型である。

重要事項や結論を先に書くと、相手にすぐ要点を理解してもらえる。書く内容も整理でき、文章量をおさえることにもつながる。

◎改行や一行空けで見やすく

一文一文を短くし、内容の切れ目で改行して適宜段落分けをすると読みやすくなる。話題の変わり目で一行空けるのもよい。箇条書きも活用しよう。ビジネスメールは印刷されたり回覧されたりする場合もあるので、見やすく仕上げたい。

場面別　電子メールの書き方

メッセージの作成

ファイル(F)　編集(E)　表示(V)　挿入(I)　書式(O)　ツール(T)　メッセージ »

送信者：

宛先：木下賢也様

CC：

件名：ご栄転おめでとう存じます

株式会社○○○○商事
東関東支社長　木下賢也様

平素より、大変お世話になっております。

木下様には、この度、東関東支社長にご就任と伺い、心よりお祝いを申し上げます。

豊富なご経験と卓越したリーダーシップをお持ちの木下様がご要職に抜擢されるのも当然のことと存じます。

貴社の益々のご隆昌に向け、一層のご活躍を期待しております。
四月十五日のご祝宴には、必ず参上いたし、改めてご祝詞を申し述べさせていただきます。

本日は取り急ぎ書面にて失礼致します。

＜＜＜＜＜＜＜＜＜＜＜＜＜＜＜＜＜＜＜＜＜
　株式会社△△△△
　代表取締役　砂山哲次
　●●●●@××××.
＜＜＜＜＜＜＜＜＜＜＜＜＜＜＜＜＜＜＜＜＜

着任のあいさつ

メッセージの作成

ファイル(F)　編集(E)　表示(V)　挿入(I)　書式(O)　ツール(T)　メッセージ

送信者：

宛先：田村宏一様

CC：

件名：新担当の川瀬と申します

お世話になっております。

この度、前任者野中より引き継ぎまして御社の担当をさせていただくことになりました川瀬メイ子と申します。
不行き届きの面、多々あることとは存じますが、誠心誠意務めさせていただく所存でございます。野中同様のお引き立てを賜りますよう、ご指導ご鞭撻のほど、伏してお願い申し上げます。

早速ですが、近日中に今後の打ち合わせ等に参上させていただきたく存じます。田村様のご都合をお聞かせいただければ幸いです。

㈱△△△　川瀬メイ子

社内連絡

メッセージの作成

ファイル(F)　編集(E)　表示(V)　挿入(I)　書式(O)　ツール(T)　メッセージ

送信者：

宛先：全社員

CC：

件名：一部停電のお知らせ

社屋補修工事のため、下記の日程で一部停電があります。
ご承知おきください。

〈記〉
日時：平成○○年１０月１８日　１０時～１１時
停電箇所：Ａ棟２Ｆ全室および同１Ｆ管理室

以上、よろしくお願い申し上げます。

＝＝＝＝＝＝＝＝＝＝
総務部庶務課　山下
＝＝＝＝＝＝＝＝＝＝

◆執筆の依頼

メッセージの作成

ファイル(F)　編集(E)　表示(V)　挿入(I)　書式(O)　ツール(T)　メッセージ »

送信者：

宛先：副組合長

CC：

件名：随想執筆のお願い

副組合長　葉山様

お忙しいところ恐れ入ります。

当組合機関紙編集委員会では「ふれあい」９月号の発行準備にかかっております。

つきましては葉山副組合長に「随想」ご執筆をお願いしたくご連絡差し上げました。

今回のテーマは「道」、スペースは１５字詰め４０行ほどです。

お引き受けいただければ折り返し執筆フォーマットをお送りいたします。お返事お待ち申し上げております。

「ふれあい」編集委員　外山裕司

◆在庫照会

メッセージの作成

ファイル(F)　編集(E)　表示(V)　挿入(I)　書式(O)　ツール(T)　メッセージ »

送信者：

宛先：株式会社○○　販売部

CC：

件名：在庫照会のお願い

平素はお世話になりありがとうございます。

そちらでお取り扱いの「ミニ額（メタルフレーム）Ｆ２０－４」につきまして、120個注文したく存じますが、在庫状況はいかがでしょうか。


勝手ながら至急ご連絡いただけますようお願い申し上げます。

明日午前中までにはご返信いただけますでしょうか。

よろしくお願い致します。

△△△文具店　担当：宮島

◆URL変更の通知

メッセージの作成

ファイル(F)　編集(E)　表示(V)　挿入(I)　書式(O)　ツール(T)　メッセージ »

送信者：

宛先：ユーザー各位

CC：

件名：URL変更のお知らせ

関係者各位

日頃は格段のご厚情を賜り、誠にありがとうございます。

さて、ご好評いただいております弊社ホームページが、この度大幅なリニューアルを行いまして更にご利用しやすく生まれ変わりました。

それに伴いＵＲＬが下記のごとく変更になります。

変更によりご面倒をおかけすることもあるかと存じますが、何とぞ御寛恕の程お願い申し上げます。

今後とも「ブックショップＱＱ」ＨＰをよろしくお願い致します。

変更日：平成○○年１月４日(月)
新規URL:http://www.△△△△.●●●.co.jp

◆クレーム

メッセージの作成

ファイル(F)　編集(E)　表示(V)　挿入(I)　書式(O)　ツール(T)　メッセージ »

送信者：

宛先：植田直樹様

CC：

件名：納入部品ご確認ください

株式会社○○○○
販売部　植田直樹様

いつもお世話になりありがとうございます。
先日、旧機種対応の商品を発注させていただきましたが、
こちらには新機種対応のものが届きました。
新機種用のものでは使用不可能ですので、ご確認いただき、早急に交換をお願いいたします。
旧機種型番はＤＳ４０－Ｐです。(ＤＳ４０－Ｒではありません)
よろしくお願い申し上げます。

△△建設株式会社　担当：山崎夏子

◆臨時休業の案内

メッセージの作成

ファイル(F)　編集(E)　表示(V)　挿入(I)　書式(O)　ツール(T)　メッセージ »

送信者：

宛先：お得意様各位

CC：

件名：臨時休業のお知らせ

日頃より弊社をお引き立ていただき心より感謝申し上げます。

誠に勝手ながら、弊社社員旅行のため下記の日程で臨時休業をさせていただきます。


〈記〉

平成○○年１１月１日(木)１５時～１１月２日(金)終日

休業明けからは社員一同一層努力して参ります。

今後ともご愛顧賜りますようお願い申し上げます。

有限会社△△△

◆意見メールへの返信

メッセージの作成

ファイル(F)　編集(E)　表示(V)　挿入(I)　書式(O)　ツール(T)　メッセージ »

送信者：

宛先：井上フミ子様

CC：

件名：ご意見ありがとうございます

井上フミ子様

日頃より弊社をご愛顧いただきまして厚く御礼申し上げます。

この度は、弊社製品に関して貴重なご意見を賜りありがとうございました。

ご指摘の点につきましては今後の製品開発に反映させるべく努力して参る所存でございます。

今後ともお引き立てのほどよろしくお願い申し上げます。

。。。。。。。。。。。。。。。。。。。。。。。。。。。。。。。。。
株式会社△△△△
商品開発部　佐川美雪

不在のお詫び

メッセージの作成

ファイル(F) 編集(E) 表示(V) 挿入(I) 書式(O) ツール(T) メッセージ »

送信者：

宛先：○○○○出版　大西様

CC：

件名：昨日は失礼致しました

○○○○出版株式会社　大西宗平様

日頃より弊社をお引き立て賜りありがとう存じます。

昨日は出張しておりまして、大変失礼を致しました。

代理の小関が伺ったところでは、○○先生のご著書の広告をお任せいただけるとのこと、誠にありがとうございます。

つきましては早速詳しい打ち合わせに参上させていただきたいのですが、ご都合はいかがでしょうか。

お忙しいところ恐縮ですが、ご連絡いただければ幸甚に存じます。

取り急ぎ用件のみにて失礼致します。

㈱△△広告　古川泰司

会議の日時変更

メッセージの作成

ファイル(F) 編集(E) 表示(V) 挿入(I) 書式(O) ツール(T) メッセージ »

送信者：

宛先：商品開発部竹下

CC：

件名：企画会議の日時変更

関係者各位

今週の企画会議は、企画室長に出張予定が入ったため、下記の通り日時を変更いたします。

〈記〉
変更前　　平成○○年６月２０日(水)１０時～
変更後　　平成○○年６月１９日(火)１３時～

※日が繰り上がっておりますのでご注意願います。

企画室　谷村

メッセージの作成

ファイル(F)　編集(E)　表示(V)　挿入(I)　書式(O)　ツール(T)　メッセージ

送信者：

宛先：販売部長

CC：

件名：製品安全委員会参加のご報告

１２月５日製品安全委員会参加報告

川辺販売部長殿
本日の会議についてご報告をさせていただきます。

会議名：　製品安全委員会
日時：　　平成○○年１２月５日(金)午後２時～３時３０分
出席者：　総務部　木村、企画室　本永、製品開発室　杉山、
　　　　　宣伝部　霜鳥、販売部　結城

【決定事項】
１．経済産業省の通達に沿い、各部で製品の安全に留意する。
２．モニターの人数と製品テストの回数を増やす。
３．旧製品についても、アンケートを実施して安全を確認する。
４．安全性の確認された製品については、安全性を強調したＰＲを
　　進める。
５．販売部は過去の商品に対する苦情および返品状況を調査し、次
　　回の委員会に提出する。
６．次回の委員会は１２月１２日(金)午後２時～
以上

販売部が次回の委員会に提出する調査書の作成については、改めてご指示をいただきたく存じます。

販売部二課　結城　修

コラム

顔文字について

——顔文字のいろいろ・使い方

◆顔文字とは

文字や記号の組み合わせによって表情を表現したのが顔文字である。文字だけでは伝えきれない心情を表すことができる。パソコンや携帯電話のメールなどで、文末に添える形で用いる。

顔文字を使った文章の例

合格おめでとうヽ(^o^)ノ
引越しはいつ？
少し遠くなりますね (T_T)
落ち着いたら様子見に行くよ。
新生活応援しています。
体に気をつけてね。
じゃあね。(^ ^)/~~~
新婚の姉より

◆普及の背景

古来、日本には「へのへのもへじ」という顔文字があったが、現在のような使われ方で顔文字が普及したのは、漫画の影響であろう。

漫画にはいくつもの表情のパターンがあり、この特長をいかしたものが顔文字である。実際は（　）や○や・などの組み合わせでしかないものが「顔」に見え、そこに一定の心情を読み取ることができる。現在では、世界各国でさまざまな顔文字が使用され、メールで会話をする上での潤滑油として用いられることも多くなった。インターネットや携帯電話の普及によって、メールで会話をする機会が増えたことも、顔文字が普及した一つの要因であるといえよう。

◆使う場を考えて

顔文字は表現手段としてはカジュアルなものである。私的なメールなどで活用するのはよいが、ビジネスメールなどにはそぐわない場合が多い。仕事上の相手でもごく親しい人、顔文字のよさを理解している人への文章に使うこともあるが、相手によっては通じなかったり、ふざけていると思われたりすることもあるので注意が必要である。

◆顔文字のいろいろ

〈読み〉	〈顔文字〉
あいたっ	(>_<)
おーい	(^O^)／ (^^)/ (^_^)/
しくしく	(T_T) (;_;) (;O;) (;_:)
じとっ	(-.-) (—_—)!!
なぜ	(?_?)
にこっ	(*^。^*) (^_^) (^^) (^<^)
ねてる	(-_-)zzz
ばいばい	(^ ^)/~~~ (^_^)/~ (;_;)/~~~
ばんざい	ヽ(^o^)ノ ＼(-o-)／
びくっ	(*_*) (@_@) (+_+)
ぴんぽーん	!(^^)!
ぶい	(^^)v (*^^)v (^_^)v
ぺこり	<m(__)m> <(_ _)>
ほへー	(~_~) (~o~)
めがてん	(・・；) (・・?
わーい	(^O^))^o^((＾◇＾)

※Microsoft IMEによる。

電話編

場面別 ビジネス電話のマナー

受けた時

(1) 一般的な社用電話の受け方

① ベルが鳴ったらすぐに出る。メモの用意もする。

※3コール以内に出ることを心がける。

② こちらの会社名を名乗る。「**はい、○○出版でございます。**」など。「もしもし」は不要。

※受話器をとるのが遅くなった場合は「**お待たせいたしました。**」と言ってから名乗る。

③ 相手が名乗り、あいさつしたら「**いつもお世話になっております。**」などと返す。

※相手が名乗らない時は「**失礼ですが、どちら様でしょうか。**」「**失礼ですが、お名前を頂戴できますか。**」

④ 取り次ぎを依頼されたら……。

> はい、○○ですね。ただ今代わります。少々お待ちください。

※本人が出るまでは保留ボタンを押すか、受話器を手でおさえておく。

⑤ 取り次ぎの電話で指名されて出る時。

> お電話代わりました。○○でございます。

(2) 指名された本人が不在や所用の場合

① 社内にいる。

《すぐ戻ることがわかっている》

> 申し訳ございません。ただ今、○○は席をはずしております。すぐに戻って参りますが、少々お待ちいただけますか。

《ほかの電話に出ている》

> 申し訳ございません。ただ今○○はほかの電話に出ております。お待ちになりますか。

《来客・会議・打ち合わせ中》

> 申し訳ございません。あいにく○○は席をはずしております。戻りましたらこちらからお電話差し上げるようにいたしますが。

※電話の約束をしていた場合は、できるだけ速やかに本人に電話があった旨を知らせ、判断をゆだねる。

② 外出中。

《帰社時間がはっきりしている》

申し訳ございません。あいにく、○○は外出しております。○時ごろには戻る予定ですが。

《帰社時間があいまい》

申し訳ございません。あいにく、○○は外出しております。戻りましたらこちらからお電話差し上げるようにいたしましょうか。

※帰社時間が不明だと言うと会社の印象を悪くする。

《外出したまま会社へ戻らない》

申し訳ございません。あいにく、○○は外出しておりまして、本日はそのまま戻らない予定ですが。

《出張中である》

申し訳ございません。あいにく、○○は本日出張しております。○日の○時には出社する予定です。

※本人が所用や不在の場合、待ってもらうか、伝言を受けるか、かけ直してもらうか、こちらから折り返しかけるか、代理の者に取り次ぐか、のいずれかになるが、どうするかは相手に決めてもらう。こちらからかけ直す場合は相手の名前と連絡先を確認し、メモに書き記す。

（3）相手の声が聞き取りにくい場合

恐れ入ります。お電話が少し遠いようですが、もう一度おっしゃっていただけますか。

（4）クレームを受けた場合

《担当部署でない場合》

誠に申し訳ございません。すぐに担当部署におつなぎいたします。

《自分が担当者の場合》

① 相手の言い分をよく聞き、クレームの内容、原因、相手の希望などについてメモする。反論はしない。

② 聞き終わったら復唱する。

製品のつまみ部分が、通常のお取り扱いをなさっていたにもかかわらずご購入後一週間で破損、部品の交換修理をご希望ということでございますね。

③　自社に非があり、すぐに対処できるなら……。

ご不便・ご迷惑をおかけし、大変申し訳ございません。できる限り迅速に対応させていただきます。

④　すぐには対処しかねる内容なら……。

お待たせする形になってしまい申し訳ございませんが、こちらでも調査いたしまして、後ほどご連絡差し上げたいと存じます。

(5) 間違い電話を受けた場合

こちらは○○出版ですが……失礼ですがどちらにおかけでしょう。

かけた時

(1) かける前の準備

①　用件をメモし、話す内容を整理しておく。

②　時間帯を考慮する。

※始業時間直後・昼休み・終業時間間際は極力避ける。

(2) こちらからかけた場合の一般的な話し方

①　自分の会社名・所属・氏名を告げ、あいさつをする。

私、△△会社△△部の△△と申します。いつもお世話になっております。

②　取り次ぎを依頼する…先方の所属・役職・氏名を伝える。

恐れ入りますが、企画部長の○○さんをお願いいたします。

※名前＋役職名で「○○部長をお願いいたします」でもよいが「部長様」とは言わない。役職名に「様」は不要。

③　指名した人と話す。

○○さんでしょうか。私、△△会社△△部の△△でございます。大変お世話になっております。お忙しいところ恐縮ですが、○○の件で……どうぞよろしくお願いいたします。

※なるべく早く本題に入る。電話の場合、長くても五、六分で切り上げた方がよい。

(3) 指名した相手が不在の場合

対応策は四つ。

① 出社日や時間を尋ね、こちらから改めてかけ直す。

では改めさせていただきます。何時ごろお戻りでしょうか。

② 伝言を依頼する。

お手数ですが、伝言をお願いできますでしょうか。

※伝言を受けた人の名前も聞いておくとよい。

③ 代理の人と話す。

では□□さんをお願いできますでしょうか。○○の件で伺いたいことがございまして。

※その件でわかりそうな他の人を呼び出してもらう。差し支えない場合は「○○の件」と簡略に用件内容を伝えると、出る相手にも心づもりができる。

④ 先方からかけ直してもらう。

大変恐縮ですが、折り返しお電話いただくことはできますでしょうか。

※ただし、相手が目上や役職者の時、また、用件が自分からの頼みごとである場合は、こちらからかけ直すようにする。

(4) 途中で電話が切れてしまった場合

かけた方からかけ直す。つながったらまずひと言。

先ほどは失礼いたしました。

(5) 間違い電話をかけてしまった場合

申し訳ありません、間違えました。

※丁寧におわびしてから切る。
※かけ直しても同じところにかかってしまったら番号を確かめさせてもらう。

何度も申し訳ございません。番号を確認させていただきたいのですが。○○○—○○○○番ではありませんか？

それで違っていたらおわびを言って切る。

やはり私のかけ違いです。大変失礼いたしました。お手数をおかけしました。

四 間違えやすい言葉の使い方

結びつきの決まった言葉

合う

息が合う
何かを一緒にする時、調子がよく合って気持ちが一つになる。
用例 あのコンビはぴったり息が合っている。

馬が合う
気持ちがうまく合う。一緒にうまくやっていける。
用例 彼とはどうも馬が合わない。

口に合う
食べ物の味や好みが合っている。
用例 お口に合うかどうかわかりませんが、お召し上がり下さい。

性《しょう》に合う
もって生まれた性質や好みに一致する。
用例 秘書という仕事は私の性に合っているようだ。

肌が合う
気性が合う。気が合う。
用例 彼とは不思議と肌が合う。

上げる

気炎を上げる
得意げに元気のいいことを言う。
用例 喫茶店の一角では若い人たちが何やら気炎を上げている。

気勢を上げる
仲間で叫んだり、活発に動いたりして、元気のいいところを見せる。
用例 地元住民が集会を開いて気勢を上げている。

棚に上げる
自分に不都合なことはわざと手をつけずそっとしておく。
用例 自分のことは棚に上げて。

手を上げる
① 降参する。また、手に余って途中で投げ出す。
用例 悔しいけれどもう手を上げるしかないだろう。
② なぐろうとしてこぶしをふりあげる。
用例 親に手を上げるなんてもってのほかだ。

熱を上げる
夢中になる。
用例 アイドル歌手に熱を上げていた昔が懐かしい。

音《ね》を上げる
弱音を吐く。
用例 今年の新入社員は、研修期間の半分もいってないのに、もう音を上げた。

いい

筋がいい
将来伸びる素質がある。
用例 彼女はテニスの筋がいいからすぐうまくなるだろう。

手回しがいい
用意や手配などが、前もって行き届いている。
用例 二次会の会場まで予約してくれるとは手回しがいいね。

歯切れがいい
ものの言い方がはっきりしているさま。論旨が明快な様子。
用例 このサッカー解説者は、歯切れがいいのでとても聞きやすい。

分《ぶ》がいい
有利な情勢を得ている様子。
用例 一回戦から分がいい相手に当たってラッキーだ。

虫がいい
自分勝手でずうずうしい。
用例 めんどうな仕事は自分でやらないで人に回すんだから、虫がいいにもほどがある。

入れる

肩を入れる
熱心に応援する。ひいきにする。
用例 ひいきのチームに肩を入れるのもほどほどにしてほしい。

活を入れる
（気絶した人の息を吹き返させる意から）刺激を与えて、気力を起こさせること。
用例 沈滞ムードに活を入れた。

力を入れる
あることを実現させるため、熱意をもって努力する。
用例 今度の内閣は物価対策に力を入れている。

手に入れる
自分のものにする。入手する。
用例 かねてから欲しいと思っていたものをやっと手に入れた。

本腰を入れる
物事に本格的にとりかかる。
用例 片手間にやっていた翻訳の仕事にようやく本腰を入れ始めた。

耳に入れる
人に告げ知らせる。
用例 このことは母親にだけは耳に入れておいたほうがいい。

身を入れる
一生懸命何かをする。
用例 受験が近づいたためか、ようやく息子も身を入れて勉強するようになった。

打つ

先手を打つ
あらかじめ予測される事態や相手の行動に対し対策を講じたり、それより先に行ったりして、優位な位置につくようにする。
用例 世の中が不況になる前に先手を打って商売替えをした。

手を打つ
① 手のひらを打ち合わせる。
用例 手を打って喜ぶ。

② 交渉や話し合いなどをまとめる。

用例 いろいろ問題点があるけど この辺で手を打とう。

③ 物事がうまく行くように、用意をする。

用例 早めに別の手を打たなければならない。

胸を打つ

強く感動させる。

用例 この映画には胸を打つ場面がいくつもあった。

切る

口火を切る

物事の始まるきっかけをつくる。

用例 ブームの口火を切ったのがこの映画だった。

自腹を切る

費用を自分が個人として出す。特に、自分があえて出す必要のない費用を負担する場合に用いる。

用例 しかたがない、今日の会の費用は僕が自腹を切ろう。

白《しら》を切る

（悪いことを隠して）知らないふりをする。

用例 今度の事件の被疑者はあくまでも白を切っていた。

先頭を切る

いちばん先に立ち、だれよりもまっさきに行う。

用例 アメリカで話題になったこの商品を日本ではわが社が先頭を切って販売した。

手を切る

関係をたち切る。

用例 あんなわけのわからない連中とは、早く手を切ったほうがいい。

高い

敷居が高い

不義理をしたり、面目ないことがあって、その人の家へ行きにくい。

用例 今度のことではさんざん迷惑をかけ、彼の家は敷居が高くなってしまった。

鼻が高い

自慢したいことがあって得意だ。

用例 親として鼻が高い。

目が高い

物のよしあしや価値あるものを見分ける能力に優れている。

用例 さすがに彼は目が高いだけあって選ぶ物が違う。

出す

顔を出す

人の家を訪問する。顔出しする。会合などに出席する。

用例 五年ぶりに同窓会に顔を出した。

口を出す

他人の話に割り込んでものを言う。

用例 よその家庭の問題に口を出しても何の解決にもならない。

尻尾《しっぽ》を出す

ごまかしていた正体を見せる。隠し事などが見破られる。

用例 彼が尻尾を出すのも時間の問題だ。

精を出す
一生懸命つとめる。
用例 午前中は庭の手入れに精を出した。

手を出す
① 自分のほうから、関係をつける。
用例 人の仕事に手を出してもかえって迷惑を掛けるだけだ。
② 新しく始める。
用例 株に手を出すのなら事前によく勉強してからのほうがいい。
③ 暴力をふるう。
用例 喧嘩《けんか》は先に手を出した方が悪い。
④ 盗んだり奪ったりしようとする。
用例 他人のものに手を出してはいけない。

立つ

腕が立つ
剣術や技術の能力が優れている。
用例 彼女は剣道の腕が立つ。

顔が立つ
その人の評価が高められることがあって、面目が失われないですむ。
用例 君がちょっと我慢すれば彼の顔が立つんだが。

角《かど》が立つ
物事がなめらかに進まなくなる。あらだつ。人間関係がうまくいかなくなる。
用例 ものも言い様で角が立つ。

気が立つ
心が高ぶって落ち着かない状態になる。緊張が続いていらいらする。
用例 気が立って寝られない。

腹が立つ
おこって我慢できなくなる。癪《しゃく》に障る。
用例 バスの停留所で平然と割り込みをされて腹が立った。

筆が立つ
文章を上手に書く力がある。
用例 筆が立つ人に企画書を書いてもらおう。

付く

足が付く
捜している者の行方がわかる。
用例 ちょっとした不注意から犯人の足が付いた。

気が付く
① 目や耳を働かせたり、考えたりして、わかる。
用例 過ちに気が付く。
② 正気にかえる。
③ 注意が行き届く。
用例 よく気が付く人。

土が付く
相撲《すもう》で負ける。
用例 初日から横綱に土が付いた。

鼻に付く
たび重なっていやになる。
用例 スター気どりが鼻に付く。

人目に付く
他人の注目をあびる。
用例 サングラスなんかかけて変装していると、かえって人目に付く。

耳に付く
声や音などがしつこく聞こえる。

用例　あのコマーシャルソングが耳に付いて離れない。

目に付く

目立つ。

用例　この付近は煉瓦《れんが》造りの家が目に付く。

出る

足が出る

出費が多く、予算より費用が超過する。

用例　今回の旅行は足が出てしまった。

顔から火が出る

恥ずかしさで真っ赤になる。

用例　顔から火が出るほど恥ずかしい。

喉《のど》から手が出る

非常に欲しくてたまらないさま。

用例　喉から手が出るほど欲しい稀覯《きこう》本。

世に出る

①　社会に認められる。有名になる。出世する。

用例　若くして世に出る。

②　世の中に現れる。出版される。発売される。

用例　一冊の本になって近いうち世に出る予定である。

とる

音頭《おんど》をとる

人の先に立ち、計画したり物事の取りまとめをする。

用例　だれかが音頭をとってやらなければ一向に進まない。

機嫌をとる

人の気に入るようにふるまう。相手が喜ぶように努める。

用例　彼はいつも上司の機嫌をとるのに一生懸命だ。

盾にとる

ある事を自分の理由や言いがかりを有利にするために使う。

用例　人の弱みを盾にとる。

不覚をとる

油断してしくじる。

用例　この問題は得意分野なのに不覚をとってしまった。

なる

意地になる

状況に逆らって、何としても自分の思いどおりにしようとする。無理をしてでもやり抜こうとする。

用例　彼はどうしても自分の企画を通そうと意地になっていた。

気になる

①　気にかかる。心にひっかかる。

用例　試験の結果が気になる。

②　新たな物事などに、興味をそそられる。

用例　今年の新入社員は、どんな人たちか気になる。

さまになる

それらしい体裁になる。格好がつく。

用例　スーツ姿がさまになってきた。

身になる

その人の立場に立ってみる。

用例　何事も相手の身になって考えなさい。

物になる
一人前の腕前になる。
【用例】入社三年目でどうにか物になってきたかなと思うころで辞めてしまう社員が多い。

張る

体を張る
一身をなげうって事にあたる。失敗したときは命でも投げ出すつもりでやる。
【用例】体を張って行動する。

我《が》を張る
意地になって自分の主張を押し通そうとする。わがままなことをする。
【用例】そんな事に我を張ってもなんの得にもならないよ。

気が張る
気持ちを引き締めていなければならない状態におかれ、緊張し続ける。気を張る。
【用例】気が張っているので疲れも感じない。

根を張る
新しい考えや風習などが一般的になる。
【用例】村を活性化しようという考えもだんだん根を張ってきた。

胸を張る
自信に満ちた態度をとる。胸をそらす。
【用例】彼は面接官の質問に堂々と胸を張って答えた。

引く

糸を引く
陰にいて人を操る。糸で操る操り人形から出た語。
【用例】だれかが裏で糸を引いているにちがいない。

尾を引く
物事のすんだあとまで影響が残る。
【用例】去年の大事故が尾を引いて、飛行機の利用客は減少したままだ。

気を引く
それとなく、相手が興味を示すようなことをする。相手の関心をこちらに向けさせる。
【用例】彼女の気を引くために涙ぐましい努力をする。

注意を引く
人びとの注目や関心を集める。
【用例】今回の政界の動きは人びとの注意を引いた。

血を引く
親や祖先から血筋を受け継いでいる。祖先の特質を引き継いでいる。
【用例】彼の家は徳川家の血を引いているそうだ。

手を引く
① 手を取って案内する。
【用例】おばあさんの手を引いて横断歩道を渡ってあげた。
② その事に関係することをやめる。
【用例】事件から手を引け。

人目を引く
ほかの人の注意を引きつける。
【用例】披露宴では、主役の新郎新婦より今話題になっている彼のほうが人目を引いていた。

使い方を間違えやすい慣用句

あ行

明るみに出る
おおやけになる。表立つ。
用例　事件が明るみに出る。
誤用例　明るみになる

足を掬《すく》う
相手のすきをついて、予想外の手段や卑劣なやり方で失敗させる。
用例　相手の足を掬うことばかり考えずに、何事も正々堂々とやりなさい。
誤用例　足元を掬う

あとを濁す
立ち去ったあとに不始末を残す。
用例　立つ鳥あとを濁さず。
誤用例　あとを汚す

一矢《いっし》を報いる
相手の攻撃にこちらも仕返しをする。
用例　昨日は大差で負けたので、今日は一矢を報いてやろう。
誤用例　一矢を放つ

嫌気《いやけ》が差す
いやになる。
用例　彼女のあまりのわがままに嫌気が差してきた。
誤用例　嫌気がする

いやでも応でも
どうしても。ぜひとも。いやが応でも。
用例　今回は大事な会議なのでいやでも応でも君には出席してもらう。
誤用例　いやがうえにも（「ますます」という別の意味の語）

引導を渡す
（坊さんが死者に対して悟りを開くよう説くことから）最終的な宣告をしてあきらめさせる。
用例　彼には私のほうから引導を渡そう。
誤用例　印籠《いんろう》を渡す

襟《えり》を正す
衣服を整え、姿勢を正しくする。また、まじめな気持ちで物事に対処する態度。
用例　襟を正して先生の話を聞く。
誤用例　襟をつける

応接に暇《いとま》がない
物事が次々と起こって非常に忙しいこと。
用例　昨日から応接に暇がない状態が続いている。
誤用例　応接にひまがない

尾鰭《おひれ》が付く
事実以外のことが付け加えられる。話が誇張される。尾と鰭が体に付くことから。
用例　先日話したことに尾鰭が付いて他人に伝わっていた。
誤用例　話に尾鰭が付いてわかり易くなった。

か行

陰になり日向《ひなた》になり
人に知られないような面においても、表立った面においても。何かにつけて。陰に陽に。

用例　彼女はいつも陰になり日向になり私を支えてくれる。

誤用例　陰日向なく（「人がいてもいなくても態度が変わらない」という別の意味の語）

気が置けない

互いに気心が通じていて、気がねや遠慮しなくていい。心から打ち解けることができる様子。

用例　気が置けない友人。

誤用例　彼は油断がならなくて気が置けないね。

狐《きつね》につままれる

狐にだまされる。また、意外な展開に訳がわからなくなる。

用例　狐につままれたような顔をする。

誤用例　狐につつまれる

脚光を浴びる

皆に注目される。世間から注目されるようになる。

用例　この作家は直木賞受賞で一躍脚光を浴びた。

誤用例　脚光を集める

口裏を合わせる

前もって打ち合わせをして、話の内容が合うようにする。

用例　事前に口裏を合わせていることは初めからわかっていた。

誤用例　口車を合わせる

首を傾《かし》げる

本当かな、と思う。それでいいのかな、と思う。

用例　演説を聞いてみんな首を傾げていた。

誤用例　頭を傾げる

御託を並べる

自分勝手な言い分をくどくどと言い立てる。「御託」は御託宣の略。

用例　御託を並べてばかりいないで、やるべきことをさっさとやりなさい。

誤用例　御託を言う

さ行

算を乱す

ちりぢりばらばらになる。「算」は占いに用いる算木《さんぎ》のこと。

用例　敵の不意打ちに、兵士たちは算を乱して逃げ惑った。

誤用例　算を乱したまま片づけなかった。

舌の根の乾かぬうちに

言い終わってすぐ（言う）。言うか言わないかのうちに。

用例　舌の根の乾かぬうちに約束を反故《ほご》にする。

誤用例　舌の先の乾かぬうちに

性懲りもない

何度も同じ過ちを繰り返す。

用例　性懲りもなく、同じ過ちをおかす。

誤用例　証拠にもない

寸暇を惜しむ

忙しいなかのわずかな暇も大事にする。

用例　寸暇を惜しんで練習する。

誤用例　寸暇を惜しまない

た行

提灯《ちょうちん》を持つ

（提灯を持って先頭に立つ意から）

頼まれもしないのに、その人をほめる。お先棒を担ぐ。

用例　同期入社の彼は、上司の提灯を持つのがうまい。

誤用例　提灯を提げる

手塩にかける

自分で世話をして育てあげる。

用例　手塩にかけて育てたわが子。

誤用例　手塩をかける

取り付く島がない

相手がつっけんどんで、何かを頼んだり話を進めたりするきっかけが見つからない。

用例　あんなに意固地になられたんでは取り付く島がない。

誤用例　取り付くひまがない

な行

熱に浮かされる

①　熱が出てうわごとを言う。

用例　一晩じゅう熱に浮かされる。

誤用例　熱にうなされる

②　夢中になってのぼせる。

用例　彼は今、カメラ熱に浮かされていて、暇さえあれば撮影に出かけている。

のべつ幕なし

絶え間なくすること。休む暇もなく。芝居で幕をおろさずに演じ続けることから。

用例　のべつ幕なしにしゃべり続ける。

誤用例　のべつひまなし

は行

場数を踏む

数多く経験を重ねる。場慣れをする。

用例　一人前の弁護士になるためには、場数を踏むことが必要だ。

誤用例　場数を積む

歯に衣《きぬ》着せない

相手の感情や思惑を気にしないで、思ったままを率直に言う。

用例　この政治家の歯に衣着せない物言いが人気を集めている。

誤用例　歯に衣《ころも》を着せない

腹に据えかねる

怒りのために、落ち着いていられなくなる。

用例　公衆道徳をわきまえない最近の若者の態度は、腹に据えかねる。

誤用例　腹を据えかねる

半畳を入れる

人の言動に不満なあまり、大声で野次を飛ばしたり、進行を妨げたりすること。芝居小屋で、役者の芸の不出来に観客が不満を表すために、下にしいている半畳のござを舞台に投げたことから。

用例　すぐ半畳を入れないで、最後まで話を聞いてくれ。

誤用例　半畳を飛ばす

膝《ひざ》を打つ

突然思い当たった時の動作。ひどく感心した時の動作。

用例　いいアイディアが浮かんだのか、彼ははたと膝を打った。

誤用例　膝をたたく

一泡吹かせる

予想外の行動に出て、相手を驚きあわてさせる。

用例　いつも彼らにはやられてばかりいるから、今度こそ一泡吹かせてやろう。

誤用例　一泡食わせる

臍《ほぞ》を固める

かたく覚悟すること。

用例　いい加減に臍を固めたらどうだ。

誤用例　臍をかむ（「後悔する」という意味の別の語）

ま行

末席を汚《けが》す

自分がその地位にいることを謙遜《けんそん》していう言い方。

用例　このたび、役員の末席を汚すことになりました鈴木と申します。

誤用例　このたびは末席を汚してしまって申し訳ありません。

的を射る

うまく的に当てる。急所に当たる。

用例　的を射た質問だ。

誤用例　的を得る

眉《まゆ》を顰《ひそ》める

① いやそうな顔をする。眉をしかめる。

用例　人の迷惑も考えずに騒いでいる若者に眉を顰めた。

誤用例　目をひそめる

② 心配そうな顔をする。

用例　一向に熱の下がらない子どもを見て眉を顰めた。

身を粉《こ》にする

苦労をいとわないで仕事をする。

用例　彼は身を粉にして働き、念願のマイホームを手に入れた。

誤用例　身を粉《こな》にする

虫も殺さない

虫を殺すことさえもできない。気がやさしいことのたとえ。虫も殺さぬ。

用例　彼女は虫も殺さないような顔をして大胆なことをする。

誤用例　虫も殺せない

目鼻が付く

だいたいの見通しがつく。

用例　就職活動にも目鼻が付いてきた。

誤用例　目鼻がきく

や・ら行

有終の美

最後まで立派に成し遂げること。

用例　彼は引退試合を大差で勝ち、有終の美を飾った。

誤用例　優秀の美

横車を押す

自分の勝手な考えを無理に通そうとする。

用例　機構改革がうまく進まないのは、一部の役員が横車を押しているからだ。

誤用例　横車を入れる

溜飲《りゅういん》が下がる

胸のつかえがおりてすっとする。

用例　あなたが全部言ってくれたので、溜飲が下がる思いだった。

誤用例　溜飲を下げる

よく使う慣用句

あ行

愛想が尽きる
好意や信頼がもてなくなる。
用例　非常識なあの人には愛想が尽きた。

胡座《あぐら》をかく
（足を組んだ楽な座り方であることから）なすべきことをせずに、ずうずうしく構える。のんきに構える。
用例　今の状況に胡座をかいていては何の進歩もない。

顎《あご》を出す
非常に疲れ（て動けなくな）る。へばる。顎が上がる。
用例　あと少しで頂上というところで顎を出してしまった。

味を占める
一度試みて、そのおもしろさや利益が忘れられず、またそれを期待する。味をおぼえる。
用例　一度味を占めるとこの商売はやめられない。

泡を食う
あまりにも突然の出来事に、驚きあわてる。
用例　泡を食って逃げ出した。

至れり尽くせり
相手に対する配慮が細かく、何もかも行き届いている。
用例　至れり尽くせりのもてなしを受ける。

一計を案じる
一つのはかりごとを考え出す。
用例　あの二人が何とかダブルスを組めるように我々は一計を案じた。

一世を風靡《ふうび》する
ある時代の社会全体に広く知られ流行する。
用例　昔、一世を風靡した歌が、最近またはやり出した。

意表を衝《つ》く
人が思いもつかないことを言ったりやったりして、あっと言わせる。
用例　監督は意表を衝く采配で有名だ。

今わの際《きわ》
死ぬまぎわ。
用例　今わの際での祖父の言葉。

いやがうえにも
なお、いっそう。ますます。
用例　真打《しんうち》の登場で会場はいやがうえにも盛り上がった。

胡散《うさん》くさい
様子や態度がなんとなくあやしい。
用例　得体の知れぬ胡散くさい人。

後ろ指をさされる
陰で他人から非難されたり、悪口を言われる。
用例　人に後ろ指をさされていやな思いをする。

現《うつつ》を抜かす
正気を失って夢中になる。自分の置かれた立場やなすべきことを忘れるほど、ある事に一心を奪われる。
用例　テレビゲームにばかり現を抜かしていると勉強のほうが疎《おろそ》かになる。

腕を拱く《こまぬ》
なにもしないでただ見ている。傍観する。「腕をこまねく」とも。
用例　事態がここまで来たのなら、ただ腕を拱いてばかりいては収拾がつかなくなる。

旨《うま》い汁を吸う
地位・他人などを利用して、利益を手に入れる。
用例　初めから旨い汁を吸おうというのは感心しない。

雲泥の差
天と地ほどに大きな差があること。はなはだしい隔たり。
用例　昔と今の生活水準には雲泥の差がある。

追い討ちをかける
負けて逃げる者を追撃する。劣勢になった相手にさらに打撃を与える。
用例　追い討ちをかけるように最後の一分でもう一点入れた。

鬼の首を取ったよう
たいしたことでもないのに、手柄をたてたと大得意な様子をさす言葉。
用例　人のミスを見つけて鬼の首を取ったように喜ぶ。

折り紙を付ける
保証する。確かだという。折り紙は保証書のこと。
用例　この品物は、私が折り紙を付けます。

か行

風上にも置けない
卑劣な人間をののしっていう語。風上に悪臭を発するものがあると風下では非常に臭いことから。
用例　人の風上にも置けない奴。

固唾《かたず》を呑《の》む
心配しながら、事の成り行きを待つ。
用例　映画のクライマックスではみんな固唾を呑んで見入っていた。

片棒を担ぐ
相手に協力して、一緒に仕事をする。多く、悪事に加わること。
用例　悪事の片棒を担ぐ。

閑古鳥《かんこどり》が鳴く
訪れる人がなく、寂しいこと。とくに、商売などがはやらない様子。「閑古鳥」はカッコウの別名。
用例　不況のせいか高級旅館は閑古鳥が鳴いている。

木で鼻を括《くく》る
きわめて愛想がないさま。不愛想なこと。「木で鼻をこくる」の誤用が一般化したもので「こくる」はこする意。
用例　木で鼻を括ったようなあいさつをする。

気骨《きぼね》が折れる
気をつかう必要があるため、精神的に疲れる。
用例　大事なお客さんの接待は気骨が折れてたまらない。

肝《きも》が据わる
しっかりした心構えや考えがあって、簡単にぐらつくことがない。
用例　こんな差し迫った状況でも落ち着いていられるなんて、彼女は肝が据わっている。

窮余の一策
困り果てたあげくの、苦しまぎれの思いつき。
用例 いよいよという時は窮余の一策で乗り切る。

灸《きゅう》を据える
① 灸の療法を行う。
② こらしめのため、きつく注意をしたり処罰をしたりする。
用例 あまりミスが多いので灸を据えてやった。

胸襟を開く
うちとけて、自分の気持ちをそのまま表す。
用例 胸襟を開いて話し合う仲だ。

琴線に触れる
心の底から深く感動し、共鳴する。
用例 心の琴線に触れる。

楔《くさび》を打ち込む
敵の中に割り込んで、勢力を二分する。また、相手の勢力の中に自分の勢力を打ち立てる。

嘴《くちばし》が黄色い
（鳥のひなは嘴が黄色いことから）未熟だ。若くて経験が足りない。
用例 まだ嘴が黄色いうちにあれこれ言っても無理だろう。

口を拭《ぬぐ》う
悪いことをしていながら無関係を装う。また、知っていながら知らないふりをする。
用例 知っているくせに口を拭って平然としている。

苦杯を嘗《な》める
思いどおりに事が運ばず、苦しく、つらい経験をする。
用例 思わぬ苦杯を嘗めた。

群を抜く
多くの人の中で特に優れている。
用例 群を抜く成績をあげる。

験《げん》がいい
縁起がいい。
用例 この場所は私にとって験がいい。

けんもほろろ
少しも同情の心がない様子。取り付く島のないさま。「けん」と「ほろろ」は雉《きじ》の鳴き声。
用例 けんもほろろに断られた。

口角泡を飛ばす
（「口角」は口のわきの意）つばきを飛ばすほどの勢いで、激しくまくしたてる。勢いよく議論するさま。
用例 政治家たちが口角泡を飛ばして言い合っていた。

功を奏する
ききめをあらわす。成功する。事の成功を君主に奏上する意。
用例 長年の研究が功を奏して、学会で表彰されることになった。

黒白《こくびゃく》を争う
物事の是非をはっきりさせる。くろしろを争う。
用例 法廷で黒白を争う。

沽券《こけん》にかかわる
（「沽券」は、土地売買などの証文の意）その人の体面や品位を傷つけることになる意。
用例 こんなことができないようではプロの沽券にかかわる。

さ行

沙汰《さた》の限り

普通の判断の限界をこえていること。もってのほか。論外。

用例　命令にそむくなどは沙汰の限りだ。

常軌《じょうき》を逸する

普通のやり方からはずれる。常識では考えられないような言動をする。

用例　人を無差別になぐるなんて常軌を逸した行為である。

触手を伸ばす

それを得ようと野心をもって、働きかける。

用例　彼はとうとうこちらの業種にも触手を伸ばしてきた。

尻馬《しりうま》に乗る

無批判に他人に便乗して行動する。

用例　すぐ人の尻馬に乗るような軽はずみな行動は慎んだほうがよい。

尻目《しりめ》に掛ける

人を軽視する。

用例　少し地位が上がったからと言って人を尻目に掛けるようではだめだ。

隅に置けない

思っていたよりも物事に通じていたり、世間を知っていたりして、ばかにできない。

用例　フランス語の通訳ができるなんて君も隅に置けないね。

是非もない

好ましくない結果になったことも、それなりの事情があったことなので、やむをえない。しかたがない。

用例　そういう事情なら是非もない。

ぞっとしない

ある物事についてあまり好感がもてない。感心しない。

用例　あまりぞっとしない話だ。

た行

体《たい》を成す

それらしくまとまった形になる。

用例　研究論文の体を成さない。

箍《たが》が緩む

緊張が緩んで気力がにぶる。組織の規律が緩む。「箍」は桶《おけ》などのまわりにはめる竹製や金属製の輪。

用例　何度もミスを犯すのは箍が緩んでいる証拠だ。

立つ瀬がない

関係者などの落ち度のため、自分の立場がなくなる。面目がつぶれる。

用例　突然こんな事態になったのでは私の立つ瀬がない。

惰眠を貪《むさぼ》る

何もしないで、だらしなく暮らす。

用例　いつまでも惰眠を貪っているとますます生活が堕落する。

昼夜を舎《お》かず

昼となく夜となく。絶えず。

用例　ファクシミリは昼夜を舎かず情報を流せるので大変便利だ。

帳尻《ちょうじり》を合わせる

収支決算の結果が合うようにする。

用例　シーズンも終了に近づき、何とか勝ち負けの帳尻を合わせた。

面《つら》の皮が厚い
厚かましい。ずうずうしい様子。
用例 あれだけ、会社に迷惑を掛けておきながら堂々と出社してくるなんて彼も相当面の皮が厚い。

出端《でばな》を挫《くじ》く
相手が意気込んで何かしようとするところをじゃまして、意欲をなくさせる。
用例 出端を挫いて一気に攻め込む。

手を拱《こまぬ》く
何もしないで見過ごすことのたとえ。「手をこまねく」とも。「拱く」は、もと中国の敬礼の一つで、両手の指を胸の前で組み合わせてあいさつするもの。
用例 目の前で子どもが溺《おぼ》れかかっているのに、彼はただ手を拱いているだけで助けようともしない。

度肝《どぎも》を抜く
ひどくびっくりさせる。
用例 彼の大胆さには度肝を抜かれた。

年端《としは》も行かぬ
「年端」は年齢の程度の意。まだ、幼い子ども。
用例 まだ年端も行かぬ子どもにそんな難しい買い物を頼むなんて無茶だ。

飛ぶ鳥を落とす勢い
不可能なことがないと思われるほど、たいそう勢いが盛んなことのたとえ。
用例 彼の最近の活躍ぶりはまさに飛ぶ鳥を落とす勢いである。

止め処《ど》がない
とどまるところがない。際限がない。
用例 彼女のおしゃべりは止め処がない。

な行

鳴かず飛ばず
これといった活躍もしないでいる様子。
用例 彼はたいした活躍もなく鳴かず飛ばずだ。

生木《なまき》を裂く
相思相愛の男女の仲を無理にひきはなす。

波風が立つ
もめごとが起こる。
用例 二人の仲に波風が立つようなことだけはしないでほしい。

鳴りを潜める
① 物音を立てずに静かにしている。
用例 一同鳴りを潜めて見守る。
② 活動を休む。
用例 あの団体がしばらく鳴りを潜めているのは何だか不気味だ。

難癖を付ける
欠点をあげてけなす。
用例 彼の悪い所は、もらったものに必ず難癖を付けることだ。

憎まれ口を叩《たた》く
人に憎まれるような言い方をする。人から嫌われるようなことを言う。
用例 いつまでも憎まれ口を叩いていると、皆から相手にされなくなるよ。

煮ても焼いても食えない

ずる賢い性質で、どうにも手に負えない。

用例 あいつは煮ても焼いても食えない奴《やつ》だ。

二の足を踏む

悪い結果が予想されて思いきってやれない。一歩目は進めても、二歩目はためらって進めない意から。

用例 格好な物件が見つかったが、通勤時間のことを考えると二の足を踏んでしまう。

抜き差しならない

（さびついた刀の状態のことから）事態が深刻になり、どうしようもない様子。

用例 事がどんどんおおげさになってしまって、抜き差しならない事態に陥ってしまった。

ねじを巻く

しっかりと行動するように、励ましたり、注意したりする。

用例 弟はどうも最近気が緩んでいるようだから、ねじを巻いたほうがいいかもしれない。

年貢の納め時

悪いことをしていた者がつかまって、処分を受ける時期。

用例 そろそろ年貢の納め時だ。

伸《の》るか反《そ》るか

運にまかせてすること。一か八か。

用例 伸るか反るかの大博打《ばくち》を打つ。

は行

箔《はく》が付く

評価が高くなる。値打ちが上がる。

用例 彼の絵も院展に入選し、箔が付いた。

発破《はっぱ》を掛ける

「発破」は土木工事などで用いる爆薬。あらっぽく励ます。気合をかける。

用例 気弱なことを言っている後輩に少し発破を掛けてやろう。

鼻息が荒い

意気込みが激しくて、まわりの人を問題にしない。

用例 彼は今度の大会では優勝してみせると鼻息が荒い。

鼻の下を長くする

女性に対し甘い態度をとる。女性にだらしなく夢中になる。

用例 彼は女性と見るとすぐ鼻の下を長くする。

張り子の虎

実力がないのに虚勢を張りたがる人をあざけっていう言葉。

用例 あの男は親の威光で偉そうにしているだけの張り子の虎だ。

肘鉄砲を食わせる

相手の誘いや要求などを強くはねつける。

用例 彼のしつこい誘いに肘鉄砲を食わせる。

一旗揚げる

新しい事業を起こす。ある商売に成功する。

用例 一旗揚げるつもりで上京してきた。

氷山の一角

重大な事件や問題のほんの一部分があらわれているにすぎないことのた

とえ。

用例　今度の汚職事件などは氷山の一角だ。

顰蹙《ひんしゅく》を買う

非常識なことを言ったり、したりして、人からいやがられ軽蔑《けいべつ》されること。「顰蹙」は顔をしかめること。

用例　会議中に隣の人と私語をして顰蹙を買った。

風雪に耐える

人生の厳しい試練や苦難に負けず、それを乗り越える。

用例　彼は長いこと風雪に耐えた。

腑《ふ》に落ちない

納得した、という気持ちにならない。「腑」ははらわたの意で、転じて心の底。

用例　どうして私が疑われたのか、いまだに腑に落ちない。

舟を漕《こ》ぐ

居眠りをする。居眠りをして、体を前後に動かす。

用例　午後の授業では舟を漕いでいる生徒が目立つ。

棒に振る

努力して手に入れたものを失う。手に入れそこなう。

用例　つまらないことで一生を棒に振る。

墓穴を掘る

失敗や破滅の原因を自分で作る。

用例　あまり油断をしていると墓穴を掘ることになるぞ。

襤褸《ぼろ》を出す

隠されていた欠点や失敗、具合の悪い点が、人に見つかる。

用例　自分で問題点をしっかり把握していないと、めんどうな質問をされた時すぐに襤褸を出してしまう。

ま行

枚挙に遑《いとま》がない

たくさんあって、数え切れない。

用例　この件に関する事例を挙げると枚挙に遑がない。

水の滴るよう

みずみずしく美しい男女の形容。

用例　水の滴るようないい男やいい女にはそう滅多に会えるものではない。

水も漏らさぬ

①　警戒が厳重で、少しのすきもない様子。

用例　首脳会談の会場は水も漏らさぬ警備でものものしかった。

②　男女の仲がいい様子。

用例　あの二人は水も漏らさぬ仲である。

水を向ける

相手が話すように、うまく仕向ける。

用例　彼女に水を向けてみたが、肝心なことは何ひとつ話してくれなかった。

味噌《みそ》を付ける

失敗して面目を失う。

用例　絶対大丈夫だと大見えを切ってこの仕事を引き受けたはいいが、結局味噌を付けた。

身も蓋《ふた》もない

言い方があまりに露骨で、うるおいが感じられない。

用例 身も蓋もない言い方。

冥《みょう》利につきる
ある立場や状態によって受ける幸せ。「冥利」は神仏の加護によって受ける利益。
用例 嵐《あらし》のような拍手を受けて、役者冥利につきる。

目処《めど》が付く
見込みが付く。
用例 ようやく運転資金の目処が付いた。

目の黒いうち
生きているあいだ。
用例 私の目の黒いうちには、勝手なことはさせない。

芽を摘む
早いうちに防ぎ止める。
用例 悪の芽を摘むことは社会にとって重要なことである。

面子《メンツ》を立てる
その人の体面を汚さないように取り計らう。「面子」は体面の意味の中国語。
用例 ここは彼の面子を立てて企画を譲ろう。

勿体《もったい》を付ける
必要以上に重々しそうにする。
用例 彼はどうしてあんなふうに勿体を付けた言い方をするのだろう。

や・ら・わ行

焼きが回る
年をとって、思考力や判断力が衰えたり、腕前が落ちたりする。刃物を鍛える時に火が行き渡りすぎて、切れ味がかえってにぶることから。
用例 さすがの名取りも、年を取って焼きが回ったようだ。

矢も盾《たて》もたまらず
どうにもじっと我慢していることができず。
用例 彼女がまもなく帰国するとの知らせを受けて、彼は矢も盾もたまらず空港へ駆けつけた。

欲の皮が張る
きわめて欲が深い。非常に欲張りである。
用例 彼女は欲の皮が張っていて、人の物を何でも欲しがる。

横槍《よこやり》を入れる
横から口を出して話や交渉を妨害する。
用例 組合案に一部の役員が横槍を入れたため、交渉が中断した。

呼び声が高い
その可能性があると世間でうわさされている。
用例 彼はその実績と人望から次期大臣の呼び声が高い。

埒《らち》が明かない
物事がはかどらず、なかなか決まらない。かたがつかない。
用例 あなたでは埒が明かないから責任者を出しなさい。

若気の至り
若さにまかせて、無分別な行動や血気にはやり慎重さに欠ける行いをしてしまうこと。また、その結果。
用例 あんな思いきったことができたのは、まさに若気の至りだった。

五　日本語を正しく書き表すためのルール

仮名の使い方

音節の種類

仮名は日本語の音節を表す文字である。

直音

撥音《はつ》・促音を除いて仮名一文字で書き表される音。

〈例〉かい［貝］　かきぞめ［書き初め］　ぺこぺこする

拗《よう》音

ねじれた音。「や」「ゆ」「よ」を右下に小さく書き添える。

〈例〉しゃかい［社会］　ちゅうい［注意］

撥音

はねる音。「ん」で表す。

〈例〉けんり［権利］　しんねん［信念］

促音

つまる音。「つ」を右下に小さく書き添える。

〈例〉かっき［活気］　はしって［走って］

長音

のばす音。

〈例〉かあさん　くうき［空気］　とうだい［灯台］

清音

すんだ音。

〈例〉すすむ［進む］　はし［橋］　れきし［歴史］

濁音

濁った音。右肩に濁点（゛）をつける。

〈例〉ふで［筆］　もみじ［紅葉］　ゆずる［譲る］

半濁音

右肩に半濁点（゜）をつける。

〈例〉さんぽ［散歩］　はっぽう［発砲］

平仮名で書いたほうがよい単語

名詞

① 常用漢字で書けない単語のうち、言い換えや別の常用漢字で置き換えのできないもの。

〈例〉あいさつ［挨拶］　あぐら［胡座］
　手ぬぐい［手拭い］

注　動植物名を学術的なものとしてとらえた時には、常用漢字で書けるものであっても、片仮名で書くことが多くなってきている（106ページ参照）。

②　**外国語に由来する感じが薄れた外来語。**

〈例〉かるた　たばこ　きせる

形式名詞

こと［事］……音楽を聞くことが好きだ。
もの［物］……決して謝るものか。
ところ［所］…聞くところによると、あいつは、もうすぐ結婚するらしい。

代名詞

〈例〉これ［此れ］　それ［其れ］　ここ［此処］
そこ［其処］　どこ［何処］　どなた［何方］

注　漢字で書けるものは次のようなものがある。
〈例〉私《わたくし》　僕《ぼく》　我《われ》　君《きみ》　彼《かれ》　彼女《かのじょ》　自分《じぶん》　何《なに》

補助動詞

〈例〉本で**ある**　空いて**いる**　読んで**みる**

連体詞

〈例〉ある［或る］　この［此の］　その［其の］

副詞

〈例〉およそ［凡そ］　かなり［可成り］
せいぜい［精精］　だんだん［段段］
ますます［益益］　もし［若し］

注　漢字で書くほうが多いものには、次のようなものがある。
〈例〉案外　一概に　格別　現に　強いて　徐々に

接続詞類

〈例〉さて［扨］　しかし［然し］　ところが［所が］

感動詞

〈例〉ああ　おい　おお　へえ　もしもし

注　強調する時は、片仮名で書くことがある。

助詞

〈例〉くらい［位］　ながら［乍ら］　ばかり［許り］

助動詞

〈例〉べき［可き］　ようだ［様だ］　そうだ［相だ］

接頭語・接尾語

〈例〉**お**名前　**ご**結婚　青**み**　高**め**　子ども**たち**

いわゆる当て字

〈例〉めでたい［目出度い］　とかく［兎角］
やはり［矢張り］　おくゆかしい［奥床しい］

漢字と仮名を使い分けたほうがよい単語

意味や使い方によって、漢字と仮名を使い分けると、読みやすくなる単語がある。

・**上げる／あげる**｛本を棚に上げる。
本を読んであげる。

・**言う／いう**｛意見を言う。
人間という生物。

・**上／うえ**｛台の上に置く。
ご一読のうえ、返送願います。

・**事／こと**
　事は重大だ。
　食べることが趣味だ。

・**通り／とおり**
　にぎやかな通りを歩く。
　そのとおりです。

・**所／ところ**
　新しい所へ移る。
　今、書いているところだ。

・**中／なか**
　家の中へ入る。
　雨のなか、ありがとうございます。

・**見る／みる**
　映画を見る。
　小説を書いてみる。

・**物／もの**
　重い物を運ぶ。
　そんなことをするものではない。

片仮名で書く単語

外国の地名・人名

〈例〉アメリカ　フランス　アダムズ　アリストテレス

外来語

〈例〉アナウンサー　エチケット　ケーブルカー

注　日本語にとけこんでいて、外国語に由来する感じが残っていないものは、平仮名で書いたほうがよい。

〈例〉たばこ　てんぷら　じゅばん

外国の貨幣や度量衡の単位

〈例〉ドル　ポンド　ユーロ　メートル　リットル

擬音語・擬声語

〈例〉カタカタ　ガチャン　ワンワン　メーメー

俗語・隠語

〈例〉インチキ　デカ　ピンはね

動植物名

〈例〉タヌキ　キツネ　サケ　タマネギ　スミレ　ヒノキ

注　動植物の意識が薄れたもの、動植物名が比喩《ひゆ》的に使われたもの、加工されて動植物そのものの形がなくなったものなどは、平仮名で書くことが多い。

〈例〉かまぼこ　こいのぼり　のり巻き　わしづかみ

注　常用漢字表にとりあげられている動植物名は漢字で書くことが多い。

〈例〉犬　牛　馬　稲　梅　桜　竹　茶　松　桃

「学術用語集」で決められている語

〈例〉カセイソーダ　タンパク質　リン酸

際立たせる場合（ふつうは、平仮名で書く）

① **擬態語**

〈例〉ニヤニヤ　ダラリ　ノッソリ

② **感動を表す語**

〈例〉アラ　オット　マア

③ **その他、意味やニュアンスを強調する場合**

〈例〉交渉はヤマを迎えた。
　この人、ちょっと、ヘンです。

漢字の音読みを強調するとき

「愛」の音読みは「アイ」である。

句読点

区切り符号の種類と使い方

文章をわかりやすく、読みやすくするために、文や文中の単語のまとまりを区切るいろいろな符号を使う。これが区切り符号である。

(1)「句点(。)」の使い方

「句点」は「まる」ともよばれる。文の終わりに打つ。

> もうすぐ春が来る。
> それは本当だろうか。
> だから、知らないって、そんなこと。

(2)「読点(、)」の使い方

「読点」は「てん」ともよばれる。
「読点」は、打ち方が異なると、意味まで異なってくることが少なくない。例えば、

> きれいな湖のそばの別荘

この場合、「湖がきれいだ」と受け取るのがふつうだが、

> きれいな、湖のそばの別荘

となると、「別荘がきれいだ」と受け取るのがふつうだろう。
また、

> ここではきものをぬぎなさい。

この文は「読点」を打つ場所をほんの少しずらすだけで、

> ここで、はきものをぬぎなさい。(＝履き物をぬぐ)

> ここでは、きものをぬぎなさい。(＝着物をぬぐ)

と、まるで違った意味になってしまう。

「読点」は、一つの文の中で、言葉の切れ続きを明確にするために用いる。どこへ打つかについて、正式なきまりがあるわけではないが、あまり打ちすぎない程度に、おしまないで打つのがこつである。ただし、文の構造が簡単である時に用いすぎると、かえってわかりにくくなるので注意が必要である。読点を打つ場合は次のポイントを参考にするとよい。

① **説明が長い文には、説明される言葉のあとに打つ。**

保健所は、わたしの家から遠いだけでなく、けわしい坂の上にあった。

② **二つの文をつなぐ時、初めの文のあとに打つ。**

今日はよい天気だったので、一日外で遊んだ。

③ **一つの主語について、複数の説明を並べる時、それぞれの説明のあとに打つ。**

わたしはよく遊び、よく本を読み、よく食べた。

④ **一つの言葉をかざるために、複数の言葉を並べる時、それぞれの言葉のあとに打つ。**

静かで、広々とした、明るい野原に出た。

⑤ **副詞的な語句の前後に打つ。**

今年の稲の生育状況は、田植え期以降、好天に恵まれ、全国的に順調だった。

⑥ **驚き・呼びかけ・返事などの言葉のあとに打つ。**

へえ、驚いた。
もしもし、財布を落としましたよ。
はい、すぐいたします。

⑦ **接続詞のあとに打つ。**

けれども、だれも動こうとしなかった。

⑧ **主語を文のなかほどに出す時、その前に打つ。**

誠実さがなにより大切だと、わたしは信じる。

⑨ **主語と述語の順序を逆にする時、述語のあとに打つ。**

できたぞ、宿題が。

⑩ **読みにくそうなところや間違えそうなところに打つ。**

よく晴れた夜、空を仰いだ。
（「、」がないと、「夜空」と読まれる。）

⑪　**複数の言葉を並べる時に打つ。**

ガス、水道、電気などの公共料金の値上げ。

⑫　**数字を分ける時、位取りを示す時に打つ。**

三、四十人の人びとが集まった。
一、二五〇円

（3）「中点《なかてん》（・）」の使い方

「中黒」ともよばれる。

①　**複数の言葉を並べる時に打つ。**

ハト・ウグイス・キツツキなどの鳥が来る。

②　**外国語・外来語・日付・数字の区切りに打つ。**

ジョージ・ワシントン
テーブル・スピーチ
平成一四・四・二〇
八・五パーセント

（4）「ダッシュ（—）」の使い方

「ダッシュ」は間をおいたり、つないだり、括弧と同じように使ったりする。

東京—つまり日本の首都—には、さまざまな機能が集中している。

（5）「リーダー（……）」の使い方

文の途中やあとを省略したり、読み手の注意をひきつけたりする時に使う。

フランス、ドイツ、ベルギー……などのＥＵ諸国は足並みをそろえた。

第一条　すべて国民は、……（後略）。

現場に到着した捜査員が、まず目にしたものは……。

（6）「かぎ括弧（「」）」の使い方

「かぎ」ともよばれ、人の話や言葉を引用する場合や、特に注意をさせたい言葉を示す場合などに使う。

「はい、さっそくまいります」と答えた。

(7)「二重かぎ括弧（『　』）」の使い方

「かぎ括弧」の中でさらに「かぎ括弧」を用いる場合、書名・雑誌名などを示す場合などに使う。

> 社長は、「企業内でいちばん必要なことは『人の和』である」と訓示した。

> 『史記』に由来することわざ。

(8)「小括弧（（　））」の使い方

「小括弧」は、言葉の下に説明を加える時に使う。

> 与党は来年度予算のシーリング（概算要求基準）について、説明を受けた。

(9)「双柱（＝）」や「ハイフン（‐）」の使い方

「双柱」や「ハイフン」は、二語以上で一つのまとまりになる外国語・外来語を表す時に、用いることがある。

> マルコ＝ポーロ
> リオ‐デ‐ジャネイロ
> ケース‐バイ‐ケース

(10)「疑問符（?）」の使い方

文の終わりには「句点」を用いるのが普通だが、疑問や問いなどを表す時には、疑問符を用いることがある。

> そんなことがあるだろうか?

(11)「感嘆符（!）」の使い方

呼びかけ、命令、驚きなどを表す時に用いることがある。

> おい、吉田! すぐやれ!
> まあ、きれい!

(12)「波ダッシュ（〜）」の使い方

「波ダッシュ」は、時間や場所などについて、「○○から○○まで」の意味を表す時に用いる。

> 会議は午後二時〜四時です。

繰り返し符号の種類と使い方

(1)「同の字点（々）」の使い方

「同の字点」は、直前の漢字一字を繰り返す時にだけ用いる。

国々　日々　種々

（2）「一つ点（ゝ）」の使い方

「一つ点」は、直前の仮名一字を繰り返す時に用いる。

ちゝ（ちち）　はゝ（はは）　ばゝ（ばば）

注　繰り返されて音が濁る場合には、「ゝ」に濁点を打つ。

たゞ（ただ）　ほゞ（ほぼ）

（3）「くの字点（〱）」の使い方

「くの字点」は二字以上の仮名、または仮名交じりの語句を繰り返す時に用いる。

いよ〱（いよいよ）　しみ〲（しみじみ）

（4）「二の字点（〻）」の使い方

「々」と同じだが、主に手写する時に用いる。

（5）「ノノ点（〃）」の使い方

「ノノ点」は、表や文章などで、上（あるいは右）に同じであることを表す時に用いる。

数字の書き方

縦書き文章の場合

（1）原則として漢数字を使う。

注　壱《いち》、弐《に》、参《さん》、拾《じゅう》、阡《せん》（仟《せん》）などは、金額を示す場合を除いて用いない。廿（にじゅう）、卅（さんじゅう）は使わない。

〈例〉金、壱阡弐百参拾五円也

（2）原則として漢数字には単位語（十、百、千、万、億、兆）をつけるが、西暦年や統計的数字などでは省略する場合もある。

〈例〉西暦二〇〇二年　四五パーセント　二八メートル

（3）単位語をつけない場合、三桁ごとに位取りを示す。

〈例〉一、八五二メートル

注　西暦年や電話番号、住所などには打たない。

（4）小数・分数・概数は次のように書く。

〈例〉五・四パーセント　四分の三　二、三日

(3)——仮名書きにする場合

① 数量の意味が薄く，仮名書きの慣用が強い語

〈例〉ひとかど（一角・一廉）　ひととき（一時）

② 数字を含む語で，副詞として使われるもの

〈例〉いちばん（一番）速い　いったん（一旦）帰る
人がいっぱい（一杯）

注　名詞として使う時は「一番の成績」「コップ一杯」のようにする。

③ 和語の数詞で，読み違いを避けたい語

〈例〉みつき（三月）　ひとつき（一月）

(4)——小数，分数の書き方

［小数］0.12　23.05

［分数］$\frac{4}{5}$　$2\frac{3}{10}$

(5)——概数の書き方

① 「にさんにち」などの書き方

〈例〉2，3日（にさんにち）　300〜400人（さんしひゃくにん）

注　「3〜400人」とは書かない。

② 「…ないし…」「…から…まで」を，次のように書いてもよい

〈例〉2日〜5日（2日ないし5日，2日から5日まで）
300〜500人（300人から500人）

(6)——図表などでの略記の仕方

① 年月日

〈例〉14年4月1日は「14．4．1」と略す。

注　4月1日を「4／1」と略してもよいが，「1／4」とはしない。

② 時刻および時間

〈例〉時刻の7時25分は「7 ： 25」と略す。
時間の1分2秒9は「1′ 2″ 9」と略す。

③ 電話番号

〈例〉東京の3230局9411番は「(03) 3230－9411」と略す。
場合により，「東京 (03) 3230－9411」とする。

横書き文章の場合

横書きの文章の場合，次に掲げた数字の書き方が絶対的なものではないが，一応の目安を示した。

(1)——算用数字を使う場合

① 数量・順序・日付・時間・番地など

原則として，大きな数字には「兆・億・万」の単位語を添え，3桁ごとにカンマをつけてもよい。「千・百」は使わない。

〈例〉1,500人　1兆6,500億円　7番目　平成14年5月2日
2002年（西暦年にはカンマ不要）　1時間35分　1丁目5番地6号

② 和語の数詞

〈例〉1つ　2人　3たび　4とおり

③ 数字を含む語で，その数字が実質的には数量・順序など，数の観念を表すもの

〈例〉共通1次試験　日系2世　捜査2課　エリザベス2世　2等辺3角形
3段跳び　4捨5入　東京6大学

(2)——漢数字を使う場合

① 概数を表す慣用的表現

〈例〉十数人　千数百人　何十年

注　算用数字と併記する場合には，「6人～10数人」としてもよい。ただし，「数10人」「100数10人」とはしない。

② 固有名詞で，漢数字を書く慣用が強いもの

〈例〉旧制一高　二重橋

③ 数字を含む成語で，漢数字を書く慣用が強いもの

〈例〉一周忌　一日署長　春一番　第一線　うり二つ　三振
四半期（ただし，第2四半期などと書く場合は例外）　六代目菊五郎
十二指腸　八十八夜　千両箱

④ 日本の紙幣・貨幣

〈例〉一万円札　千円札　五百円硬貨

⑤ 化合物名など

〈例〉二酸化窒素　六価クロム

コラム

仮名遣いの移り変わり

◆仮名遣いの移り変わり

文章を書く場合には、同音の仮名がどのように使い分けされているのかを知る必要がある。その使い分けの規準が「仮名遣い」である。表音文字である仮名は、ある音節が特定の文字に対応していることが原則である。この原則は奈良時代くらいまでは続いていたとされている。

しかし、奈良時代も後半になると、この原則はしだいに崩れていき、平安時代中期以降、この傾向はますます加速していった。その結果、仮名の表記法を確立しようとする動きが生まれてきた。新古今集を代表する歌人・藤原定家が定めた「定家仮名遣い」もその一つである。

その後、「お」「を」、「え」「ゑ」「へ」、「い」「ゐ」「ひ」の八つの仮名の使い分けを示した「定家仮名遣い」に、「ほ」「わ」「は」「む」「う」「ふ」の六字が増補され、さらに江戸時代には、僧契沖《けいちゅう》により整理・訂正が行われた。これが「歴史的仮名遣い」と呼ばれるものの基礎である。

明治に入ると、歴史的仮名遣いは政府によって正式な仮名遣いと認められるようになる。だが、その一方で発音を正確に反映させた仮名表記にすべきだという主張が台頭し始める。やがて、政府もこれに注意を払うようになり、一九〇〇（明治三三）年、「棒引き仮名遣い」が定められ、「こーちょー（校長）」「いーえ（いいえ）」のように、「ー」で書き表すものが小学校の教科書で用いられるようになった。しかし、各方面の強い反対にあい、一九〇八（明治四一）年に廃止され、再び歴史的仮名遣いに戻ることになった。

一九二一（大正一〇）年、長音は棒引きではなく「こうべ」「ほうき」のように書き、助詞の「は」「へ」「を」だけを歴史的仮名遣いに従うとされたが、発音式仮名遣いへの反対は根強く、とりわけ「じ」と「ぢ」、「ず」と「づ」の区別をなくしたところが非難されたため、一九三一（昭和六）年の修正案で、一定の範囲ではあるが「じ」「ぢ」、「ず」「づ」の区別はこれまでどおりにすると改められた。

◆歴史的仮名遣いから現代仮名遣いへ

一九四六（昭和二一）年、政府は、発音式仮名遣いと歴史的仮名遣いの両方の主張をとりいれた「現代仮名遣い」を公表した。そのため、歴史的仮名遣い・発音式仮名遣いの双方の支持者から批判されることとなった。しかし、新聞・雑誌などのメディアがこれを採用したことにより、しだいに一般の人々にも受け入れられていった。

そして一九八六（昭和六一）年、内閣告示第一号で、手直しされた「現代仮名遣い」が公表された。これが現在我々が使用している「現代仮名遣い」である。

ローマ字のつづり方

日本語は、ふつう、漢字仮名交じりで書き表され、ローマ字だけで書き表されることは、まずありえない。しかし、街角の標識にはローマ字で表記された地名や通りの名がいくつも見られ、パソコンで日本語の文章を作成する時に、ローマ字でキーボード入力し、漢字や仮名に変換する方法をとっている人も多い。

代表的なローマ字の表記法としては、過去、ヘボン式とよばれるものと日本式とよばれるものがあった。

ヘボン式は、アメリカ人宣教師ヘボン（一八一五〜一九一一）が著した『和英語林集成』（和英辞典）に採用されたことからこの名があるもので、英語式のつづり方である。一方、日本式は、ヘボン式に反対して提唱された、歴史的仮名遣いに基づく日本独特のつづり方である。どちらをつづり方の標準にするかの論争が続き、政府は、一九三七（昭和一二）年に、両者の折衷的な案を内閣訓令として出すが（これを訓令式とよぶ）、定まらなかった。訓令式とほぼ同じ内容のものが内閣告示として公表されたのは、一九五四（昭和二九）年である。

「ローマ字のつづり方」（内閣告示）の内容は、次のようなものである。

ローマ字のつづり方

【まえがき】

一　一般に国語を書き表す場合は、第1表に掲げたつづり方によるものとする。

二　国際的関係その他従来の慣例をにわかに改めがたい事情にある場合に限り、第2表に掲げたつづり方によってもさしつかえない。

三　前二項のいずれの場合においても、おおむねそえがきを適用する。

【そえがき】

前表に定めたもののほか、おおむね次の各項による。

一　はねる音「ン」はすべてnと書く。

二　はねる音を表すnと次にくる母音字またはyとを切り離す必要がある場合には、nの次に「'」を入れる。

三　つまる音は、最初の子音字を重ねて表す。

四　長音は母音字の上に＾をつけて表す。なお、大文字の場合は、母音字を並べてもよい。

五　特殊音の書き表し方は自由とする。

六　文の書きはじめ、および固有名詞は語頭を大文字で書く。なお、固有名詞以外の名詞の語頭を大文字で書いてもよい。

※第1表および第2表は116ページ参照。

ローマ字表

第1表

a	i	u	e	o			
ka	ki	ku	ke	ko	kya	kyu	kyo
sa	si	su	se	so	sya	syu	syo
ta	ti	tu	te	to	tya	tyu	tyo
na	ni	nu	ne	no	nya	nyu	nyo
ha	hi	hu	he	ho	hya	hyu	hyo
ma	mi	mu	me	mo	mya	myu	myo
ya	(i)	yu	(e)	yo			
ra	ri	ru	re	ro	rya	ryu	ryo
wa	(i)	(u)	(e)	(o)			
ga	gi	gu	ge	go	gya	gyu	gyo
za	zi	zu	ze	zo	zya	zyu	zyo
da	(zi)	(zu)	de	do	(zya)	(zyu)	(zyo)
ba	bi	bu	be	bo	bya	byu	byo
pa	pi	pu	pe	po	pya	pyu	pyo

[( )は重出を示す。]

第2表

sha	shi	shu	sho
		tsu	
cha	chi	chu	cho
		fu	
ja	ji	ju	jo
	di	du	
dya		dyu	dyo
kwa			
gwa			
			wo

⇩文化庁のホームページ(アドレスは313ページ参照)で原文を閲覧することができます。

コラム

送り仮名の移り変わり

送り仮名の付け方についての議論が活発になるのは、第二次世界大戦後である。

戦後の国語簡易化の情勢に促され、また教科書などに採用する必要から文部省（当時）でも調査を続け、一九四六（昭和二一）年三月、「送り仮名の付け方（案）」として発表した。以後、教科書などはこの案によることになる。

ところが、一九五〇（昭和二五）年九月に文部省国語課が発表した「文部省刊行物表記の基準」では、「送り仮名の付け方（案）」とは異なる送り仮名の付け方が示された。

「文部省刊行物表記の基準」は語幹の次から送ることを原則としたので、「暮し」「合す」「生れる」「分れる」と書き表されるが、「送り仮名の付け方（案）」では、教科書はなるべく読みやすくするために送り仮名を多く送る方針をとっていたので、「暮らし」「合わす」「生まれる」「分かれる」と書き表され、両者には大きなずれが生じたのである。

一方、民間においても、新聞社などはより合理的な送り仮名の付け方を生み出す努力を重ねていたが、これらは紙面の節約の都合から、なるべく送らない方針をとっていた。

このように、送り仮名の付け方はいくつかが検討され、発表されたが、かえって不統一感を増すことになったのである。

世間からの統一の要望にこたえて、国語審議会は現代口語文を書くよりどころとして「送り仮名の付け方」をまとめ、一九五九（昭和三四）年七月、内閣告示第一号として公表された。「送り仮名の付け方」の原則は次の三つである。

（一）活用語およびこれを含む語は、その活用語の活用語尾を送る。

（二）なるべく誤読・難読のおそれのないようにする。

（三）慣用が固定していると認められるものは、それに従う。

ここで問題になるのは、（三）の「慣用が固定している」か否かの判断である。この部分が自由に解釈されると、例外が増えていくことになる。この「送り仮名の付け方」についても批判が提出された。

そこで、国語審議会は「送り仮名の付け方」の改訂にとりかかり、「改定送り仮名の付け方」を発表、これに基づき、「送り仮名の付け方」が、一九七三（昭和四八）年、内閣告示第二号として公表されるが、「例外」と「許容」を設けたので、結局のところ、統一されたとは言いがたいものであった。「送り仮名の付け方」は、常用漢字の告示にともない、一九八一（昭和五六）年の内閣告示第三号により一部改正された。

資料 現代仮名遣いの要領

ここでは、「現代仮名遣い」の基本的な部分を要約して紹介する。
なお、歴史的仮名遣いは、日本の歴史や文化に深いかかわりをもつものであり、現代仮名遣いも歴史的仮名遣いを受け継いでいるところもある。

◆性格

一 この仮名遣いは、法令・公用文書・新聞・雑誌・放送など、一般の社会生活において、現代の国語を書き表す際のよりどころを示すものである。
二 この仮名遣いは、科学・芸術などの専門分野や個々人の表記に及ぶものではない。
三 この仮名遣いは、主として現代文のうち口語体のものに適用する。
四 この仮名遣いは、擬声・擬態的描写や外来語などの書き表し方を対象としない。

◆原則

一 現代語の音韻に従って仮名を用いる。

〈例〉×くわざん［火山］↓かざん ×こほる［凍る］↓こおる ×あふる［煽る］↓あおる ×りうかう［流行］↓りゅうこう ×てふ［蝶］↓ちょう ×ゐる［居る］↓いる

二 表記の慣習を尊重して特例を設ける。
(1) 助詞の「は」「へ」「を」は、「は」「へ」「を」と書く。「わ」「え」「お」とは書かない。
〈例〉今日は日曜日だ あるいは こんにちは 故郷へ帰る 本を読む
(2) 動詞の「言う」を仮名で書く場合は、「ゆう」と書かない。「いう」と書く。
〈例〉ものをいう いうまでもない 人というもの どういうふうに こういうわけ
(3) 「じ」と「ぢ」、「ず」と「づ」は原則として「じ」「ず」で書き表すが、次のような場合は、「ぢ」「づ」と書き表す。
① 同音の連呼によって生じた「ぢ」「づ」
〈例〉ちぢみ［縮み］ ちぢむ［縮む］ ちぢれる［縮れる］ ちぢこまる［縮こまる］ つづく［続く］ つづみ［鼓］ つづら［葛籠］
注 次のような例は、同音の連呼とは考えず、原則どおり「じ」「ず」と書く。
〈例〉いちじく［無花果］ いちじるしい［著しい］
② 二語の連合によって生じた「ぢ」「づ」

〈例〉いれぢえ［入れ知恵］　こぢんまり　はなぢ［鼻血］　ひぢりめん［緋縮緬］　まぢか［間近］　ちかぢか［近々］　みかづき［三日月］　にいづま［新妻］　おこづかい［お小遣い］　てづくり［手作り］　こづつみ［小包］

注　次のような例は、二語の連合と考えにくいので、「じ」「ず」と書くことを本則とし、「ぢ」「づ」と書くこともできるものとする。

〈例〉せかいじゅう［世界中］　あせみずく［汗みずく］　いなずま［稲妻］　さかずき［杯］　うでずく［腕ずく］　さしずめ［差し詰め］　つまずく［躓く］　うなずく［頷く］　ひざまずく［跪く］　ゆうずう［融通］

（4）長音

①「ア」列、「イ」列、「ウ」列の長音は、「あ」「い」「う」を添える。

〈例〉おかあさん［お母さん］　にいさん［兄さん］　くうき［空気］

②「エ」列の長音は、「え」「い」を添える。

〈「え」の例〉

ねえさん［姉さん］　ねえ　ええ（応答の語）

〈「い」の例〉

へい［塀］　れい［例］　えいが［映画］　とけい［時計］　ていねい［丁寧］

注　これらの例は、エ列の長音として発音されるか「えい」「けい」と発音されるかにかかわらず、「い」と添える。

③「オ」列の長音は、「う」を添えることを原則とし、例外的に「お」を添える。

〈「う」の例〉

おとうさん［お父さん］　きょう［今日］　はなそう［話そう］　とうきょう［東京］

〈「お」の例〉

いきどおる［憤る］　こおろぎ［蟋蟀］　おおい［多い］　おおう［覆う］　とお［十］　とおい［遠い］　おおかみ［狼］　とおる［通る］　おおきい［大きい］　とどこおる［滞る］　ほお［頬］　おおむね［概ね］　ほおずき［酸漿］　おおやけ［公］　おおよそ［大凡］　ほのお［炎］　こおり［氷］　もよおす［催す］

注　これらの例は、歴史的仮名遣いでオ列の仮名に「ほ」または「を」が続くものである。これらが、オ列の長音として発音されるか「おお」「こお」と発音されるかにかかわらず、「お」と添える。

⇩文化庁のホームページ（アドレスは313ページ参照）で原文を閲覧することができます。

資料　送り仮名の付け方の要領

※「送り仮名の付け方」のあらましをここに紹介する。

【前書き】

一　この「送り仮名の付け方」は、法令・公用文書・新聞・雑誌・放送など、一般の社会生活において、「常用漢字表」の音訓によって現代の国語を書き表す場合の送り仮名の付け方のよりどころを示すものである。

二　この「送り仮名の付け方」は、科学・技術・芸術その他の各種専門分野や個々人の表記にまで及ぼそうとするものではない。

三　この「送り仮名の付け方」は、漢字を記号的に用いたり、表に記入したりする場合や、固有名詞を書き表す場合を対象としていない。

◆「本文」の見方及び使い方

一　この「送り仮名の付け方」の本文の構成は、次のとおりである。

単独の語

1　活用のある語

通則1　活用語尾を送る語に関するもの

通則2　派生・対応の関係を考慮して、活用語尾の前の部分から送る語に関するもの

2　活用のない語

通則3　名詞であって、送り仮名を付けない語に関するもの

通則4　活用のある語から転じた名詞であって、もとの語の送り仮名の付け方によって送る語に関するもの

通則5　副詞・連体詞・接続詞に関するもの

複合の語

通則6　単独の語の送り仮名の付け方による語に関するもの

通則7　慣用に従って送り仮名を付けない語に関するもの

付表の語

1　送り仮名を付ける語に関するもの

2　送り仮名を付けない語に関するもの

二　通則とは、単独の語及び複合の語の別、活用のある語及び活用のない語の別等に応じて考えた送り仮名の付け方に関する基本的な法則をいい、必要に応じ、例外的な事項又は許容的な事項を加えてある。

したがって、各通則には、本則のほか、必要に応じて例外及び許容を設けた。ただし、通則7は、通則6の例外に当たるものであるが、該当する語が多数に

上るので、別の通則として立てたものである。

三　この「送り仮名の付け方」で用いた用語の意義は、次のとおりである。

単独の語…漢字の音又は訓を単独に用いて、漢字一字で書き表す語をいう。

複合の語…漢字の訓と訓、音と訓などを複合させ、漢字二字以上を用いて書き表す語をいう。

付表の語…「常用漢字表」の付表に掲げてある語のうち、送り仮名の付け方が問題となる語をいう。

活用のある語…動詞・形容詞・形容動詞をいう。

活用のない語…名詞・副詞・連体詞・接続詞をいう。

本則…送り仮名の付け方の基本的な法則と考えられるものをいう。

例外…本則には合わないが、慣用として行われていると認められるものであって、本則によらず、これによるものをいう。

許容…本則による形とともに、慣用として行われていると認められるものであって、本則以外に、これによってよいものをいう。

四　単独の語及び複合の語を通じて、字音を含む語は、その字音の部分には送り仮名を要しないのであるから、必要のない限り触れていない。

五　各通則において、送り仮名の付け方が許容によることのできる語については、本則又は許容のいずれに従ってもよいが、個々の語に適用するに当たって、許容に従ってよいかどうか判断し難い場合には、本則によるものとする。

[本文]

単独の語

1　活用のある語

通則1

本則　活用のある語（通則2を適用する語を除く。）は、活用語尾を送る。

〈例〉憤る　承る　書く　実る　催す　生きる　陥れる　考える　助ける　荒い　潔い　賢い　濃い　主だ

例外

（1）語幹が「し」で終わる形容詞は、「し」から送る。

〈例〉著しい　惜しい　悔しい　恋しい　珍しい

（2）活用語尾の前に「か」、「やか」、「らか」を含む形容動詞は、その音節から送る。

〈例〉暖かだ　細かだ　静かだ　穏やかだ　健やかだ　和やかだ　明らかだ　平らかだ　滑らかだ　柔らかだ

（3）次の語は、次に示すように送る。

明らむ　味わう　哀れむ　慈しむ　教わる　脅かす（おどかす）　脅かす（おびやかす）　食らう　異なる　逆らう　捕まる　群がる　和らぐ　揺する　明るい　危ない　危うい　大きい　少ない　小さい　冷たい　平たい　新ただ　同じだ　盛んだ　平らだ　懇ろだ　惨めだ　哀れだ　幸いだ　幸せだ　巧みだ

許容　次の語は、（　）の中に示すように、活用語尾の前の音節から送ることができる。

表す（表わす）　著す（著わす）　現れる（現われる）　行う（行なう）　断る（断わる）　賜る（賜わる）

注　語幹と活用語尾との区別がつかない動詞は、例えば、「着る」、「寝る」、「来る」などのように送る。

通則2

本則　活用語尾以外の部分に他の語を含む語は、含まれている語の送り仮名の付け方によって送る。（含まれている語を〔　〕の中に示す。）

〈例〉

（1）動詞の活用形又はそれに準ずるものを含むもの。

動かす〔動く〕　照らす〔照る〕　語らう〔語る〕　計らう〔計る〕　向かう〔向く〕　浮かぶ〔浮く〕　生まれる〔生む〕　押さえる〔押す〕　捕らえる〔捕る〕　勇ましい〔勇む〕　輝かしい〔輝く〕　喜ばしい〔喜ぶ〕　晴れやかだ〔晴れる〕　及ぼす〔及ぶ〕　積もる〔積む〕　聞こえる〔聞く〕　頼もしい〔頼む〕　起こる〔起きる〕　落とす〔落ちる〕　暮らす〔暮れる〕　冷やす〔冷える〕　当たる〔当てる〕　終わる〔終える〕　変わる〔変える〕　集まる〔集める〕　定まる〔定める〕　連なる〔連ねる〕　交わる〔交える〕　混ざる・混じる〔混ぜる〕　恐ろしい〔恐れる〕

（2）形容詞・形容動詞の語幹を含むもの。

重んずる〔重い〕　若やぐ〔若い〕　怪しむ〔怪しい〕　悲しむ〔悲しい〕　苦しがる〔苦しい〕　確かめる〔確かだ〕　重たい〔重い〕　憎らしい〔憎い〕　古めかしい〔古い〕　細かい〔細かだ〕　柔らかい〔柔らかだ〕　清らかだ〔清い〕　高らかだ〔高い〕　寂しげだ〔寂しい〕

（3）名詞を含むもの。

汗ばむ〔汗〕　先んずる〔先〕　春めく〔春〕　男らしい〔男〕　後ろめたい〔後ろ〕

許容　読み間違えるおそれのない場合は、活用語尾以外の部分について、次の（　）の中に示すように、送り仮名を省くことができる。

〈例〉浮かぶ（浮ぶ）　生まれる（生れる）　押さえる（押える）　捕らえる（捕える）　晴れやかだ（晴やかだ）　積もる（積る）　聞こえる（聞える）　起こる（起る）　落とす（落す）　暮らす（暮す）　当たる（当る）　終わる（終る）　変わる（変る）

注　次の語は、それぞれ〔　〕の中に示す語を含むものとは考えず、通則1によるものとする。

明るい〔明ける〕　荒い〔荒れる〕　悔しい〔悔いる〕　恋しい〔恋う〕

2　活用のない語

通則3

本則　名詞（通則4を適用する語を除く。）は、送り仮名を付けない。

〈例〉月　鳥　花　山　男　女　彼　何

例外

（1）次の語は、最後の音節を送る。

辺り　哀れ　勢い　幾ら　後ろ　傍ら　幸い　幸せ　互い　便り　半ば　情け　斜め　独り　誉れ　自ら　災い

（2）数をかぞえる「つ」を含む名詞は、その「つ」を送る。

〈例〉一つ　二つ　三つ　幾つ

通則4

本則　活用のある語から転じた名詞及び活用のある語に「さ」、「み」、「げ」などの接尾語が付いて名詞になったものは、もとの語の送り仮名の付け方によって送る。

〈例〉

（1）活用のある語から転じたもの。

動き　仰せ　恐れ　薫り　曇り　調べ　届け　願い　晴れ　当たり　代わり　向かい　狩り　答え　問い　祭り　群れ　憩い　愁い　憂い　香り　極み　初め　近く　遠く

（2）「さ」、「み」、「げ」などの接尾語が付いたもの。

〈例〉暑さ　大きさ　正しさ　確かさ　明るみ　重み　憎しみ　惜しげ

例外

次の語は、送り仮名を付けない。

謡　虞　趣　氷　印　頂　帯　畳　卸　煙　恋　志　次　隣　富　恥　話　光　舞　折　係　掛（かかり）　組　肥　並（なみ）　巻　割

注　ここに掲げた「組」は、「花の組」、「赤の組」などのように使った場合の「くみ」であり、例えば、「活字の組みがゆるむ。」などとして使う場合の「くみ」を意味するものではない。「光」「折」「係」なども、同様に動詞の意識が残っているような使い方の場合は、この例外に該当しない。したがって、本則を適用して送り仮名を付ける。

許容　読み間違えるおそれのない場合は、次の（　）の中に示すように、送り仮名を省くことができる。

〈例〉曇り（曇）　届け（届）　願い（願）　晴れ（晴）　当たり（当り）　代わり（代り）　向かい（向い）　狩り（狩）　答え（答）　問い（問）　祭り（祭）　群れ（群）　憩い（憩）

通則5

本則　副詞・連体詞・接続詞は最後の音節を送る。

〈例〉必ず　更に　少し　既に　再び　全く　最も　来る　去る　及び　且つ　但し

例外

（1）次の語は、次に示すように送る。

明くる　大いに　直ちに　並びに　若しくは

（2）次の語は、送り仮名を付けない。

又

（3）次のように、他の語を含む語は、含まれている語の送り仮名の付け方によって送る。（含まれている語を〔　〕の中に示す。）

〈例〉併せて〔併せる〕　至って〔至る〕　恐らく〔恐れる〕　従って〔従う〕　絶えず〔絶える〕　例えば〔例える〕　努めて〔努める〕　辛うじて〔辛い〕　少なくとも〔少ない〕　互いに〔互い〕　必ずしも〔必ず〕

◆複合の語

通則6

本則　複合の語（通則7を適用する語を除く。）の送り仮名は、その複合の語を書き表す漢字の、それぞれの音訓を用いた単独の語の送り仮名の付け方による。

〈例〉

（1）活用のある語

書き抜く　流れ込む　申し込む　打ち合わせる　向かい合わせる　長引く　若返る　裏切る　旅立つ　聞き苦しい　薄暗い　草深い　心細い　待ち遠しい　軽々しい　若々しい　女々しい　気軽だ　望み薄だ

（2）活用のない語

石橋　竹馬　山津波　後ろ姿　斜め左　花便り　独り言　卸商　水煙　目印　田植え　封切り　物知り　落書き　雨上がり　墓参り　日当たり　夜明かし　先駆け　巣立ち　手渡し　入り江　飛び火　教え子　合わせ鏡　生き物　落ち葉　預かり金　寒空　深情け　愚か者　行き帰り　伸び縮み　乗り降り　抜け駆け　作り笑い　暮

らし向き　売り上げ　取り扱い　乗り換え　引き換え　歩み寄り　申し込み　移り変わり　長生き　早起き　苦し紛れ　大写し　粘り強さ　有り難み　待ち遠しさ　乳飲み子　無理強い　立ち居振る舞い　呼び出し電話　次々　常々　近々　深々　休み休み　行く行く

許容　読み間違えるおそれのない場合は、次の（　）の中に示すように、送り仮名を省くことができる。

〈例〉書き抜く（書抜く）　申し込む（申込む）　打ち合わせる（打ち合せる・打合せる）　向かい合わせる（向い合せる）　聞き苦しい（聞苦しい）　待ち遠しい（待遠しい）　田植え（田植）　封切り（封切）　落書き（落書）　雨上がり（雨上り）　日当たり（日当り）　夜明かし（夜明し）　入り江（入江）　飛び火（飛火）　合わせ鏡（合せ鏡）　預かり金（預り金）　抜け駆け（抜駆け）　暮らし向き（暮し向き）　売り上げ（売上げ・売上）　取り扱い（取扱い・取扱）　乗り換え（乗換え・乗換）　引き換え（引換え・引換）　申し込み（申込み・申込）　移り変わり（移り変り）　有り難み（有難み）　待ち遠しさ（待遠しさ）　立ち居振る舞い（立ち居振舞い・立ち居振舞・立居振舞）　呼び出し電話（呼出し電話・呼出電話）

注　「こけら落とし（こけら落し）」、「さび止め」、「洗いざらし」、「打ちひも」のように、前又は後ろの部分を仮名で書く場合は、他の部分については、単独の語の送り仮名の付け方による。

通則7　複合の語のうち、次のような名詞は、慣用に従って、送り仮名を付けない。

〈例〉

（1）特定の領域の語で、慣用が固定していると認められるもの。

ア　地位・身分・役職等の名。

関取　頭取　取締役　事務取扱

イ　工芸品の名に用いられた「織」、「染」、「塗」等。

〈博多〉織　〈型絵〉染　〈春慶〉塗　〈鎌倉〉彫　〈備前〉焼

ウ　その他。

書留　気付　切手　消印　小包　振替　切符　踏切　請負　売値　買値　仲買　歩合　両替　割引　組合　手当　倉敷料　作付面積　売上〈高〉　貸付〈金〉　借入〈金〉　繰越〈金〉　小売〈商〉　積立〈金〉　取扱〈所〉　取扱〈注意〉　取次〈店〉　取引〈所〉　乗換〈駅〉　乗組〈員〉　引受〈人〉　引受〈時刻〉　引換〈券〉　〈代金〉引換

振出〈人〉　待合〈室〉　見積〈書〉　申込〈書〉

（2）一般に、慣用が固定していると認められるもの。

奥書　木立　子守　献立　座敷　試合　字引
場合　羽織　葉巻　番組　番付　日付　水引
物置　物語　役割　屋敷　夕立　割合　合図
合間　植木　置物　織物　貸家　敷石　敷地
敷物　立場　建物　並木　巻紙　受付　受取
浮世絵　絵巻物　仕立屋

注

（1）「〈博多〉織」、「売上〈高〉」などのようにして掲げたものは、〈　〉の中を他の漢字で置き換えた場合にも、この通則を適用する。

（2）通則7を適用する語は、例として挙げたものだけで尽くしてはいない。したがって、慣用が固定していると認められる限り、類推して同類の語にも及ぼすものである。通則7を適用してよいかどうか判断し難い場合には、通則6を適用する。

◆付表の語

「常用漢字表」の「付表」に掲げてある語のうち、送り仮名の付け方が問題となる次の語は、次のようにする。

1　次の語は、次に示すように送る。

浮つく　お巡りさん　差し支える　五月晴れ　立ち退く　手伝う　最寄り

なお、次の語は、（　）の中に示すように、送り仮名を省くことができる。

差し支える（差支える）　五月晴れ（五月晴）　立ち退く（立退く）

2　次の語は、送り仮名を付けない。

息吹　桟敷　時雨　築山　名残　雪崩　吹雪　迷子　行方

⇩文化庁のホームページ（アドレスは313ページ参照）で原文を閲覧することができます。

資料 外来語の書き表し方

現在、表記の基準とよべるものは、一九九一（平成三）年六月に内閣告示第二号として公表された「外来語の表記」である。この「外来語の表記」の性格は、その前書きによると、次のようなものである。

［前書き］

一　この『外来語の表記』は、法令、公用文書、新聞、雑誌、放送など、一般の社会生活において、現代の国語を書き表すための「外来語の表記」のよりどころを示すものである。

二　この『外来語の表記』は、科学、技術、芸術その他の各種専門分野や個々人の表記にまで及ぼそうとするものではない。

三　この『外来語の表記』は、固有名詞など（例えば、人名、会社名、商品名等）でこれによりがたいものには及ぼさない。

四　この『外来語の表記』は、過去に行われた様々な表記を否定しようとするものではない。

注　例えば、明治以来の文芸作品等においては、次のような仮名表記も行われている。

ヰ…スヰフトの「ガリヷー旅行記」
ヱ…ヱルテル
ヲ…ヲルポール
ヷ…ヷイオリン
ヸ…ヸオロン
ヹ…ヹルレエヌ
ヺ…ヺルガ
ヂ…ケンブリッヂ
ヅ…ワーヅワース

「外来語の表記」は「よりどころ」と位置づけられている。「目安」と位置づけられた「常用漢字表」と同様に、制限色が弱められたものである。これは、例えば、「外来語の表記」以前に、外来語の書き表し方の指針の一つであった「外来語の表記について」（一九五四（昭和二九）年、国語審議会部会報告）と比較してみるとよくわかる。国語審議会答申「外来語の表記」の前文では、この比較を次のようにまとめている。

◆「外来語の表記」に用いる仮名と符号の表

【本文】

一　第1表に示す仮名は、外来語や外国の地名・人名を書き表すのに一般的に用いる仮名とする。

二　第2表に示す仮名は、外来語や外国の地名・人名を原音や原つづりになるべく近く書き表そうとする場合に用いる仮名とする。

三　第1表・第2表に示す仮名では書き表せないような、特別な音の書き表し方については、ここでは取決めを行わず、自由とする。

四　第1表・第2表によって語を書き表す場合には、おおむね留意事項を適用する。

第1表

ア	イ	ウ	エ	オ
カ	キ	ク	ケ	コ
サ	シ	ス	セ	ソ
タ	チ	ツ	テ	ト
ナ	ニ	ヌ	ネ	ノ
ハ	ヒ	フ	ヘ	ホ
マ	ミ	ム	メ	モ
ヤ		ユ		ヨ
ラ	リ	ル	レ	ロ

【内容】

一　この『外来語の表記』は、外来語や外国の地名・人名を書き表す場合の仮名の用い方を示したものである。

注　昭和二九年の報告では、外国の地名・人名の書き方については、別に考慮するとして、対象に含めなかった。

二　「シェ、ジェ」「ティ、ディ」「ファ、フィ、フェ、フォ」はなるべく「セ、ゼ」「チ、ジ」「ハ、ヒ、ヘ、ホ」と書き、「デュ」は「ジュ」と書くとしていた。

三　「ウィ、ウェ、ウォ」「クァ、クィ、クェ、クォ」「ヴァ、ヴィ、ヴ、ヴェ、ヴォ」や「トゥ、ドゥ」「テュ」「フュ」「ヴュ」等の仮名は、外来語や外国の地名・人名を原音や原つづりになるべく近く書き表そうとする場合に用いるものとした。

注　昭和二九年の報告では、「ウィ、ウェ、ウォ」「クァ、クィ、クェ、クォ」「ヴァ、ヴィ、ヴ、ヴェ、ヴォ」はなるべく「ウイ、ウエ、ウオ」「カ、クイ、クエ、コ」「バ、ビ、ブ、ベ、ボ」と書き、「トゥ、ドゥ」「テュ」「フュ」「ヴュ」は「ト、ド又はツ、ズ」「チュ」「ヒュ」「ビュ」と書くとしていた。

※　「外来語の表記」のあらましは、次のようなものである。

ワ				
ガ	ギ	グ	ゲ	ゴ
ザ	ジ	ズ	ゼ	ゾ
ダ			デ	ド
バ	ビ	ブ	ベ	ボ
パ	ピ	プ	ペ	ポ
キャ		キュ		キョ
シャ		シュ		ショ
チャ		チュ		チョ
ニャ		ニュ		ニョ
ヒャ		ヒュ		ヒョ
ミャ		ミュ		ミョ
リャ		リュ		リョ
ギャ		ギュ		ギョ
ジャ		ジュ		ジョ
ビャ		ビュ		ビョ
ピャ		ピュ		ピョ
ン（撥音）				
ッ（促音）				
ー（長音符号）				
			シェ	
			チェ	
ツァ			ツェ	ツォ
	ティ			
ファ	フィ		フェ	フォ
			ジェ	
	ディ			
		デュ		

第2表

			イェ	
	ウィ		ウェ	ウォ
クァ	クィ		クェ	クォ
	ツィ			
		トゥ		
グァ				
		ドゥ		
ヴァ	ヴィ	ヴ	ヴェ	ヴォ
		テュ		
		フュ		
		ヴュ		

◆留意事項その1（原則的な事項）

一　この『外来語の表記』では、外来語や外国の地名・人名を片仮名で書き表す場合のことを扱う。

二　「ハンカチ」と「ハンケチ」、「グローブ」と「グラブ」のように、語形にゆれのあるものについて、その語形をどちらかに決めようとはしていない。

三　語形やその書き表し方については慣用が定まってい

るものはそれによる。分野によって異なる慣用が定まっている場合には、それぞれの慣用によって差し支えない。

四　国語化の程度の高い語は、おおむね第1表に示す仮名で書き表すことができる。一方、国語化の程度がそれほど高くない語、ある程度外国語に近く書き表す必要のある語――特に地名・人名の場合――は、第2表に示す仮名を用いて書き表すことができる。

五　第2表に示す仮名を用いる必要がない場合は、第1表に示す仮名の範囲で書き表すことができる。

〈例〉イェ→イエ　ウォ→ウオ　トゥ→ツ・ト　ヴァ→バ

六　特別な音の書き表し方については、取決めを行わず、自由とすることとしたが、その中には、例えば、「スィ」「ズィ」「グィ」「グェ」「グォ」「キェ」「ニェ」「ヒェ」「フョ」「ヴョ」等の仮名が含まれる。

◆留意事項その2（細則的な事項）

以下の各項に示す語例（表参照）は、それぞれの仮名の用法の一例として示すものであって、その語をいつもそう書かなければならないことを意味するものではない。

I　第1表に示す「シェ」以下の仮名に関するもの

	外来音	例	慣用	例
1	シェ ジェ	シェークスピア ミケランジェロ	セ ゼ	ミルクセーキ ゼラチン
2	チェ	チェス		
3	ツァ ツェ ツォ	モーツァルト コンツェルン カンツォーネ		
4	ティ ディ	ティーパーティー ボランティア ビルディング ディーゼル	チ テ ジ デ	スチーム ステッキ スタジオ デザイン
5	ファ フィ フェ フォ	ファーブル フィート フェンシング フォークダンス	ハ ヒ ヘ ホ	セロハン モルヒネ メガホン
6	デュ	デュエット	ジュ	ジュース

Ⅱ　第2表に示す仮名に関するもの

	外来音	例	慣用	例
1	イェ	イェーツ イェルサレム	イエ エ	イエローストーン エルサレム
2	ウィ ウェ ウォ	ウィスキー ウェディングケーキ ミルウォーキー	ウイ ウエ ウオ	ウイスキー スイートピー（ウを省く） ウエハース ストップウオッチ
3	クァ クィ クェ	クァルテット クィンテット クェスチョンマーク	クア（カ） クイ・キ クエ・ケ	クア（カ）ルテット クインテット・キルティング クエスチョンマーク
4	グァ	グァテマラ	グア（ガ）	グア（ガ）テマラ
5	ツィ	ソルジェニーツィン	チ	ライプチヒ
6	トゥ ドゥ	ハチャトゥリアン ヒンドゥー教	ツ／ト ズ／ド	ツアー／ハチャトリアン ヒンズー教／ドビュッシー
7	ヴァ ヴィ ヴェ ヴォ	ヴァイオリン ヴィヴァルディ ヴェルサイユ ヴォルガ	バ ビ ベ ボ	バイオリン ビバルディ ベルサイユ ボルガ
8	テュ	テューバ	チュ	チューバ
9	フュ	フュージョン	ヒュ	ヒューズ
10	ヴュ	インタヴュー	ビュ	インタビュー

Ⅲ　撥音、促音、長音、その他に関するもの

	仮名の用い方	例
1	撥音は「ン」を用いる 慣用　撥音を入れない	シャンソン イニング
2	促音は「ッ」を用いる 慣用　促音を入れない	カップ アクセサリー
3	長音は「ー」を用いる 慣用　「ー」の代わりに母音字を添える 慣用　「エイ」「オウ」と書く 慣用　英語の語末の -er, -or, -ar はア列の長音とする	グループ バレエ ペイント ギター・マフラー・コンピュータ（ー）
4	イ・エ列の音の次のアの音は「ア」と書く 慣用　「ヤ」と書く	グラビア タイヤ
5	語末の -(i)um に当たるものは「ー（イ）ウム」と書く	アルミニウム・プラネタリウム
6	英語のつづりの x に当たるものを「ク」とするか「キ」とするかは慣用に従う	ボクシング タキシード
7	拗音に用いる文字は「ャ・ュ・ョ」と小書きにする「ヴァ・ヴィ・ヴェ・ヴォ」と組み合わせる場合も同じ	
8	複合した語を示すつなぎの符号の使い方は慣用に従う	マルコ・ポーロ マルコ＝ポーロ

⇩文化庁のホームページ（アドレスは313ページ参照）で原文を閲覧することができます。

第2部

深く知りたい・身につけたい日本語の知識

一 暦の言葉・時刻や方位を表す言葉

暦の言葉

二十四節気

※二十四節気は、太陰太陽暦（旧暦）の一年を二十四等分した暦上の点。気候や農事の特色により名づけられている。

【春】

立春《りっしゅん》	二月四日ごろ	冬から春に移る時。
雨水《うすい》	二月十九日ごろ	雨水がぬるみ、草木の萌芽のきざしが見えてくる。
啓蟄《けいちつ》	三月六日ごろ	土の中で冬ごもりしていた虫が地上にはい出てくる。
春分《しゅんぶん》	三月二十一日ごろ	春の彼岸の中日《ちゅうにち》。
清明《せいめい》	四月五日ごろ	桜や草花が咲き始め、すべてに清新さがあふれてくる。
穀雨《こくう》	四月二十日ごろ	雨の降る日が多く、穀物などの生長を助ける。

【夏】

立夏《りっか》	五月六日ごろ	夏の気配が感じられる。
小満《しょうまん》	五月二十一日ごろ	万物が天地に満ち始める。
芒種《ぼうしゅ》	六月六日ごろ	梅雨入りの前で、田植えを始める時期。
夏至《げし》	六月二十一日ごろ	夏季の真ん中で、梅雨の盛り。
小暑《しょうしょ》	七月七日ごろ	この日から暑気に入り、暑さが日増しに加わる。
大暑《たいしょ》	七月二十三日ごろ	最も気温の高い季節である。

【秋】

立秋《りっしゅう》	八月八日ごろ	残暑は厳しいが、秋の気配が感じられる。
処暑《しょしょ》	八月二十三日ごろ	暑さがやみ、涼風が吹く初秋のころ。
白露《はくろ》	九月八日ごろ	秋気が加わり、草の露に秋を感じる。
秋分《しゅうぶん》	九月二十三日ごろ	秋の彼岸の中日《ちゅうにち》。
寒露《かんろ》	十月九日ごろ	秋が深まり、朝晩は寒気を感じる。
霜降《そうこう》	十月二十四日ごろ	秋も終わりで、霜が降りるころ。

【冬】

立冬《りっとう》	十一月八日ごろ	このころから冬に入る。
小雪《しょうせつ》	十一月二十三日ごろ	寒さもそれほど厳しくなく、雪も本格的ではない。
大雪《たいせつ》	十二月七日ごろ	北風が吹き、冬の到来が感じられる。
冬至《とうじ》	十二月二十二日ごろ	冬の真ん中で、次第に寒さも厳しくなる。
小寒《しょうかん》	一月六日ごろ	本格的な冬で、寒さと雪が激しくなる。
大寒《だいかん》	一月二十一日ごろ	一年で最も寒い時期である。

五節句

※節句は、季節の節目を祝う日。それぞれに願いをこめてする行事がある。

人日《じんじつ》	正月七日	七草粥《ななくさがゆ》を食べて長寿を願う。七草粥は、七種の春の若菜を入れた粥。
上巳《じょうし》	三月三日 月初めの巳《み》の日から	雛人形を飾り、女児の幸福を願う。菱餅《ひしもち》や白酒で祝う。

端午《たんご》	五月五日 月初めの午《うま》の日から
	武者人形や鯉幟《こいのぼり》を飾り、男児の成長を願う。ちまき、柏餅で祝う。
七夕《しちせき(たなばた)》	七月七日
	星祭り。 短冊に願い事を書いて竹笹に飾りつけ、供え物をして、願いがかなうことを祈る。
重陽《ちょうよう》	九月九日 陽の数（九）が重なる日
	昔は、菊の露を綿にとって体をぬぐったり、菊の花を酒にひたして飲んだりして、長寿を願った。現代ではほとんど行われない。

雑節

※雑節は、二十四節気のほかに、これを補って季節の移り変わりを示す節目の日。

節分《せつぶん》	立春の前日。もともとは季節の分かれめを意味した。豆まきをして邪気を払い、福を招く。
春の彼岸《ひがん》	春分の日（彼岸の中日）をはさんで前後三日ずつ、七日間。牡丹餅《ぼたもち》を仏壇に供える。

春の土用《どよう》	立夏の前の十八日間。
八十八夜《はちじゅうはちや》	立春より八十八日め。日本独特の暦日で、農事の上では重要な節目とされた。
入梅《にゅうばい》	梅雨の季節に入る最初の日で、六月十一日ごろ。
半夏生《はんげしょう》	七月二日ごろ。梅雨の終わりの時期。
夏の土用《どよう》	立秋の前の十八日間。土用といえば、一般的には夏の土用のこと。
二百十日《にひゃくとおか》	立春から二百十日め。台風に注意すべき日。
二百二十日《にひゃくはつか》	立春から二百二十日め。二百十日と同様、台風に注意すべき日。
秋の彼岸《ひがん》	秋分の日（彼岸の中日）をはさんで前後三日ずつ、七日間。おはぎを仏壇に供える。
秋の土用《どよう》	立冬の前の十八日間。
冬の土用《どよう》	立春の前の十八日間。

国民の祝日とその他の年中行事

◆―国民の祝日

祝日は、「国民の祝日に関する法律」で決まっている。

☆ ☆ ☆

元日　［一月一日］
年のはじめを祝う。

成人の日　［一月第二月曜日］
おとなになったことを自覚し、みずから生き抜こうとする青年を祝いはげます。

建国記念の日　［二月十一日］
建国をしのび、国を愛する心を養う。

春分の日　［三月二十一日前後］
自然をたたえ、生物をいつくしむ。

昭和の日　［四月二十九日］
激動の日々を経て、復興を遂げた昭和の時代を顧み、国の将来に思いをいたす。

憲法記念日　［五月三日］
日本国憲法の施行を記念し、国の成長を期する。

みどりの日　［五月四日］
自然に親しむとともにその恩恵に感謝し、豊かな心をはぐくむ。

こどもの日　［五月五日］
こどもの人格を重んじ、こどもの幸福をはかるとともに、母に感謝する。

海の日　［七月第三月曜日］
海の恩恵に感謝するとともに、海洋国日本の繁栄を願う。

敬老の日　［九月第三月曜日］
多年にわたり社会につくしてきた老人を敬愛し、長寿を祝う。

秋分の日　［九月二十三日前後］
祖先をうやまい、なくなった人々をしのぶ。

体育の日　［十月第二月曜日］
スポーツにしたしみ、健康な心身をつちかう。

文化の日　［十一月三日］
自由と平和を愛し、文化をすすめる。

勤労感謝の日　［十一月二十三日］
勤労をたっとび、生産を祝い、国民たがいに感謝しあう。

天皇誕生日　［十二月二十三日］
天皇の誕生日を祝う。

※平成一九年施行
「国民の祝日に関する法律」より

◆―その他の年中行事

日本伝統の行事から、海外の行事を取り入れたものまで、年中行事には生活を楽しむ気持ちが込められている。

☆ ☆ ☆

鏡開き　［一月十一日］
針供養　［二月八日］
バレンタインデー　［二月十四日］
ホワイトデー　［三月十四日］
エイプリルフール　［四月一日］
灌仏会《かんぶつえ》**（花祭り）**　［四月八日］
メーデー　［五月一日］
母の日　［五月第二日曜日］
衣替え（夏服に）　［六月一日］
父の日　［六月第三日曜日］
山開き・海開き　［七月一日］
盂蘭盆会《うらぼんえ》　［七月十三〜十六日］
中秋（お月見）　［九月中旬］
衣替え（冬服に）　［十月一日］
ハロウィン　［十月三十一日］
七五三　［十一月十五日］
事始め　［十二月十三日］
クリスマス　［十二月二十五日］
大晦日　［十二月三十一日］

十干・十二支

十干《じっかん》

甲・乙・丙・丁・戊・己・庚・辛・壬・癸の十。五行（木・火・土・金・水）を、それぞれ陽の気を表す「兄《え》」と陰の気を表す「弟《と》」とに分けたもの。

十二支

子・丑・寅・卯・辰・巳・午・未・申・酉・戌・亥の十二。それぞれに動物の名前があてられている。時刻や方位を表す呼称としても用いられる。

干支

「干支」は、十干と十二支とを組み合わせたもの。六十の組み合わせができ、これを年にあてはめると六十年で一巡する。このことから、生まれた年の干支に還る数え年の六十一歳を還暦というようになった。

十干

木《き》の	兄《え》	甲	きのえ・コウ
	弟《と》	乙	きのと・オツ（イツ）
火《ひ》の	兄《え》	丙	ひのえ・ヘイ
	弟《と》	丁	ひのと・テイ
土《つち》の	兄《え》	戊	つちのえ・ボ
	弟《と》	己	つちのと・キ
金《か》の	兄《え》	庚	かのえ・コウ
	弟《と》	辛	かのと・シン
水《みず》の	兄《え》	壬	みずのえ・ジン
	弟《と》	癸	みずのと・キ

十二支

子	ね・シ	（鼠《ねずみ》）
丑	うし・チュウ	（牛《うし》）
寅	とら・イン	（虎《とら》）
卯	う・ボウ	（兎《うさぎ》）
辰	たつ・シン	（竜《たつ》）
巳	み・シ	（蛇《へび》）
午	うま・ゴ	（馬《うま》）
未	ひつじ・ビ	（羊《ひつじ》）
申	さる・シン	（猿《さる》）
酉	とり・ユウ	（鶏《にわとり》）
戌	いぬ・ジュツ	（犬《いぬ》）
亥	ゐ・ガイ	（猪《いのしし》）

干支表

1 甲《きのえ》《こう》子《ね》《し》
2 乙《きのと》《いつ》丑《うし》《ちゅう》
3 丙《ひのえ》《へい》寅《とら》《いん》
4 丁《ひのと》《てい》卯《う》《ぼう》
5 戊《つちのえ》《ぼ》辰《たつ》《しん》
6 己《つちのと》《き》巳《み》《し》
7 庚《かのえ》《こう》午《うま》《ご》
8 辛《かのと》《しん》未《ひつじ》《び》
9 壬《みずのえ》《じん》申《さる》《しん》
10 癸《みずのと》《き》酉《とり》《ゆう》

11 甲《きのえ》《こう》戌《いぬ》《じゅつ》
12 乙《きのと》《いつ》亥《ゐ》《がい》
13 丙《ひのえ》《へい》子《ね》《し》
14 丁《ひのと》《てい》丑《うし》《ちゅう》
15 戊《つちのえ》《ぼ》寅《とら》《いん》
16 己《つちのと》《き》卯《う》《ぼう》
17 庚《かのえ》《こう》辰《たつ》《しん》
18 辛《かのと》《しん》巳《み》《し》
19 壬《みずのえ》《じん》午《うま》《ご》
20 癸《みずのと》《き》未《ひつじ》《び》

21 甲《きのえ》《こう》申《さる》《しん》
22 乙《きのと》《いつ》酉《とり》《ゆう》
23 丙《ひのえ》《へい》戌《いぬ》《じゅつ》
24 丁《ひのと》《てい》亥《ゐ》《がい》
25 戊《つちのえ》《ぼ》子《ね》《し》
26 己《つちのと》《き》丑《うし》《ちゅう》
27 庚《かのえ》《こう》寅《とら》《いん》
28 辛《かのと》《しん》卯《う》《ぼう》
29 壬《みずのえ》《じん》辰《たつ》《しん》
30 癸《みずのと》《き》巳《み》《し》

31 甲《きのえ》《こう》午《うま》《ご》
32 乙《きのと》《いつ》未《ひつじ》《び》
33 丙《ひのえ》《へい》申《さる》《しん》
34 丁《ひのと》《てい》酉《とり》《ゆう》
35 戊《つちのえ》《ぼ》戌《いぬ》《じゅつ》
36 己《つちのと》《き》亥《ゐ》《がい》
37 庚《かのえ》《こう》子《ね》《し》
38 辛《かのと》《しん》丑《うし》《ちゅう》
39 壬《みずのえ》《じん》寅《とら》《いん》
40 癸《みずのと》《き》卯《う》《ぼう》

41 甲《きのえ》《こう》辰《たつ》《しん》
42 乙《きのと》《いつ》巳《み》《し》
43 丙《ひのえ》《へい》午《うま》《ご》
44 丁《ひのと》《てい》未《ひつじ》《び》
45 戊《つちのえ》《ぼ》申《さる》《しん》
46 己《つちのと》《き》酉《とり》《ゆう》
47 庚《かのえ》《こう》戌《いぬ》《じゅつ》
48 辛《かのと》《しん》亥《ゐ》《がい》
49 壬《みずのえ》《じん》子《ね》《し》
50 癸《みずのと》《き》丑《うし》《ちゅう》

51 甲《きのえ》《こう》寅《とら》《いん》
52 乙《きのと》《いつ》卯《う》《ぼう》
53 丙《ひのえ》《へい》辰《たつ》《しん》
54 丁《ひのと》《てい》巳《み》《し》
55 戊《つちのえ》《ぼ》午《うま》《ご》
56 己《つちのと》《き》未《ひつじ》《び》
57 庚《かのえ》《こう》申《さる》《しん》
58 辛《かのと》《しん》酉《とり》《ゆう》
59 壬《みずのえ》《じん》戌《いぬ》《じゅつ》
60 癸《みずのと》《き》亥《ゐ》《がい》

月の名称・異名

陰暦の月の名称

睦月《むつき》	一月	正月は老若男女などにかかわらず互いに拝賀し、親族一同集まって遊宴する睦《むつ》び月の意から。
如月《きさらぎ》	二月	二月はまだ寒いため、衣《きぬ》を重ね着するので「衣更着《きさらぎ》」となった。ただし、由来にはこの他いくつか説がある。また、「如月」という字は、中国の二月の異称（如月《じょげつ》）に由来している。
弥生《やよい》	三月	木草弥生《きくさいやお》い茂る月（草木がいよいよ生い茂る月）という意。「きくさいやおいづき」が詰まってヤヨイとなった。
卯月《うづき》	四月	卯の花が咲くころ、つまり「卯の花月」が略されて「卯月」となった。
皐月《さつき》	五月	ちょうど田植えの盛んな時期で、早苗を植える月の意で早苗月といっていたのが、サツキとなった。

水無月《みなづき》	六月	「無」は本来は「の」の意で「水の月」。田に水を注ぎ入れる月の意。
文月《ふみづき》	七月	七月七日の七夕にちなんだ呼び名。「文月」という字は、七夕の日に書物を夜気にさらす行事があり、それで「文月」となったという説がある。
葉月《はづき》	八月	木の葉が落ちる月、「葉落ち月」が訛《なま》ったもの。また、稲穂の「発月《はりづき》」の意から来たとされる説もある。
長月《ながつき》	九月	秋の夜長《よなが》のころ、ということで、「夜長月《つき》」が略されて「長月」となった。
神無月《かんなづき》	十月	陰暦十月には全国の神々が出雲大社に集まり、各地の神様が留守になることから。
霜月《しもつき》	十一月	霜が降る月で、「霜月」となった。
師走《しわす》	十二月	一年の終わりである十二月は忙しく、師匠も趨走《すうそう》（走り回ること）するので「師趨《しすう》」となり、これが「師走」となった。

その他の月の異名

一月

建寅月《けんいんげつ》　元月《げんげつ》　端月《たんげつ》　初月《しょげつ》
睦月《むつき》　陬月《むつき》　嘉月《かげつ》　泰月《たいげつ》
初春月《はつはるづき》　初空月《はつそらづき》　暮新月《くれしづき》
太郎月《たろうづき》　子日月《ねのひづき》　三微月《さんびづき》
早緑月《さみどりづき》　初春《しょしゅん》　新春《しんしゅん》　孟春《もうしゅん》
子春《ししゅん》　上春《じょうしゅん》　王春《おうしゅん》　開春《かいしゅん》
献春《けんしゅん》　首歳《しゅさい》　初歳《しょさい》　肇歳《ちょうさい》
開歳《かいさい》　方歳《ほうさい》　華歳《かさい》　発歳《はっさい》
献歳《けんさい》　主月歳《しゅげつさい》　年初《ねんしょ》　歳首《さいしゅ》
歳始《さいし》　青陽《せいよう》　孟陽《もうよう》　初陽《しょよう》
履端《りたん》　大簇《たいそう》　始和《しわ》　解凍《かいとう》

二月

衣更着《きさらぎ》　建卯月《けんぼうげつ》　令月《れいげつ》　麗月《れいげつ》
雪消月《ゆきげづき》　梅見月《うめみづき》　梅津月《うめつづき》
梅津早月《うめつさつき》　初花月《はつはなづき》　大壮月《たいそうづき》
小草生月《おぐさおいづき》　仲春《ちゅうしゅん》　中《なか》の春《はる》
殷春《いんしゅん》　酣春《かんしゅん》　春半《しゅんはん》　春分《しゅんぶん》
仲陽《ちゅうよう》　陽中《ようちゅう》　仲鐘《ちゅうしょう》　夾鐘《きょうしょう》
仲序《ちゅうじょ》　橘如《きつじょ》　為如《いじょ》　令節《れいせつ》
降入《こうにゅう》　美景《びけい》　恵風《けいふう》　星鳥《せいちょう》

三月

建辰月《けんしんげつ》　花月《かげつ》　嘉月《かげつ》　桜月《さくらづき》
称月《しょうげつ》　禊月《けつげつ》　蚕月《さんげつ》　桃月《とうげつ》
宿月《しゅくげつ》　病月《びょうげつ》　夬月《かいげつ》　花見月《はなみづき》
春惜月《はるおしみづき》　花津月《はなつづき》　夢見月《ゆめみづき》
早花月《さはなつき》　早花咲月《さはなさきづき》　晩春《ばんしゅん》
暮春《ぼしゅん》　季春《きしゅん》　杪春《びょうしゅん・しょうしゅん》
末春《まつしゅん》　殿春《でんしゅん》　五陽《ごよう》　暮陽《ぼよう》
載陽《さいよう》　姑洗《こせん》　末垂《まっすい》　暮律《ぼりつ》
修禊《しゅうけい》　春章《しゅんしょう》　春抄《しゅんしょう》　花老《かろう》
華節《かせつ》　桃緑《とうろく》　桃浪《とうろう》　清明《せいめい》
穀雨《こくう》　花飛《かひ》　竹秋《ちくしゅう》

四月

建巳月《けんしげつ》　余月《よげつ》　陰月《いんげつ》　乏月《ほうげつ》
乾月《けんげつ》　鎮月《ちんげつ》　卯花月《うのはなづき》　花残月《はなのこりづき》
夏初月《なつはづき》　清和月《せいわづき》　木葉採月《このはとりづき》
得鳥羽月《えとりはづき》　初夏《しょか》　首夏《しゅか》　孟夏《もうか》
始夏《しか》　新夏《しんか》　維夏《いか》　立夏《りっか》
槐夏《かいか》　麦秋《ばくしゅう》　純陽《じゅんよう》　六陽《りくよう》
六気《りくき》　仲呂《ちゅうりょ》　圉余《ごよ》　跡踵《せきしょう》
乾梅《けんばい》　純乾《じゅんけん》　修景《しゅうけい》　小満《しょうまん》

五月

建午月《けんごげつ》　写月《しゃげつ》　橘月《たちばなづき》　梅月《ばいげつ》
啓月《けいげつ》　悪月《あくげつ》　鶉月《うずらづき》　雨月《うげつ》
授雲月《じゅうんづき》　多草月《たぐさづき》　吹喜月《ふききづき・ふぶきづき》
浴蘭月《よくらんづき》　稲苗月《いななえづき》　早苗月《さなえづき》
早稲月《さいねづき》　賤男染月《しずおそめづき》　月不見月《つきみずづき》
仲夏《ちゅうか》　盛夏《せいか》　梅夏《ばいか》　梅天《ばいてん》
啓明《けいめい》　開明《かいめい》　厲皐《れいこう》　長至《ちょうし》
芒積《ぼうせき》　茂林《もりん》　小刑《しょうけい》　星花《せいか》

六月

建未月《けんびげつ》　水月《すいげつ》　未月《びげつ》　旦月《たんげつ》
季月《きげつ》　伏月《ふくげつ》　遯月《とんげつ》　焦月《しょうげつ》
涼暮月《すずくれづき》　松風月《まつかぜづき》　風待月《かぜまちづき》
鳴雷月《なるかみづき》　弥涼暮月《いすずくれづき》　季夏《きか》
晩月《ばんげつ》　長夏《ちょうか》　常夏《じょうか》　炎陽《えんよう》
積夏《せきか》　陽氷《ようひょう》　極暑《きょくしょ》　小暑《しょうしょ》
林鐘《りんしょう》　則旦《そくたん》　長列《ちょうれつ》　鶉火《じゅんか》
庚伏《こうふく》　三伏《さんぷく》之《の》秋《あき》　波達羅盈月《はだらえづき》

七月

建申月《けんしんげつ》　親月《しんげつ》　相月《そうげつ》　蘭月《らんげつ》
涼月《りょうげつ》　冷月《れいげつ》　桐月《とうげつ》　否月《ひげつ》
文披月《ふみひろげづき》　七夜月《ななよづき》　七夕月《たなばたづき》
女郎花月《おみなえしづき》　秋初月《あきそめづき》　愛逢月《めであいづき》
初秋《しょしゅう》　孟秋《もうしゅう》　新秋《しんしゅう》　上秋《じょうしゅう》
肇秋《ちょうしゅう》　早秋《そうしゅう》　桐秋《とうしゅう》　蘭秋《らんしゅう》
槐秋《かいしゅう》　大晋《たいしん》　窒相《ちっそう》　流火《りゅうか》
享蔌《きょうしゅく》　処暑《しょしょ》　夷則《いそく》

八月

建酉月《けんゆうげつ》　壮月《そうげつ》　桂月《けいげつ》　素月《そげつ》

観月《かんげつ》　木染月《こぞめづき》　秋風月《あきかぜづき》　月見月《つきみづき》
紅染月《べにそめづき》　雁来月《かりきづき》　燕去月《つばめさりづき》
草津月《くさつづき》　ささはなさ月《づき》　仲秋《ちゅうしゅう》
桂秋《けいしゅう》　深秋《しんしゅう》　秋半《しゅうはん》　秋高《しゅうこう》
竹春《ちくしゅん》　橘春《きつしゅん》　迎寒《げいかん》　寒旦《かんたん》
南呂《なんりょ》　仲商《ちゅうしょう》　長五《ちょうご》　白露《はくろ》
豆雨《ずう》　剝事《はくじ》　竹の春《たけのはる》

九月

建戌月《けんじゅつげつ》　玄月《げんげつ》　菊月《きくづき》　祝月《いわいづき》
詠月《えいげつ》　朽月《きゅうげつ》　剝月《はくげつ》　菊間月《きくまづき》
紅葉月《もみじづき》　竹酔月《ちくすいづき》　寝覚月《ねざめづき》
青女月《せいじょづき》　色取月《いろどりづき》　小田刈月《おだかりづき》
季秋《きしゅう》　暮秋《ぼしゅう》　末秋《まつしゅう》　九秋《きゅうしゅう》
杪秋《びょうしゅう・しょうしゅう》　窮秋《きゅうしゅう》　残秋《ざんしゅう》
晩秋《ばんしゅう》　高秋《こうしゅう》　勁秋《けいしゅう》　霜辰《そうしん》
粛霜《しゅくそう》　季白《きはく》　季商《きしょう》　暮商《ぼしょう》
杪商《びょうしょう・しょうしょう》　歳晏《さいあん》　無射《ぶえき》
終玄《しゅうげん》　授衣《じゅえ》　凄辰《せいしん》　末垂《まつすい》

十月

建亥月《けんがいげつ》　陽月《ようげつ》　良月《りょうげつ》　大月《たいげつ》
吉月《きつげつ》　坤月《こんげつ》　雷無月《かみなかりづき》　神去月《かみさりづき》
鎮祭月《ちんさいげつ》　鏡祭月《きょうさいげつ》　時雨月《しぐれづき》
初霜月《はつしもづき》　正陰月《せいいんづき》　初冬《しょとう》　孟冬《もうとう》
上冬《じょうとう》　開冬《かいとう》　新冬《しんとう》　立冬《りっとう》
早冬《そうとう》　方冬《ほうとう》　亥冬《がいとう》　小春《こはる》
小陽春《しょうようしゅん》　極陽《きょくよう》　始冰《しひょう》　応章《おうしょう》
大素《たいそ》　玄英《げんえい》　大章《たいしょう》　応鐘《おうしょう》

十一月

建子月《けんしげつ》　暢月《ちょうげつ》　子月《しげつ》　辜月《こげつ》
達月《たつげつ》　葭月《かげつ》　復月《ふくげつ》　章月《しょうげつ》
霜降月《しもふりづき》　霜見月《しもみづき》　雪待月《ゆきまちづき》
雪見月《ゆきみづき》　神帰月《かみきづき》　神楽月《かぐらづき》
天正月《てんしょうづき》　竜潜月《りゅうせんづき》　露隠端月《つゆこもりのはづき》
仲冬《ちゅうとう》　盛冬《せいとう》　正冬《せいとう》　冬半《とうはん》
広寒《こうかん》　陽復《ようふく》　朔易《さくえき》　短至《たんし》
三至《さんし》　天泉《てんせん》　周正《しゅうしょう》　黄鐘《おうしょう》

十二月

建丑月《けんちゅうげつ》　極月《ごくげつ》　厳月《げんげつ》　臘月《ろうげつ》
臈月《ろうげつ》　弟月《おとづき・おとうづき》　茶月《さげつ》
除月《じょげつ》　窮月《きゅうげつ》　氷月《ひょうげつ》　親子月《おやこづき》
春待月《はるまちづき》　暮古月《くれこづき》　梅初月《うめはつづき》
三冬月《さんとうづき》　年積月《としつむづき》　季冬《きとう》
暮冬《ぼとう》　杪冬《びょうとう・しょうとう》　晩冬《ばんとう》　窮冬《きゅうとう》
残冬《ざんとう》　黄冬《おうとう》　冬索《とうさく》　小歳《しょうさい》
暮歳《ぼさい》　暮節《ぼせつ》　凋年《ちょうねん》　窮凋《きゅうちょう》
窮稔《きゅうねん》　窮陰《きゅういん》　窮紀《きゅうき》　月窮《げっきゅう》
四極《しきょく》　三余《さんよ》　清祀《せいし》　嘉平《かへい》
大呂《たいりょ》　天晧《てんこう》　玄律《げんりつ》　二之日《にのひ》

六曜

「六曜」は、昔の曜日の示し方で、今の七曜の「月火水木金土日」にあたるもの。吉凶と関連づけられるようになったのは、江戸時代ごろである。

☆　☆　☆

先勝［せんしょう・せんかち］
先んずればすなわち勝つ、の意。万事に急ぐことがよいとされている。

友引［ともびき］
凶禍が友人に及ぶ、の意。この日に葬式を出すことを忌《い》む。

先負［せんぶ・せんまけ］
急用、争い事、公事などを避け、静かに待つのがよいとされている。

仏滅［ぶつめつ］
すべてに凶であるとする日。

大安［たいあん］
旅立ち、移転、開店、結婚など、万事に吉とする日。

赤口［しゃっく・しゃっこう］
凶日。ただし、正午のみ吉。

月の満ち欠けを表す言葉

月の満ち欠けを表す言葉は、旧暦の日にちに対応している。

新月　しんげつ

二日月　ふつかづき

三日月　みかづき

七日月　なのかづき

八日月　ようかづき

九日月　ここのかづき

十日余りの月（十一日ごろ）とおかあまりのつき

十三夜月　じゅうさんやづき

望月・満月（十五日ごろ）もちづき・まんげつ

十六夜月　いざよいづき

立ち待ち月（十七日ごろ）たちまちづき

居待ち月（十八日ごろ）いまちづき

臥し待ち月・寝待ち月（十九日ごろ）ふしまちづき・ねまちづき

二十日余りの月（二十二日ごろ）はつかあまりのつき

二十三夜月　にじゅうさんやづき

その他の言葉

旧暦［きゅうれき］
一八七二（明治五）年の太陽暦採用以前に使用されていた暦法。

新暦［しんれき］
一八七三（明治六）年一月一日から新たに使用した暦。

閏年［うるうどし］
「閏（暦の上で一年の日数や月数が平年よりも多いこと）」のある年。これによって暦の上の季節と実際の季節とのずれを調節する。太陽暦では四年に一回、二月の日数を二十九日とする。

厄年［やくどし］
災難に遭うことが多いので気をつけるべきだといわれる年。男は数え年の二十五歳・四十二歳・六十歳。女は十九歳・三十三歳。特に、男の四十二歳は「死に」に、女の三十三歳は「散々」に通じるというので、大厄とされている。陰陽道で説かれたものであるといわれる。

時刻を表す言葉

定時法

一日（二十四時間）を十二等分して、一等分（二時間）を一辰刻《しんこく》とした時刻法。奈良・平安時代の宮廷で用いられ、室町時代まで行われた。午後十一時から午前一時までを子《ね》の刻として、以下順に十二支をあてた。さらに一辰刻を一刻から四刻に等分し、例えば、正午を午《うま》の三刻と呼んだ。この時刻法では、季節や昼夜にかかわらず、一辰刻の長さは一定である。

不定時法

昼と夜とをそれぞれ六等分して、その一等分を一時《いっとき》とした時刻法。古代から民間で行われ、江戸時代に公式の時刻制度として採用された。日の出を明け六つ、日暮れを暮れ六つとし、それを起点に五つ、四つ、九つ、八つ、七つとした。この時刻法では、季節によって昼夜の長さが違うために、昼と夜とで一時の長さが異なる。

更《こう》

夜間のみに用いられた時刻表現。日暮れから夜明けまでを五等分し、順に初更、二更、…五更と呼んだ。各更の長さは、季節によって異なる。また、甲夜、乙夜、…戊夜と呼ぶこともある。

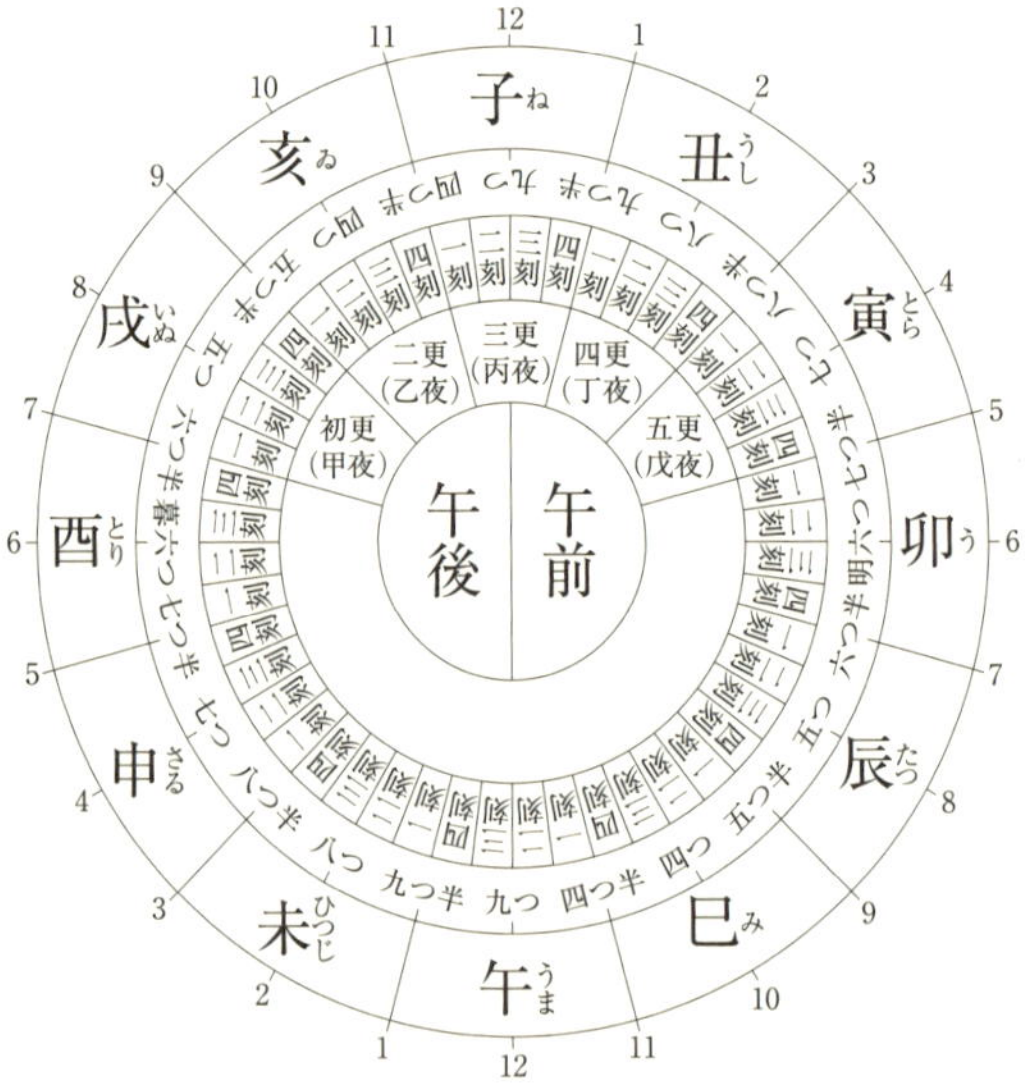

方位を表す言葉

五行《ごぎょう》説による方位

中国の陰陽五行説を用いて表したもの。中央に「土」を配し、北を「水」、南を「火」、東を「木」、西を「金」とする。

八卦《はっけ》による方位

中国の易学の八卦を用いて表したもの。北を「坎《かん》」、東を「震《しん》」、南を「離《り》」、西を「兌《だ》」とし、それぞれの中間である北東を「艮《ごん》」、南東を「巽《そん》」、南西を「坤《こん》」、北西を「乾《けん》」とした。

また「艮」「巽」「坤」「乾」は、それぞれ十二支による呼び方をあてて、「うしとら（丑寅）」「たつみ（辰巳）」「ひつじさる（未申）」「いぬゐ（戌亥）」とも読んだ。

十二支による方位

全方位三六〇度を十二等分し、北を「子《ね》」として、東、南、西へと順に十二支をあてたもの。

鬼門・裏鬼門

不吉な方角。中国の陰陽五行説に基づいて、災異・吉凶を説明しようとする方術、陰陽道から来た言葉。

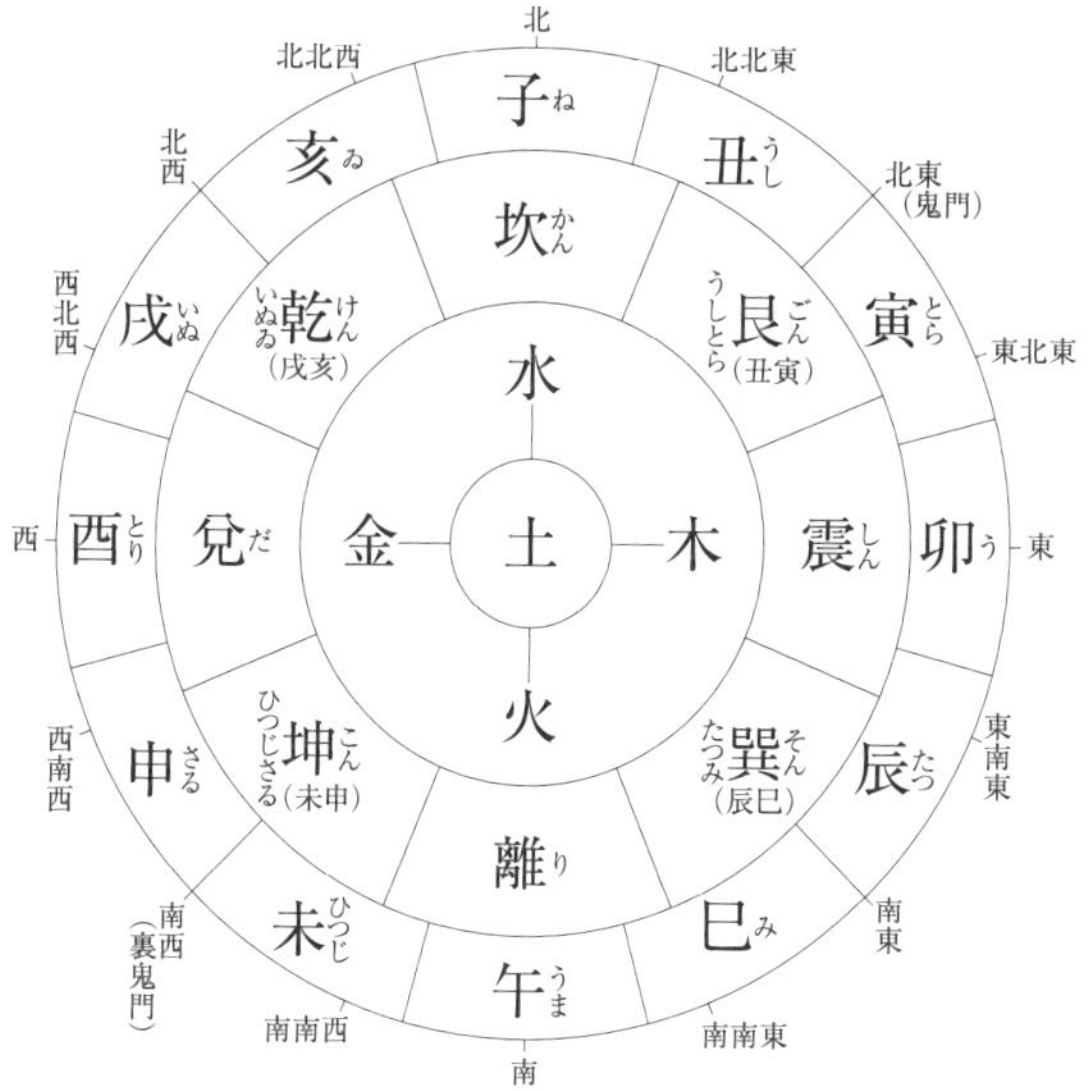

二 季節感を表す言葉

季節感を表す言葉

春

春一番［はるいちばん］
季節が春に変わる頃に吹く、立春後の最初の強い南風。

東風［こち］
冬の季節風がやみ、東寄りの方から吹いてくる風。

斑雪［はだれゆき］
うっすらと降った雪。また、まだらに消え残った雪。気温が上がり、冬期間に積もった雪が解けて斑《まだら》になってきた状態をいう。

雪形［ゆきがた］
春、高い山の雪解けが始まり、山肌に雪が残った形を馬・鳥・人などに見立てたもの。かつては雪形の出現を、農作業進行の目安にしたり、農作物の出来を占ったりした。

山笑う［やまわらう］
春の山が明るくおっとりと見える様子。

桃の節句［もものせっく］／**雛祭り**［ひなまつり］
三月三日。主に女児の健やかな成長を願う祭り。雛壇に雛人形を飾り、桃の花を供え、菱餅や白酒で祝う。

白酒［しろざけ］
もち米・味醂《みりん》などを材料として作った濃厚な白色の酒。甘味が強く、独特の香気がある。雛祭りに供える。

社日［しゃじつ／しゃにち］
春分・秋分の日に最も近い戊《つちのえ》の日。春は豊作を祈り、秋は収穫に感謝する。

日永［ひなが］
春分を過ぎ、昼間が長くなること。

野焼き［のやき］
早春、新しい草がよく生えるように、野の枯れ草を焼き払うこと。虫の駆除になり、灰は肥料になる。

猫の恋［ねこのこい］
春に猫が発情して鳴きたてること。

陽炎［かげろう］
大気に温度差が生じることにより光が不規則に屈折し、風景が揺らいだように見える現象。

うららか／**長閑**［のどか］
空が晴れ、太陽が照り輝く、よい陽気でのんびりした様子。

東大寺お水取り
奈良の東大寺で三月一日～十四日まで二月堂で行われる法会の中の行事。十二日夕刻より籠松明十二本を回廊で振り回す「お松明」を行い、午前二時ごろ若狭井から汲んだ香水を本堂の仏前に供える「お水取り」。

をする。

朧［おぼろ］
春の夜がぼうっとかすんで見える現象。春に多い湿った南風の影響で水蒸気がたちこめるため。昼の場合は霞《かすみ》とよぶ。

花祭り［はなまつり］／**灌仏会**［かんぶつえ］
四月八日。釈迦の生誕を祝う行事。花御堂の中に水盤を置き、そこに安置した誕生仏に甘茶を注いで拝む。誕生仏とは、生後すぐに歩き出し右手で天を指し左手で地を指して「天上天下唯我独尊」と唱えたといわれる釈迦の姿をかたどったもの。甘茶を注ぐのは、この誕生時に八大竜王が現れ、甘露の雨を降らせて湯浴みさせたという故事による。

つちふる／**黄砂**
モンゴルなど大陸の砂漠の砂塵が風に巻き上げられて空を覆い、日本まで運ばれ、降ってくるもの。

壬生狂言［みぶきょうげん］
四月二十一日から二十九日にかけて京都市の壬生寺で大念仏法要を営む間、毎日演じられる狂言。念仏の理念を一般大衆に説くため、狂言の身ぶりを用いたものという。

潮干狩り［しおひがり］／**磯遊び**［いそあそび］
引き潮の浜で貝や魚などを獲ること。陰暦三月三日から七日頃の大潮、十日頃の長潮と、春は一年で最も潮の干満が大きく、浜は遠くまで干上がるため、干潟遊びが楽しめる。

菜種梅雨［なたねづゆ］
「菜種」はアブラナ。それが咲く三月中旬から四月にかけての長雨。

花曇［はなぐもり］
桜が咲く頃の曇り空。桜の花を養う曇天、の意味で養花天《ようかてん》ともいう。

桜前線［さくらぜんせん］
ソメイヨシノの開花日を同じくする地点を結んだ線。

紫雲英田［げんげだ］
「紫雲英」はレンゲソウ。それを肥料や家畜の飼料用に栽培する畑。

蛙の目借り時［かわずのめかりどき］
カエルが盛んに鳴く頃の、眠気を催す春暖の時期。

八十八夜［はちじゅうはちや］
立春から数えて八十八日目にあたる日。五月二日または三日。「八十八夜の別れ霜」といい、農事に適した時期となるため、農繁期に入る。茶摘みの最盛期にもあたる。

端午の節句［たんごのせっく］／**菖蒲湯**［しょうぶゆ］／**鯉幟**［こいのぼり］
「端午の節句」はもともと物忌みや悪霊払いを行う日だった。後に、この時期に咲く菖蒲が「尚武《しょうぶ》（武道を重んじる）」に通じるため、男児の出世や武運長久《ぶうんちょうきゅう》を祈る節句となった。男児のいる家では柏餅や粽《ちまき》を用意し、武者人形を飾り、鯉幟をあげる。菖蒲湯に入る習慣もある。

子安貝［こやすがい］
殻は卵形で光沢があって厚く堅い。古くから安産のお守りとされた。

夏

山背［やませ］
山を越えて吹いてくる風。主に北海道から東北地方にかけての地域に吹く、湿った冷たい北東の風。冷害の原因となりやすい。

だし
晩春から夏にかけて、山から海へ向かって吹く、乾いた暖かい風。

あいの風
春から夏にかけて、日本海沿岸に吹く北東または東からの温和な風。

青嵐［あおあらし／せいらん］
初夏の強風。青葉を吹き渡る強い風。

風薫る［かぜかおる］
初夏の南風が青葉の香りを乗せてくること。

万緑［ばんりょく］
見渡す限りの青葉、若葉。

青田［あおた］
青々と茂った稲田。苗が伸び、田全体が緑の絨緞《じゅうたん》のように見えるもの。

卯の花腐し［うのはなくたし］
五月から六月上旬にかけて一時的に現れる長雨。そぼ降る雨が盛りの卯の花を腐らせそうに見える意。

麦の秋／麦秋［ばくしゅう］
麦の刈り入れどき。麦が熟す入梅前の頃をいう。

衣替え［ころもがえ］
季節に応じて衣服を替えること。通常六月一日から夏服に、十月一日から冬服になる。

ダービー
六月最初の水曜日にロンドン郊外で催される競馬。日本ダービーは五月の終わり。

山開き［やまびらき］
その年の登山が解禁となること。日本の山は山岳信仰と関係が深く、山の霊を祀る神社では山開きに開山祭りをする。

入梅［にゅうばい］
梅雨に入ること。

五月雨［さみだれ／さつきあめ］
陰暦五月に降る雨。梅雨《つゆ》。

五月闇［さつきやみ］
五月雨の降る時期の夜の暗さ。昼の暗さに対しても使う。

梅雨寒［つゆざむ］
梅雨《つゆ》の時期に時々訪れる寒さ。

茅花流し［つばなながし］
梅雨の前後、茅《ちがや》の花の咲く頃に吹く、湿った南風。

南風［はえ］
夏に南から吹く風。梅雨の初めに黒い雨雲の下で吹くのは黒南風《くろはえ》、梅雨明け頃、明るい青空の下で吹くのが白南風《しろはえ》。

木下闇［こしたやみ］
生い茂った木立ちの下が暗い様子。「青葉闇《あおばやみ》」「緑陰《りょくいん》」も似た意味。

草いきれ
太陽に照らされて温度が上がったとき、草原から立ち上るむっとするような熱気。

油照り［あぶらでり］
曇天で無風、湿度も高く、じっとしていても脂汗がにじみ出るような蒸し暑い日和。

片陰［かたかげ］
炎天下、通りの片側にくっきりとできる日陰。

不快指数［ふかいしすう］
夏の蒸し暑さを温度と湿度の関係により、数字で表したもの。指数七十五度では人の半数が不快、八十以上では全員が不快を感じる。

熱帯夜［ねったいや］
最低気温が二十五度以上の、暑くて寝苦しい夜。

短夜［みじかよ］
昼間が長いために短くなる夏の夜。

狐の嫁入り［きつねのよめいり］
日が照っているのに、雨が降っていること。夏のにわか雨の際などに見られる。照ったり降ったり定まらない天気は「狐日和」。

驟雨［しゅうう］
突然降りだす雨。にわか雨。夕立。「驟」は馬が速く走る意。

積乱雲［せきらんうん］
垂直方向に山のように発達した雲。俗に、入道雲といわれる。しばしば雷やにわか雨を伴うことが多い。

半夏生［はんげしょう］
七十二候の一つ。夏至から十一日目で、七月二日頃にあたる。梅雨《つゆ》の終わりの時季。

蟬時雨［せみしぐれ］
激しく音を立てて降る時雨のように、たくさんの蟬がしきりに鳴く声。

鬼灯市［ほおずきいち］
七月九日・十日に東京の浅草寺境内に立つ、鉢植えの鬼灯を売る市。

土用［どよう］
立秋の前の十八日間。また、七月二十一日前後から八月上旬までの、暑さが最も厳しい時季。

土用波［どようなみ］
土用の頃、南方海上に発生する台風の影響で海岸に打ち寄せる大波。

簾［すだれ］
細いアシ、細く割った竹などを並べて糸で編み連ね、日除けに使うもの。

打ち水［うちみず］
庭や道に水をまくこと。ほこりを抑えたり、涼しくしたりするため。

端居［はしい］／**夕涼み**［ゆうすずみ］
蒸し暑い夏の夕方に、風の通る縁側などで涼むこと。

施餓鬼［せがき］
盆が来ても祭る者のない無縁仏や餓鬼道に落ちて苦しむ霊を供養する行事。

帰省客［きせいきゃく］
お盆休みを利用して実家などへ帰省する人々。

灯籠流し［とうろうながし］／**精霊流し**［しょうりょうながし］
盆の十五日や十六日に、灯籠や精霊船とともに供え物などを川や海へ流して祖先の霊を送る行事。

盆踊り［ぼんおどり］
もとは祖霊を迎えて慰めるための精霊供養、または神祭りの行事として行われた。

花火大会［はなびたいかい］
夏は大がかりな花火大会が各地で催される。多く水辺で行う。納涼のほか戦災で亡くなった多くの人の霊を慰めるために行う地方もある。

秋

防災の日
九月一日。一九二三（大正一二）年のこの日に起きた関東大震災にちなみ、大災害を忘れることなく不測の事態に備えるために設けられた。

二百十日［にひゃくとおか］
立春から数えて二百十日目。九月一日頃にあたる。稲の開花時期でもあり、台風が来やすい日のため、農家では厄日とされた。

台風［たいふう］
熱帯低気圧のうち、最大風速が毎秒十七・二秒以上になったもの。暴風雨を伴う。

やまじ
夏から秋にかけて、山から吹き降りる強い風。主に瀬戸内海沿岸地方のもの。

野分［のわき／のわけ］
野の草を分けて吹く意。二百十日、二百二十日前後に吹く暴風のこと。また、秋から初冬にかけての強風全般にいう。

いわし雲／うろこ雲／鯖雲［さばぐも］
空の高いところにできる、魚のうろこのように規則的に並ぶ雲。

十五夜［じゅうごや］
特に陰暦八月十五日の月を指す。「中秋の名月」「芋名月」ともいう。月にすすきの穂や月見団子などを供える習慣がある。

重陽の節句［ちょうようのせっく］
陰暦九月九日。陽数（＝奇数）の中で最大の「九」が重なることから、めでたい日とされる。「菊の節句」ともいうが、菊にちなんだ行事は日本ではあまり発達していない。後に、秋の収穫祭と習合し、「オクンチ」として祝うようになった。「長崎おくんち」もその一例。

刈田［かりた］
稲刈りの終わった田。

雁渡し［かりわたし］
仲秋（陰暦八月十五日）になってから吹く北風。渡ってくる雁にとって都合の良い風。

釣瓶落とし［つるべおとし］
秋の日がはやく暮れること。その暮れ方の速さを、井戸で水を汲む時、釣瓶桶が速く真っ直ぐに落ちていくさまにたとえたもの。

菊日和［きくびより］
菊の花が咲く頃のよく晴れた日。

落ち鮎［おちあゆ］
秋、河口付近で産卵するため、一斉に川を下る鮎の群れ。

赤い羽根共同募金
通称「赤い羽根」と呼ばれる助け合い募金運動。十月一日から一か月間行われる。集まったお金は社会福祉施設支援のために使われる。

十三夜［じゅうさんや］
特に陰暦九月十三日の夜を指す。十五夜の「芋名月」に対し「栗名月」「豆名月」と呼ばれる。

竹の春［たけのはる］
秋、竹が青々と葉を茂らすこと。竹は他の植物と逆に秋に葉を茂らせ、春は枯れ葉となる。それは「竹の秋」と呼ばれる。陰暦八月を指す。

花野［はなの］
草花が咲き乱れる秋の野原。

時雨［しぐれ］
晩秋から初冬にかけ、さあっと降ってすぐにやむ雨。通り雨。

燈(灯)火親しむ［とうかしたしむ］
秋の涼しい夜長に、明かりの下で読書すること。

ハロウィーン
キリスト教で十一月一日に祝う万聖節の前夜祭で、十月三十一日に行われる。年に一度、死者の霊が地上に出てきていたずらをし、各所で魔女の宴会が繰り広げられる日とされる。南瓜をくりぬいて目鼻をつけた提灯《ちょうちん》を作る。子どもたちは骸骨や魔女に扮し「trick or treat！（ご馳走出さないといたずらするぞ）」と言いながら家々を回り、お菓子をもらう。

霧［きり］
空気中の水蒸気が凝結し、微細な水の粒になって空気中に浮かぶもの。俳句では春は「霞」、秋は「霧」と呼び分ける。

桐一葉［きりひとは］
桐や梧桐《ごとう》は秋の初めに他の木に先駆けて葉を落とす。そこから、秋の訪れを象徴する言葉となったもの。

紅葉前線［こうようぜんせん］
紅葉する日が同じ地点を結んだ線。気象庁では銀杏《いちょう》の黄葉と楓《かえで》の紅葉を観測し、各地の見頃の日を発表している。

山粧う［やまよそおう］
春の季語の「山笑う」に対する秋の山の様子。晩秋、紅葉して山が赤や黄に彩られるさまをいう。

木の実時［このみどき］
えのき、くぬぎ、銀杏《いちょう》などの木の実が熟す頃のこと。風でパラパラと散るのを雨にたとえた「木の実の雨」という言葉もある。

顔見世狂言［かおみせきょうげん］
歌舞伎の年中行事で、十一月一日から十二月十日ごろまでの興行をいう。「顔見世」は俳優の新しい顔ぶれを披露する意。

酉の市［とりのいち］
十一月の酉の日に、東京都台東区の鷲《おおとり》神社に立つ市。「おとりさま」ともいう。「客をトリこむ」ということで縁起物の熊手が売られる。商売繁盛を願う行事。

七五三［しちごさん］
三歳と五歳の男児、三歳と七歳の女児が健やかな成長を願って氏神に詣でる行事。子どもたちは晴れ着を着て参拝し、千歳飴を買ってもらう。

木枯らし［こがらし］
晩秋から初冬にかけて強く吹く冷たい風。木々を吹き枯らす風の意。

落ち葉焚き［おちばたき］
掃き集めた庭や道路の落ち葉を燃やすこと。

小春日和［こはるびより］
晩秋から初冬にかけての、晴れて穏やかで暖かい日。「小春」は陰暦十月の異称。

初冠雪［はつかんせつ］
夏を過ぎ、初めて山の頂が雪で白くなること。

冬

山茶花梅雨［さざんかつゆ］
山茶花の咲く頃である初冬に、数日間天気がぐずつくこと。

寒波［かんぱ］
広い地域に寒冷な空気が流れ出し、急激に気温が下がる現象。

冬将軍［ふゆしょうぐん］
「冬」の異名。冬の厳しい寒気を擬人化した表現。

あなじ
主に冬に吹く北西の風。船舶を苦しめる悪い風とされる。

山颪［やまおろし］
山から吹きおりる風。冬の季節風で、主に太平洋側で言われる。

山眠る［やまねむる］
冬の山が、草木が枯れ果てたり雪に覆われたりして静まり返った様子。

雪起こし［ゆきおこし］
雪が降る直前に鳴る雷。富山湾では、ぶり漁の盛んな十二月から一月頃に鳴る雷を「ぶり起こし」と呼ぶ。

樹氷［じゅひょう］
冷えた霧や雲の微細な水滴が樹木に付着して凍り、氷層をなしたもの。

空っ風［からっかぜ］
冷たくて乾燥した、激しい冬の風。主に関東地方に見られ、特に上州（群馬県）の空っ風が有名である。

霜柱［しもばしら］
地中からしみだした水分が、地中もしくは地面で凍ってできる柱状の氷。関東地方の赤土に多く見られ、大きいものは一〇センチ以上にもなる。

氷雨［ひさめ］
上下入れ換えると「雨氷」で本来は霰《あられ》や雹《ひょう》の古名。現在では冬の冷たい雨や、霙《みぞれ》の意で用いることが多い。

結露［けつろ］
空気中で物が冷え、その表面に水滴がつくこと。冬、屋外に比べ高温多湿となった室内の空気が、冷たい壁や窓ガラスの表面で露を結ぶことが多い。

しばれる
東北地方や北海道で、非常に厳しい寒さをいう言葉。

ダイヤモンドダスト
細氷。空気中の水蒸気が凍り、日光を受けてきらめきながら降下する現象。

吹雪［ふぶき］
強い風の中で降る雪が横殴りになり、また地表に積もった雪も舞い上がって、見通しの悪い状態。

牡丹雪［ぼたんゆき］
多数の雪の結晶がくっつき、大きな雪片となって降る雪。暖かいところで降ることが多い。

ざらめ雪
地に積もった雪が氷の結晶になり、解けたり凍ったりを繰り返すうち、ざらめ糖状の粒になったもの。

風花［かざはな］
青空の中を、花びらのようにはらはらと舞う雪。

雪吊り［ゆきづり］
庭木や果樹が雪の重みで折れぬよう

にするため、幹に沿って支柱を立て、縄やワイヤで枝の一本一本を吊るもの。

赤穂浪士討ち入り
元禄一五（一七〇二）年十二月十四日の赤穂四十七士による吉良家討ち入り。前年三月、赤穂藩主浅野内匠頭《たくみのかみ》は殿中松の廊下で刃傷に及び切腹となったが「喧嘩両成敗」とならず被害者の吉良上野介にはおとがめがなかった。これを不服とした赤穂の家臣らが仇討ちを果たした。

羽子板市［はごいたいち］
十二月十七・十八日に浅草観音寺境内に立つ年の市が有名。破魔矢とともに羽子板を売る店が立ち並ぶ。

クリスマス
イエス・キリストの生誕日十二月二十五日を祝うキリスト教の祭日。日本でも年中行事として定着し、ツリーやイルミネーションが歳末の街を飾る。

七草［ななくさ］
芹《せり》、薺《なずな》、御形《ごぎょう》、繁縷《はこべら》、仏《ほとけ》の座《ざ》、菘《すずな》、蘿蔔《すずしろ》の七種の野草（地方により違いはある）。一月七日の朝「七草叩き」として七草を包丁で刻み、粥に入れて食べると万病を防ぐといわれる。

御神渡り［おみわたり］
湖面が全面氷で覆われた後、夜に激しく冷え込むと氷が収縮して割れ目ができる。そこに日が出て気温が上がると氷が膨張し、割れ目に沿って氷が持ち上がる。それを神が歩いた跡と考え「御神渡り」と呼んだ。諏訪湖のものがよく知られている。

鏡開き［かがみびらき］
一月十一日に、正月に供えた鏡餅を下げ、砕いて雑煮や汁粉に入れて食べる行事。

十日戎［とおかえびす］
正月十日に行われる初戎祭。主に西日本で盛んな行事で、大阪の今宮神社の「えべっさん」が有名。

左義長［さぎちょう］
「三毬杖」とも書く。昔、宮中で正月十五日と十八日に清涼殿の庭で短冊や吉書を焼いた行事。正月十五日前後に子どもが集まり、書初めや注《し》連《め》飾りなどを焼く「どんど焼き」の起源になっている。

豆撒き［まめまき］
節分行事の代表。煎った大豆を枡に入れて神棚へ供えた後「鬼は外、福は内」と唱えて家の出入り口や各部屋に撒く。撒き終わると、無病息災を願いそれぞれの年齢の数だけ豆を食べる習慣がある。

針供養［はりくよう］
古い針を柔らかい豆腐やこんにゃくなどに刺して供養し、裁縫の上達を願う行事。

初午［はつうま］
二月最初の午の日に稲荷神社で行う祭。稲荷は「稲生り」で農業とも結びつきが深く、春の農作業開始に先立って農業神を祀るもの。

三寒四温［さんかんしおん］
三日ほど寒い日が続き、次は四日ほど暖かい日が続くこと。冬から早春にかけて寒暖を繰り返す気候。

季語一覧

新年

時候

女正月《おんなしょうがつ》
元日《がんじつ》
元旦《がんたん》
小正月《こしょうがつ》
去年今年《こぞことし》
三《さん》が日《にち》
人日《じんじつ》
年立《とした》つ
初春《はつはる》
松過《まつすぎ》
睦月《むつき》

天文

御降《おさがり》
淑気《しゅくき》
初茜《はつあかね》
初霞《はつがすみ》
初東風《はつこち》
初東雲《はつしののめ》
初空《はつぞら》
初凪《はつなぎ》
初日《はつひ》
初日《はつひ》の出《で》

地理

初景色《はつげしき》
初富士《はつふじ》
若菜野《わかなの》

人事

鏡開《かがみびらき》
書初《かきぞめ》
賀状《がじょう》
数《かず》の子《こ》
門松《かどまつ》
歌留多《かるた》
鍬始《くわはじめ》
独楽《こま》
小松引《こまつひき》
仕事始《しごとはじめ》
獅子舞《ししまい》

注連飾《しめかざり》
成人《せいじん》の日《ひ》
雑煮《ぞうに》
宝船《たからぶね》
田作《たづくり》
出初《でぞめ》
手鞠《てまり》
年男《としおとこ》
年玉《としだま》
屠蘇《とそ》
どんど
七種《ななくさ》

寝正月《ねしょうがつ》
年始《ねんし》
羽子板《はごいた》
初荷《はつに》
初詣《はつもうで》
初夢《はつゆめ》
破魔矢《はまや》
春着《はるぎ》
福笑《ふくわら》い
繭玉《まゆだま》
土竜打《もぐらうち》
若菜摘《わかなつみ》

動物

初鶯《はつうぐいす》
初声《はつごえ》
初雀《はつすずめ》
初鶏《はつとり》
嫁《よめ》が君《きみ》

植物

裏白《うらじろ》
歯朶《しだ》
橙《だいだい》
野老《ところ》
薺《なずな》
福寿草《ふくじゅそう》
仏《ほとけ》の座《ざ》
ほんだわら
楪《ゆずりは》
若菜《わかな》

春

時候

麗か《うらら》
寒明《かんあけ》
旧正月《きゅうしょうがつ》
暮《くれ》の春《はる》
啓蟄《けいちつ》
遅日《ちじつ》
夏近《なつちか》し
花冷《はなび》え
春浅《はるあさ》し
春立《はるた》つ
彼岸《ひがん》
日永《ひなが》
余寒《よかん》

天文

朧月《おぼろづき》
貝寄《かいよせ》
陽炎《かげろう》
風光《かぜひか》る
東風《こち》
春雷《しゅんらい》
霾《つちふる》
菜種梅雨《なたねづゆ》
涅槃西《ねはんにし》
花曇《はなぐもり》
春雨《はるさめ》
春《はる》の雪《ゆき》
別れ霜《わかれじも》

地理

薄氷《うすらひ》
残雪《ざんせつ》
春潮《しゅんちょう》
末黒野《すぐろの》
雪崩《なだれ》
苗代《なわしろ》
春《はる》の水《みず》
水温《みずぬる》む
焼野《やけの》
山笑《やまわら》う
雪解《ゆきど》け
雪間《ゆきま》
流氷《りゅうひょう》

人事

青饅《あおぬた》
畦塗《あぜぬ》り
東踊《あずまおど》り
甘茶《あまちゃ》
梅見《うめみ》
御松明《おたいまつ》
お水取《みずと》り
開帳《かいちょう》
木《き》の芽《め》和《あ》え
曲水《きょくすい》
耕人《こうじん》
桜餅《さくらもち》
潮干狩《しおひが》り

しゃぼん玉《だま》
春眠《しゅんみん》
白酒《しろざけ》
卒業《そつぎょう》
凧《たこ》
種蒔《たねま》き
茶摘《ちゃつ》み
接木《つぎき》
田楽《でんがく》
踏青《とうせい》
菜飯《なめし》
入学《にゅうがく》
野遊《のあそ》び
畑打《はたう》ち

初午《はつうま》
花篝《はなかがり》
花祭《はなまつり》
花見《はなみ》
針供養《はりくよう》
春炬燵《はるごたつ》
雛祭《ひなまつり》
風船《ふうせん》
鞦韆《ぶらんこ》
遍路《へんろ》
壬生念仏《みぶねんぶつ》
都踊《みやこおど》り
麦踏《むぎふ》み
メーデー

動物

虻《あぶ》
磯巾着《いそぎんちゃく》
鶯《うぐいす》
鷽《うそ》
お玉杓子《たまじゃくし》
落《お》とし角《づの》
蚕《かいこ》
亀鳴《かめな》く
仔馬《こうま》
囀《さえず》り
桜鯛《さくらだい》
栄螺《さざえ》
鰆《さわら》

巣立《すだ》ち
蝶《ちょう》
燕《つばめ》
鰊《にしん》
猫《ねこ》の恋《こい》
蜂《はち》
蛤《はまぐり》
孕鹿《はらみじか》
引《ひ》き鶴《づる》
雲雀《ひばり》
蛇穴《へびあな》を出《い》づ
百千鳥《ももちどり》
若鮎《わかあゆ》
公魚《わかさぎ》

春

植物

青麦《あおむぎ》
馬酔木《あしび》の花《はな》
虎杖《いたどり》
いぬふぐり
独活《うど》
梅《うめ》
金盞花《きんせんか》
茎立《くくたち》
草若葉《くさわかば》
桑《くわ》
木《こ》の芽《め》
辛夷《こぶし》
桜《さくら》
下萌《したも》え
芹《せり》
竹《たけ》の秋《あき》
土筆《つくし》
菜《な》の花《はな》
葱坊主《ねぎぼうず》
蘖《ひこばえ》
ヒヤシンス
防風《ぼうふう》
柳《やなぎ》
雪割草《ゆきわりそう》
蓬《よもぎ》
若緑《わかみどり》
若布《わかめ》

夏

時候

夏至《げし》
極暑《ごくしょ》
涼《すず》し
盛夏《せいか》
梅雨《つゆ》
土用《どよう》
初夏《はつなつ》
晩夏《ばんか》
半夏生《はんげしょう》
短夜《みじかよ》
麦《むぎ》の秋《あき》
夜《よる》の秋《あき》
立夏《りっか》

天文

青嵐《あおあらし》
朝曇《あさぐもり》
雷《いかずち・かみなり》
卯《う》の花腐《はなくた》し
雲海《うんかい》
炎天《えんてん》
風薫《かぜかお》る
御来迎《ごらいごう》
五月雨《さみだれ》
虹《にじ》
南風《はえ》
夕立《ゆうだち》
夕凪《ゆうなぎ》

地理

青田《あおた》
赤潮《あかしお》
泉《いずみ》
植田《うえた》
お花畑《はなばたけ》
滴《したた》り
雪渓《せっけい》
滝《たき》
出水《でみず》
土用浪《どようなみ》
夏野《なつの》
旱畑《ひでりばたけ》
噴井《ふけい》

人事

青簾《あおすだれ》
汗疹《あせも》
打水《うちみず》
団扇《うちわ》
髪洗《かみあら》う
蚊帳《かや》
帰省《きせい》
草刈《くさか》り
鯉幟《こいのぼり》
更衣《ころもがえ》
早乙女《さおとめ》
暑気払《しょきばら》い
水中花《すいちゅうか》
納涼《すずみ》
田植《たう》え
釣堀《つりぼり》
籐椅子《とういす》
泥鰌鍋《どじょうなべ》
夏帽子《なつぼうし》
夏休《なつやす》み
夏痩《なつやせ》
跣足《はだし》
麦酒《ビール》
日傘《ひがさ》
日焼《ひや》け
冷奴《ひややっこ》
昼寝《ひるね》
風鈴《ふうりん》
プール
鬼灯市《ほおずきいち》
蛍狩《ほたるがり》
祭《まつり》
水遊《みずあそ》び
蜜豆《みつまめ》
麦刈《むぎか》り
虫干《むしぼ》し
魚梁《やな》
山開《やまびら》き
誘蛾灯《ゆうがとう》
浴衣《ゆかた》
夜店《よみせ》

夏

動物

雨蛙《あまがえる》
水馬《あめんぼう》
鮎《あゆ》
蟻地獄《ありじごく》
岩魚《いわな》
蚊《か》
蝸牛《かたつむり》
蟹《かに》
兜虫《かぶとむし》
翡翠《かわせみ》
川蜻蛉《かわとんぼ》
水鶏《くいな》
海月《くらげ》

毛虫《けむし》
蝙蝠《こうもり》
蟬《せみ》
天道虫《てんとうむし》
飛魚《とびうお》
夏蚕《なつご》
蠅《はえ》
初鰹《はつがつお》
仏法僧《ぶっぽうそう》
蛍《ほたる》
時鳥《ほととぎす》
目高《めだか》
守宮《やもり》
葭切《よしきり》

植物

青葉《あおば》
紫陽花《あじさい》
杏子《あんず》
萍《うきくさ》
卯《う》の花《はな》
瓜《うり》
豌豆《えんどう》
杜若《かきつばた》
蒲《がま》の穂《ほ》
草《くさ》いきれ
早苗《さなえ》
仙人掌《サボテン》
茂《しげ》り

菖蒲《しょうぶ》
竹落葉《たけおちば》
筍《たけのこ》
夏木立《なつこだち》
夏大根《なつだいこん》
葉桜《はざくら》
浜木綿《はまゆう》
向日葵《ひまわり》
枇杷《びわ》
蕗《ふき》
真菰《まこも》
麦《むぎ》
辣韮《らっきょう》
緑蔭《りょくいん》

秋

時候

秋《あき》の暮《くれ》
秋彼岸《あきひがん》
うそ寒《さむ》
今朝《けさ》の秋《あき》
爽《さわ》やか
残暑《ざんしょ》
新涼《しんりょう》
仲秋《ちゅうしゅう》
肌寒《はださむ》
冬近《ふゆちか》し
身《み》に沁《し》む
夜長《よなが》
立秋《りっしゅう》

天文

秋風《あきかぜ》
秋晴《あきば》れ
天《あま》の川《がわ》
稲妻《いなずま》
鰯雲《いわしぐも》
霧《きり》
十五夜《じゅうごや》
颱風《たいふう》
月《つき》
露《つゆ》
流星《ながれぼし》
夕月夜《ゆうづきよ》
宵闇《よいやみ》

地理

秋出水《あきでみず》
秋《あき》の水《みず》
刈田《かりた》
不知火《しらぬい》
野山《のやま》の錦《にしき》
初潮《はつしお》
水澄《みずす》む

人事

赤《あか》い羽根《はね》
蘆火《あしび》
温《あたた》め酒《ざけ》
稲刈《いねか》り
盂蘭盆《うらぼん》
運動会《うんどうかい》
枝豆《えだまめ》
苧殻《おがら》
囮《おとり》
案山子《かかし》
門火《かどび》
萱刈《かやかり》
菊人形《きくにんぎょう》

秋

砧《きぬた》
崩《くず》れ簗《やな》
栗飯《くりめし》
小鳥網《ことりあみ》
鹿垣《ししがき》
秋思《しゅうし》
新米《しんまい》
硯洗《すずりあら》い
相撲《すもう》
施餓鬼《せがき》
大文字《だいもんじ》
茸狩《たけがり》
七夕《たなばた》
中元《ちゅうげん》

月見《つきみ》
吊《つる》し柿《がき》
豊《とよ》の秋《あき》
墓参《はかまい》り
鯊釣《はぜつり》
冬支度《ふゆじたく》
べったら市《いち》
星祭《ほしまつり》
盆踊《ぼんおど》り
松手入《まつていれ》
虫売《むしうり》
紅葉狩《もみじがり》
夜食《やしょく》
流灯《りゅうとう》

動物

秋鯖《あきさば》
蝗《いなご》
稲雀《いなすずめ》
猪《いのしし》
鰯《いわし》
馬追《うまおい》
懸巣《かけす》
蜉蝣《かげろう》
雁《かりがね》
啄木鳥《きつつき》
螽斯《きりぎりす》
下《くだ》り鮎《あゆ》
蟋蟀《こおろぎ》

鮭《さけ》
秋刀魚《さんま》
鹿《しか》
四十雀《しじゅうから》
鈴虫《すずむし》
燕帰《つばめかえ》る
鶴来《つるきた》る
蜻蛉《とんぼ》
鵯《ひよどり》
法師蟬《ほうしぜみ》
松虫《まつむし》
蓑虫《みのむし》
眼白《めじろ》
渡《わた》り鳥《どり》

植物

秋草《あきくさ》
秋茄子《あきなす》
通草《あけび》
銀杏黄葉《いちょうもみじ》
稲《いね》
芋《いも》
末枯《うらがれ》
落穂《おちぼ》
貝割菜《かいわりな》
萱《かや》
菊《きく》
桐一葉《きりひとは》
金柑《きんかん》

銀杏《ぎんなん》
残菊《ざんぎく》
熟柿《じゅくし》
竹《たけ》の春《はる》
露草《つゆくさ》
玉蜀黍《とうもろこし》
団栗《どんぐり》
萩《はぎ》
彼岸花《ひがんばな》
葡萄《ぶどう》
鳳仙花《ほうせんか》
松茸《まつたけ》
紅葉《もみじ》
林檎《りんご》

冬

時候

大晦日《おおみそか》
寒《かん》の入《い》り
小春《こはる》
寒《さむ》し
三寒四温《さんかんしおん》
霜夜《しもよ》
冬至《とうじ》
年《とし》の瀬《せ》
春隣《はるとなり》
日短《ひみじか》
冬《ふゆ》めく
行《ゆ》く年《とし》
立冬《りっとう》

天文

霰《あられ》
風花《かざはな》
鎌鼬《かまいたち》
寒月《かんげつ》
寒波《かんぱ》
凩《こがらし》
樹氷《じゅひょう》
初時雨《はつしぐれ》
初霜《はつしも》
冬霞《ふゆがすみ》
冬凪《ふゆなぎ》
霙《みぞれ》
雪《ゆき》

冬

地理

凍《い》て土《つち》
枯園《かれその》
寒潮《かんちょう》
寒《かん》の水《みず》
狐火《きつねび》
氷《こおり》
霜柱《しもばしら》
垂氷《たるひ》
氷柱《つらら》
初氷《はつごおり》
冬田《ふゆた》
水涸《みずか》る
山眠《やまねむ》る

人事

皹《あかぎれ》
囲炉裏《いろり》
襟巻《えりまき》
火事《かじ》
寒稽古《かんげいこ》
着《き》ぶくれ
葛湯《くずゆ》
熊手《くまで》
クリスマス
毛糸編《けいとあ》む
毛皮《けがわ》
炬燵《こたつ》
御用納《ごようおさ》め

塩鮭《しおざけ》
七五三《しちごさん》
除夜《じょや》の鐘《かね》
ストーブ
炭《すみ》
歳暮《せいぼ》
咳《せき》
橇《そり》
大根引《だいこひき》
焚火《たきび》
畳替《たたみが》え
探梅《たんばい》
追儺《ついな》
年越蕎麦《としこしそば》

ねんねこ
羽子板市《はごいたいち》
日向《ひなた》ぼこ
懐手《ふところで》
蒲団《ふとん》
冬構《ふゆがま》え
麦蒔《むぎま》き
餅《もち》
雪掻《ゆきか》き
雪囲《ゆきがこ》い
雪合戦《ゆきがっせん》
湯《ゆ》ざめ
柚湯《ゆずゆ》
寄《よ》せ鍋《なべ》

動物

鮟鱇《あんこう》
凍鶴《いてづる》
浮寝鳥《うきねどり》
兎《うさぎ》
鴛鴦《おしどり》
鳰《かいつぶり》
牡蠣《かき》
鴨《かも》
寒烏《かんがらす》
狐《きつね》
鯨《くじら》
熊穴《くまあな》に入《い》る
笹鳴《ささなき》

鷹《たか》
狸《たぬき》
鱈《たら》
千鳥《ちどり》
海鼠《なまこ》
鰰《はたはた》
河豚《ふぐ》
梟《ふくろう》
鰤《ぶり》
鮪《まぐろ》
水鳥《みずとり》
鷦鷯《みそさざい》
木菟《みみずく》
都鳥《みやこどり》

植物

青木《あおき》の実《み》
落葉《おちば》
帰《かえ》り花《ばな》
枯尾花《かれおばな》
枯木《かれき》
枯葎《かれむぐら》
寒椿《かんつばき》
山茶花《さざんか》
霜枯《しもが》れ
水仙《すいせん》
千両《せんりょう》
早梅《そうばい》
大根《だいこん》

葱《ねぎ》
白菜《はくさい》
葉牡丹《はぼたん》
冬苺《ふゆいちご》
冬木立《ふゆこだち》
冬薔薇《ふゆそうび》
麦《むぎ》の芽《め》
紅葉散《もみじち》る
八手《やつで》の花《はな》
藪柑子《やぶこうじ》
雪折《ゆきおれ》
竜《りゅう》の玉《たま》
臘梅《ろうばい》
侘助《わびすけ》

三　ものを数える言葉

器具・道具

アイロン……一挺《いっちょう》・一台《いちだい》
印判……一顆《いっか》・一本《いっぽん》
うちわ……一本《いっぽん》
扇……一本《いっぽん》・一面《いちめん》
桶《おけ》……一個《いっこ》・一荷《いっか》
斧《おの》……一挺《いっちょう》
鏡……一面《いちめん》
額……一面《いちめん》・一架《いっか》
掛軸……一幅《いっぷく》・一軸《いちじく》・一対《いっつい》
傘……一本《いっぽん》・一張《ひとはり》

刀……一口《いっく》・一本《いっぽん》・一振《ひとふり》・一腰《ひとこし》
かばん……一個《いっこ》・一点《いってん》・一荷《いっか》
釜……一口《いっこう》・一個《いっこ》
鎌《かま》……一挺《いっちょう》
かみそり……一口《いっく》・一挺《いっちょう》
かんな……一挺《いっちょう》
金庫……一台《いちだい》・一個《いっこ》・一基《いっき》
釘……一本《いっぽん》
櫛《くし》……一枚《いちまい》・一具《いちぐ》
香炉……一基《いっき》

竿《さお》……一本《いっぽん》
皿……一枚《いちまい》・一客《いっきゃく》
敷物……一枚《いちまい》
重箱……一重《ひとかさね》・一組《ひとくみ》
硯《すずり》……一面《いちめん》
すだれ……一張《いっちょう》
墨……一挺《いっちょう》
炭……一本《いっぽん》・一俵《いっぴょう》
そろばん……一挺《いっちょう》・一面《いちめん》
大砲……一門《いちもん》

たきぎ……一本《いっぽん》・一束《ひとたば》・一把《いちわ》
樽《たる》……一荷《いっか》・一駄《いちだ》
たんす……一棹《ひとさお》
茶器……一席《いっせき》・一組《ひとくみ》
茶碗《ちゃわん》……一個《いっこ》・一客《いっきゃく》
提灯《ちょうちん》……一張《ひとはり》
机・椅子《いす》……一脚《いっきゃく》
壺《つぼ》……一口《いっく》・一口《いっこう》・一点《いってん》
鉄砲……一挺《いっちょう》
電話……一台《いちだい》・一本《いっぽん》
長持……一棹《ひとさお》
なべ……一個《いっこ》
暖簾《のれん》……一枚《いちまい》・一張《ひとはり》

はかり……一台《いちだい》
歯車……一枚《いちまい》・一個《いっこ》
はさみ……一挺《いっちょう》
はし……一膳《いちぜん》・一具《いちぐ》・一揃《ひとそろい》
旗……一棹《ひとさお》・一本《いっぽん》・一旒《いちりゅう》
半紙……一枚《いちまい》・一帖《いちじょう》
ビデオテープ……一本《いっぽん》・一巻《いっかん》
火鉢……一個《いっこ》・一対《いっつい》
筆……一本《いっぽん》・一管《いっかん》
布団……一枚《いちまい》・一組《ひとくみ》・一重《ひとかさね》・一揃《ひとそろい》
ベッド……一台《いちだい》
ペンキ……一缶《ひとかん》・一刷毛《ひとはけ》
ボイラー……一台《いちだい》・一基《いっき》

包丁……一挺《いっちょう》
盆……一枚《いちまい》
幕……一枚《いちまい》・一張《ひとはり》・一張《いっちょう》
枕《まくら》……一基《いっき》・一個《いっこ》
モーター……一基《いっき》
矢……一本《いっぽん》・一筋《ひとすじ》・一条《いちじょう》
槍《やり》……一本《いっぽん》・一筋《ひとすじ》・一条《いちじょう》
遊具……一台《いちだい》・一基《いっき》
弓……一張《ひとはり》
鎧《よろい》……一領《いちりょう》
鎧兜《かぶと》……一具《いちぐ》
ろうそく……一挺《いっちょう》・一本《いっぽん》
椀《わん》……一口《いっく》・一客《いっきゃく》

飲食

厚揚げ……一枚《いちまい》・一丁《いっちょう》
うどん……一玉《ひとたま》・一丁《いっちょう》
折詰……一折《ひとおり》
鰹《かつお》ぶし……一本《いっぽん》・一連《いちれん》・一節《ひとふし》
キャベツ……一玉《ひとたま》
ケーキ……一個《いっこ》・一切《ひとき》れ・一《いち》ピース
［大きなケーキ］……一台《いちだい》
［ロールケーキ］……一本《いっぽん》
ご飯……一膳《いちぜん》・一杯《いっぱい》
魚……一匹《いっぴき》・一喉《いっこん》・一尾《いちび》
［新巻］……一本《いっぽん》
［切り身］……一枚《いちまい》・一切《ひとき》れ

酒……一本《いっぽん》
［酒杯］……一杯《いっぱい》・一献《いっこん》
［酒席］……一席《いっせき》
ざるそば……一枚《いちまい》
食事……一膳《いちぜん》・一杯《いっぱい》・一口《ひとくち》・一食《いっしょく》
吸物……一椀《ひとわん》
だんご……一本《いっぽん》・一串《ひとくし》
茶……一服《いっぷく》
豆腐……一丁《いっちょう》
海苔《のり》……一枚《いちまい》・一帖《いちじょう》
白菜……一株《ひとかぶ》
ようかん……一本《いっぽん》・一棹《ひとさお》・一箱《ひとはこ》

乗り物

筏《いかだ》……一枚《いちまい》・一床《ひととこ》
宇宙船……一隻《いっせき》・一機《いっき》
エレベーター……一基《いっき》・一台《いちだい》
駕籠《かご》……一挺《いっちょう》
貨車……一両《いちりょう》・一車《いっしゃ》
気球……一台《いちだい》・一機《いっき》・一個《いっこ》・一本《いっぽん》
車……一台《いちだい》・一両《いちりょう》
自転車……一台《いちだい》
電車……一両《いちりょう》・一本《いっぽん》
バス……一台《いちだい》・一本《いっぽん》・一便《いちびん》
飛行機……一機《いっき》
船……一杯《いっぱい》・一隻《いっせき》・一艘《いっそう》

土地・建物

家……一戸《いっこ》・一軒《いっけん》・一棟《ひとむね》
植木……一株《ひとかぶ》
倉……一戸前《ひととまえ》・一棟《ひとむね》
材木……一本《いっぽん》・一石《いっこく》
城……一城《いちじょう》
田畑……一面《いちめん》・一枚《いちまい》
畳……一枚《いちまい》・一畳《いちじょう》
建具……一本《いっぽん》・一枚《いちまい》・一面《いちめん》
戸……一枚《いちまい》
長屋……一棟《ひとむね》
屏風《びょうぶ》……一帖《いちじょう》・一双《いっそう》
ふすま……一枚《いちまい》

神仏

遺骨……一体《いったい》
遺体……一体《いったい》
位牌《いはい》……一柱《ひとはしら》
鏡餅《かがみもち》……一重《ひとかさね》
門松……一門《ひとかど》・一対《いっつい》・一揃《ひとそろい》
鐘……一口《いっこう》・一本《いっぽん》・一個《いっこ》
棺……一基《いっき》
香典……一包み《ひとつつ》・一封《いっぷう》・一件《いっけん》
地蔵……一体《いったい》・一尊《いっそん》
数珠《じゅず》……一連《いちれん》
神社……一座《いちざ》・一社《いっしゃ》
神体……一柱《ひとはしら》・一座《いちざ》・一体《いったい》

石塔……一基《いっき》
線香……一本《いっぽん》・一把《いちわ》・一束《ひとたば》・一巻《ひとま》き
寺……一寺《いちじ》・一宇《いちう》・一堂《いちどう》
塔婆《とうば》……一基《いっき》・一層《いっそう》
灯籠《とうろう》……一基《いっき》
鳥居……一基《いっき》
墓……一基《いっき》
花輪……一基《いっき》
仏像……一躯《いっく》・一体《いったい》
仏壇……一基《いっき》
みこし……一挺《いっちょう》・一基《いっき》
木魚……一個《いっこ》・一台《いちだい》

動物

動物（大きい）……一頭《いっとう》
動物（小さい）……一匹《いっぴき》
いか……一匹《いっぴき》・一杯《いっぱい》
貝……一個《いっこ》・一枚《いちまい》
うさぎ……一羽《いちわ》・一匹《いっぴき》
牛……一頭《いっとう》・一匹《いっぴき》
馬……一頭《いっとう》・一匹《いっぴき》
［人が乗った馬］……一騎《いっき》
鯨……一頭《いっとう》
魚……一匹《いっぴき》
たこ……一匹《いっぴき》・一杯《いっぱい》
鳥……一羽《いちわ》・一翼《いちよく》

服飾

糸……一本《いっぽん》・一綛《ひとかせ》・一巻《ひとまき》
イヤリング……一組《ひとくみ》・一対《いっつい》・一個《いっこ》
腕時計……一本《いっぽん》
エプロン……一枚《いちまい》・一掛《ひとかけ》
オーバー……一着《いっちゃく》
帯……一本《いっぽん》・一筋《ひとすじ》・一条《いちじょう》
織物……一反《いったん》
着物……一枚《いちまい》
靴……一足《いっそく》
靴下……一足《いっそく》
袈裟《けさ》……一領《いちりょう》
下駄《げた》……一足《いっそく》

シャツ……一枚《いちまい》
スーツ……一組《ひとくみ》・一揃《ひとそろい》
スカート……一枚《いちまい》
ズボン……一本《いっぽん》・一枚《いちまい》
足袋《たび》……一足《いっそく》
手袋……一足《いっそく》・一組《ひとくみ》
ネクタイ……一本《いっぽん》
羽織……一領《いちりょう》・一枚《いちまい》
はかま……一具《いちぐ》
帽子……一個《いっこ》
宝石……一顆《いっか》・一石《いっせき》
眼鏡……一本《いっぽん》

植物

稲……一株《ひとかぶ》
海藻……一本《いっぽん》・一株《ひとかぶ》
木……一本《いっぽん》・一株《ひとかぶ》・一株《いっしゅ》
きのこ……一本《いっぽん》・一株《ひとかぶ》・一枚《いちまい》
木の葉……一葉《いちよう》・一枚《いちまい》
球根……一個《いっこ》・一玉《ひとたま》・一球《いっきゅう》
草……一本《いっぽん》・一茎《いっけい》・一《ひと》むら
芝生……一面《いちめん》・一枚《いちまい》
竹……一本《いっぽん》
苗……一株《ひとかぶ》・一束《ひとたば》
花……一本《いっぽん》・一輪《いちりん》
盆栽……一鉢《ひとはち》

自然

岩……一個《いっこ》・一枚《いちまい》
海流……一海流《いちかいりゅう》
川……一本《いっぽん》・一筋《ひとすじ》・一条《いちじょう》・一流《ひとなが》れ
雲……一片《いっぺん》・一筋《ひとすじ》・一条《いちじょう》・一座《いちざ》・一塊《ひとかたまり》
雨……一滴《いってき》・一粒《ひとつぶ》・一雫《ひとしずく》・一雨《ひとあめ》
雷……一《ひと》つ・一回《いっかい》・一本《いっぽん》・一個《いっこ》
地震……一件《いっけん》・一回《いっかい》・一度《いちど》
台風……一個《いっこ》
滝……一本《いっぽん》
津波……一波《いっぱ》
山……一座《いちざ》・一山《いちざん》・一山《ひとやま》・一岳《いちがく》・一峰《いっぽう》
雪……一片《ひとひら》

職場

学校……一校《いっこう》
［大学］……一大学《いちだいがく》
［幼稚園・保育園］……一園《いちえん》
銀行……一行《いっこう》・一軒《いっけん》
牧場……一面《いちめん》
病院……一軒《いっけん》・一院《いちいん》
店……一店《いってん》・一店舗《いちてんぽ》
［小さい店］……一軒《いっけん》
［屋台］……一台《いちだい》

文化・スポーツ

生け花……一杯《いっぱい》
歌……一曲《いっきょく》
謡《うたい》……一番《いちばん》
映画……一本《いっぽん》・一巻《いっかん》
絵の具……一本《いっぽん》・一色《いっしょく》・一色《ひといろ》
演芸……一席《いっせき》・一番《いちばん》
踊り……一曲《いっきょく》・一番《いちばん》
[日本舞踊]……一差《ひとさ》し
絵画……一枚《いちまい》・一面《いちめん》・一幅《いっぷく》・一点《いってん》
楽器……一本《いっぽん》・一挺《いっちょう》・一台《いちだい》
[管楽器]……一本《いっぽん》
[弦楽器]……一挺《いっちょう》
[鍵盤《けんばん》楽器]……一台《いちだい》

[琴・琵琶《びわ》]……一面《いちめん》
[尺八]……一管《いっかん》
[三味線]……一棹《ひとさお》・一挺《いっちょう》
[太鼓]……一張《ひとはり》
カメラ……一台《いちだい》
かるた……一枚《いちまい》・一組《ひとくみ》
競技……一種目《いっしゅもく》
競争・競走……一《いち》レース・一回《いっかい》
グラウンド……一面《いちめん》
劇団……一座《いちざ》
碁……一局《いっきょく》・一番《いちばん》
講談……一《ひと》くさり・一本《いっぽん》
碁盤……一面《いちめん》

その他

アルバム……一冊《いっさつ》・一帖《いちじょう》
イラスト……一枚《いちまい》・一点《いってん》
議案……一件《いっけん》
記事……一本《いっぽん》・一項目《ひとこうもく》・一点《いってん》
切手……一枚《いちまい》・一《いち》シート
寄付……一口《ひとくち》
薬……一剤《いちざい》・一服《いっぷく》
[粉薬]……一包《いっぽう》
[錠剤]……一錠《いちじょう》・一粒《ひとつぶ》
クレーム……一件《いっけん》
契約……一件《いっけん》・一口《ひとくち》
口座……一口《ひとくち》
授業……一時限《いちじげん》・一時間《いちじかん》・一《ひと》コマ

雑誌……一誌《いっし》・一部《いちぶ》・一号《いちごう》・一冊《いっさつ》
詩……一編《いっぺん》・一聯《いちれん》
試合……一試合《いちしあい》・一《いち》ゲーム・一回戦《いっかいせん》
芝居……一景《いっけい》・一場《いちば》・一幕《ひとまく》
写真……一枚《いちまい》・一葉《いちよう》
順位……一位《いちい》・一等《いっとう》・一番《いちばん》・一席《いっせき》
将棋……一局《いっきょく》・一番《いちばん》
小説……一編《いっぺん》・一作品《いちさくひん》
書籍……一冊《いっさつ》・一巻《いっかん》・一部《いちぶ》・一帙《いっちつ》
新聞……一部《いちぶ》・一面《いちめん》・一紙《いっし》
相撲《すもう》……一番《いちばん》
川柳……一句《いっく》
短歌……一首《いっしゅ》

テニスコート……一面《いちめん》
テント……一張《ひとはり》
トランプ……一組《ひとくみ》
能……一番《いちばん》
俳句……一句《いっく》
フィルム……一本《いっぽん》・一巻《いっかん》・一枚《いちまい》
プール……一面《いちめん》
ホームラン……一本《いっぽん》
ボール……一個《いっこ》・一玉《ひとたま》・一球《いっきゅう》
巻物……一軸《いちじく》・一巻《いっかん》
マネキン……一体《いったい》
物語……一話《いちわ》
落語……一題《いちだい》・一席《いっせき》

証文……一札《いっさつ》・一通《いっつう》
書類……一通《いっつう》・一冊《いっさつ》・一巻《いっかん》・一部《いちぶ》
スピーチ……一件《いっけん》・一席《いっせき》
手形……一通《いっつう》・一枚《いちまい》
手紙……一通《いっつう》・一本《いっぽん》
投票……一票《いっぴょう》
はがき……一枚《いちまい》・一通《いっつう》・一葉《いちよう》
番組……一本《いっぽん》
パンフレット……一冊《いっさつ》・一枚《いちまい》
保険……一口《ひとくち》
名刺……一枚《いちまい》・一葉《いちよう》
メール……一通《いっつう》・一件《いっけん》
文字……一字《いちじ》・一文字《ひともじ》

四 日本の伝統的な事物の名前

建物・家具・道具

閼伽棚［あかだな］
仏に供える水などを載せる棚。

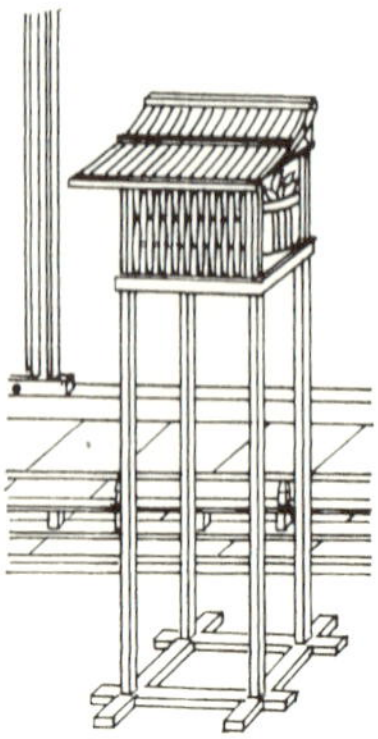
［閼伽棚］

校倉造り［あぜくらづくり］
校倉に用いられるような建築様式。世界各地に古くからみられ、日本では断面が三角形の木材を平らな面を内側にして積み上げる方法が発達。多くは古代に倉として建てられ、東大寺正倉院や唐招提寺経蔵などが現存する。

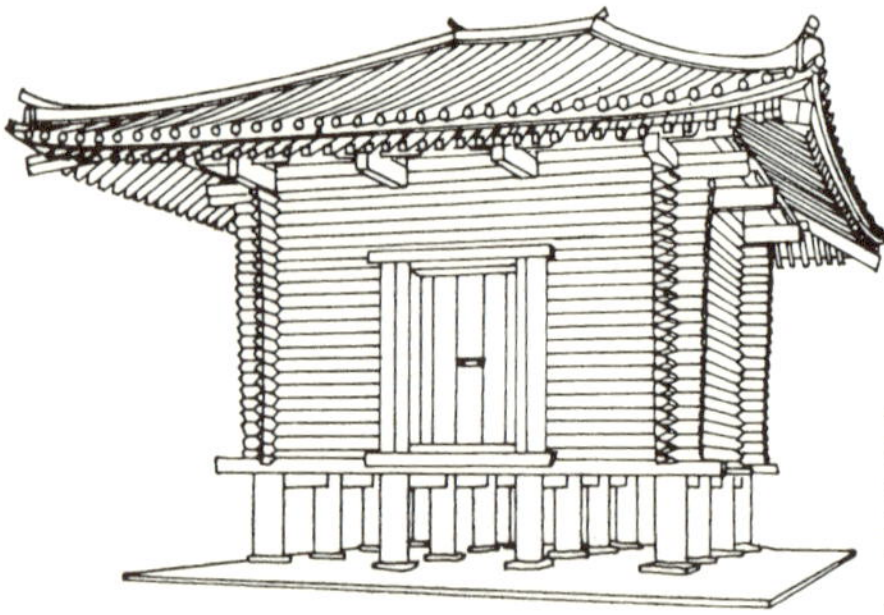
［校倉造り］

鐙［あぶみ］
①馬具の一つ。鞍《くら》の両脇から馬の脇腹にたらし、乗り手が足を踏みかけるもの。②縄ばしご状の登山用具。足場に乏しい岩壁を登る時に使う。

行火［あんか］
炭火を入れて手足を温めるために用いる暖房器具。普通、丸みを帯びた箱形の土器で、床《とこ》の中に入れたり、置きごたつとして用いる。

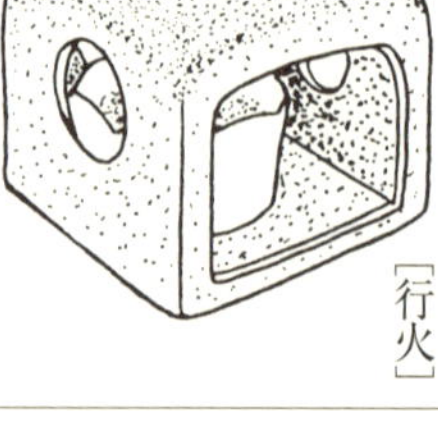
［行火］

行灯［あんどん］
木や竹の枠に紙を貼り、中に油皿を入れて火をともす照明具。あんどう。

庵［いおり］
①僧侶や世捨て人などが住む粗末な小屋。庵室《あんしつ》。いお。②農作業などのための仮小屋。

甍［いらか］①屋根の大棟。また、棟瓦《むねがわら》。②瓦葺《ぶ》きの屋根。また、葺いた瓦。③切妻屋根の三角形の部分。

冠木門［かぶきもん］門の一。門柱に、冠木を渡した門。

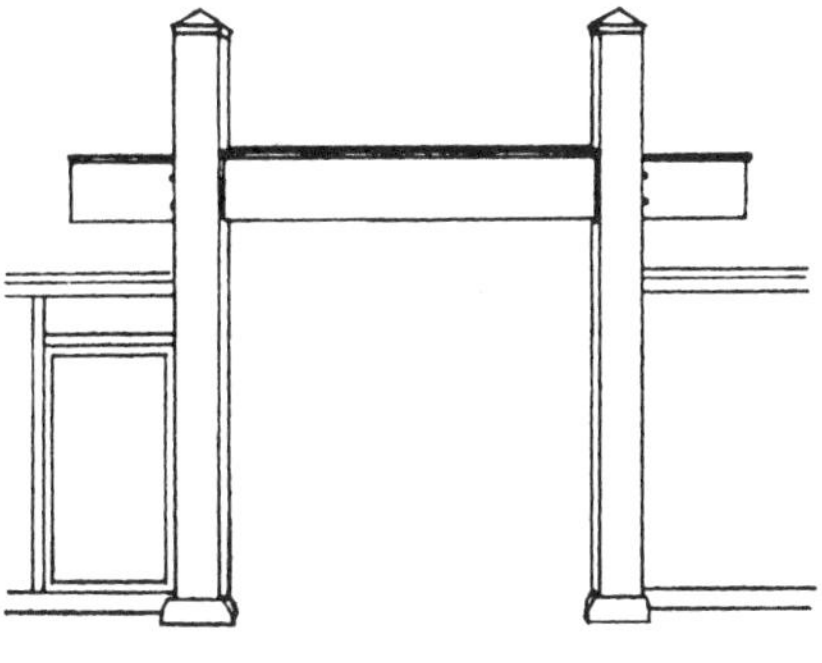
［冠木門］

框［かまち］①戸・窓・障子などの周囲の枠。②床の間や床などの端に渡す化粧横木。上がり框・床框・縁框など。

閂［かんぬき］〔「貫の木」の転〕門や建物の出入り口の扉を閉ざすための横木。左右の扉につけた金具に通して扉が開かないようにする。かんぎ。

行李［こうり］〔「行李」は使者の意〕竹または柳などで編み、衣類や旅行用の荷物などを入れるのに用いるかぶせ蓋《ぶた》つきの入れもの。こり。

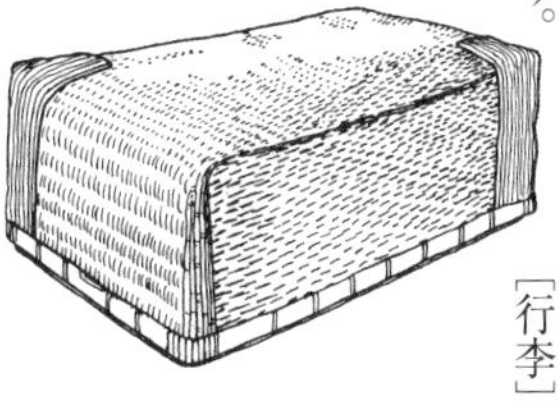
［行李］

枝折り戸［しおりど］①竹や木の枝を折って作った簡素な開き戸。②露地の小門の一。丸竹の枠に割り竹を両面から菱目《ひしめ》に組み付けたもの。菱目の交差部分は蕨縄《わらびなわ》で結い、門柱には丸太を用いる。

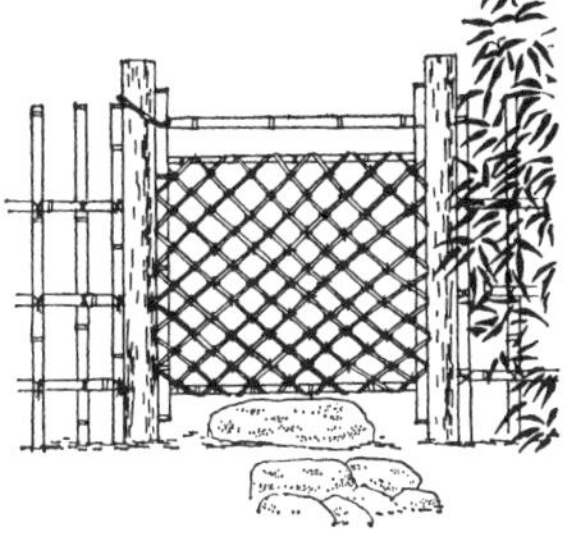
［枝折り戸①］

数寄屋［すきや］①庭園の中に独立して建てた茶室。茶寮。かこい。②草庵風に作られた建物。また、茶室の称。③障子に貼る美濃紙《みのがみ》。

擂粉木［すりこぎ］すり鉢で物をすりつぶすのに用いる棒。山椒《さんしょう》の木で作ったものがよいとされる。連木《れんぎ》。すりぎ。あたりぎ。

蒸籠［せいろう］〔「せいろ」は唐音〕釜の上に載せて、糯米《もちごめ》や饅頭《まんじゅう》などを蒸す用具。木製の円形または方形の枠があり、底に簀《す》を張り、釜の湯気で蒸す。せいろ。

鏨［たがね］
金属を切断したり、彫ったり、削ったりするのに用いる工具。石を割るのにも用いる。

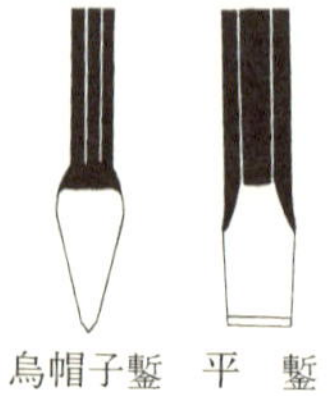

［鏨］

三和土［たたき］
〔「叩《たた》き」と同源〕コンクリートで仕上げた土間。古くは、叩き土に石灰・水などを加えて塗り、たたき固めた。

蹲［つくばい］
〔動詞「つくばう」の連用形から〕茶庭などに据える手水《ちょうず》鉢。つくばって使うように鉢を低く構え、左右に湯桶《ゆおけ》・灯火を置く湯桶石・手燭《てしょく》石を配し、使い手の乗る前石を据えるのが定式。茶室では心身の塵を払うものとして重視する。据え方により立ち使いの形式もある。

［蹲］

葛籠［つづら］
ツヅラフジのつるを編んで作った、衣服などを入れる蓋《ふた》付きのかご。のちには竹やひのきの薄片で網代《あじろ》に編み、上に紙を貼って柿渋・漆などを塗ったものも作られるようになった。

［葛籠］

帳［とばり］
室内に垂れ下げて隔てとする布。たれぬの。たれぎぬ。

苫屋［とまや］
苫で屋根を葺《ふ》いた、粗末な家。苫の屋。苫屋形。

長押［なげし］
和風建築で、鴨居《かもい》の上や敷居の下などの側面に取り付けた、柱と柱の間をつなぐ横材。位置により、地覆《じふく》長押・縁《えん》長押・内法《うちのり》長押・天井長押などがあり、普通には内法長押のことをいう。元来は構造材であったが、貫《ぬき》の発達により装飾材へと変化していった。

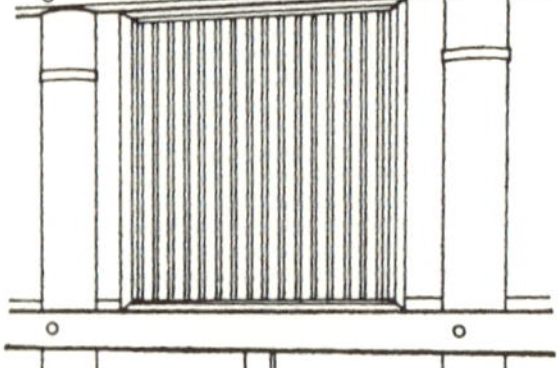

［長押］

鉈［なた］
幅が広く厚い刃物に短い木の柄をつけたもの。薪《まき》割り・枝打ち、木工などに用いる。

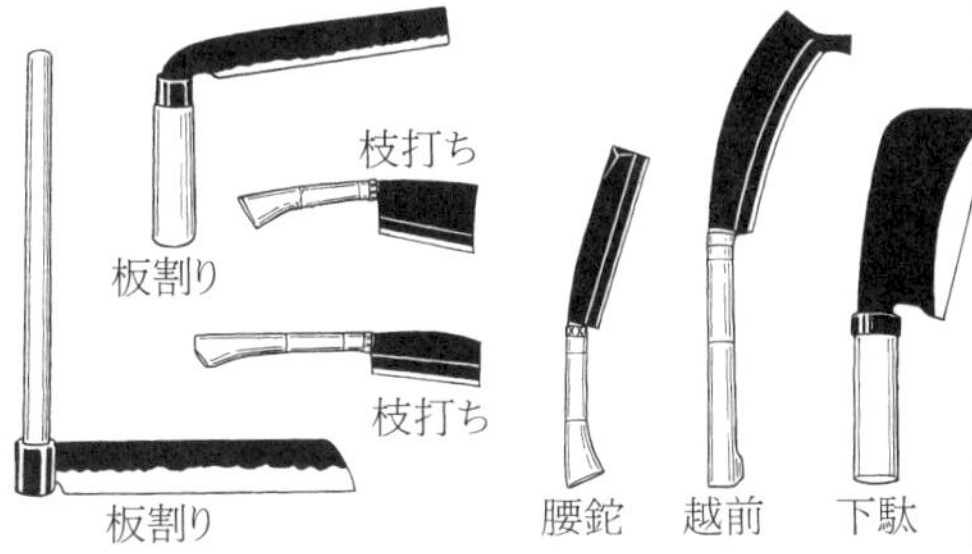

［鉈］

納戸［なんど］
〔「なん」は唐音〕衣類・家財・道具類をしまっておく部屋。屋内の物置部屋。中世以降、寝室にも用いられ寝間《ねま》とも呼ばれる。

鑿［のみ］
木材や石材に穴をあけたり溝を掘ったりするのに用いる工具。柄を槌で打ったり手で押したりして使う。

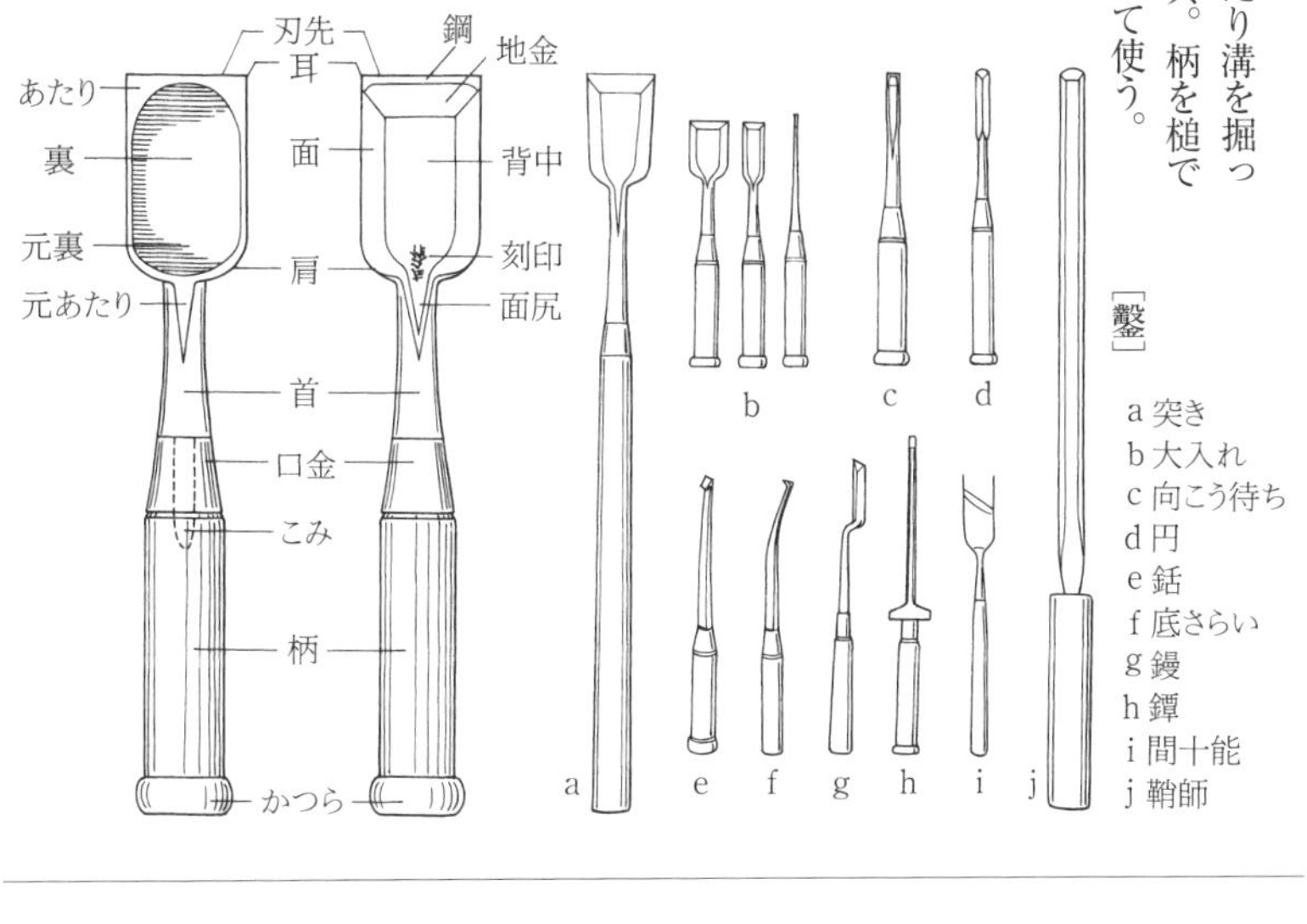

［鑿］

暖簾［のれん］
〔「のんれん」の転じた「のうれん」の変化した語。「のん」は「暖」の唐音。もと禅家で、寒さよけにかけた垂れ布をいった〕商店で、屋号などを染め抜いて店先に掲げる布。また、部屋の入り口や仕切りにたらす短い布をもいう。

魚籠［びく］
魚釣りなどの折に、とった魚を入れておく、竹・網などで作った籠《かご》。

［魚籠］

鞴［ふいご］
〔「ふきがわ（吹革）」から転じた「ふいごう」の転〕金属の精錬・加工に用いる火をおこすための送風器。獣皮を縫い合わせた革袋などに始まり、次第に改良された。気密性の箱の中のピストンを往復させて風を送り出すもの、風琴に似た構造をもつものなどがある。足で踏む大型のものは踏鞴《たたら》と呼ばれる。ふき。ふきがわ。

篩［ふるい］
〔動詞「篩《ふる》う」の連用形から〕金網・絹布などを底にして枠をつけた道具。粒状のものを入れてゆり動かし、粒の大小によって選択・分離するためのもの。

箆［へら］
竹・木・象牙《ぞうげ》・金属などを細長く平らに削り、先端を刃形にした道具。折り目や印《しるし》をつけたり、物を練ったり塗ったりするのに用いる。

雪洞［ぼんぼり］
紙張りのおおいのある小さい行灯《あんどん》、または手燭《てしょく》。

［雪洞］

籬［まがき］
①竹・柴などを粗く編んで作った垣。ませ。ませがき。②遊郭で、見世《みせ》と入り口の落ち間とのあいだにある格子戸。

鉞［まさかり］
木を切ったり、削ったりするための刃幅の広い斧《おの》。武具としても用いた。刃広《はびろ》。

［鉞］

筵［むしろ］
わら・藺《い》・竹などで編んだ敷物。特に、わらを編んで作ったもの。わらむしろ。

櫓［やぐら］
①城や館の門の上、あるいは敷地内に設けた物見・防戦のための高楼。近世の城郭では、一層から四層の塗

込造りの建物が多く、城内の要所、城壁や城門の上に設けた。②木材などを高く組み上げて造った構造物。③歌舞伎・人形浄瑠璃・相撲・見世物などの興行場の入り口に高く組み上げた構築物。江戸時代には官許の興行権の証であった。④こたつの、木で組んだ枠。中に熱源を置き、布団を支える。⑤大型和船の上部構造物の総称。本来、戦国時代に発達した軍船の上部構造物のことだったが、江戸時代では商船の上部構造物をも同様に呼んだ。

鑢［やすり］鋼《はがね》の表面に細かい溝を刻み、焼き入れした工具。工作物の面を平らに削ったり、角《かど》を落としたりするのに用いる。形や目の切り方などによりいろいろ種類がある。

簗［やな］川の瀬を両岸より杭・竹・石などでせき、一か所をあけてそこに簀《す》を張り、流れを上り下る魚をその上で捕らえる仕掛け。

［簗］

蠟燭［ろうそく］糸・紙撚《こよ》りなどを芯《しん》にし、まわりを蠟・パラフィンなどで固めた円柱状の灯具。らっそく。

衣類

裲襠［うちかけ］〔うちかけて着るもの、の意。「打掛」とも書く〕帯をしめた上からはおる丈の長い小袖。武家の婦人の秋から春までの礼服。江戸時代には、富裕な町家でも用いられた。現代の花嫁衣装に残る。かいどり。

［裲襠］

烏帽子［えぼし］〔カラス色（黒色）の帽子の意〕元服した男子の用いた袋状の冠物。奈良時代の圭冠《はしはこうぶり》から変化したといわれ、平安時代結髪の習慣の一般化とともに広く庶民の間にも用いられた。公家は平服時に絹や紗で製し黒漆を塗ったものを、庶民は麻布製のやわらかいものを用いた。のち紙製で漆で塗り固めたものとなり、近世まで公家・武士の間で用いられた。立烏帽子・折烏帽子・侍烏帽子・萎《なえ》烏帽子などがある。えぼうし。

衣紋［えもん］①装束を形よく着用すること。また、そのための着用方法。②和服の襟の、胸で合わさるあたり。

裃［かみしも］①上衣と袴が共布でひとそろいの衣服。直垂《ひたたれ》・素襖《すおう》など。②〈普通「裃」と書く〉肩衣《かたぎぬ》と袴を組み合わせたもの。肩衣は前代のものより肩幅が広くなり、前に襞《ひだ》を取り、襟は重ねないで羽織る。江戸時代、武士の公服、庶民の礼服として用いた。上下《じょうげ》が共布の長上下《ながかみしも》・半上下《はんかみしも》と別布の継ぎ上下《かみしも》がある。

［裃②］

脚絆［きゃはん］旅や作業をするとき、足を保護し、動きやすくするために臑《すね》にまとう布。ひもで結ぶ大津脚絆、こはぜでとめる江戸脚絆などがある。脛巾《はばき》。

［脚絆］

袈裟［けさ］〈梵 kāsāya 不正色・壊色《えしき》の意〉インドで仏教者の着る法衣《ほうえ》のこと。中国・日本では衣《ころも》の上に左肩から右腋下へかける長方形の布をいう。インドの法衣が形式化したもので、小さい四角の布を縫い合わせて作り、中国・日本では次第に色や布は華美なものが用いられるようになった。宗派によって各種の形式のものがある。功徳衣。無垢衣。福田衣。忍辱《にんにく》鎧《がい》。卓衣。

十二単［じゅうにひとえ］平安時代以降行われた女房装束に対する後世の俗称。袿《うちき》を一二枚重ねて着たことによるという。

数珠［じゅず］〈「珠数」とも書く〉数多くの玉を糸で貫いて輪形にした仏具。仏事・法要の際、手や首にかけて、あるいは、もみ、また念仏の回数を数えるのに玉をつまぐって用いる。称名念仏の流行につれて普及。玉の数は煩悩の数によるとされる一〇八個を基本とするが、五四・二七・三六・一八など宗派により数・形式ともに一定しない。念珠。じゅじゅ。ずず。

木履［ぽっくり］〈「ぼくり」の転〉駒下駄《こまげた》の一種。材の底をくりぬき、後ろ側を丸くし前部を前のめりにして漆で黒や赤に塗ったもの。主に少女が用いる。ぽっくり。

草鞋［わらじ］〔「わらぐつ」から「わらうづ」「わらんづ」「わらんぢ」と転じてできた語〕藁で編んだ、ぞうりに似た履物。爪先《つまさき》の長い緒を縁の乳《ち》に通してはく。

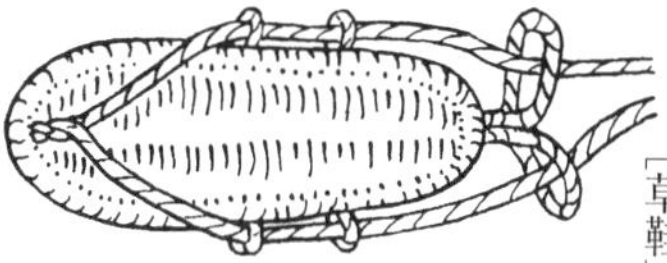
［草鞋］

趣味・娯楽

神楽［かぐら］〔「かむくら（神座）」の転〕①神をまつるために奏する歌舞。②宮中の儀式芸能の一。歌が主体で、一部舞を伴う。楽器は和琴・大和笛（神楽笛）・笏拍子《しゃくびょうし》であったが、のちに篳篥《ひちりき》が加わった。平安時代中期に成立。今日に伝わる。御神楽《みかぐら》。③民間神事芸能の一。各地の神社で祭礼折などに行われる舞・囃子《はやし》。巫女神楽・出雲神楽・伊勢神楽・獅子神楽などに分類される。里神楽。④能や狂言の舞事の一種。能では女神・巫《み》女《こ》などが幣や扇を持ち、狂言では巫女が鈴を持って舞う。⑤下座音楽の本神楽のこと。

浄瑠璃［じょうるり］語り物の一。一六世紀に、三河地方で盲人音楽家の語り物として発生し、琵琶や扇拍子を伴奏として語られていたが、やがて矢作《やはぎ》の長者の娘浄瑠璃御前と牛若丸との恋物語を語る「浄瑠璃姫物語」（「十二段草子」）が広く迎えられ、同じ節回しで他の物語も語るようになり、これを浄瑠璃と呼ぶようになった。一七世紀初めから三味線を伴奏として人形芝居と結びつき、人形浄瑠璃が起こり、初め京都で、のち三都に流行した。初期には江戸の金平《きんぴら》節・土佐節・外記節、京都の伊勢島節・角太夫節・加賀節、大坂の播磨節・文弥節などの古浄瑠璃が盛行した。一六八四年竹本義太夫が大坂の竹本座で義太夫節を語り始め、ここに浄瑠璃は義太夫節の異名ともなった。のち豊後節やその系統の常磐津節・清元節などの歌舞伎浄瑠璃、また一中節・河東《かとう》節・新内節など座敷で聞かせる唄浄瑠璃など諸浄瑠璃が派生した。

相撲［すもう］日本書紀によれば、垂仁天皇の時に野見宿禰《のみのすくね》と当麻蹶速《たいまのけはや》が争ったのが始めとされる。奈良・平安時代には相撲《すまい》の節会《せちえ》として宮中の行事となり、江戸時代には勧進相撲が盛んとなって、現代の大相撲に引き継がれていった。

寄席［よせ］〔「よせせき」「よせば」の略〕落語・講談・浪曲・義太夫・手品・音曲などの大衆芸能を興行する娯楽場。江戸に常設の席ができたのは延享四（一七四七）年で、子供踊り、物真似が中心であった。よせせき。人寄席《ひとよせせき》。

五 星座・星の名前

春に見やすい星座

牛飼座《うしかい》
大熊座《おおぐま》の南東にあり、六月の宵に南中する。首星アルクトゥールス。

大熊座《おおぐま》
北斗七星を含む星座。五月の宵に南中する。地平線下に沈むことがない周極星。

乙女座《おとめ》
黄道十二宮の一つ。獅子《しし》座の東、天秤《てんびん》座の西にあり、六月の宵に南中する。秋分点は現在この星座内にある。

ケンタウルス座
南天の星座。六月の宵に南中する。首星リゲル・ケンタウリ。全天第三の輝星。日本では一部しか見えない。

獅子座《しし》
黄道十二宮の一つ。乙女《おとめ》座の西、蟹《かに》座の東にあり、四月の宵に南中する。

南十字座《みなみじゅうじ》
南天の星座。ケンタウルス座の南にあり、五月の宵に南中する。四個の輝星が十字をなし、白鳥《はくちょう》座の北十字に対して、南十字と呼ばれる。

5月7日21時
5月22日20時

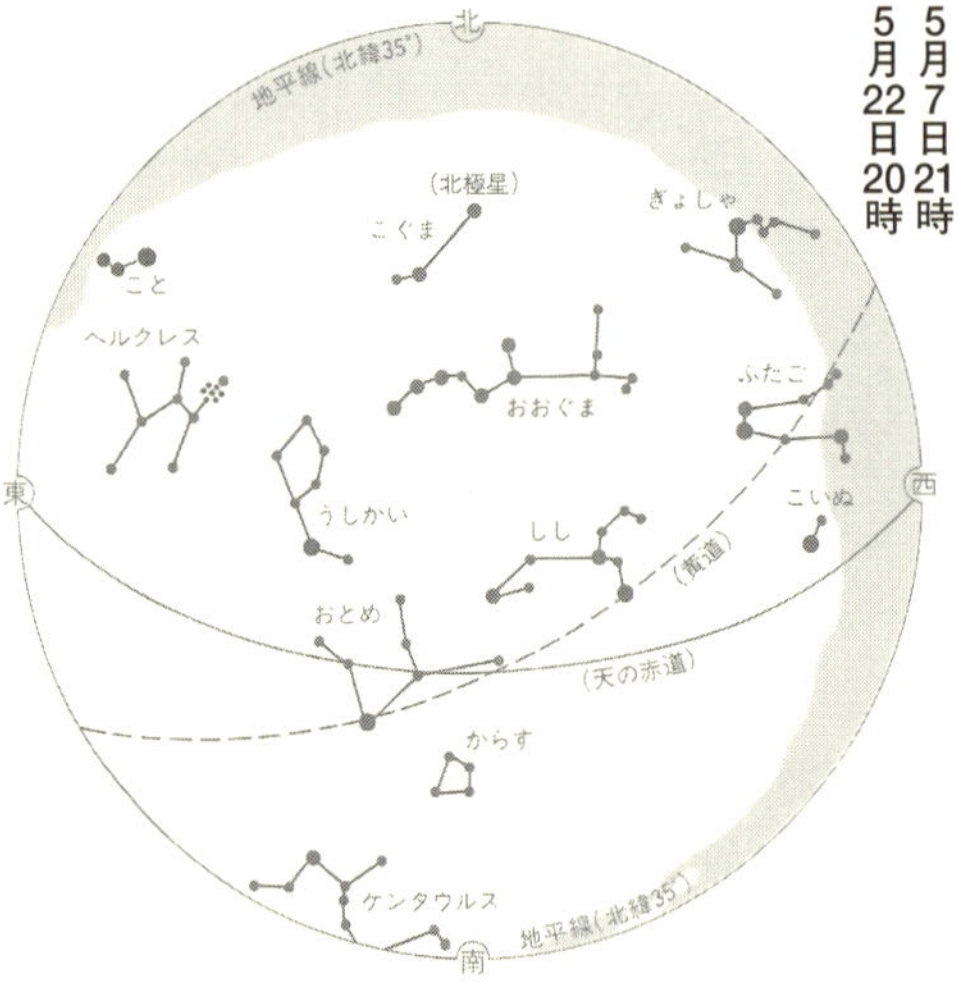

夏に見やすい星座

射手《いて》座
黄道十二宮の一つ。蠍《さそり》座の東、山羊《やぎ》座の西にあり、九月の宵に南中する。

小熊《こぐま》座
天の北極近くにあり、七月の宵に南中する。大熊《おおぐま》座の北斗七星を小さくした柄杓《ひしゃく》形をしており、柄の先に首星の北極星がある。

琴《こと》座
白鳥《はくちょう》座の西にあり、八月の宵に南中する。首星ベガは、七夕の織女星として知られる。

蠍《さそり》座
黄道十二宮の一つ。天秤《てんびん》座の東、射《い》手《て》座の西にあり、七月の宵に南中する。首星アンタレス。

天秤《てんびん》座
黄道十二宮の一つ。乙女《おとめ》座の東、蠍《さそり》座の西にあり、七月の宵に南中する。

白鳥《はくちょう》座
天の川の中にあり、星雲や星団に富む。九月の宵に南中する。首星デネブ。

ヘルクレス座
琴《こと》座の西にあり、八月の宵に南中する。明るい星は少ない。

山羊《やぎ》座
黄道十二宮の一つ。射手《いて》座の東、水瓶《みずがめ》座の西にあり、九月の宵に南中する。

鷲《わし》座
夏の天の川の中にあり、九月の宵に南中する。首星アルタイルは、七夕の牽牛《けんぎゅう》星として知られる。

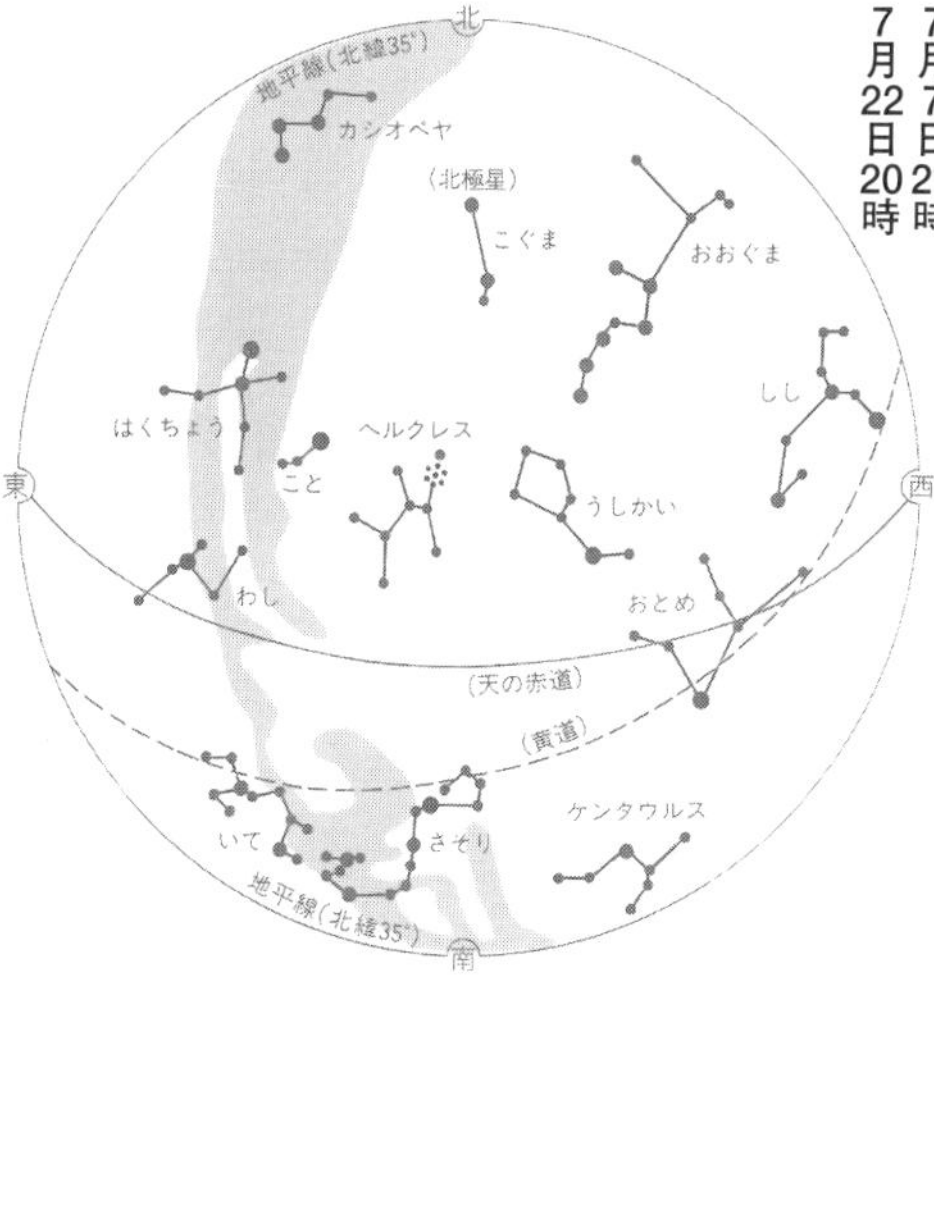

7月7日21時
7月22日20時

秋に見やすい星座

アンドロメダ座

ペガスス座の北東にあり、十一月の宵に南中する。

魚《うお》座

黄道十二宮の一つ。水瓶《みずがめ》座の東、牡《お》羊《ひつじ》座の西にあり、十一月の宵に南中する。春分点は現在この星座内にある。

牡《お》羊《ひつじ》座

黄道十二宮の一つ。魚《うお》座の東、牡牛《おうし》座の西にあり、十二月の宵に南中する。

カシオペヤ座

十二月の宵に南中する。W型に並んでいて目に付きやすく、北極星を見付ける目印となる。地平線下に沈むことがない周極星。錨星《いかりぼし》。碇星《いかりぼし》。

鯨《くじら》座

魚《うお》座の南にあり、十二月の宵に南中する。最初に発見された変光星ミラを含む。

ペガスス座

アンドロメダ座の南西、白鳥《はくちょう》座の南東にあり、十月の宵に南中する。

水瓶《みずがめ》座

黄道十二宮の一つ。山羊《やぎ》座の東、魚《うお》座の西にあり、十月の宵に南中する。

南魚《みなみのうお》座

南天の星座。水瓶《みずがめ》座の南にあり、十月の宵に南中する。

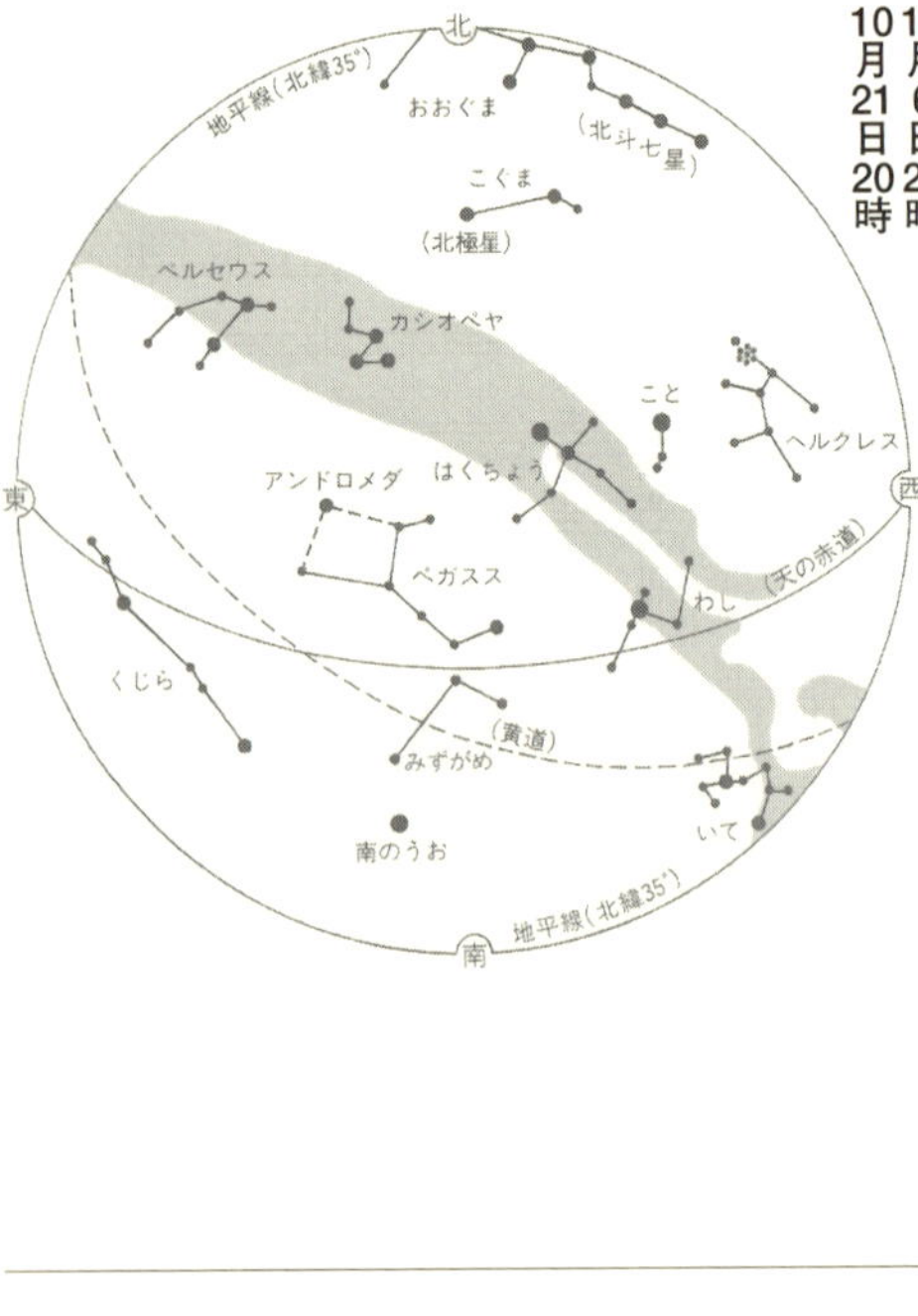

10月6日21時
10月21日20時

冬に見やすい星座

牡牛座《おうし》
黄道十二宮の一つ。オリオン座の北西、牡羊《おひつじ》座の東にあり、一月の宵に南中する。冬を代表する星座で、輝星アルデバラン・プレアデス星団(すばる)・ヒヤデス星団などを含む。

大犬座《おおいぬ》
南天の星座。オリオン座の東隣にあり、二月の宵に南中する。首星シリウス。全天第一の輝星。

オリオン座
天の赤道にまたがる星座で、二月の宵に南中する。赤く光るベテルギウスと青く光るリゲルの中間に位置する三つ星と大星雲で知られる。

蟹座《かに》
黄道十二宮の一つ。双子《ふたご》座の東、獅子《しし》座の西にあり、三月の宵に南中する。

馭者座《ぎょしゃ》
オリオン座の北にあり、二月の宵に南中する。首星カペラ。全天第六の輝星。

小犬座《こいぬ》
双子《ふたご》座の南にあり、三月の宵に南中する。首星プロキオン。

双子座《ふたご》
黄道十二宮の一つ。牡牛《おうし》座の東、蟹《かに》座の西にあり、三月の宵に南中する。

ペルセウス座
アンドロメダ座の東、カシオペヤ座の南にあり、一月の宵に南中する。

1月6日21時
1月21日20時

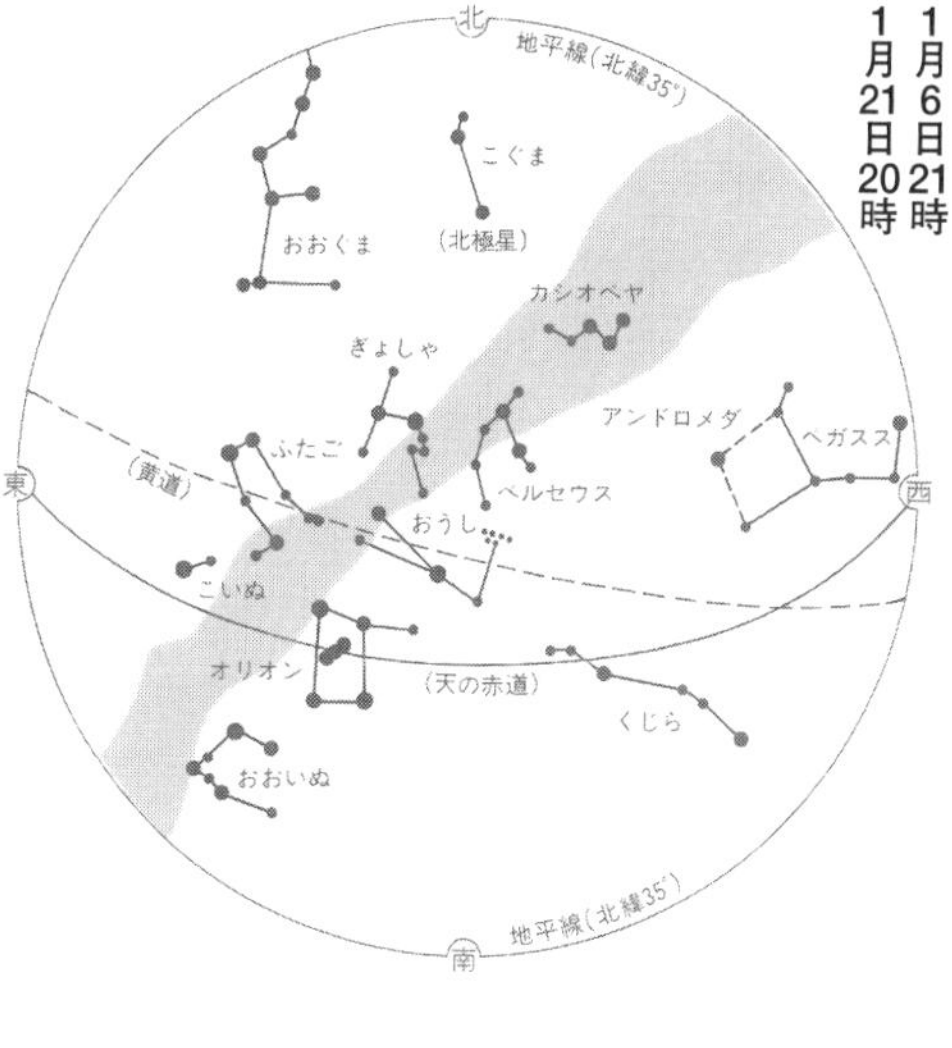

惑星

水星

太陽系のうち、最も太陽に近い惑星。太陽からの平均距離五・七九一万キロメートル。公転周期八八日、自転周期五九日。半径二四三九キロメートル。日没直後と日の出前の短時間だけ見られる。

金星

太陽系の第二惑星。地球の軌道のすぐ内側にあり、内合の時は惑星の中で最も地球に近づき、その距離は約四千万キロメートル。太陽からの平均距離一・八二一億キロメートル。公転周期二二五日。自転周期二四三日。直径は地球よりやや小さい。表面温度は三〇〇〜四〇〇度。大気は主として炭酸ガス。明け方東の空に輝くのを「明けの明星」「明星《あかぼし》」などといい、夕方西の空に輝くのを「宵の明星」「夕《ゆう》星《ずつ》」という。

地球

人類の住む天体。太陽系の第三惑星。衛星(月)一個をもつ。表面に大量の水と窒素と酸素を主成分とする大気をもち、種々の生命体が存在する。太陽からの平均距離一・四九六〇億キロメートル。公転周期約三六五日。自転周期約二四時間。大きさは極半径約六三五七キロメートル、赤道半径約六三七八キロメートルの楕円体。誕生からおよそ四六億年を経ていると推定されている。

火星

太陽系の第四惑星。地球の軌道のすぐ外側に軌道をもつ。太陽からの平均距離二・二八〇〇億キロメートル。公転周期一・八八年。自転周期二四時間三七分。赤道半径三三九七キロメートル。二つの衛星をもち、冬になると大きくなる極冠が知られる。赤く見えるので「災星《わざわいぼし》」「炎星《ほのおぼし》」などと呼ばれる。

木星

太陽系の第五惑星。太陽系惑星の中で最大。太陽からの平均距離七・七八三〇億キロメートル。公転周期一一・八二年。自転周期〇・四一四日。赤道半径七万一三九八キロメートル。大気には水素の含有量が多い。命名された衛星は一六個。

土星

太陽系の第六惑星。周囲に輪が付属する。太陽からの平均距離一四・二九四億キロメートル。公転周期二九・四年。自転周期〇・四四四日。赤道半径六万キロメートル。多くの衛星をもつ。

天王星《てんお(の)う》

太陽系の第七惑星。周囲に輪が付属する。太陽からの平均距離二八・七一〇〇億キロメートル。公転周期八四・〇二年。自転周期〇・六四九日。赤道半径二万五四〇〇キロメートル。地球から五個の衛星が観測され、ほかに微小なものが十個発見されている。

海王星《かいおう》

太陽系の第八惑星。太陽からの平均距離四四・九七〇〇億キロメートル。公転周期一六五年。自転周期〇・五八三日。赤道半径二万四三〇〇キロメートル。二個の衛星トリトン・ネレイドが知られている。一九八九年には五本のリングと新たに六個の衛星が発見された。

恒星・星雲

太陽

太陽系の中心にあって、惑星を伴う、地球に最も近い恒星。巨大な高温のガス球で、球形に見える部分を光球という。その外側を彩層が薄く取り巻き、さらに外側にコロナがある。光球の表面温度は約五八〇〇度、コロナの温度は約百万度。半径六九万六〇〇〇キロメートルで、地球の一〇九倍。地球からの平均距離は一・四九六〇億キロメートル。

球状《きゅうじょう》星団

数十万個以上の恒星が、直径百光年ほどの大きさの中に球状に集まっている天体。銀河系には一二五個が発見されている。

散開《さんかい》星団

直径一〇光年ほどの大きさに数十から数百の恒星がまばらに集まったもの。牡牛《おうし》座のプレアデス星団（すばる）・ヒヤデス星団など。

反射《はんしゃ》星雲

近くの星の光を受けて光る星雲。星雲中の塵《ちり》が光を散乱・反射させるもの。誕生したての星の近くでも見られる。

暗黒《あんこく》星雲

自らは発光せず、背後の星雲や星の光をさえぎることでその存在が認められる星間物質の雲。天の川の中にある蛇遣《へびつか》い座の暗黒星雲・オリオン座の馬頭《ばとう》星雲など。

散光《さんこう》星雲

銀河系内星雲のうち、暗黒《あんこく》星雲と惑星状星雲以外のもの。形も輪郭もはっきりしていない。星間ガスが恒星の光を反射して光って見える反射星雲と、星間ガスの放射により光って見える発光星雲とがある。

アンドロメダ銀河

アンドロメダ座の中に見える渦状銀河。地球からの距離は約二三〇万光年と銀河系外渦状銀河としては最も近く、肉眼でも見える。直径約一〇万光年。

その他

牽牛《けんぎゅう》星

鷲《わし》座のアルタイル。彦星《ひこぼし》。牛飼《うしかい》星。犬飼《いぬかい》星。男星《おぼし》。婿星《むこぼし》。

織女《しょくじょ》星

琴《こと》座のベガ。たなばたひめ。織り姫。糸織姫《いとおりひめ》。

彗《すい》星

斑点状・星雲状に見え、ときに尾を伴う太陽系内の天体。多く楕円軌道を描いて運行する。箒星《ほうきぼし》。

すばる（昴）

プレアデス星団。冬の宵に見える。六連星《むつらぼし》。

北斗《ほくと》七星

大熊《おおぐま》座の七つの星。北天に斗《ひしゃく》状に連なるのでこの名がある。

冥王《めいおう》星

かつて太陽系の第九惑星だった星。惑星の定義にあてはまらないとして、二〇〇六年に新設された「準惑星」に分類された。

六 度量衡一覧

度量衡とは

度量衡とは、計測・計量の際の単位を定めたもので、「度」は長さ、「量」は容積、「衡」は重さを示す。古くは手足の長さなど一定でないものを基準としていたが、数値を共有する範囲の広がりとともに、基準の統一が求められるようになった。現在の日本では、国際的に統一された基準を採用している。

日本の度量衡の変遷

七〇一（大宝元）年
大宝律令。度量衡の初めての制度化。中国の制度を取り入れたもの。

一五八二（天正一〇）年
豊臣秀吉の太閤検地。これに伴い、度量衡が統一される。

国際単位系（SI）の基本単位

国際単位系とは、世界に共通する単位。右の七つの基本単位があり、それらを組み合わせることで、あらゆる単位を求めることができる。

長さ	メートル	m
質量	キログラム	kg
時間	秒	s
電流	アンペア	A
熱力学温度	ケルビン	K
物質量	モル	Mol
光度	カンデラ	cd

基本単位の接頭辞

基本単位の前に接頭辞をつけることで、その単位の中での大きさを表すことができる。

…倍			…分の1	
デカ	da	10	デシ	d
ヘクト	h	100	センチ	c
キロ	k	1000	ミリ	m
メガ	M	1000000	マイクロ	μ
ギガ	G	1000000000	ナノ	n
テラ	T	1000000000000	ピコ	p
ペタ	P	1000000000000000	フェムト	f
エクサ	E	1000000000000000000	アト	a
ゼタ	Z	1000000000000000000000	ゼプト	z
ヨタ	Y	1000000000000000000000000	ヨクト	y

一六六九（寛文九）年
徳川幕府の升の統一。「京ます」で統一するとの布告。

一八七五（明治八）年
度量衡取締条例により、尺貫法が整備される。

一八九一（明治二四）年
度量衡法の制定。尺貫法にメートル法を併用することになる。

一九二一（大正一〇）年
度量衡法の改正。すべての計量がメートル法に統一される。

一九五一（昭和二六）年
計量法の公布。原則としてメートル法以外の計量単位を認めないことになる。

一九五九（昭和三四）年
尺貫法廃止。

一九六六（昭和四一）年
計量法を国際単位系に準拠する形で改正。

一九九二（平成四）年
計量法の全面改正に伴う新計量法公布。国際単位系に統一される。

メートル法換算表

旧来の尺貫法もなお生きていて一部で使われている。おもな単位のメートル法換算を示す。

尺度・距離	
1cm	3分3厘
1m	3尺3寸
1km	550間
	9町10間
1寸	3.0303cm
1尺	30.303cm
1間（6尺）	1.8181m
1町（60間）	109.09m
1里（36町）	3.9272km
1海里（海上）	1.852km
面積	
$1m^2$	0.30250坪
$100m^2$（1a）	1.0083畝
$1km^2$（100ha）	約100町
1平方尺	$0.09182m^2$
1坪	$3.30579m^2$
1畝（30坪）	$99.1736m^2$
1反（10畝）	$991.736m^2$
1町（10反）	$9917.36m^2$

容積	
1ℓ	0.55435升
1kℓ	5.54352石
1合	0.18039ℓ
1升（10合）	1.80391ℓ
1斗（10升）	18.039ℓ
1石（10斗）	0.18039kℓ
重量	
1g	0.26667匁
1kg	1.66667斤
	0.26667貫
1t	1666.67斤
	266.667貫
1匁	3.75g
100匁	375g
1斤（160匁）	600g
1貫（1000匁）	3.75kg
1オンス	28.3495g
1ポンド	0.4536kg

七 元号一覧

飛鳥

大化《たいか》 六四五～六五〇
白雉《はくち》 六五〇～六五四
朱鳥《しゅちょう》 六八六
大宝《たいほう》 七〇一～七〇四
慶雲《けいうん》 七〇四～七〇八

飛鳥～奈良

和銅《わどう》 七〇八～七一五

奈良

霊亀《れいき》 七一五～七一七
養老《ようろう》 七一七～七二四
神亀《じんき》 七二四～七二九
天平《てんぴょう》 七二九～七四九
天平感宝《てんぴょうかんぽう》 七四九
天平勝宝《てんぴょうしょうほう》 七四九～七五七
天平宝字《てんぴょうほうじ》 七五七～七六五
天平神護《てんぴょうじんご》 七六五～七六七
神護景雲《じんごけいうん》 七六七～七七〇
宝亀《ほうき》 七七〇～七八一
天応《てんおう》 七八一～七八二

奈良～平安

延暦《えんりゃく》 七八二～八〇六

平安

大同《だいどう》 八〇六～八一〇
弘仁《こうにん》 八一〇～八二四
天長《てんちょう》 八二四～八三四
承和《じょうわ》 八三四～八四八
嘉祥《かしょう》 八四八～八五一
仁寿《にんじゅ》 八五一～八五四
斉衡《さいこう》 八五四～八五七
天安《てんあん》 八五七～八五九
貞観《じょうがん》 八五九～八七七
元慶《がんぎょう》 八七七～八八五
仁和《にんな》 八八五～八八九
寛平《かんぴょう》 八八九～八九八
昌泰《しょうたい》 八九八～九〇一
延喜《えんぎ》 九〇一～九二三
延長《えんちょう》 九二三～九三一
承平《じょうへい》 九三一～九三八
天慶《てんぎょう》 九三八～九四七
天暦《てんりゃく》 九四七～九五七
天徳《てんとく》 九五七～九六一
応和《おうわ》 九六一～九六四
康保《こうほう》 九六四～九六八
安和《あんな》 九六八～九七〇
天禄《てんろく》 九七〇～九七三
天延《てんえん》 九七三～九七六
貞元《じょうげん》 九七六～九七八
天元《てんげん》 九七八～九八三
永観《えいかん》 九八三～九八五
寛和《かんな》 九八五～九八七
永延《えいえん》 九八七～九八九
永祚《えいそ》 九八九～九九〇
正暦《しょうりゃく》 九九〇～九九五
長徳《ちょうとく》 九九五～九九九
長保《ちょうほう》 九九九～一〇〇四
寛弘《かんこう》 一〇〇四～一〇一二
長和《ちょうわ》 一〇一二～一〇一七
寛仁《かんにん》 一〇一七～一〇二一
治安《じあん》 一〇二一～一〇二四
万寿《まんじゅ》 一〇二四～一〇二八
長元《ちょうげん》 一〇二八～一〇三七
長暦《ちょうりゃく》 一〇三七～一〇四〇
長久《ちょうきゅう》 一〇四〇～一〇四四
寛徳《かんとく》 一〇四四～一〇四六
永承《えいしょう》 一〇四六～一〇五三
天喜《てんぎ》 一〇五三～一〇五八
康平《こうへい》 一〇五八～一〇六五
治暦《じりゃく》 一〇六五～一〇六九
延久《えんきゅう》 一〇六九～一〇七四
承保《じょうほう》 一〇七四～一〇七七
承暦《じょうりゃく》 一〇七七～一〇八一
永保《えいほう》 一〇八一～一〇八四
応徳《おうとく》 一〇八四～一〇八七
寛治《かんじ》 一〇八七～一〇九四
嘉保《かほう》 一〇九四～一〇九六
永長《えいちょう》 一〇九六～一〇九七
承徳《じょうとく》 一〇九七～一〇九九
康和《こうわ》 一〇九九～一一〇四
長治《ちょうじ》 一一〇四～一一〇六

嘉承《かしょう》 一一〇六～一一〇八
天仁《てんにん》 一一〇八～一一一〇
天永《てんえい》 一一一〇～一一一三
永久《えいきゅう》 一一一三～一一一八
元永《げんえい》 一一一八～一一二〇
保安《ほうあん》 一一二〇～一一二四
天治《てんじ》 一一二四～一一二六
大治《だいじ》 一一二六～一一三一
天承《てんしょう》 一一三一～一一三二
長承《ちょうしょう》 一一三二～一一三五
保延《ほうえん》 一一三五～一一四一
永治《えいじ》 一一四一～一一四二
康治《こうじ》 一一四二～一一四四
天養《てんよう》 一一四四～一一四五
久安《きゅうあん》 一一四五～一一五一
仁平《にんぺい》 一一五一～一一五四
久寿《きゅうじゅ》 一一五四～一一五六
保元《ほうげん》 一一五六～一一五九
平治《へいじ》 一一五九～一一六〇
永暦《えいりゃく》 一一六〇～一一六一
応保《おうほう》 一一六一～一一六三
長寛《ちょうかん》 一一六三～一一六五
永万《えいまん》 一一六五～一一六六
仁安《にんあん》 一一六六～一一六九
嘉応《かおう》 一一六九～一一七一
承安《じょうあん》 一一七一～一一七五
安元《あんげん》 一一七五～一一七七
治承《じしょう》 一一七七～一一八一
養和《ようわ》 一一八一～一一八二
寿永《じゅえい》 一一八二～一一八五
元暦《げんりゃく》 一一八四～一一八五

平安～鎌倉

文治《ぶんじ》 一一八五～一一九〇

鎌倉

建久《けんきゅう》 一一九〇～一一九九
正治《しょうじ》 一一九九～一二〇一
建仁《けんにん》 一二〇一～一二〇四
元久《げんきゅう》 一二〇四～一二〇六
建永《けんえい》 一二〇六～一二〇七
承元《じょうげん》 一二〇七～一二一一
建暦《けんりゃく》 一二一一～一二一三
建保《けんぽう》 一二一三～一二一九
承久《じょうきゅう》 一二一九～一二二二
貞応《じょうおう》 一二二二～一二二四
元仁《げんにん》 一二二四～一二二五
嘉禄《かろく》 一二二五～一二二七
安貞《あんてい》 一二二七～一二二九
寛喜《かんぎ》 一二二九～一二三二
貞永《じょうえい》 一二三二～一二三三
天福《てんぷく》 一二三三～一二三四
文暦《ぶんりゃく》 一二三四～一二三五
嘉禎《かてい》 一二三五～一二三八
暦仁《りゃくにん》 一二三八～一二三九
延応《えんおう》 一二三九～一二四〇
仁治《にんじ》 一二四〇～一二四三
寛元《かんげん》 一二四三～一二四七
宝治《ほうじ》 一二四七～一二四九
建長《けんちょう》 一二四九～一二五六
康元《こうげん》 一二五六～一二五七
正嘉《しょうか》 一二五七～一二五九
正元《しょうげん》 一二五九～一二六〇
文応《ぶんおう》 一二六〇～一二六一
弘長《こうちょう》 一二六一～一二六四
文永《ぶんえい》 一二六四～一二七五
建治《けんじ》 一二七五～一二七八
弘安《こうあん》 一二七八～一二八八
正応《しょうおう》 一二八八～一二九三
永仁《えいにん》 一二九三～一二九九
正安《しょうあん》 一二九九～一三〇二
乾元《けんげん》 一三〇二～一三〇三
嘉元《かげん》 一三〇三～一三〇六
徳治《とくじ》 一三〇六～一三〇八
延慶《えんきょう》 一三〇八～一三一一
応長《おうちょう》 一三一一～一三一二
正和《しょうわ》 一三一二～一三一七
文保《ぶんぽう》 一三一七～一三一九
元応《げんおう》 一三一九～一三二一
元亨《げんこう》 一三二一～一三二四
正中《しょうちゅう》 一三二四～一三二六
嘉暦《かりゃく》 一三二六～一三二九
元徳《げんとく》 一三二九～一三三一

【南朝】

元弘《げんこう》 一三三一～一三三四

【北朝】

正慶《しょうきょう》 一三三二～一三三四

室町

【南朝】

建武《けんむ》 一三三四～一三三六
延元《えんげん》 一三三六～一三四〇
興国《こうこく》 一三四〇～一三四六
正平《しょうへい》 一三四六～一三七〇
建徳《けんとく》 一三七〇～一三七二
文中《ぶんちゅう》 一三七二～一三七五
天授《てんじゅ》 一三七五～一三八一
弘和《こうわ》 一三八一～一三八四
元中《げんちゅう》 一三八四～一三九二

【北朝】

建武《けんむ》　一三三四〜一三三八
暦応《りゃくおう》　一三三八〜一三四二
康永《こうえい》　一三四二〜一三四五
貞和《じょうわ》　一三四五〜一三五〇
観応《かんのう》　一三五〇〜一三五二
文和《ぶんな》　一三五二〜一三五六
延文《えんぶん》　一三五六〜一三六一
康安《こうあん》　一三六一〜一三六二
貞治《じょうじ》　一三六二〜一三六八
応安《おうあん》　一三六八〜一三七五
永和《えいわ》　一三七五〜一三七九
康暦《こうりゃく》　一三七九〜一三八一
永徳《えいとく》　一三八一〜一三八四
至徳《しとく》　一三八四〜一三八七
嘉慶《かきょう》　一三八七〜一三八九
康応《こうおう》　一三八九〜一三九〇
明徳《めいとく》　一三九〇〜一三九四

【統一】

応永《おうえい》　一三九四〜一四二八
正長《しょうちょう》　一四二八〜一四二九
永享《えいきょう》　一四二九〜一四四一
嘉吉《かきつ》　一四四一〜一四四四
文安《ぶんあん》　一四四四〜一四四九
宝徳《ほうとく》　一四四九〜一四五二
享徳《きょうとく》　一四五二〜一四五五
康正《こうしょう》　一四五五〜一四五七
長禄《ちょうろく》　一四五七〜一四六〇
寛正《かんしょう》　一四六〇〜一四六六
文正《ぶんしょう》　一四六六〜一四六七
応仁《おうにん》　一四六七〜一四六九
文明《ぶんめい》　一四六九〜一四八七
長享《ちょうきょう》　一四八七〜一四八九
延徳《えんとく》　一四八九〜一四九二
明応《めいおう》　一四九二〜一五〇一
文亀《ぶんき》　一五〇一〜一五〇四
永正《えいしょう》　一五〇四〜一五二一
大永《たいえい》　一五二一〜一五二八
享禄《きょうろく》　一五二八〜一五三二
天文《てんぶん》　一五三二〜一五五五
弘治《こうじ》　一五五五〜一五五八
永禄《えいろく》　一五五八〜一五七〇
元亀《げんき》　一五七〇〜一五七三

安土桃山

天正《てんしょう》　一五七三〜一五九二
文禄《ぶんろく》　一五九二〜一五九六

安土桃山〜江戸

慶長《けいちょう》　一五九六〜一六一五

江戸

元和《げんな》　一六一五〜一六二四
寛永《かんえい》　一六二四〜一六四四
正保《しょうほう》　一六四四〜一六四八
慶安《けいあん》　一六四八〜一六五二
承応《じょうおう》　一六五二〜一六五五
明暦《めいれき》　一六五五〜一六五八
万治《まんじ》　一六五八〜一六六一
寛文《かんぶん》　一六六一〜一六七三
延宝《えんぽう》　一六七三〜一六八一
天和《てんな》　一六八一〜一六八四
貞享《じょうきょう》　一六八四〜一六八八
元禄《げんろく》　一六八八〜一七〇四
宝永《ほうえい》　一七〇四〜一七一一
正徳《しょうとく》　一七一一〜一七一六
享保《きょうほう》　一七一六〜一七三六
元文《げんぶん》　一七三六〜一七四一
寛保《かんぽう》　一七四一〜一七四四
延享《えんきょう》　一七四四〜一七四八
寛延《かんえん》　一七四八〜一七五一
宝暦《ほうれき》　一七五一〜一七六四
明和《めいわ》　一七六四〜一七七二
安永《あんえい》　一七七二〜一七八一
天明《てんめい》　一七八一〜一七八九
寛政《かんせい》　一七八九〜一八〇一
享和《きょうわ》　一八〇一〜一八〇四
文化《ぶんか》　一八〇四〜一八一八
文政《ぶんせい》　一八一八〜一八三〇
天保《てんぽう》　一八三〇〜一八四四
弘化《こうか》　一八四四〜一八四八
嘉永《かえい》　一八四八〜一八五四
安政《あんせい》　一八五四〜一八六〇
万延《まんえん》　一八六〇〜一八六一
文久《ぶんきゅう》　一八六一〜一八六四
元治《げんじ》　一八六四〜一八六五
慶応《けいおう》　一八六五〜一八六八

☆　☆　☆

明治《めいじ》　一八六八〜一九一二
大正《たいしょう》　一九一二〜一九二六
昭和《しょうわ》　一九二六〜一九八九
平成《へいせい》　一九八九〜

第3部

正しく使う漢字の知識

一　漢字を書き間違えやすい言葉

二　読みが同じで意味の異なる言葉

三　いろいろな対義語

四　四字熟語ミニ辞典

五　難読語

一 漢字を書き間違えやすい言葉

あ行

あいあいがさ【相合傘】 ×愛愛傘
あいそ【愛想】 ×愛相
あいづち【相槌】 ×合槌
あいにく【生憎】 ×相憎
あっかん【圧巻】 ×圧観
あっとう【圧倒】 ×圧到
あらりえき【粗利益・荒利益】 ×新利益
あんのじょう【案の定】 ×安の定 ×案の条
いかん【遺憾】 ×違感 ×遺感
いぎ【威儀】 ×偉儀 ×威義
いきしょうてん【意気衝天】 ×意気昇天
いくどうおん【異口同音】 ×異句同音
いさい【異彩】 ×偉彩 ×違彩
いしひょうじ【意思表示】 ×意志表示
いぞん【異存】 ×違存
いたけだか【居丈高】 ×偉丈高
いただく【戴く】 ×載く
いちぐう【一隅】 ×一偶
いちず【一途】 ×一図
いちりつ【一律】 ×一率
いっかん【一環】 ×一還
いっきとうせん【一騎当千】 ×一騎当選
いっしゅうき【一周忌】 ×一週忌
いっしんどうたい【一心同体】 ×一身同体
いっちょういっせき【一朝一夕】 ×一鳥一石
いっぺんとう【一辺倒】 ×一辺到
いみしんちょう【意味深長】 ×意味慎重
いわかん【違和感】 ×異和感
いんご【隠語】 ×陰語
いんそつ【引率】 ×引卒
いんねん【因縁】 ×因念
ういてんぺん【有為転変】 ×有為天変

うきめ【憂き目】 ×浮き目
うしろだて【後ろ盾】 ×後ろ立て
うちじに【討死】 ×打死
うちょうてん【有頂天】 ×宇頂天 ×有頂点
えこう【回向】 ×会向
えんきょく【婉曲】 ×遠曲 ×円曲
えんせい【厭世】 ×厭生
おうおう【往々】 ×応々
おうしん【往診】 ×応診
おうだ【殴打】 ×欧打
おうたい【応対】 ×応待
おうふく【往復】 ×往複
おうよう【鷹揚】 ×応揚

おおばんぶるまい【大盤振る舞い】 ×大番振る舞い
おかん【悪寒】 ×悪感
おしきせ【お仕着せ】 ×押し着せ
おやふこう【親不孝】 ×親不幸
おんけん【穏健】 ×温健
おんこう【温厚】 ×温好
おんこちしん【温故知新】 ×温古知新

か行

がいこうじれい【外交辞令】 ×外交辞礼
かいしん【会心】 ×快心
がいすう【概数】 ×慨数
がいたん【慨嘆】 ×概嘆
がいとう【該当】 ×概当

かいほうかん【開放感】 ×解放感
がいよう【概要】 ×慨要
かいわい【界隈】 ×界猥
かえだま【替え玉】 ×換え玉 ×代え玉
かくさく【画策】 ×画作
かくしん【確信】 ×確心
かくとく【獲得】 ×穫得
かこん【禍根】 ×渦根 ×禍恨
かじ【鍛冶】 ×鍛治
かしゃく【呵責】 ×苛責
かたがみ【型紙】 ×形紙
かちく【家畜】 ×家蓄
かっこ【括弧】 ×括孤

かどう【稼働】 ×稼動
かひ【可否】 ×可非
かぶんすう【仮分数】 ×過分数
かへい【貨幣】 ×貨弊
がりょうてんせい【画竜点睛】 ×画竜点晴
かんいっぱつ【間一髪】 ×間一発
かんがい【感慨】 ×感概
かんき【喚起】 ×換起
かんきょう【環境】 ×還境
かんげん【還元】 ×環元
かんすい【完遂】 ×完逐
かんせん【汗腺】 ×汗線
かんちがい【勘違い】 ×感違い

がんちく【含蓄】 ×含畜
かんてつ【貫徹】 ×完徹
かんにん【堪忍】 ×勘忍
かんぺき【完璧】 ×完壁
かんべん【勘弁】 ×堪弁
かんまん【緩慢】 ×緩漫
かんろく【貫禄】 ×貫録
ぎおん【擬音】 ×疑音
きがい【気概】 ×気慨
きかいたいそう【器械体操】 ×機械体操
きかがく【幾何学】 ×幾可学
きかん【器官】 ×器管
ききいっぱつ【危機一髪】 ×危機一発

きぐう【奇遇】 ×奇偶
きげん【機嫌】 ×気嫌
きさい【記載】 ×記戴
ぎせい【犠牲】 ×犠性
きまじめ【生真面目】 ×気真面目
（卵の）きみ【黄身】 ×黄味
きもいり【肝煎り】 ×肝入り
ぎゃくたい【虐待】 ×虐対
きやすめ【気休め】 ×気安め
きゅうきょう【窮境】 ×窮況
きゅうたいいぜん【旧態依然】 ×旧態以前
きょうい【脅威】 ×脅異
きょうい【驚異】 ×驚威

きょうきらんぶ【狂喜乱舞】 ×狂気乱舞
きょうせい【矯正】 ×嬌正
ぎょうせき【業績】 ×業積
きょうはくかんねん【強迫観念】 ×脅迫観念
きょうみしんしん【興味津々】 ×興味深々
ぎょかく【漁獲】 ×漁穫 ×魚獲
ぐうすう【偶数】 ×遇数
ぐうぜん【偶然】 ×遇然
ぐうぞう【偶像】 ×隅像
ぐうわ【寓話】 ×偶話
くちきき【口利き】 ×口聞き
くちく【駆逐】 ×駆遂
くっしん【屈伸】 ×屈身
くのう【苦悩】 ×苦脳
くよう【供養】 ×供要
ぐんしゅうしんり【群集心理】 ×群衆心理
けいじ【啓示】 ×恵示
けいたい【形態】 ×型態
けいちょうふはく【軽佻浮薄】 ×軽重浮薄
けいとう【傾倒】 ×傾到 ×傾頭
けいふく【敬服】 ×敬伏
けいるい【係累】 ×係類
げきやく【劇薬】 ×激薬
げきれつ【激烈】 ×激裂
げざい【下剤】 ×解剤
けっせい【血清】 ×血精
けっせんとうひょう【決選投票】 ×決戦投票
げねつざい【解熱剤】 ×下熱剤
げんかしょうきゃく【減価償却】 ×原価償却
げんし【原資】 ×源資
げんすい【元帥】 ×元師
げんすん【原寸】 ×現寸
げんせんちょうしゅう【源泉徴収】 ×原泉徴収
げんどうりょく【原動力】 ×源動力
けんぼうしょう【健忘症】 ×健忘性
けんやく【倹約】 ×検約 ×険約
こうかい【後悔】 ×後侮
こうかんしんけい【交感神経】 ×交換神経
こうがんむち【厚顔無恥】 ×厚顔無知

こうぎ【講義】 ×講議
こうぐう【厚遇】 ×好遇
こうせいおそるべし【後生畏るべし】 ×後世畏るべし
こうせいぶっしつ【抗生物質】 ×抗性物質
こうせき【功績】 ×効績 ×功積
こうてつ【更迭】 ×更送 ×交迭
こうとうしもん【口頭試問】 ×口答試問
こうみょう【巧妙】 ×功妙
ごかく【互角】 ×互格
こじせいく【故事成句】 ×古事成句
こせいだい【古生代】 ×古世代
ごたぶん【御多分】 ×御多聞
ことさら【殊更】 ×事更
ごへい【語弊】 ×誤弊 ×語幣
こべつほうもん【戸別訪問】 ×個別訪問
こゆう【固有】 ×個有
こりつむえん【孤立無援】 ×孤立無縁
ごりむちゅう【五里霧中】 ×五里夢中

さ行

さいこうちょう【最高潮】 ×最高調
さいだいもらさず【細大漏らさず】 ×最大漏らさず
さいだん【裁断】 ×栽断
さいはい【采配】 ×採配
さいばい【栽培】 ×栽倍 ×裁培
さしょう【些少】 ×些小
さっとう【殺到】 ×殺倒
ざんこく【残酷】 ×惨酷
さんさく【散策】 ×散索
ざんじ【暫時】 ×漸時
ざんにん【残忍】 ×惨忍
さんはんきかん【三半規管】 ×三半器官
さんまん【散漫】 ×散慢
さんみいったい【三位一体】 ×三身一体 ×三味一体
じがじさん【自画自賛】 ×自我自賛
しぜんとうた【自然淘汰】 ×自然陶汰
したうけ【下請け】 ×下受け
しつうはったつ【四通八達】 ×四通発達
しっつい【失墜】 ×失遂
してき【指摘】 ×指敵 ×指適

しへい【紙幣】 ×紙弊
しまつ【始末】 ×仕末
じゃっかん【若干】 ×弱干
じゃっかん【弱冠】 ×若冠
しゅうしゅう【収拾】 ×拾収
しゅうじんかんし【衆人環視】 ×衆人監視
しゅうとう【周到】 ×周倒
しゅくしょう【縮小】 ×縮少
じゅじゅ【授受】 ×受授
しゅっしょしんたい【出処進退】 ×出所進退
じゅわき【受話器】 ×受話機
じゅんかん【循環】 ×循還
じゅんしん【純真】 ×純心

しょうかん【召喚】 ×召換
しょうこり【性懲り】 ×性凝り
しょうたい【招待】 ×紹待
じょうとうしゅだん【常套手段】 ×常当手段
じょうまん【冗漫】 ×冗慢
しょきのもくてき【所期の目的】 ×初期の目的
しょくたく【嘱託】 ×職託
じょこう【徐行】 ×除行
しろみざかな【白身魚】 ×白味魚
しんがい【侵害】 ×浸害
しんかん【震撼】 ×震憾
しんきいってん【心機一転】 ×心気一転
しんこう【侵攻】 ×浸攻

じんじいどう【人事異動】 ×人事移動
しんすい【浸水】 ×侵水
じんせきみとう【人跡未踏】 ×人跡未到
しんとう【浸透】 ×侵透
しんぴょうせい【信憑性】 ×真憑性
すうき【数奇】 ×数寄
すもう【相撲】 ×相樸
せいおん【静穏】 ×静隠
せいてんはくじつ【青天白日】 ×晴天白日
ぜいむしょ【税務署】 ×税務所
せきにんてんか【責任転嫁】 ×責任転化
せっしょう【折衝】 ×接衝
せったい【接待】 ×接対

ぜったいぜつめい【絶体絶命】 ×絶対絶命
せつな【刹那】 ×殺那
せっぱん【折半】 ×切半
せんかい【旋回】 ×施回
ぜんごさく【善後策】 ×前後策
ぜんじ【漸次】 ×漸時
せんにゅうかん【先入観】 ×潜入観 ×先入感
せんもん【専門】 ×専問
そうい【相違】 ×相異
ぞうさ【造作】 ×雑作
そうだい【壮大】 ×荘大
そがい【阻害】 ×粗害
そくしん【促進】 ×捉進 ×速進
そっこう【即行】 ×速行
そっこう【速攻】 ×即攻
そっせん【率先】 ×卒先
そっちょく【率直】 ×卒直
そっとう【卒倒】 ×率倒

た行

たいいんれき【太陰暦】 ×大陰暦
たいぎめいぶん【大義名分】 ×大義名文
たいこ【太古】 ×大古
たいこうしゃ【対向車】 ×対行車
たいせいよう【大西洋】 ×太西洋
たいてい【大抵】 ×大低
たいへいよう【太平洋】 ×大平洋
たかみのけんぶつ【高みの見物】 ×高見の見物
たちうち【太刀打ち】 ×立ち打ち
たてまえ【建前】 ×立前
たまのこし【玉の輿】 ×玉の腰
だみん【惰眠】 ×堕眠
だらく【堕落】 ×惰落
だりょく【惰力】 ×堕力
たんてき【端的】 ×単的 ×短的
たんとうちょくにゅう【単刀直入】 ×短刀直入
ちくさん【畜産】 ×蓄産
ちくじ【逐次】 ×逐時 ×遂次
ちくせき【蓄積】 ×畜積
ちゅうこく【忠告】 ×注告

ちゅうさい【仲裁】　×中裁
ちょうこうぜつ【長広舌】　×長口舌　×長口説
ちょちく【貯蓄】　×貯畜
ついちょうきん【追徴金】　×追懲金
ていしょく【抵触】　×低触
ていたい【停滞】　×低滞
ていぼう【堤防】　×提防
てっかい【撤回】　×徹回
てったい【撤退】　×徹退
てってい【徹底】　×撤底
てらこや【寺子屋】　×寺小屋
てんき【転機】　×転期
てんちむよう【天地無用】　×天地無要

てんぷく【転覆】　×転復
とうかしたしむべし【灯火親しむべし】　×灯下親しむべし
どうぎ【動議】　×動義
どうこういきょく【同工異曲】　×同巧異曲
とうしゃ【謄写】　×騰写
とうじょういん【搭乗員】　×塔乗員
とうそつ【統率】　×統卒
とうた【淘汰】　×陶汰
とうほん【謄本】　×騰本
とうや【陶冶】　×淘冶　×陶治
とちかん【土地鑑・土地勘】　×土地感
どろじあい【泥仕合】　×泥試合
どんよく【貪欲】　×貧欲

な行

なまびょうほう【生兵法】　×生病法
なんこう【難航】　×難行
にくはく【肉薄】　×肉迫
にそくさんもん【二束三文】　×二足三文
ねんしょう【年少】　×年小
のうずい【脳髄】　×脳随

は行

はいぐうしゃ【配偶者】　×配遇者
はいじょ【排除】　×排徐
ばいしん【陪審】　×倍審
はくちゅう【伯仲】　×伯中
はくないしょう【白内障】　×白内症

はつえんとう【発煙筒】 ×発炎筒
ばんじきゅうす【万事休す】 ×万事窮す
ばんとう【番頭】 ×番当
はんぷ【頒布】 ×頒付 ×販布
ばんらい【万雷】 ×万来
ひえしょう【冷え性】 ×冷え症
ひじゅん【批准】 ×比准 ×批準
ひろう【披露】 ×被露
ふかけつ【不可欠】 ×不可決
ふくしゃ【複写】 ×復写
ふくせん【複線】 ×復線
ふごう【符号】 ×付号
ふしまつ【不始末】 ×不仕末

ぶしょ【部署】 ×部所
ふそくふり【不即不離】 ×不則不離 ×不測不離
ふっとう【沸騰】 ×沸謄
ふどうひょう【浮動票】 ×不動票
ふへん【普遍】 ×普偏
ふんきゅう【紛糾】 ×粉糾
ふんこつさいしん【粉骨砕身】 ×粉骨砕心
ふんさい【粉砕】 ×紛砕
ふんしつ【紛失】 ×粉失
ふんしょく【粉飾】 ×紛飾
へいがい【弊害】 ×幣害
へいこうかんかく【平衡感覚】 ×平行感覚 ×並行感覚
へいしゃ【弊社】 ×幣社

へんくつ【偏屈】 ×変屈
べんたつ【鞭撻】 ×弁達
ほうき【蜂起】 ×峰起
ほうきゅう【俸給】 ×捧給 ×奉給
ほうこ【宝庫】 ×豊庫
ほうこう【奉公】 ×奉行
ほうもん【訪問】 ×訪門
ほうよう【法要】 ×法養 ×法用
ほうようりょく【包容力】 ×抱擁力
ほかく【捕獲】 ×捕穫
ほけん【保険】 ×保倹 ×保検
ぼんさい【盆栽】 ×盆裁
ぼんのう【煩悩】 ×煩脳

ま行

まさつ【摩擦】 ×磨擦
まるぼうず【丸坊主】 ×丸坊頭
まんしん【慢心】 ×漫心
まんぜん【漫然】 ×慢然
みいり【実入り】 ×身入り
みすい【未遂】 ×未逐
みせいねん【未成年】 ×未青年
みぜん【未然】 ×未前
みつげつ【蜜月】 ×密月
みぶるい【身震い】 ×身振るい
むぞうさ【無造作】 ×無雑作
めいがら【銘柄】 ×名柄
めいぎ【名義】 ×名儀
もぎ【模擬】 ×模疑
もくどく【黙読】 ×目読
もくひけん【黙秘権】 ×黙否権
ものわかれ【物別れ】 ×物分かれ

や行

やくびょうがみ【疫病神】 ×厄病神
やすらぎ【安らぎ】 ×休らぎ
やっき【躍起】 ×躍気
やろうじだい【夜郎自大】 ×野郎自大
ゆうげん【幽玄】 ×幽幻
ゆうせいいでん【優性遺伝】 ×優勢遺伝
ゆうそう【勇壮】 ×雄壮
ゆうもう【勇猛】 ×雄猛
ゆうよ【猶予】 ×裕予 ×猶余
よご【予後】 ×余後
よせい【余生】 ×余世
よだん【予断】 ×余断

ら行

りしゅう【履修】 ×履習
るいをおよぼす【累を及ぼす】 ×類を及ぼす
れいぎ【礼儀】 ×礼義
れんきんじゅつ【錬金術】 ×練金術
れんたいせきにん【連帯責任】 ×連体責任
ろうばい【狼狽】 ×浪狽
ろてんぶろ【露天風呂】 ×露店風呂

二 読みが同じで意味の異なる言葉

あ行

あいかん
［哀感］哀感を込めて歌う。
［哀歓］哀歓を共にする。

あいせき
［哀惜］哀惜の念に堪えない。
［愛惜］父の愛惜していた備前焼。

あう
［会う］客と会う時刻。人に会いに行く。
［合う］計算が合う。目が合う。服が体に合う。好みに合う。
［遭う］災難に遭う。にわか雨に遭う。

あがる・あげる
［上がる・上げる］地位が上がる。物価が上がる。腕前を上げる。
［挙がる・挙げる］証拠が挙がる。例を挙げる。全力を挙げる。国を挙げて。犯人を挙げる。
［揚がる・揚げる］歓声が揚がる。たこを揚げる。船荷を揚げる。てんぷらを揚げる。

あく・あける
［空く・空ける］席が空く。空き箱。家を空ける。時間を空ける。
［明く・明ける］背中の明いた服。夜が明ける。
［開く・開ける］幕が開く。開いた口がふさがらない。窓を開ける。店を開ける。

あし
［足］足の裏。手足。足しげく通う。客足。
［脚］机の脚（足）。船脚（足）。襟脚（足）。

あたい
［価］価が高くて買えない。商品に価をつける。一読の価がある。
［値］そのものの持つ値。未知数Xの値を求める。称賛に値する。

あたたかい・あたたかだ・あたたまる・あたためる
［温かい・温かだ・温まる・温める］温かい料理。温かな家庭。心温まる話。スープを温める。
［暖かい・暖かだ・暖まる・暖める］暖かい気候。暖かな毛布。暖まった空気。室内を暖める。

あたる・あてる
［当たる・当てる］ボールが体に当たる。任に当たる。予報が当たる。胸に手を当てる。日光に当てる。
［充てる］建築費に充てる。保安要員に充てる。

あつい
［厚い］厚い壁で隔てる。支持者の層が厚い。手厚いもてなし。
［暑い］今年の夏は暑い。暑い部屋。

暑がり屋。

［熱い］ 熱い湯。

あと

［後］ 後から行く。後の祭り。後を頼んで行く。後になり先になり。

［跡］ 足の跡。苦心の跡が見える。容疑者の跡を追う。跡目を継ぐ。

あぶら

［油］ 油を流したような海面。ごまの油で揚げる。火に油を注ぐ。水と油。

［脂］ 仕事に脂がのる。牛肉の脂。脂ぎった顔。

あやまる

［誤る］ 選択を誤る。誤りを見つける。

［謝る］ 謝って済ます。手落ちを謝る。

あらい

［荒い］ 波が荒い。気が荒い。金遣いが荒い。

［粗い］ 網の目が粗い。きめが粗い。仕事が粗い。

あらわす・あらわれる

［表す・表れる］ 言葉に表す。喜びを顔に表す。態度に表れる。

［現す・現れる］ 姿を現す。太陽が現れる。怪獣が現れる。

［著す］ 書物を著す。

ある

［在る］ 日本はアジアの東に在る。政権の座に在る。在り方。

［有る］ 財源が有る。子が有る。異論が有る。有り金。

あわせる

［合わせる］ 手を合わせて拝む。時計を合わせる。調子を合わせる。力を合わせる。

［併せる］ 二つの会社を併せる。両者を併せて考える。併せて健康を祈る。

いがい

［以外］ そうする以外に手がない。読書以外の趣味。

［意外］ 意外な人に会った。意外と大きな体育館。

いぎ

［威儀］ 威儀を正す。

［異義］ 同音異義語。

［異議］ 異議を唱える。異議申し立て。

［意義］ 意義のある仕事。歴史的な意義。

いけん

［意見］ 意見が一致する。

［異見］ あえて異見を唱える。

いし

［意志］ 意志が強い。意志薄弱。

［意思］ 意思表示。

いしゅく

［畏縮］ 大先輩を前にして畏縮する。

［萎縮］ 萎縮した字。気持ちが萎縮する。

いじょう

［委譲］ 国の権限の一部を自治体に委譲する。

［移譲］ 土地を移譲する。

［異状］ 全員異状なし。

［異常］ 今年は異常に暑い。

いたむ・いためる

［悼む］死を悼む。故人を悼む。
［痛む・痛める］足が痛む。腰を痛める。
［傷む・傷める］家が傷む。傷んだ果物。肌を傷める。

いちどう

［一同］その場の一同は賛成した。親族一同。
［一堂］一堂に会する（＝同じ場所に多くの人が集まる）。

いっぱつ

［一発］獲物を一発で仕留める。
［一髪］危機一髪。

いどう

［異同］両者に異同はない。
［異動］人事異動。
［移動］車両を移動する。

いる

［入る］念の入った話。気に入る。仲間入り。恐れ入る。
［要る］金が要る。保証人が要る。承諾が要る。要らない本。

うける

［受ける］注文を受ける。相談を受ける。被害を受ける。
［請ける］請け負う。下請け。

うたう

［歌う］歌を歌う。
［謡う］謡曲を謡う。

うつ

［打つ］釘《くぎ》を打つ。碁を打つ。電報を打つ。心を打つ話。打ち消す。
［討つ］賊を討つ。義士の討ち入り。相手を討ち取る。
［撃つ］鉄砲を撃つ。いのししを猟銃で撃つ。

うつす・うつる

［写す・写る］字を写す。写真を写す。風景を文章に写す。
［映す・映る］スクリーンに映す。影が映る。鏡に映る。

うむ・うまれる

［生む・生まれる］新記録を生む。傑作を生む。京都に生まれる。
［産む・産まれる］卵を産みつける。子どもを産む。双子が産まれる。

うれい・うれえる

［愁い・愁える］春の愁い。愁いに沈む。行く秋を愁える。
［憂い・憂える］後顧の憂い。備えあれば憂いなし。災害を招く憂い。将来を憂える。

うんこう

［運行］バスの運行。天体の運行。
［運航］連絡船の運航。

えいき

［英気］英気を養う（＝能力を発揮させるために休養をとる）。
［鋭気］鋭気に満ちた行動。

える

［得る］勝利を得る。許可を得る。信頼を得る。あり得ないこと。
［獲る］獲物を獲る。

おおがた

［大形］大形の花瓶。大形の模様。
［大型］大型新人。大型トラック。大型台風。

おかす

［犯す］過ちを犯す。法を犯す。
［侵す］権利を侵す。国境を侵す。

［冒す］危険を冒す。嵐《あらし》を冒して外出する。

おくる

［送る］荷物を送る。順に席を送る。卒業生を送る。拍手を送る。

［贈る］記念品を贈る。感謝状を贈る。故人に位を贈る。

おくれる

［後れる］気後れする。人に後れをとる。流行に後れる。

［遅れる］完成が遅れる。列車が遅れる。会合に遅れる。

おこす・おこる

［起こす・起こる］体を起こす。訴訟を起こす。朝早く起こす。事件が起こる。持病が起こる。

［興す・興る］産業を興す。国が興る。

おさえる

［押さえる］紙の端を押さえる。証拠を押さえる。要点を押さえる。耳を押さえる。

［抑える］物価の上昇を抑える。要求を抑える。怒りを抑える。競争相手を抑える。

おさまる・おさめる

［収まる・収める］箱の中に収まる。博物館に収まる。争いが収まる。成功を収める。目録に収める。

［治まる・治める］国内がよく治まる。痛みが治まる。領地を治める。

［修まる・修める］学を修める。身を修める。

［納まる・納める］品物が納まった。国庫に納まる。元の鞘《さや》に納まる。税を納める。注文の品を納める。

おどる

［踊る］リズムにのって踊る。うわさに踊らされる。盆踊り。

［躍る］馬が躍り上がる。小躍りして喜ぶ。胸が躍る。字が躍る。

おりる・おろす

［下りる・下ろす］幕が下りる。錠が下りる。許可が下りる。腰を下ろす。枝を下ろす。貯金を下ろす。洋服を下ろす。

［卸す］小売に卸す。棚卸し。卸値。

［降りる・降ろす］電車を降りる。飛び降りる。霜が降りる。乗客を降ろす。主役から降ろされた。

おんわ

［温和］気候の温和な土地。温和な人がら。

［穏和］穏和（温和）な性格の人。穏和な意見。

か行

かいしん

［会心］会心の作。会心の友（＝気の合った友人）。会心の笑み。

［改心］非行少年を改心させる。

かいそく

［快足］快足を誇る。

［快速］快速電車。

かいてい

［改定］運賃を改定する。規則の改定。

［改訂］旧版を改訂する。改訂版。

かいとう

［回答］問い合わせに回答する。アンケートの回答。

［解答］試験問題の解答。解答用紙。

かいへん
［改変］制度を改変する。組織の改変。
［改編］旧著を改編する。番組の改編。

かいほう
［開放］門戸を開放する。開放的な性格。
［解放］奴隷解放。苦痛から解放される。

かえりみる
［顧みる］過去を顧みる。顧みて他を言う。
［省みる］自らを省みる。省みて恥じるところがない。

かえる・かわる
［代える・代わる］書面をもってあいさつに代える。父に代わって言う。身代わりになる。
［変える・変わる］形を変える。方針を変える。住所が変わる。声変わり。心変わりする。
［替える・替わる］畳の表《おもて》を替える。振り替える。替え歌。入れ替わる。社長が替わる。
［換える・換わる］物を金に換える。名義を書き換える。車を乗り換える。席を換わる。

かおる
［香る］茶が香る。
［薫る］風薫る。

かがく
［化学］化学繊維。化学記号。化学調味料。
［科学］自然科学。科学技術。科学的捜査。

かかる・かける
［係る］本件に係る訴訟。処理に係る。係り結び。
［架かる・架ける］橋が架かる。橋を架ける。電線を架ける。
［掛かる・掛ける］迷惑が掛かる。医者に掛かる。時間が掛かる。腰を掛ける。壁掛け。保険を掛ける。鍵を掛ける。気に掛ける。
［懸かる・懸ける］月が中天に懸かる。優勝が懸かる。賞金を懸ける。命を懸けて。

かぎょう
［家業］家業の手伝いをする。魚屋を家業とする。
［稼業］文筆稼業。

かげ
［陰］山の陰。陰の声。陰口を利く。
［影］障子に影が映る。影がさす。影が薄い。影も形もない。

かじゅう
［加重］加重平均。
［荷重］橋の荷重（＝橋に外から加えられる力）。荷重制限。
［過重］過重な負担。過重労働。

かしょう
［寡少］寡少な戦力。
［過小］力量を過小に見誤る。過小評価。
［過少］予算が過少である。過少申告。

かせつ
［仮設］海岸に救護所を仮設する。仮設工事。仮設の人物。
［仮説］仮説をたてる。
［架設］電線を架設する。

かた
［形］自由形。跡形もなく。借金の形。
［型］型にはまる。新しい型の服。二〇〇七年型。血液型。鋳型。

かたい
［固い］団結が固い。頭が固い。障子が固い。合格は固い。固く信じる。
［堅い］堅い材木。堅炭《かたずみ》。手堅い商売。堅い話。口が堅い。
［硬い］硬い石。硬い表情。

かてい
［過程］生産過程。変化の過程をたどる。
［課程］博士課程。

かねつ
［加熱］殺菌のために加熱する。
［過熱］エンジンが過熱する。過熱する報道。

かわ
［皮］皮をはぐ。虎《とら》の皮。りんごの皮。化けの皮。
［革］革の靴。なめし革。革張り。

かわく
［乾く］空気が乾く。洗濯物が乾く。乾いた土。
［渇く］のどが渇く。渇きを覚える。

かん
［感］隔世の感。感極まる（＝非常に感動する）。責任感。
［観］価値観。別人の観がある（＝別人のような感じがする）。

かんき
［喚起］注意を喚起する。
［換気］窓を開けて換気する。換気扇。

かんさ
［監査］会計を監査する。監査役。
［鑑査］出品作品を鑑査する。

かんし
［監視］厳しい監視のもとにおかれる。監視員。
［看視］行動を看視する。看視者。
［環視］衆人環視の中で逮捕される。

かんじ
［幹事］同窓会の幹事。
［監事］会社では監事は監査役と呼ばれる。

かんしょう
［干渉］子どもに干渉しすぎる。内政干渉。
［感傷］感傷にひたる。
［観照］人生を観照する。
［観賞］草花を観賞する。観賞植物。
［鑑賞］絵画を鑑賞する。鑑賞眼。

かんしん
［寒心］寒心に堪えない。
［感心］孝行息子に感心する。どうも感心しない（＝自分は賛成する気持ちになれない）。
［関心］サッカーには関心がない。全世界の関心が集まる。
［歓心］上役の歓心を買う（＝上役の機嫌をとる）。

かんせい
［喊声］喊声（＝鬨《とき》の声）をあげて切り込む。
［喚声］強引な議事の進行に喚声があがった。
［歓声］優勝の知らせに歓声があがった。

かんり
［管理］管理人。安全管理。
［監理］電波監理局。
きかい
［器械］器械体操。医療器械。
［機械］機械化。機械的に手を動かす。工作機械。
きかん
［気管］気管支炎。
［器官］消化器官。呼吸器官。
［機関］行政機関。機関室。
きく
［利く］左手が利く。目が利く。機転が利く。口を利く。
［効く］薬が効く。宣伝が効く。効きめがある。
［聞く］話し声を聞く。うわさを聞く。聞き流しにする。道を聞く。
［聴く］音楽を聴く。国民の声を聴く。講義を聴く。
きこう
［起稿］起稿するまでの準備に時間がかかる。
［寄稿］雑誌に寄稿する。

きさい
［奇才］天下の奇才。
［鬼才］文壇の鬼才。
［機才］機才がきく。
きざい
［器材］実験用の器材をそろえる。照明器材。
［機材］撮影機材を搬入する。建設機材。
きじく
［基軸］基軸通貨（＝国際間の決済などに広く使用される通貨）。
［機軸］新機軸を打ち出す。
きじゅん
［基準］採点の基準。労働基準法。
［規準］行動の規準を定める。
きせい
［既成］既成事実。既成概念。
［既製］既製品。既製服。
［規正］政治資金規正法。
［規制］自由な行動を規制する。交通規制。
きてい
［既定］既定の方針。

［規定］前項の規定（＝個々のきまり）に従う。
［規程］事務規程（＝きまりの全体）。
きてん
［起点］登山道の起点。
［基点］大阪駅を基点として半径五キロ以内。
きどう
［起動］エンジンを起動させる。
［機動］機動力を十分に活用する。機動隊。
きゅうはく
［急迫］事態が急迫する。
［窮迫］国家財政が窮迫する。
きゅうめい
［究明］真理を究明する。真相究明。原因を究明する。
［糾明］社長の経営責任を糾明する。不正を糾明する。
きょうい
［脅威］脅威を与える。
［驚異］驚異の目をみはる。驚異的。
きょうえん
［共演］世紀の大女優と共演する。

［競演］二大スターが競演する。

きょうこう

［強行］悪天候の中、競技会を強行する。強行突破。強行軍。

［強攻］要塞の強攻は失敗に終わった。強攻策。

［強硬］強硬な意見。強硬に反対する。強硬手段。

きょうそう

［競争］売り上げを競争する。生存競争。競争率。

［競走］一〇〇メートル競走。

きょうはく

［強迫］強迫観念。強迫神経症。

［脅迫］脅迫状。脅迫罪。

きょうぼう

［凶暴］凶暴な性格。

［狂暴］酒を飲むと狂暴になる。

きょくち

［局地］局地的豪雨。局地戦争。

［極地］極地探検。

［極致］美の極致を示す。

きわまる・きわめる

［究める］学を究（窮）める。

［極まる・極める］感極まって泣き出す。山頂を極める。栄華を極める。見極める。極めて優秀な成績。

［窮まる・窮める］進退窮まる。窮まりなき宇宙。真理を窮（究）める。

くじゅう

［苦汁］下積みの苦汁をなめる。

［苦渋］苦渋の色を浮かべる。苦渋に満ちた顔。

くら

［倉］米倉。校倉《あぜくら》造り。

［蔵］蔵座敷。蔵入り。

くんじ

［訓示］大臣が訓示を垂れる。

［訓辞］学校長の訓辞。

ぐんしゅう

［群集］群集心理。

［群衆］一万人近い群衆。

けいせい

［形成］人格の形成。形成外科。

［形勢］形勢が逆転する。天下の形勢。

けっさい

［決済］現金で決済する。決済日。

［決裁］重要案件を決裁する。社長の決裁。

げんけい

［原形］原形をとどめない。

［原型］鋳物の原型。

げんじょう

［原状］原状に戻す。原状回復。

［現状］現状に即して考える。現状維持。

けんしん

［検針］水道の検針日。

［検診］成人病の定期検診。

こうい

［好意］ひそかに好意を抱く。好意的な態度。

［厚意］厚意に感謝する。

こうえん

［口演］講談の口演。

［公演］オーケストラの定期公演。

［講演］外交問題について講演する。

こうがく

［向学］向学の念。向学心。

［好学］好学の士。
［後学］後学のために尋ねる。

こうかん
［交換］名刺を交換する。交換条件。
［交感］交感神経。
［交歓］交歓会。交歓試合。
［好感］好感を抱く。
［好漢］好漢自重せよ（＝調子に乗って失敗しないように気をつけろ）。

こうぎ
［広義］広義に解釈する。
［抗議］審判の判定にしつこく抗議する。
［講義］理論物理学の講義は難しい。

こうぎょう
［興行］興行をうつ。興行師。
［興業］殖産興業。

こうげん
［公言］公言してはばからない。
［巧言］巧言令色（＝言葉を飾り、表情をとりつくろうこと）。
［広言］広言を吐く。
［高言］実力もないのに高言する。

こうこく
［公告］官報による公告。
［広告］新製品を雑誌に広告する。求人広告。

こうさつ
［考察］経済情勢についての考察。考察を加える。
［高察］御高察のとおり。

こうせい
［更正］予算の更正。更正決定。
［更生］更生して社会復帰する。会社更生法。
［厚生］厚生施設。福利厚生。厚生年金。
［後世］後世に名を残す。後世に伝える。
［後生］後生畏《おそ》るべし。

こうてい
［工程］製造工程。
［行程］五時間の行程。

こうとう
［口答］口問口答。
［口頭］口頭試問。口頭弁論。

こうほう
［公報］選挙公報。
［広報］広報活動。広報課。

こうゆう
［交友］交友関係。
［交遊］各界の名士と交遊する。

こえる・こす
［越える・越す］山を越える。障害を乗り越える。峠を越す。年を越す。隣県に越す。
［超える・超す］現代を超（越）える。人間の能力を超（越）える。百万円を超（越）える額。一千万人を超（越）す人口。

こじ
［固持］自説を固持する。
［固辞］相談役就任を固辞する。

こじん
［古人］古人の言。
［故人］故人の冥福を祈る。

こたい
［固体］固体燃料。
［個体］個体差。個体発生。

さ行

さいけつ
［採決］採決を強行する。挙手による採決。
［裁決］会長の裁決をあおぐ。
さいけん
［債券］債券を発行する。
［債権］債権者。
さいご
［最後］列の最後。最後の審判。最後までがんばる。
［最期］最期をみとる。あわれな最期。
さいしょう
［最小］世界最小の独立国。最小限度。
［最少］最少人数。
さがす
［捜す］うちの中を捜す。犯人を捜す。
［探す］家を探（捜）す。職を探す。あらを探（捜）す。

さくせい
［作成］問題を作成する。
［作製］模型飛行機を作製する。
さげる
［下げる］値段を下げる。軒に下げる。お膳を下げる。頭を下げる。
［提げる］手に提げる。手提げかばん。
さす
［刺す］人を刺す。布を刺す。本塁で刺される。とげが刺さる。
［指す］目的地を指して進む。名指しをする。指し示す。将棋を指す。
［差す］腰に刀を差す。傘を差す。魔が差す。赤みが差す。
さます・さめる
［冷ます・冷める］興《きょう》を冷ます。湯が冷める。料理が冷める。熱が冷める。
［覚ます・覚める］太平の眠りを覚ます。迷いを覚ます。目が覚める。寝覚めが悪い。
しあん
［私案］各自私案を持ち寄る。
［思案］思案をめぐらす。思案に余る。思案深い。
［試案］試案の域を出ない。
じき
［時季］時季外れ。
［時期］時期尚早。
［時機］時機到来。
しきじ
［式次］入学式の式次（＝式次第）。
［式辞］式辞を述べる。
しこう
［志向］世界平和を志向する。権力志向。
［指向］指向性アンテナ。
［施工］施工主。
［施行］法律が施行される。
しずまる・しずめる
［沈める］敵艦を沈める。
［静まる・静める］心が静まる。嵐《あらし》が静まる。鳴りを静める。気を静める。
［鎮まる・鎮める］内乱が鎮まる。反乱を鎮める。痛みを鎮める。

じせい
［自制］自制心が強い。
［自省］自省の念が起きる。
［時世］結構な御時世。
［時勢］時勢に逆らう。

じっせん
［実戦］実戦を経験する。
［実践］すすんで実践する。実践躬《きゅう》行《こう》（＝自分自身で実際に行うこと）。

じったい
［実体］実体のない幽霊会社。
［実態］生活の実態調査。

しぼる
［絞る］手ぬぐいを絞る。知恵を絞る。声を絞る。的を絞る。
［搾る］乳を搾る。搾り取る。

しまる・しめる
［閉まる・閉める］戸が閉まる。ふたを閉める。店を閉める。
［絞まる・絞める］首が絞まる。羽交い絞め。
［締まる・締める］ひもが締まる。引き締まった顔。帯を締める。ねじを締める。心を引き締める。

しもん
［試問］口頭試問。
［諮問］大臣の諮問を受ける。諮問機関。

しゅうがく
［修学］修学旅行。修学年限。
［就学］就学児童。就学率。

しゅうぎょう
［修業］修業証書。
［終業］終業時刻。
［就業］就業規則。就業人口。

しゅうこう
［周航］瀬戸内海周航の旅。
［就航］新型機が国際線に就航する。

しゅうしゅう
［収拾］収拾がつかない。事態を収拾する。
［収集］切手の収集。収集家。

しゅうせい
［修正］字句を修正する。修正案。
［修整］写真の原版を修整する。

しゅうそく
［収束］争いが収束する。事態が収束に向かう。
［終息］インフレが終息する。

しゅうち
［周知］周知徹底させる。周知の事実。
［衆知］衆知を集める。

しゅうとく
［収得］住宅を収得する。収得罪。
［拾得］路上で財布を拾得する。拾得物。

しゅうよう
［収用］土地収用。
［収容］遺体の収容。収容人員。

じゅうよう
［重用］有能な若手を重用する。
［重要］重要な書類。重要参考人。重要性。

しゅうりょう
［修了］本課程を修了する。修了証書。
［終了］作業を終了する。終了時刻。

しゅうろく
［収録］テレビ番組の収録。
［集録］講義の集録。

しゅぎょう
［修行］目下修行中の身。武者修行。
［修業］フランス料理を修業する。花嫁修業。

しゅくせい
［粛正］綱紀を粛正する。
［粛清］反対派を粛清する。

しゅさい
［主宰］俳句の同人誌を主宰する。
［主催］コンサートを主催する。主催者。

しゅし
［主旨］判決理由の主旨。
［趣旨］趣旨に賛成する。手紙の趣旨。

じゅしょう
［受章］文化勲章を受章する。
［受賞］ノーベル賞を受賞する。
［授章］総理大臣より授章される。
［授賞］授賞式は十時から始まる。

じゅせい
［受精］受精卵。体内受精。
［授精］人工授精。

しゅせき
［主席］国家主席。
［首席］首席で卒業する。随員団の首席。

しょうかい
［紹介］先輩を友人に紹介する。自己紹介。新製品の紹介。
［照会］身元を照会する。在庫品の有無を照会する。

しょうがい
［生涯］数奇《すうき》な生涯を終える。生涯教育。
［渉外］渉外係。
［傷害］傷害を負わせる。傷害保険。傷害事件。
［障害］重大な障害にぶつかる。障害物競走。

しょうがく
［小額］小額紙幣（＝補助貨幣として発行される額面金額の小さい紙幣）。
［少額］少額なら融通できる。少額の貯蓄。

しょうかん
［召喚］参考人として召喚される。召喚状。
［召還］大使を本国に召還する。
［償還］負債の償還。

しょうきゃく
［消却］名前を名簿から消却する。
［償却］減価償却。

しょうしゅう
［召集］国会を召集する。召集令状。
［招集］株主総会を招集する。

じょうたい
［常体］常体と敬体が交ざっている文章。
［常態］常態に復する。

しょくりょう
［食料］食料品。生鮮食料。
［食糧］三日分の食糧。食糧事情。

しょよう
［所用］所用で外出する。
［所要］所要時間。

じりつ
［自立］親もとを離れて自立する。自立心。

〔自律〕学問の自律性。自律神経。

しりょう

〔史料〕平安時代の史料。

〔試料〕試料の配合に注意する。

〔資料〕卒業論文の資料。

しれい

〔司令〕艦隊の司令長官。司令塔。

〔指令〕本庁の指令を受けて行動する。指令書。

しんえん

〔深淵〕人生の深淵をのぞく。悲しみの深淵。

〔深遠〕深遠な思想。

しんき

〔心気〕心気さえわたる（＝わだかまりがなくなり、気力が充実する）。心気病み（＝気がうつうつとして晴れないこと）。

〔心悸〕心悸昂進《こうしん》（＝心臓の鼓動が激しくなること）。

〔心機〕心機一転。

〔新奇〕新奇をてらう。新奇な型。

〔新規〕新規まき直しを図る。新規採用。

しんこく

〔申告〕所得税の確定申告。着任を申告する。

〔親告〕親告罪（＝被害者の告訴・請求が公訴の条件となる犯罪）。

しんじつ

〔信実〕信実を尽くす。

〔真実〕真実を話す。真実味。

しんしょく

〔侵食〕領土の侵食。

〔浸食〕浸食作用。風浪に浸食された断崖。

じんしん

〔人心〕人心が離反する。

〔人身〕人身事故。人身攻撃。

しんちょう

〔深長〕意味深長な文章。

〔慎重〕慎重に審議する。慎重な態度。

しんてん

〔伸展〕勢力の伸展を図る。事業が伸展する。

〔進展〕捜査が進展する。経済の進展。

しんどう

〔振動〕ガラスが振動する。振り子の振動。

〔震動〕大地が震動する。

しんにゅう

〔侵入〕賊が侵入する。家宅侵入。

〔浸入〕水が家屋に浸入する。

〔進入〕飛行機が滑走路に進入する。大型車両進入禁止。

しんろ

〔針路〕本船は針路を北にとる。

〔進路〕卒業後の進路。進路指導。

すすめる

〔進める〕前へ進める。時計を進める。交渉を進める。

〔勧める〕入会を勧める。酒を勧める。

〔薦める〕候補者として薦める。

する

〔刷る〕名刺を刷る。刷り物。

〔擦る〕マッチを擦る。財産を擦る。転んでひざを擦りむく。

せいいく

〔生育〕稲の生育。

［成育］子どもの成育。

せいかく

［正確］正確な発音。正確な時刻。正確を期す。

［精確］精確に調査・分析する。

せいき

［生気］生気に満ちている。生気のない絵。

［精気］万物の精気。

せいこん

［精根］精根尽き果てる。

［精魂］精魂を傾ける。精魂込めた仕事。

せいさく

［制作］工芸品の制作。番組の制作。

［製作］木工器具の製作。製作所。

せいさん

［成算］企画を通す成算がたたない。

［清算］借金を清算する。三角関係を清算する。

［精算］運賃の精算。

せいたい

［生体］生体実験。生体解剖。

［生態］野鳥の生態。生態系の破壊。生態学。

せいてん

［青天］青天の霹靂《へきれき》。青天白日の身。

［晴天］本日は晴天なり。晴天に恵まれる。

せいとう

［正当］正当な主張。正当防衛。自分の行動を正当化する。

［正統］清和源氏の正統。政権の正統性。正統派。

せっせい

［摂生］病後は摂生に努める。

［節制］酒を節制する。

ぜったい

［絶対］絶対多数。絶対安静。この本は絶対おもしろい。

［絶体］絶体絶命。

せんか

［戦火］戦火（＝戦争）を交える。

［戦渦］戦渦（＝戦争による混乱）に巻き込まれる。

［戦禍］戦禍（＝戦争による被害）を被《こうむ》る。

ぜんしん

［前進］部隊を前進させる。前進の跡が見られる。

［漸進］漸進的な改革。

せんゆう

［占有］占有権。

［専有］専有面積。

そう

［沿う］川沿いの家。線路に沿って歩く。

［添う］影の形に添うように。連れ添う。目的に添う。

そがい

［阻害］発展を阻害する。

［疎外］仲間から疎外される。疎外感。

そくせい

［促成］促成栽培。

［即製］即製の料理。即製品。

［速成］搭乗員の速成計画。速成教育。

そっこう

［即効］即効を示す。即効薬。

［速効］速効肥料。

そなえる・そなわる
［供える］お神酒《みき》を供える。お供え物。
［備える・備わる］台風に備える。調度品を備える。人徳が備わる。

た行

たいぎ
［大義］大義名分が立つ。
［大儀］体がだるくて起きるのも大儀だ。大儀な仕事。

たいけい
［大系］日本史大系。
［体系］学問の体系。体系的な思考。体系づける。

たいこう
［対向］対向車。
［対抗］対抗手段をとる。対抗意識。対抗試合。

たいしょう
［対称］図形の対称。左右対称。
［対象］研究の対象。女性を対象とした本。
［対照］比較対照する。対照的な性格。

たいせい
［大勢］大勢を占める。大勢が判明する。
［体制］資本主義体制。反体制運動。
［体勢］得意の体勢に持ち込む。
［態勢］厳戒態勢をとる。着陸態勢。

たえる
［耐える］重圧に耐える。風雪に耐える。困苦欠乏に耐える。
［堪える］任に堪える。批判に堪える。鑑賞に堪えない。遺憾に堪えない。

たずねる
［訪ねる］知人を訪ねる。史跡を訪ねる。明日お訪ねします。
［尋ねる］道を尋ねる。由来を尋ねる。尋ね人。

たたかう
［戦う］敵と戦う。選挙で戦う。
［闘う］病気と闘う。

たつ
［断つ］退路を断つ。快刀乱麻を断つ。茶断ち。
［裁つ］生地を裁つ。紙を裁つ。裁ちばさみ。
［絶つ］命を絶つ。縁を絶つ。消息を絶つ。後を絶たない。

たつ・たてる
［立つ・立てる］演壇に立つ。席を立つ。弁が立つ。人目に立つ。役に立つ。見通しが立つ。うわさが立つ。柱を立てる。計画を立てる。手柄を立てる。顔を立てる。聞き耳を立てる。足音を立てる。
［建つ・建てる］家が建つ。ビルを建てる。銅像を建てる。建て前。

たっとい・とうとい
［尊い］尊い神。尊い犠牲を払う。
［貴い］貴い資料。貴い経験。

たま
［玉］玉にきず。目の玉。玉を磨く。玉のような声。玉の汗。
［球］電気の球。ゴルフの球。球を投げる。
［弾］ピストルの弾。

たんきゅう
［探求］生活の探求。平和の探求。

［探究］真理の探究。

ちゅうしゅう

［中秋］中秋（＝陰暦で八月十五日）の名月。

［仲秋］仲秋（＝陰暦で八月）の紅葉。

ちょうい

［弔意］弔意を表す。

［弔慰］弔慰金。

ちょうしゅう

［徴収］税金の徴収。

［徴集］鉄製品の徴集。兵隊を徴集する。

ちんつう

［沈痛］沈痛な面持ち。

［鎮痛］鎮痛剤。鎮痛作用。

ついきゅう

［追及］責任の追及。

［追求］利潤の追求。

［追究］真理の追究。

つかう

［使う］機械を使う。後輩を使う。居留守を使う。湯を使う。

［遣う］気遣う。時間をむだに遣う。人形を遣う。英語を遣う。小遣い銭。仮名遣い。

つぐ

［次ぐ］事件が相次ぐ。富士山に次ぐ山。取り次ぐ。

［接ぐ］木を接ぐ。骨を接ぐ。接ぎ木。

［継ぐ］布を継ぐ。後を継ぐ。引き継ぐ。言葉を継ぐ。

つく・つける

［付く・付ける］墨が顔に付く。味方に付く。利息が付く。板に付く。名を付ける。気を付ける。条件を付ける。付け加える。

［着く・着ける］席に着く。手紙が着く。東京に着く。船を岸に着ける。仕事に手を着ける。衣服を身に着ける。

［就く・就ける］床に就く。緒に就く。職に就く。役に就ける。

つくる

［作る］米を作る。規則を作る。小説を作る。時間を作る。顔を作る。

［造る］船を造る。庭園を造る。酒を造る。

つつしむ

［慎む］身を慎む。酒を慎む。言葉を慎む。

［謹む］謹んで聞く。謹んで祝意を表する。

つとめる

［努める］完成に努める。解決に努める。努めて早起きする。

［務める］議長を務める。主役を務める。主婦の務めを果たす。

［勤める］会社に勤める。永年勤め上げた人。本堂でお勤めをする。勤め人。

ていけい

［定形］定形郵便物。

［定型］定型詩。

てきかく

［的確］要点を的確に示す。的確な判断。

［適確］適確な措置。

［適格］適格性を欠く。適格審査。

てきせい

［適正］適正な規模。適正価格。

［適性］運転に適性がない。適性検査。

てきよう

［適用］法の適用を受ける。

［摘要］改正案の摘要。

てんか

［添加］食品添加物。

［転化］愛情が憎悪に転化する。

［転嫁］責任を転嫁する。

てんかい

［展開］おもしろい場面が展開する。キャンペーンを展開する。文章の展開。

［転回］船の針路を北に転回する。コペルニクス的転回。

てんせい

［天成］天成の要害。

［天性］天性の明るい気質。

［転生］仏の転生。

［転成］動詞の連用形から転成した名詞。

でんどう

［伝動］伝動装置。

［伝道］伝道師。

［伝導］熱の伝導。

どうし

［同士］いとこ同士。女同士。

［同志］同志を募る。革命の同志。

とく・とける

［溶く・溶ける］絵の具を溶く。砂糖が水に溶ける。地域社会に溶け込む。

［解く・解ける］結び目を解く。包囲を解く。問題を解く。誤解を解く。緊張を解く。会長の任を解かれる。ひもが解ける。雪解け。疑いが解ける。

とくい

［特異］特異な才能を示す。特異体質。特異日。

［得意］得意の絶頂。得意な技。得意満面。得意先。

とくちょう

［特長］特長を生かす教育システム。商品の特長。

［特徴］特徴のある歩き方。逃亡犯の特徴。

ととのう・ととのえる

［調う・調える］嫁入り道具が調う。晴れ着を調える。味を調える。費用を調える。

［整う・整える］整った文章。隊列を整える。身辺を整える。調子を整える。準備を整える。

とぶ

［飛ぶ］鳥が空を飛ぶ。アフリカに飛ぶ。うわさが飛ぶ。ページが飛ぶ。アルコール分が飛ぶ。伝令が飛ぶ。

［跳ぶ］溝を跳ぶ。三段跳び。跳びはねる。

とまる・とめる

［止まる・止める］交通が止まる。水道が止まる。笑いが止まらない。息を止める。

［泊まる・泊める］船が港に泊まる。宿に泊まる。友達を家に泊める。

［留まる・留める］小鳥が木の枝に留まる。目に留まる。心に留まる。ボタンを留める。けんかを留める。車を留める。

とる

[取る] 手に取る。着物の汚れを取る。資格を取る。メモを取る。連絡を取る。年を取る。食事を取る。責任を取る。機嫌を取る。部屋を取る。天下を取る。料金を取る。

[捕る] ねずみを捕る。生け捕る。捕り物。

[採る] 血を採る。高校の卒業生を採る。会議で決を採る。

[執る] 筆を執る。事務を執る。式を執り行う。

[撮る] 写真を撮る。映画を撮る。

な行

ない

[亡い] 亡き父をしのぶ。

[無い] 金が無い。無い物ねだり。

なおす・なおる

[直す・直る] 誤りを直す。機械を直す。服装を直す。故障を直す。機嫌を直す。ゆがみが直る。仲が直る。

[治す・治る] 風邪を治（直）す。怪我《けが》が治（直）る。

ながい

[永い] ついに永い眠りに就く。末永く契る。

[長い] 長い髪の毛。長い道。気が長い。先の長い話。

のせる・のる

[乗せる・乗る] 母を飛行機に乗せる。電波に乗せる。計略に乗せる。馬に乗る。風に乗って飛ぶ。時流に乗る。相談に乗る。誘いに乗る。リズムに乗る。軌道に乗る。

[載せる・載る] 自動車に貨物を載せる。棚に本を載せる。雑誌に広告を載せる。地図に載る。

のばす・のびる

[伸ばす・伸びる] 手足を伸ばす。勢力を伸ばす。草が伸びる。身長が伸びる。学力が伸びる。しわが伸びる。

[延ばす・延びる] 出発を延ばす。開会を延ばす。地下鉄が郊外まで延びる。寿命が延びる。

のぼる

[上る] 水銀柱が上る。損害が一億円に上る。川を上る。坂を上る。うわさに上る。

[昇る] 日が昇る。天に昇る。

[登る] 山に登る。木に登る。演壇に登る。

は行

はいすい

[配水] 配水工事。配水管。

[排水] 排水ポンプ。排水量。

[廃水] 工場廃水。

はいふ

[配付] 参加者に必要書類を配付する。

[配布] 街頭でビラを配布する。

はえ・はえる

[栄え・栄える] 栄えある勝利。見事な出来栄え。見栄えがする。優勝の栄冠に栄えるチーム。

[映え・映える] 夕映え。紅葉が夕日に映える。

はかる

[計る] 時間を計る。計り知れない恩恵。まんまと計られる。

[測る] 水深を測る。標高を測る。距離を測る。面積を測る。

[量る] 目方を量る。升《ます》で量る。容積を量る。

[図る] 合理化を図る。解決を図る。便宜を図る。

[謀る] 暗殺を謀る。悪事を謀る。

[諮る] 審議会に諮る。

はじめ

[初め] 年の初め。初めこう思った。初めての経験。

[始め] 始めと終わり。御用始め。

はっこう

[発行] 雑誌を発行する。発行所。

[発効] 条約が発効する。

はな

[花] 花も実もない。花の都。花形。両手に花。職場の花。花よりだんご。花を添える。

[華] 江戸の華。文化の華。華やか。華々しい。

はなす・はなれる

[放す・放れる] 鳥を放す。見放す。放し飼い。矢が弦を放れる。放れ馬。

[離す・離れる] 手を離す。目を離す。間を離す。親もとを離れる。職を離れる。

はやい

[早い] 時期が早い。気が早い。早く起きる。

[速い] 流れが速い。投手の球が速い。テンポが速い。呼吸が速い。

はんこう

[反抗] 親に反抗する。反抗的な態度。反抗期。

[反攻] 味方は反攻に転じた。

ひ

[火] 火が燃える。火に掛ける。火の用心。火を通す。

[灯] 灯がともる。遠くの町に灯が見える。伝統の灯を絶やす。

ひかげ

[日陰] 日陰（＝日光のあたらないところ）は涼しい。日陰者。

[日影] 春の日影（＝日の光）につつまれる。

ひく

[引く] 綱を引く。線を引く。例を引く。車を引く。気を引く。手を引く。幕を引く。おみくじを引く。

[弾く] ピアノを弾く。ショパンの曲を弾く。

ひそう

[悲壮] 悲壮な決意で臨む。悲壮な最期。

[悲愴] 悲愴感がただよう。

ひっし

[必死] 必死に逃げる。必死の覚悟。

[必至] 衆議院の解散は必至の情勢だ。

ひょうじ

[表示] 意思表示。住居表示。

[標示] 道路標示（＝交通上の指示や規制を示す、路面に記された記号や文字）。

ひょうはく

[漂白] 布を漂白する。漂白剤。

[漂泊] 日本中を漂泊して歩く。漂

泊の旅。

ふえる・ふやす

［増える・増やす］人数が増える。水かさが増える。人数を増やす。

［殖える・殖やす］財産が殖える。財産を殖やす。

ふく

［吹く］風が吹く。笛を吹く。ほらを吹く。あわを吹く。

［噴く］火を噴き出す。火山が煙を噴く。

ふける

［老ける］老けて見える。老け込む。

［更ける］夜が更ける。秋が更ける。

ふごう

［符号］区切り符号。符号をつける。

［符合］二人の言うことが符合する。

ふね

［舟］舟をこぐ。小舟。ささ舟。

［船］船の甲板。船で帰国する。船旅。親船。

ふよ

［付与］権限を付与する。

［賦与］天の賦与した才能。

ふよう

［不用］不用の施設。不用品。

［不要］更新料不要のマンション。不要不急。

ふるう

［振るう］腕を振るう。士気が振るう。事業が振るわない。刀を振るう。猛威を振るう。

［震う］声を震わせる。身震い。武者震い。

［奮う］勇気を奮って立ち向かう。奮って参加する。奮い立つ。

へいこう

［平行］平行する二本の直線。段ちがい平行棒。

［平衡］平衡感覚。力学的平衡。

［並行］バスと電車が並行して走る。二種の調査を並行して行う。

べつじょう

［別条］別条なく暮らす。

［別状］命に別状はない。

へんい

［変移］情勢の変移。

［変異］海底に変異が起こる。突然変異。

へんざい

［偏在］富が一部の人に偏在する。

［遍在］神は世界に遍在する。

へんせい

［編成］予算を編成する。十両編成の電車。

［編制］部隊を編制する。戦時編制。

ほけん

［保険］保険をかける。生命保険。保険金。

［保健］保健薬。保健所。保健体育。

ほしゅう

［補修］堤防の補修工事。

［補習］夏休みの補習授業。

ほしょう

［保証］三年間保証付きの時計。保証人。

［保障］人権を保障する。安全保障。

［補償］損害を補償する。補償金。

ほそく

［補足］説明を補足する。

［捕捉］敵を山中で捕捉する。

ま行

まざる・まじる・まぜる
[交ざる・交じる・交ぜる] 麻が交ざっている。漢字仮名交じり文。交ぜ織り。
[混ざる・混じる・混ぜる] 酒に水が混ざる。雑音が混じる。不安と期待が混じり合う。セメントに砂を混ぜる。絵の具を混ぜる。

まち
[町] 町と村。町ぐるみの歓迎。町役場。下町。
[街] 街を吹く風。学生の街。街の明かり。

まるい
[丸い] 丸い人がら。背中が丸くなる。丸く治める。
[円い] 円（丸）い月。円（丸）い窓。円（丸）く輪になる。

まわり
[回り] 身の回り。胴回り。火の回り。ひと回り大きい。回り道。回り舞台。
[周り] 池の周り。周りの人。水周り。

みとう
[未到] 前人未到の大記録。
[未踏] 人跡未踏の地。

むじょう
[無上] 無上の喜び。
[無常] 諸行無常。無常迅速（＝人の世の移り変わりは非常に速い）。
[無情] 無情な仕打ち。無情の雨。

めいかい
[明快] 明快な答弁。
[明解] 明解な注釈本。

めいき
[明記] 名前を明記する。
[銘記] 屈辱を心に銘記する。

めいげん
[名言] 名言を吐く。古今東西の名言集。
[明言] 年内実施を明言する。明言を避ける。

めいぶん
[名分] 名分が立たない。大義名分。
[名聞] 名聞をはばかる。

もと
[下] 法の下の平等。一撃の下に倒した。木の下。
[元] 火の元。出版元。元が掛かる。元首相。
[本] 本を正す。本と末。
[基] 資料を基にする。基づく。

や・ら・わ行

や
[屋] 屋根。酒屋。屋敷。
[家] 二階家。家主。家賃。

やせい
[野生] 鹿が野生する場所。野生のいちご。野生化。
[野性] 野性的な魅力。野性味豊かな人。

やぶる・やぶれる
[破る・破れる] 約束を破る。夢を破る。記録を破る。障子が破れる。平和が破れる。
[敗れる] 競技に敗れる。勝負に敗れる。人生に敗れる。

やわらかい・やわらかだ
［柔らかい・柔らかだ］柔らかい毛布。柔らかい風。身のこなしが柔らかだ。物柔らかな態度。
［軟らかい・軟らかだ］表情が軟らかい。軟らかい話。軟らかな土。

ゆうぎ
［遊技］遊技場。
［遊戯］園児の遊戯を見守る。恋愛遊戯。

ゆうしゅう
［有終］有終の美を飾る。
［憂愁］憂愁の色が濃い。
［優秀］優秀な技術。

ゆうせい
［優生］優生学。
［優性］優性の法則。
［優勢］試合を優勢に進める。

よい
［良い］品質が良い。頭が良い。手際が良い。歯切れが良い。
［善い］善い行い。世の中のために善いことをする。

ようけん
［用件］用件を済ます。用件のみで失礼します。
［要件］五つの要件を満たす。成功の要件。

ようご
［養護］養護学校。養護施設。
［擁護］人権を擁護する。

ようこう
［要項］入学者の募集要項。
［要綱］政策の要綱。心理学要綱。

ようだん
［用談］用談を先に済まそう。
［要談］場所をかえて社長と要談した。

ようりょう
［用量］一回の用量を守る。
［容量］容量の少ないビン。パソコンの記憶容量。

よむ
［読む］本を読む。人の心を読む。票を読む。手を読む。秒読み。
［詠む］和歌を詠む。一首詠む。

れっせい
［劣性］劣性遺伝。
［劣勢］劣勢を一挙にはねかえす。劣勢に立つ。

ろんきゅう
［論及］私的な面にまで論及する。
［論究］大和政権の成立について論究する。

わざ
［技］柔道の技。技をみがく。
［業］至難の業。離れ業。業師。

わずらう・わずらわす
［患う］胸を患う。三年ほど患う。
［煩う・煩わす］思い煩う。人手を煩わす。心を煩わす。

三 いろいろな**対義語**

あ行

あかじ【赤字】↑↓くろじ【黒字】
あくい【悪意】↑↓ぜんい【善意】
あくひょう【悪評】↑↓こうひょう【好評】
あんこく【暗黒】↑↓こうみょう【光明】
あんしん【安心】↑↓しんぱい【心配】
あんしん【安心】↑↓ふあん【不安】
あんぜん【安全】↑↓きけん【危険】
あんてい【安定】↑↓へんどう【変動】
いか【以下】↑↓いじょう【以上】

いさい【委細】↑↓がいりゃく【概略】
いしつ【遺失】↑↓しゅうとく【拾得】
いしゅく【萎縮】↑↓しんちょう【伸長】
いじょう【異常】↑↓せいじょう【正常】
いじん【偉人】↑↓ぼんじん【凡人】
いせい【異性】↑↓どうせい【同性】
いっかつ【一括】↑↓ぶんかつ【分割】
いっち【一致】↑↓むじゅん【矛盾】
いどう【移動】↑↓こてい【固定】
いはん【違反】↑↓じゅんしゅ【遵守】

いほう【違法】↑↓ごうほう【合法】
いんぶん【韻文】↑↓さんぶん【散文】
えいが【栄華】↑↓ぼつらく【没落】
えいかく【鋭角】↑↓どんかく【鈍角】
えんえき【演繹】↑↓きのう【帰納】
えんしん【遠心】↑↓きゅうしん【求心】
えんちょう【延長】↑↓たんしゅく【短縮】
えんまん【円満】↑↓ふわ【不和】
おうしん【往信】↑↓へんしん【返信】
おうだん【横断】↑↓じゅうだん【縦断】

おうふく【往復】↑↓かたみち【片道】
おうよう【応用】↑↓りろん【理論】
おてん【汚点】↑↓びてん【美点】
おんけん【穏健】↑↓かげき【過激】
おんどく【音読】↑↓もくどく【黙読】

か行

かいかい【開会】↑↓へいかい【閉会】
がいかく【外角】↑↓ないかく【内角】
かいこ【解雇】↑↓こよう【雇用】
かいし【開始】↑↓しゅうりょう【終了】

がいせつ【概説】↑↓しょうせつ【詳説】
かいにん【解任】↑↓しゅうにん【就任】
かいらく【快楽】↑↓くつう【苦痛】
かがい【加害】↑↓ひがい【被害】
かくだい【拡大】↑↓しゅくしょう【縮小】
かくろん【各論】↑↓そうろん【総論】
かせつ【仮設】↑↓じょうせつ【常設】
かそ【過疎】↑↓かみつ【過密】
かねん【可燃】↑↓ふねん【不燃】
かび【華美】↑↓しっそ【質素】
かんき【歓喜】↑↓ひあい【悲哀】
かんき【寒気】↑↓しょき【暑気】

かんけつ【完結】↑↓みかん【未完】
かんだい【寛大】↑↓きょうりょう【狭量】
かんたん【簡単】↑↓ふくざつ【複雑】
かんちょう【干潮】↑↓まんちょう【満潮】
かんてつ【貫徹】↑↓ざせつ【挫折】
かんぱい【完敗】↑↓あっしょう【圧勝】
かんよう【寛容】↑↓げんかく【厳格】
かんりゅう【寒流】↑↓だんりゅう【暖流】
きけつ【既決】↑↓みけつ【未決】
きしょう【起床】↑↓しゅうしん【就寝】
きすう【奇数】↑↓ぐうすう【偶数】
きてん【起点】↑↓しゅうてん【終点】

ぎむ【義務】↑↓けんり【権利】
ぎゃっきょう【逆境】↑↓じゅんきょう【順境】
きゅうしょく【求職】↑↓きゅうじん【求人】
きゅうせい【急性】↑↓まんせい【慢性】
きょうきゅう【供給】↑↓じゅよう【需要】
きょうさく【凶作】↑↓ほうさく【豊作】
きょか【許可】↑↓きんし【禁止】
きんちょう【緊張】↑↓しかん【弛緩】
きんべん【勤勉】↑↓たいだ【怠惰】
くうかん【空間】↑↓じかん【時間】
くうそう【空想】↑↓げんじつ【現実】
ぐたい【具体】↑↓ちゅうしょう【抽象】

くろうと【玄人】↑↓しろうと【素人】
けいし【軽視】↑↓じゅうし【重視】
けいじ【慶事】↑↓ちょうじ【弔事】
けいしき【形式】↑↓ないよう【内容】
けいそつ【軽率】↑↓しんちょう【慎重】
けいべつ【軽蔑】↑↓そんけい【尊敬】
げし【夏至】↑↓とうじ【冬至】
けっこん【結婚】↑↓りこん【離婚】
けってん【欠点】↑↓びてん【美点】
げんいん【原因】↑↓けっか【結果】
けんこう【健康】↑↓びょうき【病気】
げんこく【原告】↑↓ひこく【被告】

けんざい【顕在】↑↓せんざい【潜在】
げんじつ【現実】↑↓りそう【理想】
げんしょう【減少】↑↓ぞうか【増加】
げんそく【原則】↑↓れいがい【例外】
けんやく【倹約】↑↓ろうひ【浪費】
こい【故意】↑↓かしつ【過失】
こうい【好意】↑↓あくい【悪意】
こうか【高価】↑↓れんか【廉価】
こうか【硬化】↑↓なんか【軟化】
こうきょう【好況】↑↓ふきょう【不況】
こうげき【攻撃】↑↓ぼうぎょ【防御】
こうげき【攻撃】↑↓しゅび【守備】

ごうけん【合憲】↑↓いけん【違憲】
こうしょう【高尚】↑↓ていぞく【低俗】
こうしん【後進】↑↓せんしん【先進】
こうせい【攻勢】↑↓しゅせい【守勢】
こうてき【公的】↑↓してき【私的】
こうてん【公転】↑↓じてん【自転】
こうにゅう【購入】↑↓ばいきゃく【売却】
こうは【硬派】↑↓なんぱ【軟派】
こうひつ【硬筆】↑↓もうひつ【毛筆】
こうひょう【好評】↑↓ふひょう【不評】
こうふく【幸福】↑↓ふこう【不幸】
こうまん【高慢】↑↓けんきょ【謙虚】

こうりつ【公立】↑↓しりつ【私立】
こうりゅう【交流】↑↓ちょくりゅう【直流】
こじん【個人】↑↓だんたい【団体】
こべつ【個別】↑↓そうごう【総合】
こんなん【困難】↑↓ようい【容易】
こんらん【混乱】↑↓ちつじょ【秩序】

さ行

さいけん【債権】↑↓さいむ【債務】
さくげん【削減】↑↓ついか【追加】
さくじょ【削除】↑↓ふか【付加】
さこく【鎖国】↑↓かいこく【開国】
さべつ【差別】↑↓びょうどう【平等】

さんせい【賛成】↑↓はんたい【反対】
しいん【子音】↑↓ぼいん【母音】
しぜん【自然】↑↓じんこう【人工】
じぜん【事前】↑↓じご【事後】
しそん【子孫】↑↓そせん【祖先】
しつい【失意】↑↓とくい【得意】
しつぎ【質疑】↑↓おうとう【応答】
じつざい【実在】↑↓かくう【架空】
じっせん【実践】↑↓りろん【理論】
しっぱい【失敗】↑↓せいこう【成功】
しつもん【質問】↑↓かいとう【回答】
しはい【支配】↑↓じゅうぞく【従属】

じみ【地味】↑↓はで【派手】
じゃあく【邪悪】↑↓ぜんりょう【善良】
じゆう【自由】↑↓そくばく【束縛】
しゅうえき【収益】↑↓そんしつ【損失】
しゅうぎょう【終業】↑↓しぎょう【始業】
しゅうしゅく【収縮】↑↓ぼうちょう【膨張】
しゅうちゃく【終着】↑↓しはつ【始発】
しゅうちゅう【集中】↑↓ぶんさん【分散】
しゅうにゅう【収入】↑↓ししゅつ【支出】
しゅうわい【収賄】↑↓ぞうわい【贈賄】
しゅかん【主観】↑↓きゃっかん【客観】
じゅくれん【熟練】↑↓みじゅく【未熟】

しゅたい【主体】↑↓きゃくたい【客体】
じゅだく【受諾】↑↓きょぜつ【拒絶】
しゅっせき【出席】↑↓けっせき【欠席】
しゅっぱん【出版】↑↓ぜっぱん【絶版】
じゅんぷう【順風】↑↓ぎゃくふう【逆風】
じょうしゃ【乗車】↑↓げしゃ【下車】
しょうだく【承諾】↑↓きょぜつ【拒絶】
しょうとう【消灯】↑↓てんとう【点灯】
じょうひん【上品】↑↓げひん【下品】
しょうり【勝利】↑↓はいぼく【敗北】
じょろん【序論】↑↓ほんろん【本論】
じりき【自力】↑↓たりき【他力】

じりつ【自立】↑↓いそん【依存】
しんか【進化】↑↓たいか【退化】
しんこう【進行】↑↓ていし【停止】
しんじつ【真実】↑↓きょぎ【虚偽】
しんせい【新制】↑↓きゅうせい【旧制】
しんぽてき【進歩的】↑↓ほしゅてき【保守的】
しんみつ【親密】↑↓そえん【疎遠】
すいへい【水平】↑↓すいちょく【垂直】
すいぼう【衰亡】↑↓こうりゅう【興隆】
せいさん【生産】↑↓しょうひ【消費】
せいしき【正式】↑↓りゃくしき【略式】
せいじゅく【成熟】↑↓みじゅく【未熟】

せいしん【精神】↑↓にくたい【肉体】
せいしんてき【精神的】↑↓ぶっしつてき【物質的】
せいどく【精読】↑↓らんどく【乱読】
せいよう【西洋】↑↓とうよう【東洋】
せっきょく【積極】↑↓しょうきょく【消極】
せっきん【接近】↑↓りだつ【離脱】
ぜったい【絶対】↑↓そうたい【相対】
ぜつぼう【絶望】↑↓きぼう【希望】
ぜんしん【前進】↑↓こうたい【後退】
せんぜん【戦前】↑↓せんご【戦後】
ぜんたい【全体】↑↓ぶぶん【部分】
せんてん【先天】↑↓こうてん【後天】

そうかん【創刊】↑↓はいかん【廃刊】
そうぎ【争議】↑↓わかい【和解】
そうぞう【創造】↑↓もほう【模倣】
そくしん【促進】↑↓よくせい【抑制】
そや【粗野】↑↓ゆうが【優雅】
そんけい【尊敬】↑↓ぶじょく【侮辱】
そんちょう【尊重】↑↓むし【無視】

た行

たいしょく【退職】↑↓しゅうしょく【就職】
だいたん【大胆】↑↓しょうしん【小心】
たいりょう【大漁】↑↓ふりょう【不漁】
たこく【他国】↑↓じこく【自国】
たにん【他人】↑↓じぶん【自分】
たべん【多弁】↑↓かもく【寡黙】
たぼう【多忙】↑↓かんか【閑暇】
たんじゅん【単純】↑↓ふくざつ【複雑】
たんしょ【短所】↑↓ちょうしょ【長所】
たんじょう【誕生】↑↓しぼう【死亡】
たんちょう【単調】↑↓へんか【変化】
ちくざい【蓄財】↑↓さんざい【散財】
ちゃくせき【着席】↑↓きりつ【起立】
ちゃくりく【着陸】↑↓りりく【離陸】
ちょくせつ【直接】↑↓かんせつ【間接】
ちょくせん【直線】↑↓きょくせん【曲線】
てんごく【天国】↑↓じごく【地獄】
でんとう【伝統】↑↓かくしん【革新】
てんねん【天然】↑↓じんこう【人工】
とうこう【登校】↑↓げこう【下校】
とうせん【当選】↑↓らくせん【落選】
とかい【都会】↑↓いなか【田舎】
とくしゅ【特殊】↑↓いっぱん【一般】
とくてん【得点】↑↓しってん【失点】
どくりつ【独立】↑↓れいぞく【隷属】
どんかん【鈍感】↑↓びんかん【敏感】

な・は行

なんかい【難解】↑↓へいい【平易】
なんきょく【南極】↑↓ほっきょく【北極】
にがて【苦手】↑↓えて【得手】
にせもの【偽物】↑↓ほんもの【本物】
にゅうがく【入学】↑↓そつぎょう【卒業】
ねったい【熱帯】↑↓かんたい【寒帯】
ねんちょう【年長】↑↓ねんしょう【年少】
ばくだい【莫大】↑↓きんしょう【僅少】
はつげん【発言】↑↓ちんもく【沈黙】
はっしん【発信】↑↓じゅしん【受信】
はんかん【反感】↑↓こうかん【好感】
はんぼう【繁忙】↑↓かんさん【閑散】
ひけつ【否決】↑↓かけつ【可決】

ひつぜん【必然】↑↓ぐうぜん【偶然】
ひっとう【筆答】↑↓こうとう【口答】
ひつよう【必要】↑↓ふよう【不要】
ひてい【否定】↑↓こうてい【肯定】
ひにん【否認】↑↓ぜにん【是認】
ひよく【肥沃】↑↓ふもう【不毛】
ひりき【非力】↑↓ごうりき【強力】
ふくじゅう【服従】↑↓はんこう【反抗】
ふってん【沸点】↑↓ひょうてん【氷点】
ふゆう【富裕】↑↓ひんこん【貧困】
ぶんご【文語】↑↓こうご【口語】
ぶんせき【分析】↑↓そうごう【総合】
ぶんめい【文明】↑↓みかい【未開】
ぶんれつ【分裂】↑↓とういつ【統一】
へいぼん【平凡】↑↓ひぼん【非凡】
へいれつ【並列】↑↓ちょくれつ【直列】
へいわ【平和】↑↓せんそう【戦争】
べんり【便利】↑↓ふべん【不便】
ほうさく【豊作】↑↓きょうさく【凶作】
ほしゅ【保守】↑↓かくしん【革新】
ほりゅう【保留】↑↓けってい【決定】
ほんけ【本家】↑↓ぶんけ【分家】

ま・や行

まんぞく【満足】↑↓ふまん【不満】
みち【未知】↑↓きち【既知】
むき【無機】↑↓ゆうき【有機】
めいじ【明示】↑↓あんじ【暗示】
めいりょう【明瞭】↑↓あいまい【曖昧】
やとう【野党】↑↓よとう【与党】
ゆうせい【優勢】↑↓れっせい【劣勢】
ゆうふく【裕福】↑↓ひんこん【貧困】
よさん【予算】↑↓けっさん【決算】
よそう【予想】↑↓けっか【結果】

ら・わ行

らくたん【落胆】↑↓うちょうてん【有頂天】
らくてん【楽天】↑↓ひかん【悲観】
りえき【利益】↑↓そんしつ【損失】
りせい【理性】↑↓かんじょう【感情】
りょうしつ【良質】↑↓あくしつ【悪質】
りんじ【臨時】↑↓ていれい【定例】
れいぐう【冷遇】↑↓こうぐう【厚遇】
れいせい【冷静】↑↓こうふん【興奮】
れいたん【冷淡】↑↓しんせつ【親切】
ろうひ【浪費】↑↓せつやく【節約】
ろこつ【露骨】↑↓えんきょく【婉曲】
わかい【和解】↑↓けつれつ【決裂】
わさい【和裁】↑↓ようさい【洋裁】
わしき【和式】↑↓ようしき【洋式】

四 四字熟語ミニ辞典

あ行

合縁奇縁［あいえんきえん］
人は偶然のきっかけで、親しい関係や夫婦になるものだ、ということ。縁は異なもの。

曖昧模糊［あいまいもこ］
はっきりせず、ぼんやりしているさま。
用例 曖昧模糊とした表現。

青息吐息［あおいきといき］
困難な状況の時につくため息。また、そのようなため息が出る状態。
用例 不況が長引いて中小企業はどこも青息吐息だ。

悪戦苦闘［あくせんくとう］
苦しい戦い。困難に打ち勝とうとする努力。
用例 味方の少ない中で悪戦苦闘する。

悪口雑言［あっこうぞうごん］
人を罵《ののし》り悪く言うこと。
用例 悪口雑言の限りを尽くして罵った。

阿諛追従［あゆついしょう］
人にへつらうこと。他人に気に入られようとして、こびること。「阿」はおもねる、「諛」はへつらう、「追従」はこびへつらうこと。

暗中模索［あんちゅうもさく］
暗闇《くらやみ》の中で手さぐりするように、あてどなく探すこと。
用例 どうしていいのか、今のところ暗中模索だよ。
出典『隋唐嘉話《ずいとうかわ》』

唯唯諾諾［いいだくだく］
「はい、はい」と言って、おとなしく従うこと。
用例 唯唯諾諾として従う。
出典『韓非子《かんぴし》』「八姦《はっかん》」

意気消沈［いきしょうちん］
がっかりして、元気がなくなること。
用例 試験に落ちて意気消沈する。

意気衝天［いきしょうてん］
天を衝《つ》くほどの激しい意気込み。大いに意気があがる状態。
用例 意気衝天の勢い。

意気投合［いきとうごう］
気持ちと気持ちがぴったり合うこと。
用例 互いに意気投合する。

意気揚揚［いきようよう］
得意で元気のあふれているさま。
用例 意気揚揚と引き上げる。

異口同音［いくどうおん］
たくさんの人びとが同じ言葉を言い出すこと。また多くの人の意見が一致すること。会衆が声をそろえて発することから。
用例 異口同音に答える。

出典 『宋書』「庾炳之伝《ゆへいし》」

医食同源［いしょくどうげん］
病気の治療も普段の食事も、ともに人間の生命を養い健康を維持するためのもので、その源は同じであるとする考え方。

以心伝心［いしんでんしん］
言葉では説明しにくいことを心で悟りとること。本来は、仏教語で、口で述べつくせぬ奥深い理法を心から心に伝えることをいう。
出典 『景徳伝灯録《けいとくでんとうろく》』

一言居士［いちげんこじ］
何事によらず、必ず一言いわなければ気のすまない人。「居士」は男子の意。

一期一会［いちごいちえ］
茶道で、茶の湯の会は一生に一度のものと心得て、悔いのないように行うべきであるという教え。また、一生に一度しか会っていないこと。「一期」は生まれてから死ぬまでの意。

一言半句［いちごんはんく］
ほんのわずかな言葉。「一言片句」とも。
用例 一言半句もおろそかにしない。

一日千秋［いちじつせんしゅう］
一日会わないと、千年ぐらい会わないように思えるほど慕っていること。
用例 一日千秋の思い。

一族郎党［いちぞくろうとう］
血族関係の者と家来たち。また、（比喩《ひゆ》的に）関係者全員。

一念発起［いちねんほっき］
「一念発起菩提《ぼだい》心」の略で、ひたすら仏を信ずる心を起こすこと。転じて、急に思いたって、何かを始めようとすること。
用例 一念発起して英会話を始める。

一望千里［いちぼうせんり］
ひとめで遠くが見えるような、見晴らしがよいさま。

一網打尽［いちもうだじん］
一度にすべての犯人を捕まえること。もと、網を一度打って、そこにいる魚を全部とる意から。
用例 密輸団を一網打尽にする。
出典 『宋史』「范純仁《はんじゅんじん》伝」

一目瞭然［いちもくりょうぜん］
ひとめ見ただけで、はっきりわかること。
用例 両者の違いは一目瞭然だ。

一蓮托生［いちれんたくしょう］
結果のよい悪いにかかわらず、最後まで一緒に行動して運命をともにすること。本来仏教の用語で、死後、極楽浄土で同じ蓮華《れんげ》の花の上に生まれかわること。

一攫千金［いっかくせんきん］
ひと仕事で、やすやすと大金を手に入れること。「一攫」はひとつかみ。
用例 一攫千金を夢みる。

一家団欒［いっかだんらん］
家族が皆でなごやかに楽しんでいること。

一喜一憂［いっきいちゆう］
情勢が変わるごとに喜んだり悲しんだりすること。
用例 事のなりゆきに一喜一憂す

る。

一気呵成［いっきかせい］
休まないで、いっぺんになし遂げること。
用例 依頼された原稿を一気呵成に仕上げる。

一騎当千［いっきとうせん］
ひとりで千人に当たるほど強くて勇気があること。「いっきとうぜん」とも。
用例 一騎当千のつわもの。

一挙一動［いっきょいちどう］
細かい動作のひとつひとつ。「一挙手一投足」ともいう。
用例 一挙一動を見守る。

一挙両得［いっきょりょうとく］
一つのことをして二つの利益が得られること。一石二鳥。
用例 一挙両得をもくろむ。
出典 『晋書』「東晳《そくせき》伝」

一触即発［いっしょくそくはつ］
ちょっと触ってもすぐに爆発するように、極めて危険な状態にあること。
用例 両国の関係は一触即発の状態にある。

一進一退［いっしんいったい］
状態がよくなったり、悪くなったりするように、事がはかばかしくいかないこと。
用例 病状は一進一退を繰り返している。

一心同体［いっしんどうたい］
二人以上の人が心を一つにして結びつくこと。
用例 夫婦は一心同体だ。

一心不乱［いっしんふらん］
ひとすじに何かに心を打ち込むこと。
用例 一心不乱に勉強する。
出典 『阿弥陀経《あみだきょう》』

一世一代［いっせいいちだい］
一生のうちに一度という機会。「一世」も「一代」も人の一生涯の意。
用例 一世一代の大芝居をうつ。

一石二鳥［いっせきにちょう］
一つの石で二羽の鳥に当てるように、一つの働きで二つの利益を得ること。一挙両得。

一旦緩急［いったんかんきゅう］
ひとたび緊急事態が起こったならば。
用例 一旦緩急あれば。
出典 『史記』「袁盎《えんおう》伝」

一朝一夕［いっちょういっせき］
わずかの日時。
用例 一朝一夕には完成しない。

一長一短［いっちょういったん］
どんなものでも長所もあれば短所もあること。
用例 いずれも一長一短あって、甲乙つけがたい。

一点一画［いってんいっかく］
漢字の一つの点、一つの画のこと。わずかなこともないがしろにしないことのたとえ。
用例 一点一画もおろそかにせず。

一刀両断［いっとうりょうだん］
一太刀で物を真っ二つにすること。思いきって物事を処理すること。
用例 一刀両断のさばき。

意味深長［いみしんちょう］
意味が深く、味わいがあること。また、表面上の意味の裏に別の意味が隠されていること。
用例 意味深長な言い回し。
出典 『論語序説』

因果応報［いんがおうほう］
仏教で人間の考えや行いの善悪に応じて報いがくること。ふつう、悪い意味に使う。

慇懃無礼［いんぎんぶれい］
表面の態度は丁寧だが、心の中では相手を軽んじていること。
用例 慇懃無礼な態度。

隠忍自重［いんにんじちょう］
ひたすら我慢して軽々しいふるまいを慎むこと。
用例 大事を前に隠忍自重する。

有為転変［ういてんぺん］
世の中が移り変わってやまないこと。
用例 有為転変は世の習い。

右往左往［うおうさおう］
あっちへ行ったり、こっちへ行ったりと、うろたえ騒ぐ様子。
用例 突然の事故で右往左往する。

有象無象［うぞうむぞう］
たくさん集まった、つまらない人たち。
用例 有象無象の言うことなど気にするな。

海千山千［うみせんやません］
世の中のあらゆる経験をたくさん積んできた、ずる賢い人。海に千年、山に千年住んだ蛇《じゃ》は竜になるという言い伝えからきたもの。
用例 あの人は海千山千だから気をつけたほうがいいよ。

紆余曲折［うよきょくせつ］
道が曲がりくねっていること。いろいろ込み入って、めんどうなこと。
用例 紆余曲折を経て、やっと決定した。

雲散霧消［うんさんむしょう］
雲や霧がはれるように、あとかたもなく消えること。
用例 その話を聞いて、心配が雲散霧消した。

栄枯盛衰［えいこせいすい］
栄えたり、衰えたりと、世の中の移り変わりゆく様子。
用例 栄枯盛衰は世の常。

依怙贔屓［えこひいき］
上の者が下の者に対する態度や扱いに公平を欠き、気に入っている者だけの肩をもつこと。

会者定離［えしゃじょうり］
仏教で、会うものは必ず別れる運命にあるということ。世の中の無常なことをいう語。

得手勝手［えてかって］
他人のことは考えずに、自分の都合のいいことを勝手に行ったり言ったりすること。
用例 今の若い者は平気で得手勝手なふるまいをする。

岡目八目［おかめはちもく］
碁の勝負をわきで見ていると、八つも先の手までわかるように、局外者が見ると、事柄の全体がわかること。

温厚篤実［おんこうとくじつ］
穏やかで情が厚く、誠実なこと。

温故知新［おんこちしん］
昔のことを研究して新しい知識や見解を得ること。ふるきをたずねて新しきを知る。

出典『論語』「為政《いせい》」

音信不通［おんしんふつう］
便りがないこと。また、連絡がとれない時にも用いる。「音信」は、かつてインシンと使われていた。

音吐朗朗［おんとろうろう］
音声がさわやかで、声量が豊かで響きわたる様子。

か行

開口一番［かいこういちばん］
口を開くとまず第一に。一番初めに口をついて出た言葉。
用例 帰って母に会ったら、開口一番、お説教をくらった。

外交辞令［がいこうじれい］
外交上、相手方に好感を与える愛想のよい応対の言葉。転じて、口先だけのお世辞や形式的な愛想。
用例 あの人は外交辞令がうまいから、注意したほうがいいよ。

外柔内剛［がいじゅうないごう］
外見はものやわらかで、心の中はしっかりしていること。
出典『唐書』「盧坦《ろたん》伝」

下意上達［かいじょうたつ］
一般の人の考えや気持ちが、上位にある人に達すること。

快刀乱麻［かいとうらんま］
よく切れる刀でもつれた麻の糸を切るように、もつれている物事を見事に処理すること。
用例 快刀乱麻を絶つ。

偕老同穴［かいろうどうけつ］
夫婦の愛情がこまやかで、老いるまで仲よく暮らすこと。生きてはともに老い、死んでは同じ穴に葬られることから。
出典『詩経』「邶風《はいふう》・撃鼓《げきこ》」

呵呵大笑［かかたいしょう］
大声で笑うこと。「呵呵」は、からから笑うこと。

臥薪嘗胆［がしんしょうたん］
報復の気持ちをもち、つらいことに耐えること。転じて、常に自らに試練を課して、苦しみ努力すること。
中国の春秋時代、呉王夫差《ふさ》が親の仇越王勾践《えつおうこうせん》を討とうとして、薪《たきぎ》の上に寝て越に勝ち、また、越王勾践は苦い胆《きも》をなめ、辛苦をかさねて呉に勝ったという故事から。
出典『史記』「越王勾践世家《えつおうこうせんせいか》」

佳人薄命［かじんはくめい］
美人であるとそのために不幸が多く、命が短い。「佳人」は美しい女の人。
出典 蘇軾《そしょく》の詩「薄命佳人」

花鳥風月［かちょうふうげつ］
自然の美しい眺め。詩や歌などの風流な遊び。

合従連衡［がっしょうれんこう］
国際関係において互いに同盟を結んで対抗し合うこと。転じて、時々の利害に応じて、団結したり離れたりする政策。中国の戦国時代に、韓《かん》・魏《ぎ》・趙《ちょう》・燕《えん》・楚《そ》・斉《せい》の弱小六国が従（縦＝南北）に連合して、西方の強国秦《しん》に対抗した攻守同盟を「合従の策」といい、東の六国と西の秦とを衡（横＝東西）に連合させ、秦の従属国としようとした外交政策を「連衡の策」といった。

出典 『史記』「孟子荀卿《じゅんけい》伝」

我田引水［がでんいんすい］
「我が田に水を引く」と読み、自分の田に水を引き入れる意から、物事を自分の都合のいいように計らうことのたとえ。

画竜点睛［がりょうてんせい］
物事を完璧《かんぺき》にするための最後の仕上げ。竜の絵を書いて、最後に眼を書き加えたら、竜が勢いを得て、天に昇ったという故事から、物事の肝心かなめのところを画竜点睛という。
用例 画竜点睛を欠く。
出典 『歴代名画記』

夏炉冬扇［かろとうせん］
夏の火鉢と冬のうちわは季節外れのことから、時節に合わない無用な物のこと。

感慨無量［かんがいむりょう］
深く身にしみて、胸がいっぱいになること。また、そのさま。感無量。
出典 『論衡』

侃侃諤諤［かんかんがくがく］
正しいことを遠慮なくずけずけ言うこと。また、大いに議論するさま。
用例 侃侃諤諤と議論をする。

緩急自在［かんきゅうじざい］
遅くしたり、早くしたりして、速度などを自由自在に扱うこと。
用例 緩急自在の投球を行う。

頑固一徹［がんこいってつ］
他人の意見などを聞こうともしないで、自分の考え方ややり方を押し通すさま。また、そういう性格。

換骨奪胎［かんこつだったい］
古人の詩文の着想をまねながら、構成や語句をかえて自分の作品を作ること。古人の詩の語句をとって自分の詩を作りながらも、内容的にはまったく新しいものにすることを「換骨」といい、古人の詩の着想をもとしつつも語句の用い方でやや意味を変えた新しい詩を作ることを「奪胎」という。
用例 換骨奪胎した作品。
出典 『冷斎夜話《れいさいやわ》』

冠婚葬祭［かんこんそうさい］
元服・婚礼・葬儀・祖先の祭りのこと。古来より最も重要とされてきた儀式。

勧善懲悪［かんぜんちょうあく］
善事を勧め、悪事を懲らしめること。「勧懲」とも。

艱難辛苦［かんなんしんく］
困難や非常に苦しいことにあって苦労すること。
用例 艱難辛苦をともにしてきた仲。

頑迷固陋［がんめいころう］
頑固でものの道理がわからず、見識の狭いこと。
用例 頑迷固陋な老人。

気宇壮大［きうそうだい］
気がまえや計画などが大きいさま。
用例 気宇壮大な構想を練る。

危機一髪［ききいっぱつ］
髪の毛ひとすじの違いで助かるかどうか、という危ない状態。極めてきわどい状態。
用例 危機一髪のところを救われた。

危急存亡［ききゅうそんぼう］
生きるか死ぬかの重大な分かれめの時。
用例 危急存亡の秋《とき》。
出典 諸葛亮《しょかつりょう》の文「前出師表《ぜんすいしのひょう》」

起死回生［きしかいせい］
死にかかっているところを生きかえらせること。だめになるところを立ち直らせること。
用例 起死回生の一打。

起承転結［きしょうてんけつ］
漢詩の組み立て方。初めの句を次の句で受け、三句目に一転し、最後の句で全体をしめくくる。

喜色満面［きしょくまんめん］
顔全体に喜びを表すこと。
用例 喜色満面で出迎える。

疑心暗鬼［ぎしんあんき］
疑いの心をもっていると、なんでもないことでも恐ろしくなり不安になる。いったん自分の心中に疑いの心があれば、その心からいろいろな妄想がわいてくること。「疑心暗鬼を生ず」の略。
用例 疑心暗鬼になる。
出典 『列子』「説符注《せっぷちゅう》」

奇想天外［きそうてんがい］
思いつきが極めて奇抜であること。「奇想、天外より落つ」の略。
用例 奇想天外な計画。

気息奄奄［きそくえんえん］
息も絶え絶えに、苦しみあえぐさま。また、物事が非常に苦しい状態にあるさま。
出典 李密《りみつ》の文「陳情表《ちんじょうひょう》」

喜怒哀楽［きどあいらく］
喜びと怒りと哀しみと楽しみ。人間の表すさまざまな自然な感情。
出典 『礼記《らいき》』「中庸《ちゅうよう》」

牛飲馬食［ぎゅういんばしょく］
牛が水を飲み、馬がものを食べるように、むやみとたくさん飲んだり食べたりすること。
用例 牛飲馬食する。

旧態依然［きゅうたいいぜん］
もとのままで少しも進歩がないこと。
用例 旧態依然たる考え方。

急転直下［きゅうてんちょっか］
事が急に解決・結末に向かうこと。
用例 急転直下事件が解決した。

行住坐臥［ぎょうじゅうざが］
日常の立ち居ふるまい。行くことと止まることと、座ることと横になることと、の四つの動作。

共存共栄［きょうそんきょうえい］
互いに敵対することなく、ともに生存してともに栄えること。
用例 各社の共存共栄の道を探る交渉が始まった。

驚天動地［きょうてんどうち］
事件などで世間がひどく驚くさま。天を驚かし地を動かす意から。
用例 驚天動地の大事件。
出典 白居易の詩「李白墓《りはくのはか》」

器用貧乏［きようびんぼう］
器用であるためになかなか一つの事に徹することができず、結局、大成できないこと。

興味津津［きょうみしんしん］
おもしろみが深いさま。あとからあとから興味がわくさま。

虚虚実実［きょきょじつじつ］互いに計略やわざを出し尽くして戦うこと。
用例 虚虚実実のかけひき。

玉石混淆［ぎょくせきこんこう］玉と石がごっちゃになっているように、よいものとよくないもの、優れたものとつまらないものとが入りまじっていること。
出典『抱朴子《ほうぼくし》』「尚博《しょうはく》」

虚心坦懐［きょしんたんかい］わだかまりなく、さっぱりした心。
用例 虚心坦懐に人の話を聞く。

毀誉褒貶［きよほうへん］けなしたりほめたりすること。世間の評判。「毀・貶」はそしる、「誉・褒」はほめる意。
用例 彼の評価については、毀誉褒貶相半ばする。

議論百出［ぎろんひゃくしゅつ］さまざまな意見が出ること。
用例 議論百出の会議で大いに盛り上がった。

欣喜雀躍［きんきじゃくやく］踊り上がって大喜びすること。雀《すずめ》がぴょんぴょん跳ねるさまから。

謹厳実直［きんげんじっちょく］極めてまじめで正直なこと。
用例 謹厳実直な人。

空前絶後［くうぜんぜつご］前にも後にもありえないほど、極めて珍しいこと。
用例 空前絶後の大事件。

空中楼閣［くうちゅうろうかく］空中に建物をつくるように、根拠のない物事。
出典『夢渓筆談《むけいひつだん》』「異事《いじ》」

空理空論［くうりくうろん］現実とかけ離れた役に立たない観念的な理屈や理論。
用例 空理空論を弄《もてあそ》ぶのはいいかげんにやめなさい。

群雄割拠［ぐんゆうかっきょ］多くの英雄たちが各地に勢力をはり、対立して覇《は》を競うこと。

軽挙妄動［けいきょもうどう］軽々しく行動すること。
用例 軽挙妄動を慎む。

経世済民［けいせいさいみん］世を治め、民の苦しみを救うこと。「世を経し民を済《すく》う」と読む。「経済」の語源。

軽佻浮薄［けいちょうふはく］軽はずみで浮ついていること。「軽佻」は、考えが浅く、調子にのること。「浮薄」は、上すべりで移り気なこと。

牽強付会［けんきょうふかい］自分の都合のよいように強引に理屈をこじつけること。「牽強」も「付会」も、こじつけるの意。

言行一致［げんこういっち］言っていることと、実際の行いとが一致していること。

捲土重来［けんどちょうらい］一度失敗した者が全力をあげてもりかえすこと。砂煙をあげて重ねて来る意味で、一度破れた者が再び勢力をもりかえして攻めて来ること。
用例 捲土重来を期す。
出典 杜牧の詩「題烏江亭（うこうていにだいす）」

堅忍不抜［けんにんふばつ］さまざまな困難や誘惑にも心を動かさず、我慢すること。

出典 蘇軾《そしょく》の文「鼂錯論《ちょうそろん》」

豪華絢爛［ごうかけんらん］華やかで贅沢《ぜいたく》、美しくて立派であるさま。

用例 豪華絢爛たる衣装。

効果覿面［こうかてきめん］効きめがすぐ現れること。「覿」は、目の前に現れる意。

傲岸不遜［ごうがんふそん］おごりたかぶっていて、へりくだったところがないこと。

用例 傲岸不遜な態度。

厚顔無恥［こうがんむち］あつかましくて、恥を知らないこと。

綱紀粛正［こうきしゅくせい］政治のあり方や、政治家・役人の態度を正すこと。

巧言令色［こうげんれいしょく］言葉を飾り、表情をとりつくろうこと。言葉巧みに話しかけたり、顔つきを和らげて人の機嫌をとる仁徳のない人のさま。

用例 巧言令色鮮《すくな》し仁。

出典『論語』「学而《がくじ》」

公序良俗［こうじょりょうぞく］公共の秩序（国家社会の一般的な利益）と善良な風俗（社会の一般的な道徳観念）。

広大無辺［こうだいむへん］非常に広くて果てしなく大きいこと。また、そのさま。

用例 仏教の教えは広大無辺だ。

荒唐無稽［こうとうむけい］根拠がなく、現実性のないこと。でたらめ。

用例 荒唐無稽な計画。

公平無私［こうへいむし］公平で私心のないこと。

豪放磊落［ごうほうらいらく］度量が大きく、小さなことにこだわらないこと。

出典『韓詩外伝』

公明正大［こうめいせいだい］公平で隠しだてがなく、正々堂々としていること。

用例 公明正大な運営を求める。

呉越同舟［ごえつどうしゅう］敵と味方、あるいは仲の悪いどうしが同じ場所に居合わせることをいう。

出典『孫子』「九地《きゅうち》」

極悪非道［ごくあくひどう］この上なく悪くて、人の道に外れていること。

用例 極悪非道の限りを尽くす。

国士無双［こくしむそう］国内に並ぶ者がない優れた人物。

出典『史記』「淮陰侯《わいいんこう》伝」

孤軍奮闘［こぐんふんとう］他人の助けを借りず、ひとりで懸命に戦うこと。

用例 孤軍奮闘して成功をおさめる。

虎視眈眈［こしたんたん］虎《とら》が獲物をねらってじっと見ているように、機会をうかがっていること。

用例 虎視眈眈と王の座をねらっている。

出典『易経』「頤卦《いか》」

後生大事［ごしょうだいじ］

仏教で後生を大切にすること。また、物を非常に大切にすること。

用例　古証文を後生大事に持っている。

古色蒼然［こしょくそうぜん］
いかにも古くさいこと。

用例　古色蒼然としたお寺。

故事来歴［こじらいれき］
昔から言い伝えられたいわれや話。

用例　故事来歴を調べる。

誇大妄想［こだいもうそう］
実際よりおおげさに空想して、それを事実のように思い込むこと。

五里霧中［ごりむちゅう］
「五里霧の中」。霧が深くて方角がわからないこと。転じて、事情や状況がのみこめず、どうしてよいのか見当もつかない様子。

出典　『後漢書』「張楷《ちょうかい》伝」

言語道断［ごんごどうだん］
「言葉で説明する道を断つ」の意から、もってのほかであること。もとは、言葉に言い尽くされない奥深い真理の意味で、仏法を賛美した語。

出典　『瓔珞経《ようらくきょう》』

渾然一体［こんぜんいったい］
幾つかのものが混じって一体となっていること。

さ行

才気煥発［さいきかんぱつ］
頭の働きが優れていて早いこと。優れた才能が外に表れること。

才子佳人［さいしかじん］
才知の優れた男子と、美人のほまれ高い女子。

才色兼備［さいしょくけんび］
女性が、才知と美しさを兼ね備えていること。

三寒四温［さんかんしおん］
冬に、三日間ぐらい寒さが続き、そのあと四日間ぐらい暖かい日が続くという現象。

山紫水明［さんしすいめい］
山は紫にかすみ、川は澄みきっていること。美しい景色・風景のこと。

用例　山紫水明の地。

三拝九拝［さんぱいきゅうはい］
何度もおじぎをして、ひどくかしこまるさま。手紙の終わりのあいさつにも使う。

四角四面［しかくしめん］
真四角なこと。また、まじめすぎて融通性のない人間のこと。

自画自賛［じがじさん］
自分で自分の仕事のできばえや能力を褒めること。

四苦八苦［しくはっく］
非常な苦しみにあって窮地の状態に陥っているさま。また、さんざん苦労すること。仏教からきた言葉。

試行錯誤［しこうさくご］
物事を行う際に、試みと失敗を繰り返しながら目的に向かって進むこと。

用例　試行錯誤を繰り返す。

自業自得［じごうじとく］
一般に、悪い行いをした時に悪い報いを受けることをいう。

出典　『正法念処経《しょうほうねんしょきょう》』

獅子奮迅［ししふんじん］
獅子が勢いよく暴れ回る意で、人の

勢いが盛んなさま。
用例 獅子奮迅の活躍を示す。
出典 『法華経』

自縄自縛 [じじょうじばく]
自分の縄で自分を縛る意から、自分の言行のために、かえって自分で苦しむこと。
用例 自縄自縛に陥る。

時代錯誤 [じだいさくご]
時代の傾向に合わないこと。アナクロニズム。

舌先三寸 [したさきさんずん]
口先だけは達者で巧妙な弁舌をふるうこと。
用例 舌先三寸で言いくるめる。

七転八倒 [しちてんばっとう]
転んでは起き、起きては転ぶこと。苦しみもだえて、転がり回ること。「しってん」ともいう。
用例 七転八倒の苦しみを味わう。
出典 『朱子語類』「梁恵《りょうけい》王下」

質実剛健 [しつじつごうけん]
飾り気なく、まじめで、体も強いこと。

疾風怒濤 [しっぷうどとう]
強い風と逆巻く荒波。激しく変化する時代を形容する言葉。

自暴自棄 [じぼうじき]
自分の思いどおりにならないで、やけくそになること。
出典 『孟子《もうし》』「離婁《りろう》上」

四面楚歌 [しめんそか]
まわりがみんな敵で自分ひとり孤立すること。楚《そ》の項羽《こうう》が漢の軍勢に囲まれた時、ある夜四面の漢の軍中から彼の故郷楚の歌が聞こえてきたので、故郷の人々が既にみな漢に投降したのかと勘違いした話から、敵軍に取り囲まれて一人の助けもないことのたとえ。
出典 『史記』「項羽本紀」

杓子定規 [しゃくしじょうぎ]
ただ一つの標準ですべてを決めようとする、融通性のないこと。

弱肉強食 [じゃくにくきょうしょく]
弱いものは強いもののえじきになること。「弱の肉は強の食なり」とも。
出典 韓愈《かんゆ》の詩「送浮屠文暢師序（ふとぶんちょうしをおくるのじょ）」

縦横無尽 [じゅうおうむじん]
自由自在に思うように活動すること。
用例 縦横無尽の働きをする。

終始一貫 [しゅうしいっかん]
初めから終わりまで変わりないこと。
用例 私の意見は終始一貫している。

十人十色 [じゅうにんといろ]
好みや考えは人によって違う、ということ。

熟慮断行 [じゅくりょだんこう]
よく考えて、思いきって実行すること。

取捨選択 [しゅしゃせんたく]
取るものは取り、捨てるものは捨てて、自分の判断でよいものを選ぶこと。
用例 あまりに多いので取捨選択する必要がある。

出処進退 [しゅっしょしんたい]
官職や地位にとどまることと、やめ

て退くこと。事にあたっての身の振り方。

用例 出処進退を明らかにする。

首尾一貫［しゅびいっかん］

初めから終わりまで筋が通っていること。

用例 首尾一貫した態度。

順風満帆［じゅんぷうまんぱん］

順風を帆いっぱいに受けて、非常に順調な様子。

上意下達［じょういかたつ］

上の者の命令を下の人に徹底すること。

盛者必衰［じょうしゃひっすい］

全盛にある者は必ず滅びるということ。『平家物語』の冒頭部分の「沙羅双樹の花の色、盛者必衰の理《ことわり》をあらはす」は有名。

常住坐臥［じょうじゅうざが］

座っている時も、寝ている時も。いつも。

小心翼翼［しょうしんよくよく］

気が小さくて、いつもびくびくしているさま。

用例 小心翼翼とした態度。

出典 『詩経』「大雅《たいが》・大明《たいめい》」

枝葉末節［しようまっせつ］

重要でない事柄。細かな部分。

用例 枝葉末節にこだわる。

諸行無常［しょぎょうむじょう］

あらゆるものは常に変化していくという仏教思想。

出典 『北本《ほくほん》涅《ね》槃経《はんぎょう》』

初志貫徹［しょしかんてつ］

最初に立てた志を最後まで貫き通すこと。

用例 初志貫徹の決意で取り組む。

心機一転［しんきいってん］

あることをきっかけに、心持ちがすっかり変わること。

用例 心機一転、一から出直しだ。

神出鬼没［しんしゅつきぼつ］

神のように自由自在に出たり隠れたりして、そのありかがわからないこと。

信賞必罰［しんしょうひつばつ］

功績のあった者には必ず賞を与え、過ちを犯した者には必ず罰を与えること。賞罰を厳正に行うこと。

出典 『韓非子《かんぴし》』「内儲説《ないちょせつ》上」

針小棒大［しんしょうぼうだい］

針ほどのことを棒ほどに言うように、小さい物事をおおげさに言うこと。

新進気鋭［しんしんきえい］

新しく出現して、勢いのよいこと。また、その人。

用例 新進気鋭の作家。

人跡未踏［じんせきみとう］

今まで人が足を踏み入れたことがない場所。

用例 人跡未踏の秘境に分け入る。

森羅万象［しんらばんしょう］

宇宙間にある、いっさいのもの。

出典 『法句経』

酔生夢死［すいせいむし］

酒に酔い、夢を見て一生を終えること。何もせずに、無駄に一生を過ごすこと。

出典 『小学』「嘉言《かげん》」

晴耕雨読［せいこううどく］

晴れた日には畑で耕し、雨の日には家で本を読む生活。悠々自適の生活をいう。
用例 晴耕雨読の生活を送る。

正正堂堂［せいせいどうどう］
行動や態度が公正で、立派なさま。「正々の旗、堂々の陣」の略。
用例 正正堂堂と戦う。
出典 『孫子』「軍争《ぐんそう》」

生生流転［せいせいるてん］
万物は生まれて絶えず変化していくこと。

青天白日［せいてんはくじつ］
青空に輝く太陽。また、少しも後ろ暗いところがないこと。罪がないとわかること。
用例 疑いがはれて青天白日の身となる。
出典 韓愈《かんゆ》の文「与崔羣書（さいぐんにあたうるのしょ）」

清廉潔白［せいれんけっぱく］
心が清らかで、後ろ暗いことがないこと。

是是非非［ぜぜひひ］
よいことはよい、悪いことは悪いと、公平にはっきり判断すること。「是は是とし、非は非とす」と読む。
用例 是是非非の態度で臨む。
出典 『荀子《じゅんし》』「修身《しゅうしん》」

切磋琢磨［せっさたくま］
玉や石を切ったり磨いたりして、美しいものにすることから、学問や技芸に励むこと。また、友人どうしが競い合い励まし合い互いに向上すること。
用例 お互いに切磋琢磨する。
出典 『詩経』「衛風《えいふう》・淇澳《きいく》」

切歯扼腕［せっしやくわん］
歯をくいしばり、腕をしめつけることから、非常に悔しがったり、怒ったりすること。
用例 切歯扼腕して悔しがる。
出典 『史記』「張儀《ちょうぎ》伝」

絶体絶命［ぜったいぜつめい］
危機にみまわれて、せっぱ詰まった状態に追い込まれること。追い詰められて進退きわまること。「絶体」「絶命」ともに九星占いでいう破滅を招く凶星の名。
用例 絶体絶命のピンチ。

浅学非才［せんがくひさい］
学問や知識が浅く、才能もないこと。自分を卑下するときに用いる。
用例 浅学非才ではありますが、お引き受けいたします。

千客万来［せんきゃくばんらい］
お客が絶えずたくさん来ること。

前後不覚［ぜんごふかく］
前後の区別もできなくなるほど正体を失うこと。
用例 酔っぱらって前後不覚になる。

千載一遇［せんざいいちぐう］
またとない機会。「千載」は千年、「一遇」はたった一度だけ会うこと。
用例 千載一遇のチャンスが訪れる。

千差万別［せんさばんべつ］
物事の種類や様子に、種々さまざまの違いがあること。

全身全霊［ぜんしんぜんれい］
体も心もすべて。
用例 全身全霊を打ち込む。

前人未到［ぜんじんみとう］
今までだれも到達していないこと。
用例 前人未到の業績を上げる。

戦戦兢兢［せんせんきょうきょう］
びくびくして、恐れおののくさま。
出典『詩経』「小雅《しょうが》・小旻《しょうびん》」

前代未聞［ぜんだいみもん］
今までに見聞きしたことがない、珍しいこと。
用例 前代未聞の出来事。

前途洋洋［ぜんとようよう］
将来が明るく開けているさま。「洋洋」は、広々として限りないさま。

千篇一律［せんぺんいちりつ］
千篇の詩がみんな同じ調子で変化のないことをいい、転じて、多くの物事が同一の調子で、少しも変化の妙味がないこと。
出典『芸苑卮言《げいえんしげん》』

千変万化［せんぺんばんか］
物事が次々に変化すること。
出典『列子』「周穆王《しゅうぼくおう》」

粗衣粗食［そいそしょく］
粗末な着物と粗末な食物の簡素な生活。
用例 粗衣粗食に耐える。

創意工夫［そういくふう］
新しい考えや新しい物を考え出すこと。
用例 創意工夫をこらす。

即身成仏［そくしんじょうぶつ］
現在の身体のまま仏になること。

粗製濫造［そせいらんぞう］
粗雑な作り方で、数多く作ること。

即決即断［そっけつそくだん］
その場ですぐ決定し、決断を下すこと。
用例 手ごろな物件が見つかったので、即決即断で契約した。

率先垂範［そっせんすいはん］
地位の上の人が先になって手本を示すこと。

た行

大願成就［たいがんじょうじゅ］
大きな願いごとがうまくかなうこと。

大器晩成［たいきばんせい］
大人物はふつうの人より遅れて大成すること。大いなる才能や、またそういう人は、速やかにはできあがらないこと。
出典『老子』

大義名分［たいぎめいぶん］
人として守らなければならない大事な道理。転じて、ある行為のたてまえとなる理由づけや道理をいう。
用例 大義名分を通す。

大言壮語［たいげんそうご］
えらぶって、おおげさなことを言ったり、威勢のいいことを言うこと。
用例 大言壮語する。

大悟徹底［たいごてってい］
悟りきって、真理と一体になること。

大所高所［たいしょこうしょ］
小さなことにとらわれない観点や視野。
用例 大所高所からの意見。

泰然自若［たいぜんじじゃく］
落ち着いて物事に驚かないさま。
用例 泰然自若としている。

大胆不敵［だいたんふてき］
度胸がすわって、恐れ驚かないこと。

用例 大胆不敵な行動。

大同小異［だいどうしょうい］
わずかの違い。たいして違わないこと。似たり寄ったり。
出典『荘子《そうじ》』「天下《てんか》」

大同団結［だいどうだんけつ］
多数の団体や党派が小異を捨てて団結すること。
用例 大同団結する。

多士済済［たしせいせい］
優れた人物がたくさんいること。「たしさいさい」とも読む。
出典『詩経』「大雅《たいが》・文王《ぶんおう》」

多事多端［たじたたん］
仕事が多くて、非常に忙しいこと。

多事多難［たじたなん］
多くの事件や困難があること。
用例 今年も多事多難の一年だった。

他力本願［たりきほんがん］
他人の力に頼って事をなすこと。

単刀直入［たんとうちょくにゅう］
談話・文章などで、前置きなしにただちに本題に入ること。ただ一本の刀を持って敵軍に斬《き》り込むことから、真正面から観察をくだし、また論説などでたとえを引かず、すぐさま本論を説くことをいう。
出典『景徳伝灯録《けいとくでんとうろく》』

知行合一［ちこうごういつ］
知識と実践が合致すること。陽明学の学説の一つ。

魑魅魍魎［ちみもうりょう］
いろいろな化け物や怪物。「魑魅」は、山林の精気から生ずる化け物、「魍魎」は、山・川・木・石などの精気から生ずる化け物。

朝三暮四［ちょうさんぼし］
目先の差にこだわって結果が同じになることに気がつかないこと。また、トリックを用いて人を笑いものにすること。中国の寓話《ぐうわ》で、宋の狙公《そこう》が飼っている猿に、とちの実を与えるのに、朝に三つ、暮れに四つを与えようとしたらおこり、朝に四、暮れに三にしたら大いに喜んだという。
出典『列子』「黄帝《こうてい》」

丁丁発止［ちょうちょうはっし］
激論を戦わせるさま。刀で互いに激しく斬《き》り合うさまからきた語。
用例 丁丁発止と渡り合う。

朝令暮改［ちょうれいぼかい］
朝出た法令などを夕方には改めること。法令がしばしば変わること。
出典『漢書』「食貨志《しょっかし》上」

猪突猛進［ちょとつもうしん］
猪《いのしし》が進むように、向こう見ずに、めちゃめちゃに仕事を進めること。
用例 彼は何事にも猪突猛進する。

沈思黙考［ちんしもっこう］
言葉を出さないで深く考えること。
用例 沈思黙考する。

津津浦浦［つつうらうら］
国じゅうのどこでも。あらゆるところの津や浦の意。「つづうらうら」ともいう。

適材適所［てきざいてきしょ］
その人の能力や才能にぴったりの仕事や職場に就くこと。「材」は人材のこと。

徹頭徹尾［てっとうてつび］
初めから終わりまで。完全に。

手練手管［てれんてくだ］
人を思うままに操りだます技巧。「手練」も「手管」も同じ意味。
用例　手練手管の限りを尽くす。

天衣無縫［てんいむほう］
天女の衣には縫い目がないということから、芸術作品などに技巧のあとがなく完全無欠なこと。また、性格が無邪気で飾り気がないということ。

電光石火［でんこうせっか］
動作などが極めて速くて短いこと。
用例　電光石火の早業。

天真爛漫［てんしんらんまん］
偽り飾ることなく、ありのままが言語動作にあらわれること。無邪気でこだわることがないこと。
用例　天真爛漫な子どもの様子。
出典　『輟耕録《てっこうろく》』

天地開闢［てんちかいびゃく］
天と地が分かれた最初の時。世界の始まり。
用例　天地開闢以来。

天地神明［てんちしんめい］
天地にいるたくさんの神々。
用例　天地神明に誓って嘘《うそ》は申しません。

天罰覿面［てんばつてきめん］
悪事の報いがちゃんとくること。

天変地異［てんぺんちい］
天と地に起きる大変動。自然界に起こる変事。

当意即妙［とういそくみょう］
その場にぴったり合った即席の機転。
用例　当意即妙な答え。

同工異曲［どうこういきょく］
詩や音楽などの手際は同じでも、趣が違うこと。また、ちょっと違うようでも、内容は同じであること。
出典　韓愈《かんゆ》「進学解《しんがくかい》」

同床異夢［どうしょういむ］
同じ行動をとりながら、別々の事を考えていて一致しないことのたとえ。同じ床に寝ていながら、別の夢を見るの意から。
出典　陳亮《ちんりょう》の文「与朱元晦秘書（しゆげんかいにあたうるのしょ）」

東奔西走［とうほんせいそう］
ある目的のために、あちらこちらを走り回って活動すること。
用例　友人のために東奔西走する。

独立独歩［どくりつどっぽ］
他人に頼らずに自分の力で物事を処理すること。

な行

内柔外剛［ないじゅうがいごう］
内心は柔弱なのに、外見は強そうに見えること。
出典　『易経』「否卦《ひか》」

内憂外患［ないゆうがいかん］
国内の心配事と外国とのあいだの心配事。
出典　『春秋左氏伝』「成公《せいこう》十六年」

難行苦行［なんぎょうくぎょう］
仏教で、困難に耐えながら行うつらく苦しい修行。転じて、ひどく苦労すること。
用例　難行苦行の末、ようやくたどり着いた。
出典　『法華経』

難攻不落［なんこうふらく］
守りが堅固で攻撃しにくく容易に陥落しないこと。転じて、相手の意志が固くて、簡単に承知してくれないことのたとえ。
用例 難攻不落の相手と契約を結ぶことに成功した。

日進月歩［にっしんげっぽ］
日に進み月に進むように、絶えず進歩すること。
用例 日進月歩の世の中。

年年歳歳［ねんねんさいさい］
毎年毎年。年どし。
出典 劉廷芝《りゅうていし》の詩「代悲白頭翁（はくとうをかなしむおきなにかわる）」

は行

博学多才［はくがくたさい］
いろいろな学問に広く通じ、多方面にわたって才能が豊かなこと。

白砂青松［はくしゃせいしょう］
美しい海岸の風景のたとえ。白い砂浜と青い松林。「はくさせいしょう」とも。

博覧強記［はくらんきょうき］
広く読書をし、それをよく覚えていること。

馬耳東風［ばじとうふう］
他人の意見や批評などを、心にとめず聞き流すこと。人の言葉を気にかけないこと。また、あることに対して無関心なこと。
出典 李白の詩「答王十二寒夜独酌有懐（おうじゅうにのかんやにどくしゃくしておもいありにこたう）」

八面六臂［はちめんろっぴ］
ひとりであらゆる方面の仕事を処理できる腕があること。八つの顔と六本の腕より。
用例 八面六臂の大活躍。

八方美人［はっぽうびじん］
だれにでもよく思われようとして、ぬけめなく応対する人。

波瀾万丈［はらんばんじょう］
人や物事の変化が激しく劇的であるさま。「波」は小さな波、「瀾」は大きな波。
用例 波瀾万丈の生涯。

万古不易［ばんこふえき］
永久に変わらないこと。「万古」は永遠の意と、遠い昔の意がある。
用例 万古不易の真理。

半死半生［はんしはんしょう］
半分死にかかっていること。今にも死にそうな状態。
用例 半死半生の目にあう。

半信半疑［はんしんはんぎ］
信じられるところもあるが、はっきり信じかねて迷うこと。
用例 半信半疑の面持ちで聞く。

美辞麗句［びじれいく］
表面だけ美しく飾りたてた文句。
用例 美辞麗句を並べる。

眉目秀麗［びもくしゅうれい］
容貌《ようぼう》が非常に美しいこと。特に、男性の容貌についていう。

百戦錬磨［ひゃくせんれんま］
多くの戦いできたえられること。経験をたくさん積んでいること。
用例 百戦錬磨の勇士。

百発百中［ひゃっぱつひゃくちゅう］
予想やねらいがすべて当たること。
用例 百発百中の命中率。

武運長久［ぶうんちょうきゅう］
戦いにおける命運が長く続くこと。
用例 武運長久を祈る。

不倶戴天［ふぐたいてん］
ともに天をいただかずの意味で、この世に一緒にいることができないと思うほど、相手に対して深く恨むこと。
用例 不倶戴天の敵。
出典 『礼記《らいき》』「曲礼《きょくらい》」

不言実行［ふげんじっこう］
理屈を言わずに、よいことは黙って実行すること。

無事息災［ぶじそくさい］
災いがなく平穏無事で心配事のないこと。
用例 無事息災を祈る。

夫唱婦随［ふしょうふずい］
夫が言い出して、妻がそれに従うこと。
出典 『関尹子《かんいんし》』「三極」

不撓不屈［ふとうふくつ］
困難な事柄に出会っても、決して心がくじけないこと。
用例 不撓不屈の精神。

付和雷同［ふわらいどう］
自分にしっかりした意見がなく、ただむやみに他人の意見に賛成すること。定見なく他に従うを「付和」といい、是非の分別なく一緒に騒ぐを「雷同」という。
用例 すぐ付和雷同する人。

粉骨砕身［ふんこつさいしん］
一生懸命働くこと。力の限り尽くすこと。
用例 粉骨砕身努力する。

文人墨客［ぶんじんぼっかく］
詩文や書画に親しむ風流な人。

文武両道［ぶんぶりょうどう］
学問と武芸がともに優れていること。

変幻自在［へんげんじざい］
思うとおりに変化すること。変化が自由自在なこと。

片言隻句［へんげんせきく］
ほんのちょっとした短い言葉。片言《へんげん》隻語《せきご》。
用例 片言隻句も聞き漏らさない。

判官贔屓［ほうがんびいき］
弱者や不幸な人間に同情し味方をすること。源義経（九郎判官義経）が兄頼朝に滅ぼされたことに人びとが同情したことから。

傍若無人［ぼうじゃくぶじん］
まわりの人にかまわず、勝手気ままなこと。「傍《かたわ》らに人無きが若《ごと》し」の意。
用例 傍若無人なふるまい。
出典 『史記』「刺客伝《せっかくでん》」

茫然自失［ぼうぜんじしつ］
あっけにとられたりして、我を忘れてしまうこと。
用例 茫然自失の体。
出典 『列子』「仲尼《ちゅうじ》」

抱腹絶倒［ほうふくぜっとう］
体が倒れそうなほど大笑いすること。
用例 漫才を見て抱腹絶倒する。
出典 『史記』「日者伝《にっしゃでん》」

本末転倒［ほんまつてんとう］
物事の根本的なことと末端の瑣末《さまつ》なことを取り違えること。
用例 その考え方は本末転倒している。

ま行

満身創痍［まんしんそうい］
全身傷だらけであるさま。また、精神的に手ひどく痛めつけられること。

無為無策［むいむさく］
何の対策もなく、ただ手をこまねいて見ていること。
用例 環境問題に関する政府の無為無策ぶりにはあきれてものも言えない。

無我夢中［むがむちゅう］
物事に熱中して、我を忘れた状態になること。
用例 無我夢中で取り組む。

無知蒙昧［むちもうまい］
愚かで物事の道理に暗いこと。

無病息災［むびょうそくさい］
病気をせず健康なこと。

無味乾燥［むみかんそう］
味わいもおもしろみもないこと。
用例 無味乾燥な話。

無理無体［むりむたい］
相手の意向を無視して、強引に事を行うこと。
用例 無理無体な要求。

明鏡止水［めいきょうしすい］
曇りのない鏡と澄みきった水のように、私利私欲なく物事を見きわめられる心の状態を表すたとえ。
用例 明鏡止水の心境。
出典 『荘子《そうじ》』「徳充符《とくじゅうふ》」

面従腹背［めんじゅうふくはい］
うわべは従っているようにみせて、内心はそむいていること。

面目一新［めんもくいっしん］
世間の評判や体面がよい方向へと様変わりする。

門戸開放［もんこかいほう］
物や人の出入りの制限を取り払い、自由に出入国を許すこと。
用例 経済活動における門戸開放を推進することは、自由世界の趨勢《すうせい》である。

や行

唯我独尊［ゆいがどくそん］
釈迦《しゃか》が生まれた時に言った言葉で、自分はただひとりの尊い存在であること。「天上天下唯我独尊」の略。転じて、自分だけが偉いと思うこと。独りよがりのさま。

優柔不断［ゆうじゅうふだん］
はきはきしなくて、物事をきっぱり決められないこと。

融通無碍［ゆうずうむげ］
何物にもとらわれず自由であること。

有名無実［ゆうめいむじつ］
名前ばかりで実質が伴わないこと。見かけだおし。

悠悠自適［ゆうゆうじてき］
思うままにゆったりと、心静かに生活すること。
用例 悠悠自適の生活を送る。

油断大敵［ゆだんたいてき］
不注意は大敵と思って気を配ること。

出典 『涅槃経《ねはんぎょう》』

用意周到［よういしゅうとう］
手はずが細かい点まで注意深くなされていること。

羊頭狗肉［ようとうくにく］
見かけだけ立派で、実質が落ちること。見かけだおし。羊の頭を看板に出して、実は狗《いぬ》の肉を売る。すなわち、上等の品を店頭に出して実際は下等の品を売りつけること。
出典 『無門関』

余裕綽綽［よゆうしゃくしゃく］
ゆったりと落ち着いて、あせらないこと。
用例 余裕綽綽たる態度。

ら行

離合集散［りごうしゅうさん］
離れたり集まったりすること。
用例 離合集散を繰り返す。

理非曲直［りひきょくちょく］
道理に合っていることと背いていること。不正なことと正しいこと。

流言蜚語［りゅうげんひご］
世間に広がる根も葉もないうわさ。デマ。

竜頭蛇尾［りゅうとうだび］
初めは盛んに意気込みながら、終わりはさっぱり振るわないこと。頭は竜のようにすばらしいが、尾は単なる蛇のようにつまらないもののこと。
用例 竜頭蛇尾に終わる。
出典 『五灯会元《ごとうえげん》』

粒粒辛苦［りゅうりゅうしんく］
こつこつと努力すること。米のひと粒ひと粒に農民の辛苦がこもっているという意味。
出典 李紳《りしん》の詩「憫農（のうをあわれむ）」

良妻賢母［りょうさいけんぼ］
夫にとっては良い妻であり、子どもにとっては賢い母であること。

理路整然［りろせいぜん］
物事や話の筋がきちんとしているさま。

臨機応変［りんきおうへん］
その場その場に応じて適切に処理すること。
用例 臨機応変に仕事を進める。

論功行賞［ろんこうこうしょう］
功績の程度に応じて、それぞれ賞を与えること。

わ行

和気藹藹［わきあいあい］
なごやかでむつまじい気分があふれているさま。
用例 和気藹藹とした雰囲気。

和魂漢才［わこんかんさい］
日本固有の精神を保ちながら、中国の学問を消化・吸収すること。
出典 『菅家遺誡《かんけいかい》』

和魂洋才［わこんようさい］
「和魂漢才」の類推からできた語で、日本人の精神を保ちながら、西洋の学問を受け入れること。

五　難読語

◎見出し語は、先頭の漢字を「見出し漢字」としてその文字ごとにまとめて示した。
◎見出し漢字は、代表的な音訓の五十音順とした。

あ

【噯】アイ
噯気「おくび」
【曖】アイ
曖昧「あいまい」
【悪】アク
悪戯「いたずら」
悪寒「おかん」
悪阻「つわり」
【齷】アク
齷齪「あくせく」
【斡】アツ
斡旋「あっせん」
【案】アン
案山子「かかし」
【鮟】アン
鮟鱇「あんこう」

い

【衣】イ
衣被「きぬかつぎ」
【伊】イ
伊達「だて」
【位】イ
位牌「いはい」
【依】イ
依怙贔屓「えこひいき」
【為】イ
為体「ていたらく」
為人「ひととなり」
【熨】イ
熨斗「のし」
【一】イチ
一縷「いちる」
一昨昨日「さきおととい」
一昨昨年「さきおととし」
一寸「ちょっと」
一入「ひとしお」
【芋】いも
芋茎「ずいき」
【湮】イン
湮滅「いんめつ」
【慇】イン
慇懃「いんぎん」

う

【迂】ウ
迂闊「うかつ」
【烏】ウ
烏賊「いか」
烏帽子「えぼし」
【茴】ウイ
茴香「ういきょう」
【雲】ウン
雲丹「うに」
雲母「きらら」
雲雀「ひばり」
【饂】ウン
饂飩「うどん」

え

【栄】エイ
栄螺「さざえ」
【霙】エイ
霙「みぞれ」
【蠑】エイ
蠑螈「いもり」
【延】エン
延縄「はえなわ」
【冤】エン
冤罪「えんざい」

【掩】エン
掩蔽［えんぺい］
【塩】エン
塩梅［あんばい］
【煙】エン
煙管［キセル］
【厭】エン
厭悪［えんお］
【演】エン
演繹［えんえき］
【鳶】エン
鳶［とび］
【鴛】エン
鴛鴦［おしどり］
【臙】エン
臙脂［えんじ］

お

【嗚】オ
嗚咽［おえつ］
【黄】オウ
黄鶏［かしわ］
黄粉［きなこ］
黄昏［たそがれ］
黄楊［つげ］
黄泉［よみ］
【鴨】オウ
鴨脚樹［いちょう］
【鶯】オウ
鶯［うぐいす］
【鸚】オウ
鸚鵡［おうむ］
【膃】オツ
膃肭臍［おっとせい］

か

【火】カ
火傷［やけど］
【花】カ
花魁［おいらん］
【呵】カ
呵責［かしゃく］
【河】カ
河馬［かば］
河豚［ふぐ］
【茄】カ
茄子［なす］
【科】カ
科白［せりふ］
【家】カ
家鴨［あひる］
【華】カ
華燭［かしょく］
華奢［きゃしゃ］
【蝦】カ
蝦夷［えぞ］
蝦蟇［がま］
蝦蛄［しゃこ］
【蝸】カ
蝸牛［かたつむり］
【灰】カイ
灰汁［あく］
【改】カイ
改竄［かいざん］
【芥】カイ
芥子［からし］
芥子［けし］
【乖】カイ
乖離［かいり］
【怪】カイ
怪訝［けげん］
【海】カイ
海豹［あざらし］
海驢［あしか］
海豚［いるか］
海胆［うに］
海棠［かいどう］
海月［くらげ］
海象［セイウチ］
海嘯［つなみ］
海鼠［なまこ］
海苔［のり］
海星［ひとで］
海鞘［ほや］
海松［みる］
【檜】カイ
檜［ひのき］
【膾】カイ
膾［なます］
【蟹】カイ
蟹［かに］
【外】ガイ
外郎［ういろう］
外宮［げくう］

【郭】カク
郭公［かっこう］
【霍】カク
霍乱［かくらん］
【攪】カク
攪拌［かくはん］
攪乱［かくらん］
【鰐】ガク
鰐［わに］
【蛞】カツ
蛞蝓［なめくじ］
【滑】カツ
滑子［なめこ］
【干】カン
干戈［かんか］
干瓢［かんぴょう］
【汗】カン
汗疹［あせも］
【完】カン
完璧［かんぺき］
【坩】カン
坩堝［るつぼ］
【乾】カン
乾坤［けんこん］

【堪】カン
堪能［たんのう］
【還】カン
還俗［げんぞく］
【鼾】カン
鼾［いびき］
【羹】カン
羹［あつもの］
【含】ガン
含羞草［おじぎそう］
含羞［がんしゅう］
含羞む［はにかむ］
【岩】ガン
岩魚［いわな］
【玩】ガン
玩具［おもちゃ］
【頑】ガン
頑な［かたくな］

き

【気】キ
気質［かたぎ］
気障［きざ］
気魄［きはく］

【忌】キ
忌諱［きい］
忌憚［きたん］
【枳】キ
枳殻［からたち］
【姫】キ
姫女苑［ひめじょおん］
【帰】キ
帰趨［きすう］
【鬼】キ
鬼灯［ほおずき］
【耆】キ
耆宿［きしゅく］
【寄】キ
寄居虫［やどかり］
寄生木［やどりぎ］
【揮】キ
揮毫［きごう］
【棊】キ
棊子麺［きしめん］
【毀】キ
毀損［きそん］
【麒】キ
麒麟［きりん］

【欺】ギ
欺瞞［ぎまん］
【擬】ギ
擬宝珠［ぎぼうし］
【吃】キツ
吃逆［しゃっくり］
【脚】キャク
脚気［かっけ］
【逆】ギャク
逆鱗［げきりん］
【九】キュウ
九十九折り［つづらおり］
【蚯】キュウ
蚯蚓［みみず］
【鳩】キュウ
鳩尾［みぞおち］
【牛】ギュウ
牛蒡［ごぼう］
【許】キョ
許婚［いいなずけ］
【夾】キョウ
夾竹桃［きょうちくとう］
【狭】キョウ
狭霧［さぎり］

【矜】キョウ
矜持［きょうじ］
【梟】キョウ
梟雄［きょうゆう］
【蕎】キョウ
蕎麦［そば］
【曲】キョク
曲者［くせもの］
【玉】ギョク
玉蜀黍［とうもろこし］
【金】キン
金雀児［えにしだ］
金雀枝［えにしだ］
【銀】ギン
銀杏［いちょう］

く

【苦】ク
苦汁［にがり］
【空】クウ
空穂［うつぼ］
【偶】グウ
偶偶［たまたま］

【軍】グン
軍鶏［シャモ］

け

【啓】ケイ
啓蟄［けいちつ］
【経】ケイ
経緯［いきさつ］
【脛】ケイ
脛［すね］
【敬】ケイ
敬虔［けいけん］
【痙】ケイ
痙攣［けいれん］
【鶏】ケイ
鶏冠［とさか］
【欠】ケツ
欠伸［あくび］
欠片［かけら］
【桔】ケツ
桔梗［ききょう］
【健】ケン
健気［けなげ］
健啖［けんたん］

【牽】ケン
牽引［けんいん］
【堅】ケン
堅魚［かつお］
【絢】ケン
絢爛［けんらん］
【言】ゲン
言質［げんち］
【眩】ゲン
眩暈［めまい］

こ

【古】コ
古刹［こさつ］
【固】コ
固唾［かたず］
【沽】コ
沽券［こけん］
【虎】コ
虎杖［いたどり］
虎魚［おこぜ］
虎耳草［ゆきのした］
【胡】コ
胡床［あぐら］

胡座［あぐら］
胡散［うさん］
胡瓜［きゅうり］
胡頽子［ぐみ］
胡桃［くるみ］
【五】ゴ
五加［うこぎ］
【御】ゴ
御用達［ごようたし］
【蜈】ゴ
蜈蚣［むかで］
【公】コウ
公孫樹［いちょう］
公魚［わかさぎ］
【孔】コウ
孔雀［くじゃく］
【功】コウ
功徳［くどく］
【交】コウ
交喙［いすか］
【向】コウ
向日葵［ひまわり］
【更】コウ
更衣［ころもがえ］

【恍】コウ
恍惚［こうこつ］
【香】コウ
香魚［あゆ］
【巷】コウ
巷間［こうかん］
【皐】コウ
皐月［さつき］
【蛤】コウ
蛤［はまぐり］
【膏】コウ
膏薬［こうやく］
【糠】コウ
糠［ぬか］
【合】ゴウ
合歓木［ねむのき］
【黒】コク
黒子［ほくろ］
【骨】コツ
骨牌［カルタ］
骨董［こっとう］
【困】コン
困憊［こんぱい］

【渾】コン
渾名［あだな］
【蒟】コン
蒟蒻［こんにゃく］

さ

【左】サ
左右［とかく］
【沙】サ
沙蚕［ごかい］
沙魚［はぜ］
【蹉】サ
蹉跌［さてつ］
【再】サイ
再従兄弟［はとこ］
再従姉妹［はとこ］
【西】サイ
西瓜［すいか］
【細】サイ
細波［さざなみ］
細雪［ささめゆき］
細魚［さより］
【酢】サク
酢漿草［かたばみ］

【刷】サツ
刷毛［はけ］
【刹】サツ
刹那［せつな］
【殺】サツ
殺陣［たて］
【颯】サツ
颯爽［さっそう］
【皿】さら
皿鉢料理［さはちりょうり］
【三】サン
三和土［たたき］
三椏［みつまた］
【山】サン
山梔子［くちなし］
山茶花［さざんか］
山椒［さんしょう］
山車［だし］
山茶［つばき］
山羊［やぎ］
山雀［やまがら］
山葵［わさび］
【蚕】サン
蚕豆［そらまめ］

【算】サン
算盤［そろばん］
【酸】サン
酸塊［すぐり］
酸漿［ほおずき］

し

【子】シ
子規［ほととぎす］
【四】シ
四十雀［しじゅうから］
【只】シ
只管［ひたすら］
【糸】シ
糸瓜［へちま］
【弛】シ
弛緩［しかん］
【刺】シ
刺青［いれずみ］
【柿】シ
柿落とし［こけらおとし］
【紙】シ
紙縒［こより］
紙魚［しみ］

紙鳶［たこ］
【梔】シ
梔子［くちなし］
【紫】シ
紫陽花［あじさい］
紫雲英［げんげ］
【嗜】シ
嗜好［しこう］
【熾】シ
熾烈［しれつ］
【鯔】シ
鯔背［いなせ］
鯔［ぼら］
【耳】ジ
耳朶［じだ・みみたぶ］
【自】ジ
自棄［やけ］
【似】ジ
似非［えせ］
【時】ジ
時宜［じぎ］
時化［しけ］
時鳥［ほととぎす］

【慈】ジ
慈姑［くわい］
【鴫】しぎ
鴫［しぎ］
【忸】ジク
忸怩［じくじ］
【舳】ジク
舳先［へさき］
【七】シチ
七五三飾り［しめかざり］
【叱】シツ
叱咤［しった］
【疾】シツ
疾風［しっぷう・はやて］
【車】シャ
車前草［おおばこ］
【柘】シャ
柘植［つげ］
【洒】シャ
洒脱［しゃだつ］
洒落［しゃれ］
【芍】シャク
芍薬［しゃくやく］

【若】ジャク
若布［わかめ］
【雀】ジャク
雀斑［そばかす］
【手】シュ
手繰る［たぐる］
手水［ちょうず］
手段［てだて］
【守】シュ
守宮［やもり］
【朱】シュ
朱欒［ざぼん］
朱鷺［とき］
【茱】シュ
茱萸［ぐみ］
【柊】シュウ
柊［ひいらぎ］
【秋】シュウ
秋桜［コスモス］
秋刀魚［さんま］
【習】シュウ
習慣［ならわし］
【蒐】シュウ
蒐集［しゅうしゅう］

【鞦】シュウ
鞦韆［ぶらんこ］
【十】ジュウ
十八番［おはこ］
十露盤［そろばん］
【蹂】ジュウ
蹂躙［じゅうりん］
【宿】シュク
宿世［すくせ］
宿酔［ふつかよい］
【鰆】シュン
鰆［さわら］
【筍】ジュン
筍［たけのこ］
【閏】ジュン
閏年［うるうどし］
【馴】ジュン
馴鹿［トナカイ］
【初】ショ
初心［うぶ］
【庶】ショ
庶幾う［こいねがう］
【黍】ショ
黍［きび］

【薯】ショ
薯蕷［とろろ］
【女】ジョ
女将［おかみ］
女郎花［おみなえし］
女形［おやま］
【小】ショウ
小波［さざなみ］
小火［ぼや］
【松】ショウ
松魚［かつお］
松明［たいまつ］
【章】ショウ
章魚［たこ］
【菖】ショウ
菖蒲［あやめ・しょうぶ］
【硝】ショウ
硝子［ガラス］
【憔】ショウ
憔悴［しょうすい］
【憧】ショウ
憧憬［しょうけい］
【踵】ショウ
踵［かかと］

【常】ジョウ
常套［じょうとう］
常磐［ときわ］
【饒】ジョウ
饒舌［じょうぜつ］
【埴】ショク
埴生［はにゅう］
埴輪［はにわ］
【贖】ショク
贖罪［しょくざい］
【心】シン
心算［つもり］
心太［ところてん］
【辛】シン
辛夷［こぶし］
【信】シン
信天翁［あほうどり］
信憑［しんぴょう］
【神】シン
神輿［みこし］
【真】シン
真摯［しんし］
真砂［まさご］

【針】シン
針魚［さより］
【刃】ジン
刃傷［にんじょう］

す

【須】ス
須臾［しゅゆ］
【水】スイ
水黽［あめんぼ］
水鶏［くいな］
水母［くらげ］
水雲［もずく］
【垂】スイ
垂涎［すいぜん］
【推】スイ
推輓［すいばん］
【寸】スン
寸毫［すんごう］

せ

【生】セイ
生憎［あいにく］
生絹［すずし］
生業［なりわい］
【蜻】セイ
蜻蛉［かげろう・とんぼ］
【臍】セイ
臍下丹田［せいかたんでん］
【脆】ゼイ
脆弱［ぜいじゃく］
【石】セキ
石榴［ざくろ］
石南(楠)花［しゃくなげ］
【赤】セキ
赤銅色［しゃくどういろ］
【脊】セキ
脊椎［せきつい］
【蜥】セキ
蜥蜴［とかげ］
【鶺】セキ
鶺鴒［せきれい］
【雪】セツ
雪花菜［おから］
雪ぐ［そそぐ］
【川】セン
川獺［かわうそ］

【浅】セン
浅葱［あさぎ］
【旋】セン
旋毛［つむじ］
旋風［つむじかぜ］
【僭】セン
僭越［せんえつ］
【喘】ゼン
喘息［ぜんそく］

そ

【素】ソ
素面［しらふ］
素見［ひやかし］
【粗】ソ
粗目［ざらめ］
粗忽［そこつ］
【蘇】ソ
蘇鉄［そてつ］
【齟】ソ
齟齬［そご］
【相】ソウ
相殺［そうさい］
【草】ソウ
草臥れる［くたびれる］
草鞋［わらじ］
【曾】ソウ
曾孫［ひまご］
【棕】ソウ
棕櫚［しゅろ］
【粽】ソウ
粽［ちまき］
【瘡】ソウ
瘡蓋［かさぶた］
【叢】ソウ
叢［くさむら］
【囃】ソウ
囃子［はやし］
【造】ゾウ
造詣［ぞうけい］

た

【拿】ダ
拿捕［だほ］
【糯】ダ
糯米［もちごめ］
【太】タイ
太刀魚［たちうお］
【対】タイ
対峙［たいじ］
対蹠［たいしょ］
【大】ダイ
大蛇［おろち］
大音声［だいおんじょう］
大蒜［にんにく］
【卓】タク
卓袱料理［しっぽくりょうり］
【啄】タク
啄木鳥［きつつき］
【濁】ダク
濁酒［どぶろく］
【単】タン
単衣［ひとえ］
【耽】タン
耽溺［たんでき］
【椴】タン
椴松［とどまつ］
【鍛】タン
鍛冶［かじ］
【団】ダン
団扇［うちわ］
団欒［だんらん］
団栗［どんぐり］
【弾】ダン
弾機［ばね］

ち

【雉】チ
雉［きじ］
【蜘】チ
蜘蛛［くも］
【薙】チ
薙刀［なぎなた］
【蟄】チツ
蟄居［ちっきょ］
【狆】チュウ
狆［ちん］
【忠】チュウ
忠実［まめ］
【抽】チュウ
抽斗［ひきだし］
【注】チュウ
注連飾り［しめかざり］

【躊】チュウ
躊躇［ちゅうちょ］
【苧】チョ
苧環［おだまき］
【丁】チョウ
丁稚［でっち］
【長】チョウ
長刀［なぎなた］
長押［なげし］
長閑［のどか］
【脹】チョウ
脹脛［ふくらはぎ］
【暢】チョウ
暢気［のんき］
【沈】チン
沈丁花［じんちょうげ］

つ

【通】ツウ
通草［あけび］

て

【汀】テイ
汀［みぎわ］
【剃】テイ
剃刀［かみそり］
【鼎】テイ
鼎立［ていりつ］
【泥】デイ
泥鰌［どじょう］
泥濘［ぬかるみ］
【躑】テキ
躑躅［つつじ］
【天】テン
天道虫［てんとうむし］
天稟［てんぴん］
【点】テン
点前［てまえ］
【転】テン
転寝［うたたね］
【田】デン
田作［ごまめ］
田螺［たにし］
【伝】デン
伝手［つて］
【臀】デン
臀部［でんぶ］

と

【杜】ト
杜若［かきつばた］
杜撰［ずさん］
杜氏［とうじ・とじ］
杜鵑［ほととぎす］
【荼】ト
荼毘［だび］
【鍍】ト
鍍金［めっき］
【土】ド
土筆［つくし］
土竜［もぐら］
【怒】ド
怒濤［どとう］
【冬】トウ
冬青［そよご］
冬瓜［とうがん］
【東】トウ
東風［こち］
東雲［しののめ］
【掏】トウ
掏摸［すり］
【塔】トウ
塔頭［たっちゅう］
【痘】トウ
痘痕［あばた］
【等】トウ
等閑［なおざり］
【搗】トウ
搗栗［かちぐり］
搗く［つく］
【骰】トウ
骰子［さいころ］
【橙】トウ
橙［だいだい］
【蟷】トウ
蟷螂［かまきり］
【同】ドウ
同胞［はらから］
【犢】トク
犢鼻褌［ふんどし］
【独】ドク
独活［うど］
独楽［こま］
【髑】ドク
髑髏［どくろ］

【咄】トツ
咄嗟［とっさ］

な

【南】ナン
南瓜［かぼちゃ］

に

【肉】ニク
肉刺［まめ］

【忍】ニン
忍冬［すいかずら］

ね

【涅】ネ
涅槃［ねはん］

【檸】ネイ
檸檬［レモン］

【捏】ネツ
捏造［ねつぞう］

【年】ネン
年魚［あゆ］

【捻】ネン
捻子［ねじ］

の

【脳】ノウ
脳震盪［のうしんとう］

は

【菠】ハ
菠薐草［ほうれんそう］

【馬】バ
馬酔木［あしび・あせび］
馬刀貝［まてがい］

【梅】バイ
梅擬［うめもどき］

【白】ハク
白粉［おしろい］
白湯［さゆ］
白膠木［ぬるで］
白檀［びゃくだん］

【博】ハク
博奕［ばくち］

【驀】バク
驀地［まっしぐら］

【肌】はだ
肌理［きめ］

【八】ハチ
八重葎［やえむぐら］

【発】ハツ
発条［ばね］

【潑】ハツ
潑剌［はつらつ］

【反】ハン
反芻［はんすう］
反駁［はんばく］
反故［ほご］

【般】ハン
般若［はんにゃ］

【斑】ハン
斑鳩［いかる］

【煩】ハン
煩瑣［はんさ］
煩悩［ぼんのう］

【範】ハン
範疇［はんちゅう］

ひ

【枇】ヒ
枇杷［びわ］

【飛】ヒ
飛白［かすり］
飛沫［しぶき］
飛蝗［ばった］

【翡】ヒ
翡翠［かわせみ］

【羆】ヒ
羆［ひぐま］

【贔】ヒ
贔屓［ひいき］

【轡】ヒ
轡虫［くつわむし］

【眉】ビ
眉間［みけん］

【微】ビ
微温湯［ぬるまゆ］
微恙［びよう］

【薇】ビ
薇［ぜんまい］

【畢】ヒツ
畢竟［ひっきょう］

【百】ヒャク
百日紅［さるすべり］
百足［むかで］

百舌［もず］
百合［ゆり］

【氷】ヒョウ
氷下魚［こまい］
氷柱［つらら］
氷雨［ひさめ］

【剽】ヒョウ
剽軽［ひょうきん］

【瓢】ヒョウ
瓢簞［ひょうたん］

【浜】ヒン
浜木綿［はまゆう］

【敏】ビン
敏捷［びんしょう］

ふ

【不】フ
不知火［しらぬい］
不束［ふつつか］
不如帰［ほととぎす］

【夫】フ
夫婦［めおと］

【芙】フ
芙蓉［ふよう］

【巫】フ
巫女［みこ］

【怖】フ
怖気［おじけ］

【浮】フ
浮子［うき］
浮塵子［うんか］

【蜉】フ
蜉蝣［かげろう］

【蕪】ブ
蕪［かぶ］

【撫】ブ
撫子［なでしこ］

【風】フウ
風靡［ふうび］

【楓】フウ
楓［かえで］

【蝮】フク
蝮［まむし］

【勿】ブツ
勿忘草［わすれなぐさ］

【文】ブン
文身［いれずみ］

へ

【平】ヘイ
平仄［ひょうそく］

【辟】ヘキ
辟易［へきえき］

【鼈】ベツ
鼈［すっぽん］

【胼】ヘン
胼胝［たこ］

【蝙】ヘン
蝙蝠［こうもり］

【鞭】ベン
鞭撻［べんたつ］

ほ

【蒲】ホ
蒲鉾［かまぼこ］
蒲公英［たんぽぽ］
蒲団［ふとん］

【牡】ボ
牡蠣［かき］
牡丹餅［ぼたもち］
牡丹［ぼたん］

【拇】ボ
拇印［ぼいん］

【菩】ボ
菩提［ぼだい］

【方】ホウ
方舟［はこぶね］

【法】ホウ
法螺貝［ほらがい］

【幇】ホウ
幇助［ほうじょ］

【豊】ホウ
豊饒［ほうじょう］

【蓬】ホウ
蓬［よもぎ］

【髣】ホウ
髣髴［ほうふつ］

【鳳】ホウ
鳳仙花［ほうせんか］

【鮑】ホウ
鮑［あわび］

【亡】ボウ
亡骸［なきがら］

【芒】ボウ
芒［すすき］

【木】ボク
木通［あけび］
木耳［きくらげ］
木豇豆［きささげ］
木霊［こだま］
木偶の坊［でくのぼう］
木賊［とくさ］
木瓜［ぼけ］
木天蓼［またたび］
木菟［みみずく］
木槿［むくげ］
木犀［もくせい］
【朴】ボク
朴訥［ぼくとつ］
【翻】ホン
翻筋斗［もんどり］

ま

【麻】マ
麻疹［はしか］
【邁】マイ
邁進［まいしん］
【末】マツ
末枯れる［うらがれる］
末裔［まつえい］
【万】マン
万年青［おもと］
【曼】マン
曼珠沙華［まんじゅしゃげ］
【満】マン
満天星［どうだんつつじ］

み

【蜜】ミツ
蜜柑［みかん］

む

【無】ム
無花果［いちじく］
無垢［むく］
無碍［むげ］

め

【明】メイ
明晰［めいせき］
【茗】メイ
茗荷［みょうが］
【冥】メイ
冥利［みょうり］
【面】メン
面皰［にきび］
面子［メンツ］

も

【耄】モウ
耄碌［もうろく］
【朦】モウ
朦朧［もうろう］
【苜】モク
苜蓿［うまごやし］

や

【冶】ヤ
冶金［やきん］
【野】ヤ
野老［ところ］
野蒜［のびる］
【揶】ヤ
揶揄［やゆ］
【椰】ヤ
椰子［やし］
【薬】ヤク
薬師［くすし］

ゆ

【楡】ユ
楡［にれ］
【宥】ユウ
宥める［なだめる］
【優】ユウ
優曇華［うどんげ］

よ

【余】ヨ
余所見［よそみ］
余裕綽々［よゆうしゃくしゃく］
【羊】ヨウ
羊歯［しだ］
【洋】ヨウ
洋灯［ランプ］
【陽】ヨウ
陽炎［かげろう］
【沃】ヨク
沃土［よくど］

【翌】ヨク
翌檜［あすなろ］

ら

【裸】ラ
裸足［はだし］
【烙】ラク
烙印［らくいん］
【落】ラク
落葉松［からまつ］
【駱】ラク
駱駝［らくだ］
【辣】ラツ
辣韮［らっきょう］
辣腕［らつわん］
【懶】ラン
懶惰［らんだ］

り

【李】リ
李［すもも］
【陸】リク
陸稲［おかぼ］
陸奥［みちのく］
【栗】リツ
栗鼠［りす］
【柳】リュウ
柳葉魚［ししゃも］
【流】リュウ
流石［さすが］
流離［さすらい］
流浪［るろう］
流鏑馬［やぶさめ］
流暢［りゅうちょう］
【竜】リュウ
竜胆［りんどう］
【旅】リョ
旅籠［はたご］
【凌】リョウ
凌霄花［のうぜんかずら］
【椋】リョウ
椋鳥［むくどり］
【猟】リョウ
猟虎［ラッコ］
【裲】リョウ
裲襠［うちかけ］
【蓼】リョウ
蓼［たで］
【緑】リョク
緑青［ろくしょう］
【燐】リン
燐寸［マッチ］
【藺】リン
藺草［いぐさ］

れ

【礼】レイ
礼讃［らいさん］
【羚】レイ
羚羊［かもしか］
【澪】レイ
澪標［みおつくし］
【螺】レイ
螺子［ねじ］
【鱧】レイ
鱧［はも］
【櫟】レキ
櫟［くぬぎ］
【蓮】レン
蓮［はす］
【漣】レン
漣［さざなみ］

ろ

【呂】ロ
呂律［ろれつ］
【老】ロウ
老舗［しにせ］
【狼】ロウ
狼藉［ろうぜき］
狼狽［ろうばい］
【漏】ロウ
漏斗［じょうご］
【螻】ロウ
螻蛄［けら］
【肋】ロク
肋膜［ろくまく］
肋間［ろっかん］

わ

【和】ワ
和布［わかめ］
【歪】ワイ
歪曲［わいきょく］
【矮】ワイ
矮鶏［チャボ］

付 録

自在に使う 現代の日本語環境

ブログの基礎知識

定着しつつある現代カタカナ語 ミニ辞典

ABC略語 ミニ辞典

日本語を使うとき・調べるときに便利なサイト一覧

ブログの基礎知識

ブログとは

ブログとは、ホームページの一つの形式である。weblog（web＋log）の略で、もとはWeb上におかれた記録を意味していたが、現在では、頻繁に更新され、書かれた日時を追って記事（ブログで投稿したものや表示されたページ）を見ることができるようなものを広くブログと呼んでいる。ニュース、日記などのブログが代表的だが、ビジネスに活用する例もある。

短期間で広まった理由

◆更新が簡単である

ブログは、特別なソフトがなくても簡単に記事を書くことができる。また、デザインや書いた日時の記録などは自動的に処理されるので、文字入力ができる程度の知識で始められる。

◆読んだ人の反応がすぐにわかる

ブログでは、ふつう、読者が各記事に対してコメントを残せるようになっている。また、他の人のブログと相互リンクする機能もある。

知っておきたい用語

エントリー
一回分の記事のこと。

ブロガー
自分のブログを運営している人。

テンプレート
ブログのデザインの雛形。用意されたテンプレートの中から気に入ったものを選ぶだけで、見栄えのよいページを作ることができる。

カスタマイズ
自分流に変更を加えること。テンプレートのデザインを改良したり、新しい機能を付け加えたりする。機能付加用の小さいプログラムを「プラグイン」と呼ぶこともある。

トラックバック
二つのブログの記事を自動で相互リンクする機能。この機能を使えば、自分のブログから相手のブログへリンクを張ると同時に、相手のブログからも自分のブログへリンクを張ることができる。それにより、リンクを張られた側は、どの記事からどんな内容のものを書かれたのか知ることができる。

スパム
記事の内容と無関係に、宣伝のためにコメントやトラックバック機能を悪用されることがある。このようなものをコメント・スパム、トラックバック・スパムという。スパムを排除するためのツールもある。

カテゴリ
記事の分類。雑多な内容のブログでも、読者は興味のある分野の記事だけを読むことができる。

モブログ
「モバイル・ブログ」の略。携帯電話で更新しやすいようになっている。

◆ブログを始めるには◆

◎ホスティング型とサーバーインストール型の違い

ブログの作成環境には、ブログサービスをレンタルする「**ホスティング型**」と、webサーバーなどを用意して、ブログシステムを組み込む「**サーバーインストール型**」とがある。

◎メリットとデメリット

ホスティング型は、費用が無料または安価で、知識もほとんど必要ないが、提供されている範囲のサービスしか利用できず、不自由に感じることもある。

サーバーインストール型は、サーバー自体の維持管理が必要で、専門知識が必要な場合がある。ただし、カスタマイズの自由度は極めて高い。

1 ブログ作成のための環境を整える

◆──ホスティング型

プロバイダーや企業が提供するブログサービスに登録してユーザーIDとパスワードを取得するなど。

◆──インストール型

システムの動作環境に合ったサーバーをレンタルしたり、ブログシステムをインストールしたりする。

2 ブログタイトルを決める

作ろうとしているブログの内容に合ったタイトルをつける。

3 デザインを決める

テンプレートの中から、自分のイメージに合うものを選ぶ。

★サイドバーの位置は？
　→右・左・両サイド・なし
★色使いや飾りのイメージは？
　→かわいい・かっこいい・渋いなど
★機能は？
　→カレンダー・カウンター・時計など

4 記事を書く前の準備はこれで完了

◆ブログ運営の豆知識◆

トラックバックの利用

トラックバック機能によるリンクは、似たテーマの記事を結び付けるため、読者にとってもブロガーにとっても有用である。人気ブログへのトラックバックがあると、そのブログの読者が記事を読みにきてくれる。

ランキングの利用

ホスティング型のブログサービスでは、読者に投票してもらって記事のランキングを発表していることが一般的である。上位にランキングされると、急激にアクセスが増える傾向にある。

アフィリエイトへの参加

アフィリエイトとは、オンラインショップ等へのリンク経由で商品が売れることによって報酬をもらえる仕組みのこと。ブログサービスの規約で禁止されていることもあるが、個人のブログでは、常時広告を表示したり、記事中で商品を紹介したりしてアフィリエイトを活用していることが多い。

定着しつつある 現代カタカナ語 ミニ辞典

[使用上の注意]

1. 見出し語

1．1 見出し語は五十音順に配列し，長音記号「ー」は無視して並べてある。ただし，「ー」を含まない同形の語がある場合には，「ー」を含まない語を先に配列した。

1．2 カタカナでは同一の表記になるが，原語の異なるものは，見出し語の右肩に¹²³の数字を付けて，別見出しとした。

ルーター¹【looter（略奪者）】

ルーター²【router < route（ルート）】

1．3 原語が2つ以上の単語からなる複合語の場合，ハイフンの有無にかかわらず，見出し語には「-」を挿入した。これは見出し語の各要素の区切りを示すためであって，新聞・雑誌などで使用するときには省かれることもある。ただし，原語がひとつづりのときは，「-」を用いない。

アンダー-バー【under bar】

アンダーフロー【underflow】

2. 原語

2．1 見出し語の直後に【 】にくるんで示した。

2．2 原語が①英語（アメリカ英語を含む）と②固有名詞は，原則として原語名を省略した。

2．3 原語名の中には，略語を用いたものもある。これらについては，**4．原語の略語表**を参照。

2．4 登録商標（商品名・会社名など）には，原語の前に（商）と示した。

2．5 日本で独自につくられた，いわゆる和製英語・和製洋語は，次のように示してある。

ハンドル-ネーム【日< handle（通称・あだ名）＋ name】

アレルギー-マーチ【日<ド Allergie ＋英 march】

2．6 短縮語で，その短縮形も原語にある場合は，原つづりを示した。日本語に入って独自につくられた短縮語は，2．5のように示すか，または原語欄を一切省略した。

シットコム【sitcom < situation comedy】

イモビ ⇒イモビライザー。

2．7 原語における本来の語義を，（ ）にくるんで示した場合がある。

アウェー【away（離れた）】

2．8 原語の語源を示した場合がある。

サプリメント【supplement <ラ supplere（補充する）】

エコミュージアム【ecomuseum <フ écomusée】

テレマティクス【telematics < telecommunication（通信）＋ informatics（情報科学）】

3. 種々の記号

3．1 ⇔ ：その語・語義の反対語・反対語義，あるいは対となる語・語義を，この矢印の次に示した。

3．2 ⇒ ：「次の見出し語を見よ」の意味で用いた。

3．3 ★ ：その項目，その語義に関する補足説明を，この印の次で行った。

3．4 ～ ：追い込み見出し中に，主項目の代用として用いた。

トリビュート【tribute】

～ CD（トリビュート CD）

～小説（トリビュート小説）

～盤（トリビュート盤）

4. 原語の略語表（自明なものは省略した）

イ	イタリア語
英	英語（アメリカ英語を含む）
サ	サンスクリット
ド	ドイツ語
日	和製英語・和製洋語
フ	フランス語
ラ	ラテン語

ア行

アイス-スポット【ice spot】ネットワークでつながれた社会に対し，携帯電話やインターネットなどを使用できないなどIT（情報技術）から遮断された近未来の場所や空間。★2002年（平成14）総務省のネットワーク-ヒューマン-インターフェース研究会が急速に広がるホット-スポットに対していった造語。

アイドリング-ストップ運動【日＜idling + stop 一】自動車の停車時エンジン停止。燃料の節約や大気中への二酸化炭素・硫黄酸化物の排出の削減を推進する運動。★環境庁が1996年（平成8）から推奨。

アウェー【away（離れた）】サッカーなどで，相手チームの本拠地。また，そこで行われる試合。

アウト-グループ【out-group】外集団。共通の利害関係や道徳性などで結束したグループからはずれた人々。

アウトサイズ【outsize】衣服などで，特大寸法のもの。

アウトソーサー【outsourcer】アウトソーシングにおける，受託側の企業。⇒アウトソーシング。

アウトソーシー【outsourcee】アウトソーシングにおける受託企業。★この場合の反対語はアウトソーサー（委託企業）だが，一般にアウトソーサーは受託企業をさすことが多い。

アウトソーシング【outsourcing】①外注。外部調達。生産に必要な部品などを社外から調達すること。②外部委託。会社の業務，特に情報通信システムの運用などを外部の専門業者に委託すること。③（データやプログラムについて）外部資源の活用。

アウト-タスキング【out-tasking】⇒アウトソーシング。

アウトプット-デバイス【output device】プリンターなどの出力装置。

アウトブレーク【outbreak（突発）】暴動・戦争などの勃発。感情などの爆発。伝染病などの急激な大発生。

アーカイバー【archiver】コンピューター-ソフトウェアの1。データ-ファイルを管理・保存し，大きなファイルを圧縮するためのソフトウェア。

アクティブ-エージング【active aging】活力ある高齢化。高齢者は扶養される者であるという従来からの認識を改め，就業・ボランティア・娯楽などを通じ，高齢者の積極的な社会参加を促そうとする考え方。

アクティブ-セル【active cell】表計算ソフトウェアで，文字や数値などの入力作業を行うために指定されたセルのこと。

アグリゲーション-サービス【aggregation service】異なる複数のウェブ-サイトの情報を1つのウェブ-ページに集約して閲覧させるサービス。預金残高，保有株価の値動き，クレジット-カードの利用額明細など，銀行・証券会社・クレジット-カード会社などが提供するインターネット上のサービスを個人が1つのパスワードで利用する仕組み。情報センターに各社のパスワードを登録し，センターが本人に代わって情報を集める。

アグリゲーター【aggregator（集積者）】⇒コンテンツ-アグリゲーター。

アジア-カー【Asia car】自動車メーカーがアジア市場を対象に開発している低価格車。

アジア-ニーズ【Asian NIEs】韓国，台湾，香港，シンガポールなどのアジアの新興工業経済地域。

アジア-ヨーロッパ首脳会議【Asia-Europe Meeting】ASEANを中心とするアジア諸国とEUとの首脳会議。1996年発足。ASEMとも。

アシステッド-リビング-ホーム【assisted（補助を受ける）living（生活）home】ケア付き高齢者集合住宅。部屋は個室で，自立生活の維持を基本とし，必要に応じて食事や介護などのサービスを受けることができる。ナーシング-ホームに比べ，介護の必要性の低い高齢者を対象とし，在宅に近い環境が特徴。

アスキー-アート【ASCII art】コンピューター上で，等幅フォントの文字（狭義にはアスキー-コード）を組み合わせて描くイラストレーション。電子メールの署名・広告や，掲示板の発言などで用いられる。単に絵文字とも。ASCII-アート，AAとも。顔文字をアスキー-アートの一種とする考え方もある。

アスキー-ファイル【ASCII file】標準的なアスキー-コードに含まれる英数字や記号類だけから成るファイル。英語圏では

テキスト-ファイルと同義だが，日本語文字が含まれるテキスト-ファイルは，アスキー-ファイルとはみなされない。

アストロバイオロジー【astrobiology】宇宙生物学。地球外生命体の存在の可能性と地球上の生命体の起源について研究する学問。

アスピレーター【aspirator】（ガス・液体の）吸入器。吸引器。吸引ポンプ。

アース-ペネトレーター【earth-penetrator】地中貫通型爆弾。地下の軍事施設破壊のために米国で開発された小型軽量の核兵器。

アズーリ【イ azzurri（azzuro の複数形）】サッカーのイタリア代表チームの愛称。イタリア代表チームのユニフォームが青色【イ azzurro】なことに由来。

アセスメント-テスト【assessment test】①評価試験。②ライフセービング競技（プール種目）の1。競技チームに対して水難事故などの模擬設定を与え，制限時間内に適切な活動を行わせるもの。審判の採点によって優劣を決める。

アセット-アロケーション【asset allocation】経済主体が各種の金融資産を運用する際に，最大の収益となるように，運用資金と金融資産の組み合わせをすること。

アソシエート-システム【associate system】⇒アフィリエート-プログラム。

アソシエート-プログラム【associate program】⇒アフィリエート-プログラム。

アップローダー【uploader】インターネットなどで，アップロードを行うソフトウェアの総称。ウェブ-ページ（ホーム-ページ）を転送・更新するソフトウェアなど。

アップロード【upload】パソ-コン通信で，一定量のデータをホスト-コンピューターに送信すること。⇔ダウンロード。

アディション【addition】付け加えること。追加。足し算。加法。

アド-イン【add-in】コンピューターや周辺機器に組み込むことにより，その機能を高めるもの。拡張インターフェース-ボードなど。

アドウェア【adware】広告表示によって収入を得るソフトウェアの総称。狭義には，フリーウェアと共にインストールされ，ブラウザー利用時に広告を自動的に付加するソフトをさす。

アド-オン-ボード【add-on board】コンピューターの処理速度などを上げるために付加する電子回路基板。

アド-カード【ad card】無料で持ち帰りができる広告・宣伝用のポスト-カード。店舗などの専用ラックに置かれ，興味をもった人が持ち帰るため，街頭で配布するチラシなどに比べ効率的。

アート-サポーター【日＜ art ＋ supporter】障害者たちの絵画や工芸品などの創作活動や，そのための環境づくりを支援するサポーター。

アドバーテインメント【日＜ advertainment ＜ advertisement（広告）＋ entertainment（娯楽）】広告とエンターテインメントを，娯楽性重視のバランスで融合した作品の総称。ゲームを提供することによって集客を行う企業サイトや，広告商品が登場する映画作品など。

アドバンスト【advanced】アドバンスドとも。①進んださま。進歩したさま。先取り。②高等。上級。③（コンピューターなどで）拡張型。高度。④歳とったこと。年配。

アド-ホック-モード【ad hoc mode】無線LAN の接続方式の1。中継拠点（無線アクセス-ポイント）を介さずに，特定の情報機器どうしを1対1で無線接続するもの。2台のパソ-コンで相互通信を行う場合などに用いられる。⇒インフラストラクチャー-モード。

アドミニストレーター【administrator】管理者。行政官。アドミンとも。⇒システム-アドミニストレーター。

アドミニストレーション【administration】管理。行政。アドミンとも。

アドミン【admin】⇒アドミニストレーター，アドミニストレーション。

アナ-アナ変換【analog-analog convert】アナログ周波数変更。地上デジタル放送にあたって，同じ周波数帯域を使用する既存の放送を別の周波数帯域に移動すること。アナログ放送をアナログ放送のまま移動することからいわれる。アナ-アナ変更とも。

アノニマス-リメーラー【anonymous remailer（匿名の電子メール転送サービス）】⇒リメーラー。

アバター【サ avatar（地上に降りた神の化身）】インターネット上の仮想空間で，チャットや散歩を楽しむなど，ユーザーの分身として動きさまざまな経験をするオ

リジナルのキャラクター。★ヒンドゥー神話で，この世に現れた神の化身から。
アフィリエーション【affiliation】⇒アフィリエート。
アフィリエーター【affiliater ＜ affiliate（提携する）】アフィリエート-プログラムに参加し，自らが運営するホーム-ページなどに提携先企業（広告主）の商品広告を掲載する者。広告の掲載媒体を経由した商品の売り上げに応じて報酬を得る。⇒アフィリエート-プログラム。
アフィリエート【affiliate】加入すること。提携すること。
アフィリエート-プログラム【affiliate program】インターネット上の広告において，広告主が広告掲載者に対して，売上げに応じた手数料を支払うシステム。バナー広告からアクセスしてきたユーザーが買物をした場合，その購入金額に応じて広告主が報酬を支払う。アソシエート-プログラムとも。
アプライアンス【appliance（装置）】⇒インターネット-アプライアンス。
アプリケーション-サービス-プロバイダー【application service provider】サーバーにERP（統合業務用パッケージ）などのアプリケーション-ソフトを導入し，ユーザーにはネットワークを介してそのソフトを利用させるサービス事業者。ユーザー側はソフト更新や管理の手間を省くことが可能になる。アプリケーション-ホスティングともいう。ASPとも。
アプリケーション-ソフトウェア【application software】実用プログラム。ワープロ用，データベース用など，特定の仕事をするためのプログラム。アプリケーション-プログラムとも。
アプリケーション-パッケージ【application package】関連するアプリケーション-ソフトウェアを1つにまとめたもの。
アプリケーション-プロセッサー【application processor】携帯電話などで，映像や音楽などのマルチメディア処理など，通話や通信の基本機能以外の処理を専門に実行するプロセッサー。
アラート-ボックス【alert box】警告ボックス。電子メールが届いたり，プログラムが回復不能になったなど，コンピューターからユーザーへのメッセージや警告を表示するボックス。
アーリントン【Arlington】米国，バージニア州北部のポトマック川の西岸にある国立の墓地。ワシントン市の対岸に位置する。無名戦士の墓で知られる。
アルファ-テスト【alpha test】ソフトウェア-プログラムなどの製品テストのうち，社外に委託する前に，企業内で行われるテスト。
アレルギー-マーチ【日＜ド Allergie ＋英 march】小児アレルギーにおいて，加齢とともにアレルギーの原因抗原と症状が次々と変化していく現象。乳幼児期の食物アレルギーによるアトピー性皮膚炎から始まるケースが多く，喘息やアレルギー性鼻炎，花粉症などへ次々と移り変わっていく。
アンカーパーソン【anchorperson】アンカーとも。①雑誌などで，取材記事を最終的にまとめあげる人。②ニュース番組などの総合司会者。
アンク文字【ANK ―＜ alphabet ＋ numerals ＋ kana】アルファベット・数字・半角片仮名の総称。JISコードで8ビット（1バイト）の値がそれぞれに割り当てられている。
アンダー-スコア【under score】⇒アンダー-バー。
アンダー-バー【under bar】下線符号（_）。コンピューターで用いられる情報交換符号の1。ファイル名などで複数の単語を区切る際，空白符号（スペース）の代わりとして多用される。アンダー-スコアとも。
アンダーフロー【underflow】コンピューターで，演算処理の結果，数値の絶対値が非常に小さくなり，表現できる範囲を超えてしまうこと。
アンチ-エージング【anti-aging（加齢への抵抗）】抗老化。老化を防止すること。多くの場合，若返りを目的にした医療・美容・整形などに対していわれる。
アンテナ-リング【日＜ antenna ＋ ring】携帯電話やPHSのアンテナの先端部分に取り付ける，小さな指輪状のアクセサリー。携帯リングとも。
アンデリート【undelete】コンピューターで，削除したファイルを復活させること。
アンフォーマット【unformat】フォーマットされていない状態にすること。
アンマウント【unmount】アクセス可能な記憶装置をアクセス不能な状態にすること。
アンラーニング【unlearning】学んだこと

を忘れること。過去の成功体験や知識，習慣を捨てること。

イエロー-ケーブル【yellow cable】イーサネットで使われている同軸ケーブル。★通常は黄色に着色されていることから。

イコカ【ICOCA ＜ IC Operating Card】JR西日本の出改札システムで用いる，非接触ICカード（定期券・プリペイド-カード）の愛称。JR東日本のSuicaと同じ機能を果たす。2003年(平成15)に導入。★「行こか！」の意味も込められている。

イー-コマース【e-commerce】電子商取引。

イージー-ソフトウェア【easy software】コンピューターについて十分な知識がなくても簡単に使えるように工夫されたソフトウェア。

イスラエル-ロビー【Israel lobby】米国のユダヤ系市民によって構成される親イスラエル圧力団体。

イソフラボン【isoflavon】ダイズなどマメ科の植物などに含まれる，穏やかなエストロゲン類似作用を示す物質。主な成分は配糖体で，生体内に存在する天然のエストロゲンに類似の構造をもつ。骨粗鬆(そしょう)症の予防や更年期障害の軽減などに効果があるとされる。

イー-トラベル【日 e-travel】インターネット旅行販売。インターネット上で旅行商品の予約や販売を行うビジネス。また，その旅行販売サイト。既存の旅行会社が運営するもの，サイトのみの専門業者，航空会社やホテルなどが運営するものなどがある。

イニシャル-ウインドー【initial window】コンピューターで，プログラムを動作させた際，初めに現れるウインドー。

イミグラント-ビザ【immigrant visa】移住ビザ。居住ビザ。移民ビザ。移住を目的とする入国に適用されるビザ。

イメージ-セッター【image setter】DTPで使われる版下作成用の高解像度プリンター。ページ記述言語により，印画紙やフィルムに高解像度で出力できる。

イメージ-センサー【image sensor】写真や絵などの画像情報を読み取るための光センサー。

イメージ-プロセッサー【image processor】画像処理装置。デジタル-カメラやイメージ-スキャナーなど画像情報をデジタル-データ化する装置。

イー-メール【E-mail ＜ electronic mail】電子メール。

イモビ ⇒イモビライザー。

イモビライザー【immobilizer（動けないようにする装置）】自動車の電子式盗難防止装置の1。エンジン-キーをシリンダーに挿入した際，両者の電子的な照合を行い，合致しないとエンジンを始動させない仕組み。合鍵や不正侵入によるエンジン始動を防止する。イモビとも。

インク-ジェット【ink-jet】プリンターの印刷方式の1。霧状のインク粒子を飛ばして用紙に点を描き，その集まりで文字や図形を印刷する。

インサート-キー【insert key】キーボード上のキーの1。文字入力の際，挿入モードと上書きモードを切り替えるためのキー。通常，INS，Insertなどと表示されている。

インスタント-メッセンジャー【instant messenger】ネット上で，登録した相手が呼び出し可能かどうか（在席中か外出中かなど）を常に確認でき，呼び出した相手とチャットできるシステム。インスタント-メール，IMとも。

インスタント-メール【instant mail】⇒インスタント-メッセンジャー。

インスツルメント-グローブ【instrument glove】⇒データ-グローブ。

インストーラー【installer】ソフトウェアをパソ-コンのハード-ディスクにインストールするプログラム。セット-アップ-プログラムとも。

インストレーション【installation】コンピューターやオーディオ装置などを使える状態に設定すること。

インターネット-アプライアンス【internet appliance】インターネットへの接続が可能な，パソ-コン以外の機器。携帯電話・ゲーム機・情報家電など。

インターネット-エクスチェンジ【internet exchange】インターネット-プロバイダーの相互接続を仲介する場。多くのプロバイダーが集中し，処理能力が問題となっている。

インターネット-オークション【internet auction】⇒ネット-オークション。

インターネット-カフェ【Internet café】店内でインターネットにアクセス可能な設備をもった喫茶店・カフェ。サイバーカフェとも。

インターネット-コミュニティー

【Internet community】ネットワーク上での仮想的な社会空間のこと。メーリング-リスト・掲示板・チャットなどによる情報交換や交流の場をコミュニティーにたとえたもの。

インターネット-サービス-プロバイダー【internet service provider】⇒インターネット-プロバイダー。

インターネット-サービス-リスト【internet service list】インターネットで入手できる情報やサービスを分野別にまとめた一覧表。

インターネット-バンキング【Internet banking】インターネットを通じて，残高照会や振り込みなどができる銀行サービス。ネット-バンキングとも。

インターネット-プロバイダー【internet provider】インターネットへの接続サービスを提供する団体。営利を目的とするプロバイダーは第2種通信事業者の登録が必要。インターネット-サービス-プロバイダー，ISPとも。

インターネットワーク【internetwork】複数のネットワークを接続して，一つのネットワークとして機能するようにしたもの。

インターミッション【intermission】中断。休止。(劇場・映画館などの) 休憩時間。幕間(まくあい)。

インタラクション【interaction】相互作用。

インタラクティビティー【interactivity】情報通信等で対話型のコミュニケーションが可能な機能。双方向機能。

インディケーション【indication】指示。指摘。(計器の) 表示。兆候。

インデクサー【indexer】索引作成者。データベースの索引を作成する人。また，自動的に索引をつくるプログラム。

インテグレーター【integrator】⇒システム-インテグレーター。

インフォメーション-フロート【information float】情報伝達にかかる時間。

インフォメディアリー【infomediary < information + intermediary (仲介業)】情報仲介業。電子商取引で，商品やサービスの提供者と享受者を仲介するサービス。ネット-オークション，オン-ライン-ショッピングなど。

インフラストラクチャー-モード【infrastructure mode】無線LANの接続方式の1。中継拠点 (無線アクセス-ポイント) を介して，複数の情報機器を無線接続するもの。パソ-コンどうしの相互通信やインターネットへの接続などに用いられる。インフラストラクチャー-モード。⇒アド-ホック-モード。

インプラント【implant】欠損あるいは外傷を受けた部位に埋め込むために，人工的に作製した器官・組織の代替物。または，それを埋め込むこと。人工関節・義歯・腱・血管など。

インフレーターゲット【inflation target】インフレ率目標政策。中央銀行がインフレ率の目標を設定・公表し，この達成を優先する考え方。悪性のインフレを押さえることと中央銀行の独立性の維持ということを主な目標にする点が，調整インフレ論と異なる。

ウィン-ウィン【win-win】交渉などで，双方にとって好都合，有利なこと。

ウィンドー-マネージャー【window manager】ディスプレー上のウインドーの大きさを変えたり，移動したり，タスク管理などを行うプログラム。

ウェアーズ【warez < software】インターネット上で流通する海賊版ソフトウェア。また，それを流通させる行為やそれを行う人。有償のソフトウェアが無断で複製され，プロテクトの解除が可能な状態でインターネット上に公開される。ワレズ，w@rezとも。

ウェッブ【web】⇒ウェブ。

ウェブ【web】①網。網目。②⇒ワールド-ワイド-ウェブ。

〜TV【Web TV】専用の端末をテレビと電話回線に接続することで，リモコンにより簡単にインターネットにアクセスでき，テレビ画面上で操作できるサービス。商標名。

ウェブ-アーカイビング【web archiving】ウェブ上の有用な情報資源を貴重な文化資産として収集・蓄積・保存していく取り組み。1990年代半ば以降，欧米などの国立図書館を中心に，独自のシステムや手法に基づくさまざまな試みが行われている。日本では国立国会図書館が実験プロジェクト「インターネット資源選択的蓄積実験事業 (Web Archiving Project, 略称WARP)」を2002年度(平成14)から実施。

ウェブ-アクセシビリティー【web accessibility】障害の有無や年齢などの条

件に関係なく，だれもが同じようにインターネットを中心として提供される情報を利用できること。また，ウェブ-ページに対するアクセスと利用のしやすさの度合いをいう。

ウェブ-ページ【web page】インターネットのホーム-ページ。

ウェブ-マスター【web master】インターネットにおいて，ホーム-ページの管理責任者。ホーム-ページの運営・管理・内容などについて，総合的に責任を持つ。

ウェブログ【weblog】⇒ブログ。

ウォーター-ガーデン【water garden】水を主題にして造られた庭。また，水を取り入れたガーデニング。特に，容器などに水生植物を植え，ベランダや室内などに飾って楽しむ方法。

エアポート-コード【airport code】⇒スリー-レター-コード。

エコ-カー【eco car】二酸化炭素などの排出を抑えることで，環境に配慮した自動車。低燃費車，ハイブリッド-カー，燃料電池車，電気自動車など。

エコノミー-クラス症候群【economy（倹約）class syndrome】飛行機の座席に，長時間，同じ姿勢で座り続けることによって発生しやすくなる症状。腰痛や足の痛み，深部静脈血栓症（俗に旅行者血栓症）など。姿勢を適宜変えることなどで予防が可能。ECS。エコノミー-クラスの搭乗客に発症例が多いことから。実際にはファースト-クラスや列車・バスなどでも同様の症状が起こる。2002年(平成14)日本旅行医学会ではロング-フライト血栓症への改称を提言している。

エコ-マネー【日＜eco-＋money＜ecology（環境）＋economy（経済）＋community（地域）】特定の地域，特定の分野だけで流通する限定通貨。ボランティア活動の対価として，商品やサービスの提供が受けられる通貨など，さまざまな形があり，各地に広がっている。

エコミュージアム【ecomuseum＜フ écomusée】生活環境博物館。ある地域の有形無形の固有資源（自然・文化・歴史・生活など）について，地域住民が主体となって，その保全や研究などを行う活動。また，そのような地域を博物館に見立てていう語。フランスの博物学者ジョルジュ-アンリ-リビエール【Georges Henri Rivière】が提唱。エコミュゼとも。

エージ-ハラスメント【age harassment】高年齢を理由として行われる嫌がらせ。職場での無視や離・退職の要求など。邦略してエイ-ハラ。エイジング-ハラスメントとも。

エシュロン【echelon】米国，イギリスなどが運用していると言われる通信傍受システム。世界中で通信されている電話・ファックス・電子メールの内容をチェックできる。★エシュロンは，軍事用語で梯隊(ていたい)(敵の攻撃を局所化するために部隊を縦長に配置する陣形)。

エッセンシャル-ドラッグ【essential drug】その国の保険医療に最低限必要な医薬品。WHOがモデルとなるリストを提唱し，それを参考に各国の医療事情に応じて選定される。

エディー【(商) Edy】読み取り機にかざすだけで支払が済む電子マネーの1。ビットワレット社が運営する非接触型ICカードのプリペイド型電子マネー-サービス。またカード名。

エブリデー-カジュアル【everyday casual】会社員が，毎日カジュアルな服装で勤務すること。特定日にカジュアルな服装で勤務するカジュアル-デーに対比していう。

エル-ネット【el-Net】教育情報衛星通信ネットワーク。通信衛星を活用し，教育・文化・スポーツ・科学技術に関する情報を全国に直接発信する文部科学省のネットワーク。公民館・図書館などの社会教育施設や学校を結び，教育番組や大学の公開講座，研修プログラム，ニュースなどを送信する。1999年(平成11)7月運用開始。

エンディング-ノート【日＜ending＋note】自分の終末期や死後について，その方針などを書き留めておくノート。万一の場合に備え，自分史，知人の連絡先，介護・葬儀・遺産相続の方針などを，穴埋め式に記入する。近年市販され，中高年世代に人気を得ている。

エンベッド【embed（埋め込む）】①コンピューターで，あるソフトのデータ-ファイルに別のソフトのデータなどを組み入れること。②戦闘部隊と寝食を共にしながらの従軍取材。

オア回路【OR circuit】論理回路の1。2個以上の入力端子と1個の出力端子を持ち，少なくとも1個の入力端子で入力がある

時，出力が行われるもの。
オーサリング【authoring】①著すこと。生み出すこと。②マルチメディア作品の製作過程における，異種データの組み合わせやデザイン，レイアウトなどの一連の編集作業。
オーダー-エントリー【order entry】工場・物流センターなどで，顧客の注文を処理し納品の手順を整える作業。
オーディオ-デバイス【audio device】マイクやスピーカーなど音声処理装置の総称。また，コンピューターの音声入出力装置。
オーディット【audit（監査）】①コンピューター-システムで，システムのアベイラビリティー（可用性）・信頼性などを検査すること。②病院の看護などで，看護記録などからその看護内容の妥当性・適切性を当人や同僚，専門家が評価すること。
オーバードライブ-プロセッサー【overdrive processor】CPU の内部動作速度を高速化する部品。専用ソケットに挿入して使う。
オーバーラップ-ウインドー【overlapping window】ディスプレー上で重なり合って表示されるウインドー。
オービス【ORBIS】速度違反を犯した自動車を発見し，違反速度と運転者・ナンバープレートの写真を自動的に記録する装置の俗称。日本では 1978 年(昭和 53)より設置・運用を開始。★米国ボーイング社の商標が一般化したもの。
オフィス-スイート【office suite（一組み）】⇒オフィス-ソフト。
オフィス-ソフト【office software】業務活動を支援する，ワー-プロ・表計算・データ-ベースなどの複数のアプリケーション-ソフトウェアを，1 つにまとめたシステム。また，そのようなパッケージ製品。統一された外観や操作性をもつことが多い。オフィス-スイートとも。
オフ会【off —】ネットワーク上のコミュニティーのメンバー（同じ掲示板に集まる人など）が，実際に顔を合わせる集まり。この場で初めて顔を合わせる場合も多い。オフライン-ミーティングとも。ネット上でのオン-ラインのオンに対してオフという。
オフ-シアター【off-theater】文化振興の 1 つとして映画を上映する文化施設。また，自主制作映画。
オプト-イン-メール【opt-in（選択する）mail】ユーザー自身が選んだ分野についての企業広告，製品情報や買い得情報などを広告主が送るメール。ユーザー自身の許可を得ている点で，スパム-メールとは区別される。
オフ-ボディー【off body】シルエットが体の線から離れた，ゆったりしたデザイン。
オフ-ライン-ミーティング【日＜ off-line + meeting】⇒オフ会。
オープン-ソース【open source】コンピューター-プログラムのソース-コードの利用において，複製・修正・再配布などが自由に認められていること。
オルタナティブ-トレード【alternative trade（もうひとつの貿易）】⇒フェア-トレード。
オールド-オールド【old old】後期高齢者。老年学において，高齢期を 2 期に区分した場合の後期に相当する 75 歳以上の人。3 期に区分する場合は 85 歳以上の人。
オン-タイム【on time】勤務時間中。⇔オフ-タイム。★英語では「時間通りに」の意。
オン-デマンド-ストリーミング【on demand streaming】オン-デマンド方式によるストリーミング配信。蓄積した音声・映像データを，要求に応じて配信する仕組み。
オン-ライン-クライアント【on-line client】①ネットワークを利用する顧客。②インターネット上のビジネス顧客。
オン-ライン-グローサー【on-line grocer】食料品や日常雑貨などの商品をインターネットで受注し，配達する業態。また，その業者。
オン-ライン-コミュニティー【on-line community】⇒インターネット-コミュニティー。
オン-ライン-サイン-アップ【on-line sign-up】インターネットなどで，ある特定のサービスにオン-ラインで加入手続きをすること。
オンライン-ショッピング【on-line shopping】パソ-コン通信を利用した通信販売。商品のリストや在庫などを調べて注文する。
オンライン-トレード【online trading】インターネットを利用した株式・債券・

投資信託などの情報提供および売買取引。従来の証券会社およびオン-ライン証券が提供する。オン-ライン取引，ネット取引とも。

オン-ライン-フリー-マーケット【online flea market】インターネット上で，不用品などの交換や売買を仲介するホーム-ページ。また，そのようなサービス。邦略してオン-ライン-フリマ。

カ行

カジュアル-デー【casual day】会社員がカジュアルな服装で勤務する日。金曜日を設定する企業が多いためカジュアル-フライデーとも。
カジュアル-レストラン【casual restaurant】堅苦しくない雰囲気のレストラン。
カスケード-ユース【cascade use】使用済みの部材や材料などを，段階的に質の低いものに変化させて再利用してゆくこと。
カード-ビュワー【card viewer】IC カードなどの残高・利用履歴を確認できる機器。
カード-ライター【card writer】IC カードなどに書き込む機器。
カー-ナビ　⇒カー-ナビゲーション-システム。
カー-ナビゲーション-システム【car navigation system】自動車のための道案内システム。現在位置・進行方向などの情報を人工衛星・地磁気計・走行距離計などを利用して測定し，音声や画面で道路情報を運転者に与える仕組み。略してカー-ナビ。
ガバナンス【governance】統治。統治能力。
カラー-コード【color code】印刷やコンピューターなどで，使用する色を指定するための色番号。色コードとも。
カラー-パレット【color palette】カラー画像表示の色指定で用いるパレット状になっている色見本一覧のツール。
ガンマ-アミノ酪酸【gamma-aminobutyric acid】抑制的にはたらく神経伝達物質の 1。アミノ酸の一種で，生体内ではグルタミン酸から合成される。茶葉や発芽玄米の胚芽中に蓄積することが知られ注目されている。略してギャバ【GABA】。
ギガビット-ネットワーク【Gigabit Network】日本超高速大容量ネットワーク。1999 年運用開始。JGN（Japan Gigabit Network）。
ギーク【geek】奇人。変人。コンピューターやインターネットなどの分野の知識は豊富だが，社会性に欠けるような人を俗にいう。
キャッチー【catchy】人の心を捕まえる・引きつけるようなさま。魅力ある・惑わすようなさま。
ギャバ【GABA】⇒ガンマ-アミノ酪酸。
ギャランティード【guaranteed】品質などが保証されていること。
キャリア-カウンセラー【career counselor】個々人のキャリアの方向・発達や職業・会社選択などのサポートを行う専門職。学校での進路指導や社会人の転職・求職時の相談にあたる。
キャリア-センター【career center】特に，大学などで求人情報の収集・提供から業界動向，履歴書の書き方など細部にわたり就職支援をする部門・施設。米国の学校では多く設けられている。
キーレス-エントリー【keyless entry】鍵を使わず，音波や電波を用いてドアを施錠したり解錠するもの。
クエリー【query（質問）】データベースの検索で，指定された条件を満たす情報を取り出すために行われる処理の要求。問い合わせともいう。
グッド-ガバナンス【good governance】良い政治。良い統治。ある国の民主主義や市場経済が円滑に機能すること。また，そのために必要な要素，政策・法体系・組織形態などをいう。
グヌーテラ【Gnutella】ネットワーク上で，特定のサーバーを経由せず，ユーザーどうしがコンピューターを直接接続しファイルを共有するソフトウェア。
クライシス-モード【crisis mode】有事モード。有事態勢。状態。
クラスタリング【clustering】複数のコンピューターを統合し，一つのサーバーシステムとして扱うための技術。処理能力の向上や，一部に障害が生じても他に影響を及ぼさないといったリスクの分散を目的とする。
クラッシュ-アンド-リバース【crash and reverse】（経済状況などが）破局があった後に回復すること。
クラッシュ-シンドローム【crush syndrome】挫滅症候群。広範囲にわたる筋組織の損傷により引き起こされる症候群。

初期にはショック症状があり，急速に腎機能が悪化する。

グリコーゲン-ローディング【glycogen loading】スポーツ競技の前に炭水化物を多量に摂取して体内にグリコーゲンを貯蔵し，競技中のスタミナ切れを防ぐ食事法。カーボ-ローディングとも。

クリスタル-サイクル【crystal cycle】液晶パネル市場において，需給バランスの波が繰り返されること。★シリコン-サイクルにならっていわれる。

クリスマス-プレート【Christmas plate】クリスマスにちなんだ絵柄の磁器製の平皿。陶器メーカーなどが年ごとに年号の入ったものを製造。クリスマス-イヤー-プレートとも。

クリック-アンド-ブリック【click and brick】⇒クリック-アンド-モルタル。

クリック-アンド-モルタル【click and mortar】電子商取引で，インターネット上の仮想の店舗と実在する店舗の両者を販売経路として並立させようとする考え方。また，広くネットワークと実際の世界を対比していう語。実際の家屋の意の【bricks（煉瓦）and mortar（モルタル）】のもじり。

グリーフ【grief】深い悲しみ。悲嘆。嘆き。

グリーフ-ケア【grief care】家族などの近親者・大切な人を亡くした人に対する心のケア。

グリーンウオッシュ【greenwash】①【< green + brainwash（洗脳）】企業が環境保全を支持する立場を示すために行う広報活動。②【< greenback（ドル紙幣）+ wash】

グループ-ケア【group care】社会福祉において，複数の要援護者にグループ活動を通じて行うケア。施設ケア・デイ-ケアなどの場で活用される。

グループハウス【日< group + house】高齢者を中心に少人数で共同生活を営む集合住宅。プライバシーが保てる個室があり，介護付きの施設機能をもつ。

グローバル-ボンド【global bond】グローバル債。日本，米国，ヨーロッパで同時に発行募集される債券。

グローバル-リセッション【global recession】世界同時不況。

グローバル-リテラシー【global literacy】国際対話能力。異文化理解能力。相手の文化的な背景を理解する能力。

ケア-プラン【care plan】介護サービス計画。介護保険制度で要介護認定を受けた場合，本人の希望や必要性に応じて利用限度額・回数のなかでどのようなサービスを組み合わせて受けるかの計画。自分でも作成できるが，依頼すれば介護支援専門員が作成する。

ケア-マネジメント【care management】介護保険制度下で，保険・医療・福祉の専門家や機関が，相互に協力し合い，総合的な福祉サービスを施すこと。ケース-マネジメントとも。

ゲートウェー-ドラッグ【gateway drug】麻薬や覚醒剤使用へ進むきっかけとなり得る薬物。シンナーのように簡単に入手できる薬物や，大麻のように常習性が薄いとされる薬物など。

ケーブル-モデム【cable modem】CATVネットワークを利用した高速双方向通信を可能にするために使うモデム。

ゲーム-コミック【日< game + comic】コンピューター-ゲームのシナリオや設定を原作として描かれたコミック。

コジェネレーション【cogeneration】廃熱発電。熱併給発電。熱電併給。一種類のエネルギー源から複数のエネルギーを取り出すこと。例えば，電力と熱を同時につくること。コージェネレーションとも。

コジェネレーション-システム【cogeneration system】⇒コジェネレーション。

コスト-カッター【cost cutter】企業経営において，業務コストを削減し，企業体質の改善を行う人（経営者など）。

コーチング【coaching】目標を達成するために必要となる能力や行動をコミュニケーションによって引き出すビジネスマン向けの能力開発法。近年はビジネスだけでなく育児など生活上のテーマも扱われている。★1960年代から米国で広まった。

コーディペンデンシー【codependency】共依存。アルコール依存症の家族の世話などの，長期にわたる報いのない抑圧的な状況を経験することで，自信や個人としての意識を失ってしまうこと。

コーデック[1]【codec < coder（符号器）+ decoder（復号器）】情報を符号化・復号化する電子回路。映像をデジタル-データに変換し，それをアナログ-データとして再生する場合など。

コーデック[2]【codec < compression（圧縮）+ decompression（伸長）】コンピュ

ーターにおいて，データを圧縮・伸長するプログラム。動画データを保存用に圧縮し，再生用に伸長する場合などに用いる。

コードシェア【codeshare】共同運航。路線提携。提携航空会社どうしが路線ネットワークを活用しあい，座席や販売などを提携して運航すること。コード-シェアリングとも。

コード-シェアリング【code sharing】⇒コードシェア。

コピー-コントロール CD【日＜copy＋control＋CD】複製制御機能を備えたコンパクト-ディスク（CD）。CD プレーヤーでの再生が可能で，パソ-コン上に楽曲データを取り出す行為（リッピング）が不可能な CD などをさす。著作権保護の観点から，一部国内メーカーが 2002 年（平成 14）に販売を開始。略して CCCD。⇒リッピング。

コピーワンス【copyonce】デジタル-テレビ放送などで，番組を 1 回しか録画できないコピー制御方式。録画したものからのダビングはできない。デジタル放送の普及で著作権保護のため導入された。

コミュニティー-ビジネス【community business】地域の様々な要望や課題に対応して，住民が地域人材や技術・施設・資金などを活用して，継続的に事業を行い利益をあげ，豊かな地域社会づくりと地域経済の活性化を目指すビジネス。

コミュニティー-ルーム【community room】地域交流室。地域の会合，各種教室などに使用される。★インターネットでは電子掲示板，ホーム-ページ，出会い系サイトの題名として使われている。

コメディカル-スタッフ【comedical staff】医療協同従事者。医師以外の看護師・薬剤師・歯科衛生士・理学療法士・作業療法士など。以前はパラメディカル-スタッフとも。

コラボレート【collaborate】ともに働くこと。協力すること。

ゴールデン-ライン【日＜golden＋line】小売業で目につきやすいことから，購入者の目の高さ，またはその位置にある販売棚。一般に 100 − 120cm 程度とされるが，商品によって異なる。

コロケーション-ルール【collocation（配置・配列）rule】電気通信事業において，新たに参入した接続事業者などが，NTT など指定電気通信設備を設置する事業者の建物などに，必要な装置を設置する際の手続きや条件についてのルール。

コンシューマー-ゲーム【consumer game】家庭用として販売されるコンピューター-ゲームの総称。テレビ-ゲームや携帯ゲームなど。家庭用ゲーム。

コンシューマー-マーケティング【consumer marketing】一般消費者を対象とした消費財のマーケティング。

コンセプチュアル-スキル【conceptual skill】主にビジネスの場において必要とされる，複雑な問題を合理的に整理・判断する能力のこと。

コンセプト-カー【concept car】試作車。デモンストレーション用に製作される，量産や市販を前提としない自動車。自動車メーカーの技術的・デザイン的な方向性を体現したもの。モーター-ショーなどで参考出品される。

コンダクティブ充電【conductive（伝導性の）charge】接触充電。電源と充電器を導体で接触させて行う充電方式。非接触型充電（インダクティブ充電）方式に対して使われる。

コンタクト-センター【contact center】企業活動における顧客との接触（勧誘・受注・問い合わせなど）を，あらゆる通信手段で統合的かつ双方向的に実現する仕組みのこと。電話・郵便・ファックス・電子メールなど複数の通信手段を用いる。顧客だけでなく，営業社員や提携企業との接触を支援するものもある。

コンテンツ【contents】①中身。内容。特に本の内容，目次。★コンテントの複数形。②情報の内容。放送やネットワークで提供される動画・音声・テキストなどの情報の内容をいう。

コンテンツ-アグリゲーター【contents aggregator】自社で運用するサーバーに音楽や対戦ゲームなどのコンテンツを収集し，ネット上で提供するサービス。単にアグリゲーターとも。

コンテンツ-サービス-プロバイダー【contents service provider】⇒コンテンツ-プロバイダー。

コンテンツ-プロバイダー【contents provider】インターネット上で，デジタル-コンテンツを提供する業者。ニュース・音楽・映画・ソフトウェアなどを配信したり，データベース検索・ネットワ

ーク-ゲームなどのサービスを提供する。コンテンツ-サービス-プロバイダー，CSP とも。

コンパクト-フラッシュ【Compact Flash】フラッシュ-メモリーを利用した，音楽・画像などのデータの記録媒体の 1。デジタル-カメラや IC レコーダーの記録媒体に使われる。商標名。略して CF。

コンパクト-フラッシュ-メモリー-カード【Compact Flash memory card】⇒コンパクト-フラッシュ。

コンピタンシー ⇒コンピテンシー。

コンピタンス【competence】（課題を解決するための）能力や技術。コンピテンスとも。

コンピテンシー【competency（能力・資格・適性）】人事評価制度において，業績優秀者が保有している能力。業績優秀者の行動パターンからその特性を抽出し，人事評価の具体的基準とする。

コンピテンス ⇒コンピタンス。

コンピューター-ペスト【computer pest】コンピューターのシステム情報などをユーザーに知られないうちに第三者に送信したり，不正な遠隔操作を可能にするソフトウェアの総称。悪用されるキー-ロガーなどをいう。コンピューター-ウイルスやワームと異なり，他のファイルへの感染や増殖を主目的としない。

コンピレーション【compilation（編集，編集物）】特定の編集方針に基づいて複数の楽曲を 1 つにまとめた CD やレコード。1 人の音楽家の代表的な楽曲をまとめたり，あるジャンルの楽曲をまとめたりする。コンピレーション-アルバムとも。

コンピレーション-アルバム【compilation album】⇒コンピレーション。

コンボ-ドライブ【combo（結合） drive】コンピューターにおいて，複数の外部記憶媒体を利用できる装置。CD-R/RW と DVD-ROM を利用できるドライブなど。

コンポーネント-ウェア【component ware】標準仕様に基づいて作られたソフトウェア部品を組み合わせて，アプリケーションを設計・開発する手法。

サ行

サイバー【cyber】「コンピューター-ネットワークに関する」の意。電脳とも訳される。サイバネティックスから。

〜犯罪 コンピューターやそのネットワークを利用して行われる犯罪。違法アクセス，違法傍受，データ妨害，システム妨害，コンピューター-ウイルスの製造・配布，コンピューター関連偽造・詐欺，著作権侵害，児童ポルノの頒布・所持など。証拠となる電子データは消去や改変が容易なため犯人の特定が困難で，被害は瞬時に世界規模に及ぶ特徴がある。

サイバーカフェ【cybercafé】⇒インターネット-カフェ。

サイバーキャッシュ【CyberCash】インターネットでの電子決済サービスを提供する米国企業，または，そのシステム。少額の決済に優れている。

サイバースクワッティング【cybersquatting（不法占拠）】転売や嫌がらせを目的に，企業名やブランド名などを付けたドメイン名を，当該者に先行して取得すること。ドメイン名が世界唯一で先願登録制であることに着目した手法。1999 年，世界知的所有権機関（WIPO）はこれを排除する目的で WIPO 仲裁調停センターを開設した。サイバースクワットとも。

サイバーセキュリティー【cybersecurity】サイバー犯罪や不正行為に対する防衛対策。ファイア-ウォールの設置，ウイルス対策ソフトのインストールなど。⇒サイバー犯罪。

サイバーテロ【cyberterrorism】インターネットを介し国家や社会基盤の混乱を目的として，それらを維持するために必要な情報システムへの侵入・破壊工作を行うこと。

サイバー-ヒューマン【Cyber Human】人体の三次元構造とその時間的な変化を，コンピューター内の仮想空間において精密かつ忠実に再現した四次元人体モデル。複雑な体内構造や，心臓の拍動，骨格の動きなどのさまざまな機能を容易に可視化する。東京慈恵会医科大学高次元医用画像工学研究所が開発。

サイバーフォース【cyberforce】ハイテク犯罪やサイバーテロに対応するため，2001 年（平成 13）警察庁と各管区警察局に設立された機動技術部隊。02 年には拠点としてサイバーフォース-センターが東京に設置された。

サイレント-ベビー【日＜ silent ＋ baby】表情や感情などが乏しく，意思伝達の能力が不十分な乳児。母子のスキンシップ

不足が原因だと考えられており，成長しても社会に適応できない可能性も指摘されている。小児科医の柳澤慧が提唱。

ザガット-サーベイ【Zagat Survey】1979年，ニュー-ヨークでザガット夫妻が始めた，読者のアンケートに基づくレストラン-ガイド。1999年(平成11)東京版を発刊。

サブセット【subset（部分集合）】ある全体的なものの一部。ソフトウェアの限定機能版や，ある規格を基にして設計された限定的な規格など。

サブ-ノート-パソ-コン【sub-notebook personal computer】ノート-パソ-コンよりも一回り小さいサイズの携帯型パソ-コン。B5判以下，2kg以下のものを指す場合が多い。

サブプライム【subprime】①上部に次ぐ位。②マーケティングなどで，信用リスクの大きい消費者。一般に中低所得者をいう。

サプライ-チェーン【supply chain】製造業において，原材料調達・生産管理・物流・販売までを一つの連続したシステムとして捉えたときの名称。

サプリ【supplement】⇒サプリメント。

サブリミナル【subliminal（識閾(しきいき)下の，潜在意識の)】テレビ・ラジオ放送や映画などに，通常の視覚・聴覚では捉えられない速度・音量によるメッセージを隠し，それを繰り返し流すことにより，視聴者の潜在意識に働きかけること。

〜広告　⇒サブリミナル-アド。

サブリミナル-アド【subliminal（意識下の）advertising】意識下広告。極度に短い広告を，映画のスクリーンやテレビのブラウン管に間隔をおいて繰り返し投射し，見る人がそれと知らぬ間に，潜在意識に印象を植えつけようとする広告法。サブリミナル広告とも。★1957年，米国のビカリー【Vicary】が，映画館で3千分の1秒の投射実験を行って話題となったが，効果についてはまだ疑問。

サプリメント【supplement＜ラ supplere（補充する)】①補遺，追加，別刷り，付録。サップリメントとも。②栄養補助食品，健康機能食品。

サーベイランス【surveillance】①監視。監視制度。継続的な調査監視。②経済政策に関する先進諸国間の相互監視。★1986年5月の東京サミットでの合意。

サーベランス【surveillance】⇒サーベイランス。

サポート-ハウス【日＜support＋house】⇒ファミリー-ハウス。

サーマル-リサイクル【thermal（熱の）recycle】廃棄物を回収して燃やし，これを熱エネルギーとして再利用すること。⇒マテリアル-リサイクル。

サムターン回し【thumbturn（ドア内側の施錠・解錠用つまみ）—】不正な解錠（鍵開け）方法の1。ドリルなどでドアに穴を開け，L字型などの棒を差し込んで，サムターンをひねる。サムターン廻し。

サムネイル【thumbnail】①広告制作の過程で，イラスト・コピーなどの配置を定め簡単に視覚化したもの。カンプの一つ手前の段階。★親指の先のように小さいものの意から。②コンピューターで画像や文書ファイルのデータのイメージを小さく表示したもの。

サルファー-フリー【sulfer-free（硫黄分がない)】大気汚染，特にNOx削減のためガソリン・軽油などの硫黄分が10ppm以下であること。

サロゲート-マザー【surrogate mother】卵子提供型代理母。不妊症の妻の身代わりとしてその夫の精子を人工授精し，妊娠・出産する女性。⇒ホスト-マザー。

シアー【sheer】布地が透き通るように薄いこと。

シェーディング【shading】三次元コンピューター-グラフィックスで，画像に奥行きをつけるために，陰影や色の濃淡をつけること。また，その手法。シェイディングとも。

ジェネリック【generic】①ある集団に共通であること。②商標登録の適用を受けないこと。③一般名。総称。

〜薬品　後発医薬品。ジェネリック-ドラッグ，ジェネリック医薬品とも。

シェフズ-テーブル【chef's table】レストランにおいて，料理長が直々に，特定のグループ客を対象にした調理・給仕・接客を行うサービス。多くの場合，専用の部屋や座席が用いられ，客の好みに応じたメニューが提供される。

ジェンダー-アイデンティティー【gender identity】性自認。セクシュアリティーにおいて，自分自身が自覚・認識している性別のこと。心の中の性。

ジェンダー-フリー【日＜gender＋free】

男女の性差による社会的差別意識や役割分担から離れて，個々人を対称とする観点に立った考え。
ジェンダー-ロール【gender role】性別役割。性別によって社会から期待されたり，自ら表現する役割や行動様式。
シグニチャー【signature】⇒シグネチャー。
シグニチャー-モデル【signature model】⇒シグネチャー-モデル。
シグネチャー【signature】①署名。サイン。②薬の容器に書かれている用法注意。シグニチャーとも。
シグネチャー-モデル【signature（署名・サイン）model】有名人の名前を冠した商品。有名アスリートの名前を冠したスポーツ用品や，有名ミュージシャンの名前を冠した楽器など。
シーケンシャル-ファイル【sequential file】複数のデータが，一定の順番で記録されるファイルの形式。⇒ランダム-ファイル。
シーケンシング【sequencing】DNAなどの核酸の塩基配列を読み取る作業。
シス-アド　⇒システム-アドミニストレーター。
システム-アドミニストレーター【system administrator】コンピューターを利用する側の立場からの情報化を推進・実施する専門家として，通産省が認定する資格。シス-アド。
システム-インテグレーター【systems integrator】情報システムの開発を請け負う企業。企画から運用，保守までの一切を一括して請け負う。
シチュエーション-コメディー【situation comedy】⇒シットコム。
シック-スクール症候群【sick school syndrome】教育施設で発生する化学物質過敏症。新築校舎で発生するシック-ハウス症候群のほか，ワックスやプールの消毒剤など，教育施設に特有の化学物質によって引き起こされる病気や症状もさす。⇒シック-ハウス症候群。
シックス-センス【sixth sense】第六感。直感。
シックス-ポケッツ【日＜six + pockets】⇒シックス-ポケット。
シックス-ポケット【日＜six + pockets】1人の子供に対して，財布を開く人が両親と両方の祖父母6人いるということ。
シック-ハウス症候群【sick house syndrome】汚染原因のダニ，かびなどのほか，建材に含まれる化学物質のホルムアルデヒドなどから起こる，めまい・皮膚病などの健康被害の総称。★本来は換気の悪い不健康な建造物の意。
シットコム【sitcom＜situation comedy】テレビ・ラジオの連続ホーム-コメディー。平凡な主人公が家族を中心に悲喜こもごものシーンを展開するもの。
ジップ【(商)ZIP】パソ-コンの外部記憶装置の1。リムーバブルで，フロッピー-ディスクと同じ磁気方式で記録・再生する。米国アイオメガ社の商標名。
シティー-コミューター【city commuter】近距離の移動に用いられる，私的で簡便な交通手段の総称。自転車・オートバイ・軽自動車など。
シニア-ピア-カウンセリング【senior peer（仲間）counseling】カウンセリングを学んだ高齢者が，悩みや不安を抱えた同世代の高齢者の相談にあたるボランティア活動。
ジャパン-フィット【Japan fit】素材や基本的なデザインは本国で生産されるものと同じだが，日本人の体型にあわせたパターンでつくられた海外ブランド衣料品。
ジャパン-プラットフォーム【Japan platform（基盤）】NGO・経済界・政府が協力・連携し，難民発生や自然災害時の緊急援助をより効率的かつ迅速に行うためのシステム。政府の資金拠出による基金および企業・市民からの寄付により，初動活動資金がNGOに直接かつ迅速に提供されるため，NGOは直ちに現地に出動し，援助活動を開始できる。
ジャパン-プレミアム【Japan premium】日本の銀行が海外市場で資金を調達する際に，信用力低下に対応して欧米の銀行から要求される上乗せ金利。
シュレッダー-ダスト【shredder dust】廃棄された自動車や家電製品などをシュレッダー（裁断機）にかけて粉砕し，再利用可能な部分を回収した後，産業廃棄物として捨てられる部分。
ショート-メッセージ-サービス【short message service】携帯電話などで，比較的少ない文字数の文章を送受信できるサービス。多くの場合，同じ通信事業者の加入者どうしでメッセージの交換が可能。略してSMS。

ジョブ-カフェ【日＜job + café】地域就職支援センターの通称。若年者向けに職業や能力開発などの情報提供から就業支援まで官民共同でサービスを提供する。

ジョブ-コーチ【job coach】精神障害者や知的障害者の雇用支援を行い，職場への適応を援助する者。通勤時から付き添い，職場での作業や同僚など周囲との関係づくりを指導するとともに，職場内の人々に障害の理解を深めてもらうための啓発活動などにも携わり，障害者が自立して職場に定着できるまで幅広い支援を行う。

シラバス【syllabus】講義などの要旨。一学期間の教授細目。年間授業計画。

シリコン-オーディオ【silicon audio】音楽の記憶媒体として半導体を使用している再生装置の総称。カセット-テープやCDなどのように駆動部がないため，音飛びが発生しない。

シルバー-ハラスメント【日＜silver + harassment】老人虐待のこと。高齢者を対象とする虐待や介護拒否などをいう。

シングル-サイン-オン【single sign-on (署名1回)】1回のユーザー認証で，アクセスが許可されているすべてのアプリケーション-サービスを利用することができるシステム。

シングル-モード端末【single-mode terminal】一種類の通信方式のみをもつ移動体通信端末。PHS方式の端末やPDC方式の端末など。通常の携帯電話やPHSのことを，デュアル-モード端末やマルチ-モード端末に対比していう。シングル-モード機とも。

スイカ【Suica＜Super Urban Intelligent Card】JR東日本の出改札システムで用いる。非接触ICカード（定期券・プリペイド-カード）の愛称。定期券・利用可能残額・利用履歴などの情報が書き込まれてあり，専用の自動改札口に接触させると自動精算され，改札の扉が開く。定期券の継続や追加入金の情報は，窓口や自動券売機などで書き換え可能で，同じカードを繰り返し利用できる。2001年(平成13)本格運用開始。「スイスイ行けるICカード」の意味も込められている。

スキマー【skimmer（すくい取るもの)】①小さな穴やスリット状の切れ目のある杓子。油通しや汁物の具だけを取り出すときに用いる。スキンマーとも。②液体中の不純物や浮遊物を取り除く装置。水槽内の不要なタンパク質を除去する装置（プロテイン-スキマー）や，流出油を回収する装置など。③クレジット-カードの磁気データを，不正に読み取る電子装置。読み取ったデータは，カードの偽造に用いられる。携帯型の装置や，小売店などのレジに仕掛ける小型装置など。

スキミング【skimming＜skim（ざっと目を通す)】①速読。本や論文などをざっと読み，かつ内容を理解すること。②磁気データを盗み取り，クレジット-カードなどを偽造する犯罪の手口。

スキル-アップ【skill up】技能や能力を向上させること。

スキル-タイム【日＜skill + time】学校で，読み・書き・計算などの基礎学力を習熟するための授業時間。モジュール制を利用して行う場合が多い。

スクレイピー【scrapie】ヒツジの感染性の疾患の1。脳に障害をきたし，四肢の麻痺などの後，死に至る。病原体は異常型プリオンと考えられている。スクレピーとも。

スタイル-シート【style sheet】コンピューターのアプリケーション-ソフトにおいて，レイアウトを統一できるように，文字の大きさやフォントなどの書式を登録しておく書類。

スタンダード-アンド-プアーズ【Standard & Poor's Corp.】米国の格付会社の1。1860年ヘンリー-バーナム-プアーが創業。投資情報誌を提供。現在マグロウヒル社の傘下。

〜株価指数【Standard & Poor's Stock Index】米国のスタンダード-アンド-プアーズ社が1923年から発表している株価指数。S&P株価指数。

スティッキー【sticky】付箋の俗称。紙製のものの他，パソ-コンの画面上で実現したものなどをいう。

スティブンス-ジョンソン症候群【Stevens-Johnson syndrome】皮膚粘膜眼症候群。中毒性表皮壊死症。薬の副作用により，高熱と全身の皮膚にかゆみと発疹が生じ，水疱に変わり火傷状態になる。重症化し失明や死亡することもある。

ステガノグラフィー【steganography（こっそりと書き込んだもの)】暗号化技術の1。画像などの一見ありふれたダミー-データの中に隠したいデータを埋め込み，隠蔽する。暗号技術のように「解読され

ない」ことをめざすのではなく「見つからない」ことをめざす。データ-ハイディング。

ステータス-コード【status code】①状態を示すためにあらかじめ定められた符号や番号。状況コード。②航空会社間で用いられる予約状況を示す符号。リザベーション-コードとも。

ストアード-バリュー【stored（蓄積された）value（価値）】カードなどに蓄積される，電子的な価値情報。また，そのような仕組みのこと。カードへの入出金が可能な電子マネーなど。略してSV。★カードにIDだけを蓄積する方式（サーバーに価値情報を蓄積する方式）に対していう。⇒ストアード-フェア-カード。

ストアード-フェア-カード【日＜stored fare + card】電子的な料金情報を蓄積したカード。多くの場合，鉄道の改札システムで利用するカード（プリペイド-カードなど）をさす。専用の自動改札機に通すことで，入出場と精算の処理を自動的に行う。関東のイオ-カード・パス-ネットや，関西のJスルー-カード・スルッとKANSAIなどがこれにあたる。

ストリート-フード【street food】屋台など路上の設備で販売・提供される食品の総称。特に，民族料理の屋台など近年になって多様化した料理や業態をさすことが多い。

ストレージ【storage】デジタル情報を記録・保存するハード-ディスクや光磁気ディスク-ドライブなどの記憶装置の総称。ストーリッジとも。

ストレージ-サービス【storage service】インターネットを介して各種デジタル-データの保管を代行するサービス。サービス提供会社が保有するストレージ（記憶装置）をインターネットを通じてユーザーが利用するシステムで，保管したデータは自由に出し入れすることができる。バックアップやグループでのデータ共有などに活用される。オンライン-ストレージ-サービスとも。

スパイウェア【spyware】俗に，利用者のプライバシー情報を制作者に送信するソフトウェア。一般に，何らかのフリーウェアと共にインストールされる。利用者のウェブ参照履歴を送信するものなど。制作者によってプライバシー-ポリシーが明確に示されている点などから，ウイルスなどと区別される。ただしインストールの際，利用者に十分な告知が行われないことも多い。

スーパー-オーディオCD【super audio compact disc】次世代音楽CDの規格。再生周波数範囲が現行CDでは20 kHzまでなのに対し，新規格では100 kHzまでなどの特徴がある。略してSACD。

スーパー-キャッシュ【日＜Super Cash】1997年(平成9)から2000年にかけてNTTと国内銀行が提携して開発・実験したICカード型の電子マネーの名称。また，そのシステム。商標名。

スーパー-サイエンス-ハイ-スクール【日＜Super Science High School】文部科学省が指定・支援する，科学技術・理科・数学の教育を重点的に行う高等学校。学習指導要領によらないカリキュラム，大学・研究機関との連携などに取り組む。2002年(平成14)度より実施。略してSSH。

スーパー-サイネット【Super SINET】文部科学省の国立情報学研究所が運営する学術研究用の光通信ネットワーク。国立大学や各種研究機関を結ぶ超高速ネットワークで，遺伝子情報解析や高エネルギー・核融合科学，宇宙・天文科学，ナノテクノロジーなどの先端学術研究分野の情報通信基盤として用いられる。2002年(平成14)1月から運用開始。

スパマー【spammer】スパム-メールを送りつける人。

スーパーマジョリティー【supermajority】超多数。圧倒的多数。特に企業買収対抗策として，株主総会の議決水準を上げておく絶対多数条項。

スパム-ゾンビ【spam zombie】スパム-メールの送信時に踏み台にされるパソ-コン。第三者のパソ-コンへ遠隔操作可能な「トロイの木馬」を侵入させ，利用者の知らぬ間にメールの発信元として悪用する。メールの真の発信者がわかりにくくなる。

スパム-メール【spam mail】俗に，迷惑な電子メールの総称。不特定多数に向けて，一方的に送付される広告メールなど。ネットワークへの負荷を高めるほか，発信者を隠し不正にメール-サーバーを使用するなど問題も多い。多くの場合，単にスパムという。ジャンク-メール。

スプーフィング【spoofing＜spoof（だます，ちゃかす）】ネット上で他人になりすまし情報盗用や詐欺的行為を行うこと。

金融機関や有名企業などを詐称したメールを送り，ユーザーを安心させ個人情報やパスワードを入力させたりするものもある。特に偽のIPアドレスを使用しネットワークに侵入・攻撃したりすることをIPスプーフィングともいう。⇒フィッシング。

スプラウト【sprouts（植物の芽，新芽）】食用とする植物の新芽の総称。以前からあるもやし，豆苗（とうみょう）などや近年流通するようになったブロッコリー・マスタードの新芽など。ビタミンやミネラルが豊富で，成長した野菜よりも効率的な栄養摂取が可能とされる。

スプラッシャー【splasher】自動車・自転車などの泥よけ，はねよけ。

スプラッシュ-スクリーン【splash（派手な見せかけ）screen】起動画面。ソフトウェアの起動時に表示される画面。多くの場合，内容を想起させるグラフィックとソフトウェア名などが表示される。スプラッシュ画面，スプラッシュ画像とも。

スプラッシュ-ページ【splash（派手な見せかけ）page】ウェブ-サイトで，表紙的な役割だけをもつトップ-ページのこと。派手なアニメーションとリンクだけを表示する場合など。見た目の良さを評価する立場がある一方，利便性の悪さを批判する立場もある。

スマート-ウェイ【smart way】ITS（高度道路交通システム）による各種サービスの提供に必要な，自動車と道路間の通信システムや光ファイバー-ネットワーク・センサーなどが組み込まれた道路。

スマートフォン【smartphone】携帯情報端末（PDA）の機能を一体化させた携帯電話端末の総称。電子メール，住所録，スケジュール管理の機能をもつ端末など。スマート-ホンとも。

スマート-メディア【Smart Media】フラッシュ-メモリーを利用した，音楽・画像などのデータの記録媒体の1。デジタル-カメラやICレコーダーの記録媒体に使われる。45mm × 37mmの大きさで，厚さは0.76mm。東芝の商標名。

スメクチック液晶【smectic liquid crystal】細長い分子が長軸の方向をそろえて配列し，何層にも積み重なった構造の液晶。

スリー-レター-コード【three letter code】①3文字で構成される符号。②国際標準化機構（ISO 3166）で規定された，アルファベット3文字で表される国名表示。国別コード。③国際航空運送協会（IATA）で規定された，アルファベット3文字で表される都市名または空港名。⇒ツー-レター-コード。

スレイブ【slave（奴隷）】①他のコンピューターによって制御されている装置。制御する側をマスターと呼ぶ。②奴隷。

スロー-フード【slow food】食生活を見直そうとする運動。伝統的な食材や料理を守り，質の良い食材を提供する小生産者を保護し，消費者に味の教育を行う。イタリアで始まった運動が世界的に広まった。また，運動を進める同名の非営利組織がある。ファースト-フード【fast food】へのアンチテーゼから。

スロー-ライフ【日＜slow ＋ life】スピードや効率を重視した現代社会とは対照的に，ゆったりと，マイ-ペースで人生を楽しもうというライフスタイル。⇒スロー-フード。

セキュリティー-インシデント【security incident】コンピューター-システムにおいて，ウイルスの発生や不正攻撃など，コンピューター-システムの安全にかかわる出来事。

セキュリティー-パッチ【security patch】コンピューター-システムでセキュリティー-ホールが発見された際に，その不具合を修正するためのプログラム。

セキュリティー-ポリシー【security policy】（情報システムなどで）安全確保のための詳細な指針。⇒プライバシー-ポリシー。

セキュリティー-ホール【security hole】コンピューター-システムなどで，本来の手順を踏まずにアクセスが可能になるような保護設計上の欠陥。⇒セキュリティー-パッチ。

セクシュアル-マイノリティー【sexual minority】セクシュアリティーにおける少数派。性的嗜好における少数派（ホモセクシュアルやバイセクシュアルなど），性同一性障害者（トランスセクシャルやトランスジェンダー），半陰陽（インターセクシュアル）の人など。

セクシュアル-ライツ【sexual rights】自分の身体を侵害されない権利，性行動を選択する権利，性に関する健康を享受する権利などをいう。

セーフティー-ネット【safety net（サー

カスなどの安全網)】一部での故障や破綻がシステムや社会全体に波及するのを防ぐ安全対策・装置。金融機関の破綻が広がらないよう中央銀行が保証したり，預金に保険がかけられていることや雇用保険など。

セルフ-セレクション【self selection】小売店舗において，顧客が自由に手にとって商品の選択が出来るように陳列されている販売方式のこと。セルフ-サービス。

セルフ-チェックアウト【self-checkout】小売店の客が自分自身でレジ処理を行う仕組み。レジに設置された専用機で，購入する商品のバーコードを読み取らせ，商品の袋入れや支払いを行う。小売店はレジ担当の人件費が削減でき，買い物客は店員に買い物の内容を見られずにすむなどの利点がある。「―システム」

ゼロ-イールド【zero yield】核実験の全面禁止。1995年に米国が提案した方針。

ゼロ-デイ-アタック【zero day attack】インターネット上のシステムにおいて，セキュリティ上の脆弱(ぜいじゃく)性が見つかったとき，問題の存在や対策法が広く公表される前にその脆弱性を狙う不正アクセスのこと。事前の防御が非常に困難。ゼロ-デイ。★脆弱性の発見直後なのでゼロ-デイ（0日）とよばれる。⇒セキュリティー-ホール，パッチ。

センディング【sending】①コンピューター-ネットワークなど通信で，送信。②海外への団体旅行などで，航空会社や旅行会社などから航空券やクーポンなどを回収し，出発日に空港の団体受付カウンターなどで客に渡してチェックインをサポートする業務。この業務を行う専門業者をセンダーという。

ソーシャル-アンバランス【social unbalance】先進国にみられる，過剰な私的生産財の供給と，貧弱な公共的財やサービスの供給との間の格差。★ガルブレイスによる語。

ソーシャル-スキルズ-トレーニング【social skills training】生活技能訓練。モデリングやロール-プレーイングなどの技法を用いて対人関係や生活上の技能を練習する認知行動療法の一技法。略してSST。

ソーシャル-ネットワーキング【social networking】ネット上で人間どうしを結びつけること。また，それを実現する技術やサービス。友人関係を数珠(じゅず)繋ぎにたどって発見できる人物と，連絡を取り合えるようにするサービスなど。主に米国のネット界で使われる語。

ソーシャル-ベンチャー【social venture】社会的起業。環境や福祉など社会的課題に企業的手法で取り組む事業を起こすこと。

ソーシャル-ミニマム【日＜social＋minimum】すべての国民・住民が保障されている社会的最低基準。

ソフト-エネルギー【soft energy】自然エネルギー。太陽光や風力，地熱，潮力などを利用する。

ソフト-ターゲット【soft target】テロリズムの攻撃対象のうち，警備や警戒が不十分であるために攻撃が容易であるような人や場所。文民，繁華街，観光地など。⇔ハード-ターゲット。

ソフト-ダラー【soft dollar】米国の証券会社で，支払手数料を割り引く代わりに投資情報などの付加サービスを提供し，実質的な割引と考える部分。

ソフト-パワー【soft power】政治権力を構成する要素のうち，軍事力や警察力などの物理的強制力（ハード-パワー）でない経済力や世論，文化や思想などの影響力。⇔ハード-パワー。

ソフト-マネー【soft money】米国で，州レベルの選挙資金や政党活動に関する政治資金など。連邦選挙運動法で規制対象となるハード-マネーに対して，規制対象外の寄付金などの資金をいう。⇔ハード-マネー。

ソーラー-クッカー【solar cooker】太陽熱調理器。太陽光で加熱を行う調理器。パラボラ型や箱形などの反射板で太陽光を集める。ガスや電気などがない場所での加熱調理が可能。

ソリューション-ビジネス【solution business】ある企業の問題解決のために，情報技術を駆使して最適のシステム開発やネットワーク環境を構築し，保守管理のサービスを提供する会社。

タ行

タイトル-スポンサー【title sponsor】後援するスポーツ大会や公演会などの名称に，名を冠するスポンサー。

タイム-シフト【time-shift】テレビ放送な

どを録画をしながら同時にさかのぼって再生すること。また，リアル-タイムで視聴，録画したものを視聴すること。タイム-シフト録画・再生。タイム-シフト視聴。

ダイヤル-アップ-ネットワーク【dial-up network】公衆電話回線などを利用して接続する形態のネットワーク。

ダイレクト-バンキング【direct banking】店舗を使用せずに郵便・電話・インターネットなどにより顧客と取引する銀行業務。

ダイレクト-プリント【direct printing】媒介なしで行う印刷の総称。フィルム製版を伴わない印刷や，パソ-コンを介さずにデジタル-カメラとプリンターを直接繋いだ画像印刷など。ダイレクト印刷とも。

ダウ-ジョーンズ商品相場指数【Dow Jones Commodity Index】米国のダウ-ジョーンズ社が毎日発表する米国の商品相場指数。現物と先物の２種類がある。構成は，金・銀・銅・木材・牛肉・豚肉・コーヒー・砂糖・大豆・小麦・トウモロコシ・綿花の12品目。⇒ロイター指数。

タウン-ミーティング【town meeting】政治家と市民による対話集会。狭義には，米国の一部自治体が開催する住民参加型の政策決定会議をさし，米国民主主義の原点ともいわれている。

ダウンローダー【downloader】インターネットなどで，ダウンロードを行うソフトウェアの総称。ウェブ-ページ（ホーム-ページ）に掲載されている画像ファイルを，まとめてダウンロードするソフトウェアなど。⇒ダウンロード。

ダウンロード【download】パソ-コン通信などで，まとまった情報がホスト-コンピューターからそれぞれの端末装置に送られること。⇔アップロード。

タギング【tagging】①札を付けること。特に，万引き防止などのために，レジを通過しないと警報を発するタグを付けること。店舗ではなく，生産段階で商品に付けることをソース-タギングという。②グラフィティー-アートの手法によって描かれる署名。ニックネームを絵文字風に変形した図案であることが多い。グラフィティー-アートへの署名，ギャングの縄張り証明などに用いられる。

タグ-アンド-リリース【tag and release】捕獲した生物などに個体番号や連絡先などの情報を記入した標識を付けて放すこと。発信器を使用したものもあり，追跡や再捕獲で得られた情報は生態研究などに利用される。

ダーク-ファイバー【dark fiber（光の通っていないファイバー）】敷設はされているが，まだ使用されていない状態の光ファイバー。他の通信事業者への開放が問題となっている。

ダスト-ドーム【dust dome】ヒート-アイランド現象によって形成される循環型の気流の中に，汚染物質が閉じこめられる現象。都市部では周辺部に比べ気温が高いため上昇気流が生じ，地上では周辺部から都市部へ，上空では都市部から周辺部への気流が生じる。

タッチダウン-オフィス【touchdown（着地・着陸）office】立ち寄り形式のオフィス（執務環境）。社員が拠点とするオフィス以外に用意されるもの。支社社員が出張した際に用いる，本社内のデスクなど。

ダーティー-ボム【dirty bomb】放射性廃棄物などを通常爆弾に詰めて爆発させ放射性物質をまき散らす兵器。核兵器製造ほどの資金や高度な技術力を必要としない。また，核兵器に比べ破壊力は弱く放射性物質の量も少ないが，その心理的影響は大きく，貧者の核兵器（生物・化学兵器）とともにテロなどでの使用が懸念されている。

タブブラウザー【tabbrowser】見出しを一覧表示する部品（タブ）を利用することによって，複数の表示内容（ホーム-ページなど）を同一ウィンドウで切り替え表示する閲覧ソフト。複数の表示内容を別々のウィンドウで表示する形式のブラウザーに対していう。

ダブル-デンシティー【double density】倍密度。コンピューターなどで，記憶できる密度を２倍にすること。

ダボス会議【Davos meeting】正称，世界経済フォーラム会議【WEF】。毎年１月スイスの保養地ダボス【Davos】で開かれる世界経済フォーラム（本部ジュネーブ）の年次総会。世界各国の政財界のリーダーや学者らが参加し，賢人会議ともいわれる。

ダミー-ヘッド-マイク【dummy head microphone】バイノーラル録音で使用する専用マイク。人間の頭部の模型（ダミー-ヘッド）の両耳部分に，マイクが取り

付けられている。これで録音された音声をヘッド-ホンなどで再生すると，録音時と同様の立体感が得られる。

ダンジョン【dungeon】①地下牢。土牢。②転じて，ロール-プレーイング-ゲームやビデオ-ゲームに登場する迷路状の構造物。

タンパリング【tampering（干渉する，買収する）】①プロ野球で，契約球団を通さない，選手への干渉。事前交渉。②店頭での商品へのいたずら。③コンピューター-ネットワークやICカードの内部情報への不正アクセス。

チェックド-バゲージ【checked baggage】受託手荷物。航空会社が搭乗手続き時にチェックイン-カウンターで預かる旅客の手荷物。

チーター【cheater】コンピューター-ゲーム（主にネットワーク-ゲーム）の内部的なデータを改変（不正改造）して，ゲームを進行させるプレーヤー。

チート【cheat（ごまかす，あざむく）】コンピューター-ゲームで，プレーヤーが，ゲームの進行にかかわる内部的なデータを改変（不正改造）すること。

チート-コード【cheat code】コンピューター-ゲームにおける，隠しコマンドのこと。極端に強いキャラクターが設定できるなど，ゲームの進行にかかわる内部的なデータを変化させる。本来は開発者がデバッグのために秘密裏に用意するもの。⇒チート。

チャレンジド【challenged】障害者。狭義には，仕事などによって積極的に社会参加を果たそうとする障害者。障害者を社会の保護対象としてではなく，社会の参加者としてとらえるもの。

チュートリアル-ソフトウェア【tutorial software】アプリケーション-ソフトウェアの習得のために用意された個人指導・学習用のプログラム。

ツー-レター-コード【two letter code】①2文字で構成される符号。2文字コード。②国際標準化機構（ISO 3166）で規定された，アルファベット2文字で表される国名表示。国別コード。③国際航空運送協会（IATA）で規定された航空会社コード。アルファベットや数字を組み合わせた2文字で表される。⇒スリー-レター-コード。

デイ-サージェリー【day surgery】日帰り手術。患者がその日のうちに帰宅できる手術システム。医療費や患者の精神的負担の軽減，ベッドの回転率の向上などのメリットがある。

デイ-トレーダー【day trader】デイ-トレードを行う個人投資家。⇒デイ-トレード。★米国で，個人投資家が専用システムを使用してデイ-トレードを行うようになってからいわれるようになった。

デイ-トレーディング【day trading】⇒デイ-トレード。

デイ-トレード【day trade】1日のうちに売買を完了させて利鞘（りざや）を得るような，株式の取引手法。オンライン取引の普及により一般化したもの。デイ-トレーディングとも。⇒デイ-トレーダー。

ディープ-リンク【deep link】あるウェブ-ページから，他サイトのトップ-ページ以外のウェブ-ページに対して張られているリンクのこと。★階層的に「深い」ページへのリンクであることから，ディープとよばれる。

ディマーケティング【demarketing】需要が多すぎたり，望ましくないという場合に，価格の引き上げやプロモーションの中止などによる抑制的なマーケティング。

ディレクトリー-サービス【directory service】コンピューター-ネットワークの分散処理環境において，個々のコンピューターで利用しているアプリケーション-ソフトなどのサービスを一元的に管理する機能。ユーザーとサービスの物理的位置にかかわらず，サービスの呼び出しが可能になる。⇒アプリケーション-ソフトウェア。

テキスト-アート【text art】アスキー-アート（ASCIIアート）。狭義のアスキー-アートが半角英数字（アスキー-コード）のみを用いるのに対し，テキスト-アートは全角文字（JISコードなど）も用いる。⇒アスキー-アート。

テクスチャー-マッピング【texture（肌ざわり）mapping】コンピューター-グラフィックスで使われる手法の1。二次元の図柄を，三次元のオブジェクトに貼り付けること。

テクスチュアル-ハラスメント【textual（文書による）harassment】①文章による性的いやがらせ。②女性作家に対する性的いやがらせ。作品に対する偏見や，作家の容姿や婚姻状況などと併せて評価す

る態度。
テクニカル-スキル【technical skill】ある業種や職種について，専門的に必要とされる技能の総称。⇒ヒューマン-スキル，コンセプチュアル-スキル。
テクニカル-ハラスメント【technical harassment】コンピューターなどの情報機器を使えないことから受けるいやがらせ。テクノロジー-ハラスメント，テク-ハラとも。
テクニカル-リポート制度【technical report ―】国際規格として未承認の新技術に関する情報を開発段階で公開する制度。複数の規格の並立を回避することを目的とする。
テクノロジー-ハラスメント【technology harassment】⇒テクニカル-ハラスメント。
デザイナー-チャイルド【designer child】⇒デザイナー-ベビー。
デザイナー-ベビー【designer baby】人為的に形質（性別・知能・性格など）を選択または付与させて誕生させた子供。特に，遺伝子操作による場合をさす。遺伝子工学の発展により，将来的に実現可能とされる。デザイナー-チャイルドとも。
デザイン-イン【design in】半導体や自動車部品などの生産において，設計・開発段階からメーカーとユーザーの技術者が連携し，必要機能を組み込んで製品開発を行うこと。
デジタル-コンテンツ【digital contents】インターネット・DVD・デジタル放送などのデジタル-メディアによって提供可能な情報やサービスのこと。DVDで提供される映画や，インターネット上で提供されるネットワーク-ゲームなど。⇒コンテンツ，コンテンツ-プロバイダー。
デジタル-シネマ【digital cinema】フィルムを用いずに，コンピューターから直接プロジェクターに映像データを送る方式の映画。画質が劣化せず，配給や保管が容易。Eシネマ。
デジタル-ジレンマ【digital dilemma】デジタル技術の進歩と広がりは，創造性を高めたりする良い面ばかりではなく，悪用によって違法コピーなどの権利侵害や犯罪を助長する側面をもつということ。
デジタル-ディバイド【digital divide】情報格差。デジタル情報格差。情報を持つ者と持たない者との格差。富裕層がインターネットやパソ-コンなどデジタル機器を利用し情報を得てさらに経済力を高めるため，貧困層との経済格差が広がるとされる。★アメリカ商務省が1999年に発表した報告書での造語。
デジタル-データ放送【degital data ―】デジタル信号によって送信されるデータ放送の総称。国内では放送衛星・通信衛星・地上アンテナを用いた放送がある。
デジタル-デバイド　⇒デジタル-ディバイド。
デジタル-ハイ-ビジョン-ビデオ【digital hi-vision video】BSデジタル放送に対応した，ハイビジョン番組やデータ放送をデジタル信号のまま録画再生できるビデオ。
デジタル-プライス-カード【日＜digital + price + card】電子棚札。スーパーマーケットなどの陳列棚で，売価を電子的に表示する装置。また，そのようなシステム。売価の瞬時変更などが可能。レジと連動させることで，精算時の計算間違いを防ぐ。★英語ではdigital price tagなど。
デストラクター【destructor】オブジェクト指向プログラミングにおいて，オブジェクトを消滅させるための手続き。Java言語のように，ガベージ-コレクション（ごみ集め）機能をもつ言語では不要である。
データ-アーカイブ【data archive】①社会科学の分野で，各種調査の個票データを収集して公開するデータベース。個票データを研究者間で共有して，既存研究における分析妥当性を再検討したり，別の研究へ二次利用する。②コンピューター-システムにおいて，使用頻度の低いデータやバックアップすべきデータなどを，大容量の外部記憶装置に移動（またはコピー）すること。また，そのように記録されたデータのこと。
データ-ウェアハウス【data warehouse（倉庫）】未加工の膨大なデータを一元的に管理し，企業戦略の立案などに役立てるため，有用な情報を選択・分析できるようにしたシステム。
データ-クリーニング【data cleaning】データベースにおいて，既存のデータを最適かつ整合性のある状態に修正する作業や処理のこと。顧客管理データベースにおいて，重複する顧客情報を一本化した

り，市町村の合併に対応した住所整備の作業など。データ-クレンジング。

データ-クレンジング【data cleansing】⇒データ-クリーニング。

データ-グローブ【data glove】手に装着して利用する手袋形をしたコンピューターの入力装置。手の各関節の動きを捉えるセンサーによって，手の動きを信号として伝えることができる。

デッドリー-カルテット【deadly quartetto】死の四重奏。肥満・高脂血症・糖尿病・高血圧のこと。これらの生活習慣病が四つ重なると，動脈硬化が進み，心筋梗塞・脳梗塞・狭心症のリスクが高くなる。

デー-トレーダー ⇒デイ-トレーダー。

デー-トレーディング【day trading】⇒デイ-トレード。

デー-トレード ⇒デイ-トレード。

デフレ-スパイラル【deflationary spiral】物価の下落が企業収益・生産の縮小を引き起こし，景気後退の悪循環に陥ること。

デプログラミング【deprograming】洗脳された人を説得し，元に戻すこと。

デマ-ウイルス【日＜demagogy＋virus】警戒を促す噂が流れるにもかかわらず，実在しない架空のコンピューター-ウイルス。また，そのような噂を流すメール。ウイルス-デマ。英語ではホークス【hoax(担ぐ)】などとよぶ。

デマ-メール【日＜ド Demagogie＋英 mail】社会を騒がせることやシステム破壊などを狙って，嘘や偽の情報を掲載した電子メール。必要なファイルをウイルス対策と偽って削除させシステム破壊をもくろむもの，ワクチンと偽りウイルス本体である添付ファイルを実行させるものなど。

デマンド-サイド【demand side】経済活動における需要者側。

デマンド-サイド-マネージメント【demand side management】季節や時間帯による電力需要量平準化のために，電力会社が消費者に働きかける諸活動のこと。高効率機器の奨励や深夜割引料金の設定などをいう。略して DSM。

デリバティブ【derivative financial instruments】金融派生商品。債券・株式など本来の金融商品から派生した金融取引。先物取引・オプション取引・スワップ取引などがあり，価格変動リスクの回避，低コストの資金調達，高利回りなどの特徴がある。

テレコミューティング【telecommuting】自宅のコンピューターの端末を会社と結んでの在宅勤務。

テレゴング【telegong】大規模電話投票システム。放送中に視聴者に質問を出し，あらかじめ選択肢ごとに設定しておいた電話番号にかかったコール数で視聴者の意見を知ろうとするもの。日本では NTT が 1993 年(平成 5)に開始。

テレパソロジー-システム【telepathology system】遠隔病理診断システム。個々の病院の診察室や検査室で得た組織像などを，離れた場所の専門機関または専門医のいる場所のディスプレーに映し出して，病理診断を行うもの。

テレビ-バンキング【日＜television＋banking】BS デジタル放送のデータ送受信機能を利用して行われる銀行サービス。電話回線などでネットワークに接続されたテレビ・チューナーなどのデジタル放送用機器を用いて，銀行口座の残高照会や振り込みなどの各種サービスが受けられる。

テレマティクス【telematics＜telecommunication（通信）＋informatics（情報科学)】車載する情報通信技術。移動体通信技術と情報処理技術を組み合わせたものをさす。現在の交通状況を加味したナビゲーション，現在位置に合わせた地域情報の提供，盗難時の自動通報などのサービスを実現する。

テレワーカー【teleworker】主業として一定時間以上にわたりテレコミューティング（テレワーク）を行う者。被雇用者の在宅勤務や自営業者が受注して行うものなどがある。⇒テレコミューティング。★e-japan 戦略では，情報通信手段を週 8 時間以上活用して，時間や場所に制約されない働き方をする人と定義。

テン-キーパッド【日＜ten＋keypad】コンピューターで，数字と演算用のキーだけを搭載した小型の入力装置のこと。通常のキーボードにテン-キーが搭載されていない場合などに，補助的に用いるもの。テン-キーボード。

ドア-ビーム【door beam】自動車のドアに内蔵した補強材。側方衝突時に車室の変形を防ぎ，乗員の安全を確保する。サイド-インパクト-ビーム，サイド-ドア-ビームとも。

ドクター-ショッピング【doctor shopping】患者が治療効果に満足を得られなかったり，より適切な治療方法を求めて医療機関を次々と替えること。

ドクター-ハラスメント【日＜doctor＋harassment】診療の場で，疾患の程度や診療方針などに関し，医者や医療従事者が患者に対して不用意に発する暴言や態度。ドク-ハラとも。

ドッグ-イヤー【dog year】情報技術分野における革新のスピードを表す概念。通常7年で変化するような出来事が1年で変化すると考える。★人間の7年が犬の1年に相当することから。

ドライ-カッパー【dry copper】地域電話会社が所有する，電話用ネットワークにおける銅線ケーブルの心線の部分。他の通信事業者のADSL接続サービスなどに対しての開放が問題となっている。⇒ダーク-ファイバー。

ドライブ-レコーダー【日＜drive＋recorder】自動車に搭載する走行データ記録装置の1。速度・ハンドルの角度・アクセルの踏み具合などのデータを随時計測し，交通事故が発生した際，直前のデータを保持する。事故原因の究明・新車種の設計・運転教育や保安基準の再検討などに利用される。国土交通省などが研究中。

ドラゴンボンド【Dragonbond】ドラゴン債。日本以外のアジアで発行される債券。大部分は米ドル建てで，アジア地域で売買される。

トラフィッキング【trafficking（密売・不正取引）】女性や子供の国境を越えた人身売買。発展途上国の成人女性や少女が，むりやりもしくは騙されて国外へ連れ出され，性的搾取や強制労働に利用されること。

ドラライゼーション【dollarization】ドル化。自国の通貨を廃止し，米ドルを国内流通通貨とすること。通貨危機を避ける目的をもつが，一方で通貨発行益を得られない，金融政策による景気対策がとれない，米国の金融政策がその国の経済に大きな影響を与えるなどの問題がある。

トランジット-ツアー【transit tour】飛行機の乗り換え時間を利用して，経由地を短時間で観光するツアー。

トランジット-モール【transit mall】一般車両の通行を禁止し，バスや路面電車などの公共交通機関と歩行者の通行だけを許す市街地域。都市中心部の活性化，交通渋滞や環境問題の解消などを志向した都市システム。

トリジェネレーション【日＜triple＋generation】コジェネレーションの1種。熱電併給時に副産物として生じる二酸化炭素も利用し，1種類のエネルギー源から電気・熱・二酸化炭素の3種を併給すること。工業分野や農業分野などで活用する取り組みが進められている。⇒コジェネレーション。

トリビュート【tribute】賞賛・感謝などのあかしとしてささげるもの。賛辞。

～CD【tribute CD】⇒トリビュート-アルバム。

～小説　ある特定の作家に対し，尊敬や賞賛の意をこめて書かれた小説。その作家の作品を基にして，独自の視点や解釈から新たに作品化したものなど。

～盤　ある特定の音楽家に対し，尊敬や賞賛の意をこめて作られたCD・レコード盤。その音楽家の作品をとりあげることが多い。

トリビュート-アルバム【tribute album】⇒トリビュート盤。

トレーディング-カード-ゲーム【trading card game】トレーディング-カードに記入された数値や設定を利用して対戦するゲーム。有利な数値や設定が書き込まれたカードは発行数が少なく珍重される。

ナ行

ナイト-マーケット【日＜night＋market】小売業の深夜営業の増加によって顕在化した，夜間の購買需要。

ナイル-パーチ【Nile perch】アカメ科の魚。アフリカの淡水・汽水域に生息。「(白) スズキ」の名で流通していた。

ナチュラル-ミネラル-ウォーター【natural mineral water】地層の無機塩類が溶解した水源から採水された地下水を原水とする飲用水。

ナノサイズ【nanosize】10億分の1mの大きさ。ほとんどが原子や分子のサイズ。

ナノデバイス【nanodevice】ナノメートルの精度を制御する素子。カーボン-ナノチューブを利用したトランジスターなど。より高速で消費電力の低い素子であるた

め，コンピューターの効率と速度を飛躍的に向上させることができる。

ナノマシン【nanomachine】ナノ（10億分の1）メートル-レベルの大きさで，一定の機能をもった機械・器官。あるいは，タンパク質・脂質・DNAなどの生体分子を組み合わせて，一定の機能をもたせた機械。

ナルコティクス【narcotics】麻薬。催眠薬。また，麻薬中毒者。

ナローバンド【narrowband】データ伝送の分野において，狭帯域のこと。高速・大容量のブロードバンドに対して，低速・小容量の伝送をいう。

ナンバー-ディスプレー【日＜number＋display】「発信電話番号通知サービス」の通称。発信者の電話番号を，電話に出る前に電話機などのディスプレーに表示するサービス。⇒ネーム-ディスプレー。

ニア-ミス【日＜near＋mistake】医療施設において，事故には至らなかったものの，危うく事故を起こしそうになった状態。

ニフティー-フィフティー【nifty（すばらしい）fifty】1970年代，米国で機関投資家が好んで投資したブルー-チップなどの優良株群。機関投資家に人気のある50銘柄。

ニュー-エコノミー【new economy】米国で，景気循環が消滅し，インフレなき経済成長が続くとする説。規制緩和，情報通信技術の進歩，資本装備率の増加による在庫の減少や，柔軟な労働市場がこれをもたらしているといわれる。転じて，株式市場などで従来型の企業（オールド-エコノミー）に対し，インターネット関連企業をニュー-エコノミーと呼ぶ。

ニュース-オン-デマンド【news on demand】インターネットや双方向CATVを通じ，好きな時に欲しい情報を入手できるシステム。略してNOD。

ネオコン【neocon】⇒ネオコンサバティブ。

ネオコンサバティブ【neoconservative（新保守主義派）】①1960－70年代の米政界で，リベラル派から転向した保守派のこと。②俗に2000年代初頭の米政界で，一部保守派のことを批判的な立場からいう語。強い軍事力を背景に，民主主義・自由主義などの世界化を志向する。ネオコンとも。

ネーション-オブ-イスラム【Nation of Isram】米国の黒人運動団体・宗教団体。マルコムXの活動を継承し，急進的な解放運動を展開する。1995年ワシントンで黒人男性約40万人を集めたデモを行った。

ネット-エキスパート【日＜net＋expert】パソ-コンとネットワークとの接続設定や小規模LANの構築，セキュリティー対策に関する技術を有する専門家。ネット-エキスパート制度推進協議会が認定する資格。一般家庭や中小企業にブロードバンドの普及を推進するために創設。

ネット-オークション【net auction】インターネット上でおこなわれるオークション。

ネット-カフェ【日＜net＋café】⇒インターネット-カフェ。

ネット-ゲーム【net game】⇒ネットワーク-ゲーム。

ネット-コミュニティー【日＜net＋community】⇒インターネット-コミュニティー。

ネットスライド制【日＜net＋slide 一】年金額の変動方式の1。税・社会保険料などを除いた手取り賃金をベースに年金額の引き上げ率を決定する方法。

ネット-バンキング ⇒インターネット-バンキング。

ネット-フリー-マーケット【net flea market】⇒オン-ライン-フリー-マーケット。

ネットロア【netlore＜network＋folklore】インターネット上の都市伝説。掲示板やチェーン-メールなどを媒体に流通する。口承による都市伝説に比べ，伝播（でんぱ)の速度が速く，影響の範囲も大きい。

ネットワーク-ゲーム【network game】コンピューターをネットワークでつなぎ，1対1の対戦や，同時に複数のプレーヤーが参加するゲームの総称。特にインターネットの普及で広まり，世界中から参加して仮想の社会をつくるものもある。オン-ライン-ゲームとも。

ネットワーク-ビジネス【network business】①インターネットなどのネットワーク上で展開される経済行為。または，それらの支援業務。②商品を購入することで組織に加入し，自ら販売者となり自分からの購入者がさらに販売することでマージンなどが支払われる販売方法。特定商取引法ではマルチ商法と同一と見な

され，連鎖販売取引として規制されている。
ネーティブ-モード【native mode】プリンターなど，コンピューターの周辺機器がもつ性能を最大限に引き出す設定。
ネーミング-ライツ【naming rights】命名権。スポンサーの企業名・ブランド名などを，スタジアムなどの施設の名称にする権利。また，そのような広告手法。1980年代以降，米国で発達した。★日本では2002年(平成14)，東京スタジアム（東京都調布市）のスポンサー企業が内定したのが公共施設として初めての事例。
ネーム-ディスプレー【日＜name＋display】電話に出る前に発信者の名前を電話機のディスプレーなどに表示するサービス。ナンバー-ディスプレーの付加サービス。2002年(平成14)7月からサービス開始。⇒ナンバー-ディスプレー。
ノネナール【nonenal】加齢臭。皮脂に含まれる脂肪酸である9-ヘキサデセン酸が酸化分解されて生じる不飽和アルデヒド。中高年者特有の体臭の原因となる物質。
ノベライズ【novelize】映画やテレビ番組を小説化すること。
ノロウイルス【ド Norovirus】直径30ナノメートルの球形のウイルス。食中毒を起すウイルスの1種。二枚貝，特にカキなどが原因とされる。
ノンテリトリアル-オフィス【nonterritorial office】⇒フリー-アドレス-オフィス。
ノン-リニア編集【non-linear —】パソ-コンを使ってビデオを編集する方法。ビデオテープやDVDなどをデジタル-データとしてパソ-コンに取り込んで，ビデオテープ操作することなく編集作業を行うこと。

ハ行

バイオクリーン-ルーム【bioclean room】バイオテクノロジーに関連した生産のための実験を行う研究所や工場に設けられたクリーン-ルーム。
バイオソリッド【biosolid】下水道の処理過程で生成される，生物に由来する有機物を多く含む汚泥。肥料・燃料としての実証実験などが始められている。
バイオディーゼル燃料【biodiesel fuel】食用として使用済みの植物油・動物油を精製して作るディーゼル燃料。軽油を用いる通常のディーゼル-エンジンに，改造なしで流用可能。硫黄酸化物・浮遊粒子状物質などの排出が少なく，生物分解されやすいなど，環境への負担が少ないといわれる。略してBDF。
バイオテロ【bioterrorism】生物兵器によるテロ行為。細菌やウイルスなどの病原体を大量散布し，人体や環境に対して重度で長期的な被害を与える。
バイオベンチャー【bioventure】バイオテクノロジーに関連するベンチャー-ビジネス。バイオテクノロジーを手段・対象として事業を展開し，大学や公的研究機関における研究成果を産業技術に結びつける重要な役割を担う。
バイオマーカー【biomarker】病気の診断や環境中の微量有害物質の検出などにおいて指標とされる，生体内で代謝された物質。
バイオリージョン【bioregion】気候・地形・流域など，自然の特徴によって一つのまとまりを持った生命圏と認められる地域。生命地域。
ハイバネーション【hibernation（冬眠）】ノート型パソコンなどで，メーン-メモリーの内容を外部記憶装置に移すことで消費する電力を減らす機能。
ハイブリッド-レコーダー【hybrid recorder】記録媒体として，ハード-ディスク・DVD・テープなどの，いずれか複数を用いるビデオ-レコーダー（録画再生装置）の総称。媒体どうしでダビングが可能。⇒ハード-ディスク-ビデオ-レコーダー。
ハウス-アダプテーション【house adaptation】高齢者や身障者などの個々の生活要求に応じて，既存の住宅を増改築してそのまま住み続けられるようにすること。
バウンティー-ハンター【bounty（報奨金）hunter】報奨金目当てに犯人を捜す人。バウンティー-キラーとも。
パケ代　⇒パケット通信料金。
パケット【packet】①束。小包。②伝達する情報の1単位。ヘッダー部，テキスト部，誤り検出部から成る。長い情報は適当な長さのいくつものパケットに分けられる。
～通信【packet —】通信システムの1。データをパケット単位に分けて交換機に蓄積してから送受信するもの。
～通信料金　携帯電話やPHSの通信サ

ービス（電子メールなど）において，パケットとよばれる通信単位を課金の対象にする料金制度。送受信したパケット数に比例して課金する方式や，パケット数にかかわらず定額にする方式などがある。俗にパケ代とも。⇒パケット通信。★通信時間に対して課金する方式に対比して使われる。

パスネット【（商）Passnet】関東の鉄道会社（パスネット協議会の参加社）の自動改札システムで利用できるプリペイド-カードの愛称。カードを専用改札機に通すと，入出場と精算の処理が自動的に行われる仕組み。⇒ストアード-フェア-カード。

バズワード【buzzword】いかにも，もっともらしい専門用語。専門家や通人が好んで用いるような言葉。具体的な意味や適用例などを想像しにくい語や，流行として消費されるような語を風刺していう。

パスワード-クラッカー【password cracker】不正な方法によってパスワードを解析する人。また，そのようなソフトウェア。パスワード-ハッカーとも。

パスワード-ハッカー【password hacker】⇒パスワード-クラッカー。

パーソナル-ファイアウォール【personal firewall】個人レベルで使用するパソ-コンを，ネットを通じた外部攻撃などから保護するソフトウェア。通信時にパケットを監視することで，個人情報の流出・パソ-コンの不正な操作・第三者への攻撃の拠点化などを防ぐ。近年，常時接続環境の普及により一般化したもの。

パーソナル-フリー-ダイヤル【日＜personal＋free＋dial】NTTの電話料金サービスの1。電話番号は0120で始まり，通話料金を受信者が支払うことはフリー-ダイヤルと同じだが，あらかじめ登録した電話番号の通話のみ着信する点が異なる。2001年(平成13)からサービス開始。

パソリ【（商）PaSoRi】ソニー社が開発したパソ-コン接続用カード-リーダーとカード-ライターを兼ねた機器。

バーチャル【virtual】「仮想の」の意で複合語をつくる。バーチュアルとも。

バーチャル-デモ【virtual demo】①ウェブ-ページなどの仮想空間で，ソフトウェアの動作などを擬似体験させるデモンストレーション。②仮想空間上で行う政治的な示威行動の総称。インターネットで参加を呼びかけ，目的の相手に大量の電話・ファックス・電子メールを送信する方法など。

バーチャル-メモリー【virtual memory】仮想記憶。物理的な記憶装置ではなく，論理的に定められた仮想のアドレスによって記憶領域を参照するシステム。主記憶装置の物理的制約を超えた大きなプログラムの実行が可能になる。

パックス-コンソーシャム【pax consortium】国際社会の平和維持が，特定の一国の手に委ねられるのではなく複数の主要国によって維持される共同管理体制の平和。

バック-スラッシュ【back slash】逆斜線。また，コンピューターで用いられる逆斜線符号（\）。⇒スラッシュ。★ASCII文字のバック-スラッシュは，JISローマ字での円記号（¥）に相当する。

バーティカル-ポータル【vertical portal】インターネットのポータル-サイトのうち，特定分野に特化した情報の提供を行うサイト。専門性や情報の充実度によって集客を図る。バーティカル-ポータル-サイトとも。

ハード-ターゲット【hard target】テロリズムの攻撃対象のうち，警備や警戒が厳重であるために攻撃が困難であるような人や場所。軍人，軍施設など。⇔ソフト-ターゲット。

ハード-ディスク-ドライブ【hard disk drive】ハード-ディスクの読み書き装置。略してHDD。★ハード-ディスクとハード-ディスク-ドライブは一体化した構造であるため，両者ともほぼ同義語として用いられる。

ハード-ディスク-ビデオ-レコーダー【hard disk video recorder】ハード-ディスクを記憶媒体にするビデオ-レコーダー（録画再生装置）。家電製品の形態をとるものや，パソ-コンの周辺機器の形態をとるものなどがある。HDビデオ-レコーダー，単に，HDレコーダーとも。

ハード-ディスク-プレーヤー【hard disk player】音楽データの記憶媒体としてハード-ディスク-ドライブ（HDD）を搭載した，携帯式の再生装置。パソ-コンなどから音楽データを転送して用いる。数千の楽曲を記録・再生できる。HDDプレーヤー。

ハード-ディスク-レコーダー【hard

disk recorder】①音楽制作において，ハード-ディスクを記憶媒体にする録音・再生装置。専用のハードウェアである場合や，パソ-コン上のソフトウェアである場合がある。略して HDR。②⇒ハード-ディスク-ビデオ-レコーダー。

ハード-ディスク-レコーディング【hard disk recording】ハード-ディスク-レコーダーに録音・録画すること。

パートナー-ドッグ【日＜partner＋dog】障害者や高齢者の行動を助ける介助犬。

ハード-パワー【hard power】政治権力を構成する要素のうち，軍事力や警察力などの物理的強制力。⇔ソフト-パワー。

ハード-マネー【hard money】米国で連邦レベルの大統領・上下院議員選挙の選挙資金。1971 年の連邦選挙運動法改正で寄付の上限額や届け出，収支などが厳しく規制されている。⇔ソフト-マネー。

ハビリテーション【habilitation（能力を獲得すること）】先天性もしくは幼少時からの障害児を対象とするリハビリテーション。

パブリック-コメント【public comment】意見公募。行政などが規制の設定や改廃をするとき，原案を公表し，国民の意見を求め，それを考慮して決定する制度。1999 年(平成 11)から全省庁に適用された。ノーティス-アンド-コメントとも。

パブリック-デザイン【public design】建築や屋外装置物などで特に公共性の強いものの意匠。

パブリック-ビューイング【public viewing】一般公開。天文台で望遠鏡を一般に開放するイベントや，街頭や競技場の大型スクリーンでスポーツ競技を中継するイベントなど。

バリデーション【validation（確認，承認）】①妥当性確認。検査・分析の方法やその作業プロセスなどが適切であるか科学的に検証すること。②痴呆症の高齢者の介護法の 1。共感することを基本に，一般の人に理解できない行動などもすべて受容し，コミュニケーションをとろうというもの。バリデーション療法とも。★米国のソーシャル-ワーカー，ナオミ-フェイル【Naomi Feil】によって開発された。

パルス-オキシメーター【pulse oximeter】脈波型酸素飽和計。指先にクリップ状の器具をはさみ，爪下の血管の血の色から血中酸素の量を計る機器。

バルチャー-ファンド【vulture fund】禿鷹(はげたか)ファンド。元本に損失が生じる可能性は非常に高いが，その見返りに非常に高い収益を期待できる投資対象に絞って投資する，海外の機関投資家や投資基金を俗にいう語。★短期間に収益を得ることを目的に，不良債権化した資産を安く買いたたく投資姿勢を，死肉に群がるハゲタカに模していう。株や為替を売り浴びせて巨利を得ようとする投資集団などにもいう。

パワー-センター【power center】専門化された安売り店（カテゴリー-キラー）が集まったショッピング-センター。狭義には，売り場面積が 3 万 m^2 以上で，核となる店舗がそのうちの 7 割を占めるものをいう。

パワー-ハラスメント【日＜power＋harassment】職場内の人間関係における，いじめや嫌がらせ。上司が部下に対して，また高い職能をもつ者がそうでない者に対して行う嫌がらせなど。

パワー-リハビリ【power rehabilitation】高齢者向けの専用トレーニング機器を使用して行うリハビリテーション。普段使わない筋肉や神経を使うことで，日常生活に必要な動作と体力の改善をめざすもの。

パンデミック【pandemic】病気の世界的，広域的な流行。また，そのような流行病。

ハンドオーバー【handover】①手渡すこと。移譲。②移動体通信で，端末機が移動することで発生する担当無線基地局の切り替え。通信の品質を上げるには，高速の切り替えが必要とされる。

ハンドル-ネーム【日＜handle（通称・あだ名）＋name】インターネットなどで用いる，本名以外の名前。単にハンドルとも。略して HN。

ピア-カウンセリング【peer counseling】同じ職業や障害を持っているなど，同じ立場にある仲間どうしによって行われるカウンセリング。

ビアジェ制度【フ viager（終身）―】フランスの年金制度の 1。所有不動産を他人に売却し，その契約に基づいて，代金を分割で受け取るもの。売り手の死亡とともに支払いは終了し，物件は買い手が所有する。売却後，そのまま家に住み続けることも可能。

ピクトブリッジ【日＜PictBridge】デジタ

ル-カメラとプリンターを接続することで，パソ-コンを介さずに画像の印刷を可能にする共通規格。接続にはUSBケーブルなどを用いる。⇒ダイレクト-プリント。★2003年(平成15)にカメラ映像機器工業会（CIPA）が策定。

ビジネス-キャリア制度【business career —】厚生労働省が行うホワイト-カラーのための職業能力習得制度。人事・労務，経理・財務などの専門分野別に，認定された機関において教育や訓練を受け，修了試験に合格することにより修了認定を与えられる。1994年(平成6)開始。

ビジネス-ラウンドテーブル【The Business Roundtable】米国大手企業のCEO（最高経営責任者）が参加する経済団体。1972年に設立。略してBRT。★日本では日本経団連（日本経済団体連合会）に相当。

ピース-エンフォースメント【peace enforcement】平和強制。国連PKOのイラク・クウェート監視団の役割として提唱された。経済制裁や軍事的行動も含む。

ピース-キーピング【peace keeping】平和維持。国連軍事監視団の役割。紛争の平和的解決のため停戦や軍事勢力の撤退の監視だけではなく，選挙の監視や国造りの手助けなども含む。また，武器の使用は紛争当事者からの同意原則と自衛のためにのみ許される。

ピッキング【picking】①物流において，物品を保管場所から取り出したり配送先ごとに仕分ける作業。⇒ピッキング-システム。②弦楽器で，弦をピックで弾く演奏法。③針金状の専用工具を用い，ドアを開錠する犯罪手法。作業が短時間で済むうえ錠を破壊しないため，被害者が犯行に気づきにくい。

ピッキング-システム【picking system】物流において，物品を保管場所から取り出したり配送先ごとに仕分ける仕組み。近年ではコンピューターや機械を利用した合理化が進んでいる。

ビットキャスト【bitcast】地上波テレビ放送の電波の隙間を利用して送るデータ放送の1。1997年(平成9)開始。パソ-コンでデータを受信する。★インフォシティ社が開発。

ヒト-クローン【日＜人＋clone】ヒトのクローン個体。核を抜いた未受精卵に体細胞の核を移植してつくるクローン胚をヒトに移植することなどをして，ヒト-クローン個体や交雑個体を生成する。

ヒート-ショック【heat shock】①急激な温度変化が身体に及ぼす影響。血圧の急変動や脈拍が速くなるなど。②食品などの温度変化による品質変化。

ヒューマン-スキル【human skill】主にビジネスの場において必要とされる，対人関係についての能力の総称。人材育成能力や交渉能力など。⇒テクニカル-スキル，コンセプチュアル-スキル。

ヒューマン-リソース【human resources】人的資源。

ピン-コード【PIN code】個人識別番号。銀行などのカードに顧客が付与する暗証番号。PINとも。

ファイナンシャル-プランニング【financial planning】顧客の相談に応じ資産の運用・財産形成の具体的な立案をすること。

ファクトリー-パーク【factory park】企業の工場敷地内に庭園・博物館・レストランやイベント-スペースなどを設け，市民が自由に利用できるようにしたもの。企業イメージの向上と地域の活性化をめざしたもの。

ファブ-レス【日＜fabrication + less】(主に半導体業界で）付加価値の高い開発・設計だけを行い，製造は外部に委託するメーカー。

ファミリー-サポート-センター【日＜family + support + center】育児・介護について，援助を受けたい人（依頼人）と行いたい人（支援人）が会員となり，相互に助け合う制度。仕事と育児・介護を両立できる社会環境をめざす。市区町村への補助事業として，厚生労働省が1994年(平成6)より実施。

ファミリー-ハウス【family house】長期の治療を必要とする子どもや付き添いの家族のための宿泊施設。サポート-ハウスとも。★宿泊による経済的負担軽減を目的に行政・私企業が建設や補助をし，NPOやボランティアで運営されているケースが多い。米国で1970年代に始まり，日本では90年代初頭から広まっている。

フィッシング【phishing＜sophisticated（洗練された）＋fishing（釣る）】有名企業などを装い，ネット上で不正に個人情報を入手する詐欺手法。クレジット-カードの継続手続などを装ったスパム-メールをばらまき，ウェブ-ページ上でカード番

号などの個人情報を入力させるもの。
フィッシング-メール【phishing e-mail】フィッシング（ネット上における，個人情報の不正入手行為）の目的で送信されるスパム-メール。フィッシング-スパム【phishing spam】とも。
フェアースルー-システム【日＜fair + through + system】鉄道の自動改札機において，定期券などに入場情報を記録し，出場時にその有無や整合性を確認する仕組みのこと。キセル防止の目的で運用されるもの。主に，関東の鉄道会社で用いられている呼称。⇒フェア-ライド-システム。
フェア-トレード【fair trade】公正貿易。特に第三世界を対象とする貿易について，自由競争の観点，正当な利益や貿易に伴う環境への負荷などの観点からいう。オルタナティブ-トレードとも。
フェア-ライド-システム【日＜fair + ride + system】鉄道の自動改札機において，定期券などに入場情報を記録し，出場時にその有無や整合性を確認する仕組みのこと。キセル防止の目的で運用されるもの。主に，関西の鉄道会社で用いられている呼称。登録商標。⇒フェア-スルー-システム。
フォールト-トレランス【fault tolerance】耐故障性。システム構成において信頼性・安全性を向上させるために，起こりうる可能性のある過失をあらかじめ想定してシステムのなかに組み込んでおくこと。
フォワーダー【forwarder】運送業者。貨物運送取扱業者。
フード-コート【food court】ショッピング-センターやアミューズメント施設で，軽飲食店を集めた区画。
フード-ファディズム【food faddism（物好き）】特定の食品や栄養素が身体におよぼす影響を，過度に評価するような考え方。食品の善し悪しを単純に決めつけ，これらを過度に食べ分けるような行為を誘発する。民間伝承やマスコミによる偏った情報が原因とされる。★米国で 1950 年代に発生した概念といわれる。
プライオリティー-シート【priority seat】優先席。★旧国鉄が 1973 年（昭和 48）に設置した「シルバーシート」を 1997 年（平成 9）に JR 東日本が変更。
プライス-キャップ【price cap】公共料金を決定する際に，物価上昇率などを考慮した上限価格を設定する方式。イギリスのガス料金などで適用。PC とも。
プライズ-ゲーム【日＜prize + game】賞品が提供されるアーケード-ゲームの総称。クレーン-ゲームなど。
プライス-マッチング【price matching】小売店などが顧客に対して行う，差額補填サービス。同じ商品を他の小売店が安く販売していた場合や，商品の販売価格が下げられた場合などに，その差額を顧客に支払う。
フライト-アテンダント【flight attendant】旅客航空機における客室乗務員。スチュワーデス（女性乗務員）やスチュワード（男性乗務員）の総称。略して FA。
プライバシー-ポリシー【privacy policy】インターネット上のサービスにおいて，サービスの提供者が明らかにするサービスを受ける者の個人情報取り扱い方針。メール-アドレスや通信記録の管理方法，クッキーの具体的使用方法などを明らかにする。⇒セキュリティー-ポリシー，リンク-ポリシー。
プライバシー-マーク【日＜privacy + mark】個人情報の取り扱いを適切に行っている民間企業に発行されるマーク。経済産業省の個人情報保護ガイドラインを満たした企業に対して，日本情報処理開発協会が発行する。店頭・宣伝広告・ホーム-ページなどで使用。P マークとも。
プライベート-バンキング【private banking】金融機関の業務の 1。個人資産家を対象として，金融情報の提供や資産運用などを行い，総合的に財産を管理するサービス。
プライマリー-バランス【primary balance】基礎的財政収支。公債金収入以外の租税等収入と公債費を除く歳出との財政収支。プライマリー-バランスの均衡とは公債金収入が過去に発行した公債の償還費と利払いにあてられるのみで，一般歳出に支出されることのない状態をいう。
ブラウザー-フォン【browser phone】液晶画面を付けた携帯電話。通話以外にウェブ-ページを閲覧したりメールを送受信する機能をもったものをいう。
プラズマ-ディスプレー【plasma display】画像表示装置の 1。2 枚のガラス板の間に密封した希ガスに電圧をかけ，ガラス面の蛍光体をプラズマ発光させる。表示板

をごく薄くできるのが特徴。壁掛けテレビなどに利用される。

プラズマ-ディスプレー-パネル【plasma display panel】⇒プラズマ-ディスプレー。

プラズマ-テレビ【plasma television】表示装置としてPDP（プラズマ-ディスプレー-パネル）を用いたテレビ受像機。薄型・大画面の装置を実現できる。PDPテレビとも。⇒プラズマ-ディスプレー。

プラセンタ【placenta】胎盤。また，その抽出物。肝機能障害の治療に用いられるほか，美容にも効果があるとされている。

プラセンタ-エキス【日＜placenta＋extract】⇒プラセンタ。

フラッシュ-モブ【flash mob（群衆・暴徒）】ネット上で参加を呼びかけられた不特定多数の集団が，あらかじめ決められた時間と場所に突然現れ，決められた行動をした後，即座に解散してしまう悪戯。★2003年に米国で言われ始めた。

フランケンフード【Frankenfood】俗に，遺伝子組み換え食品などの人為的に作られた食物を，批判的立場からいう語。

フリー-アドレス-オフィス【free-address office】オフィスなどで，社員ごとに固定した机をもたない方式。社員が必要とする時間だけ机を占有するもの。資料や私物などはロッカーに格納する。省スペース化・資料の減量化などのメリットがある。ノンテリトリアル-オフィス，ホット-デスキング【hot-desking】とも。

フリッカー-フリー【flicker free】CRTディスプレーの表示において，ちらつき（フリッカー）がない状態のこと。

ブルートゥース【Bluetooth】複数のデジタル機器を無線で接続し，音声通信やデータ通信を行う技術の共通仕様。携帯電話，パソ-コン，デジタル家電などを接続する。★対話と説得を重視したバイキングの王のあだ名から。

ブルー-レイ-ディスク【Blu-ray Disc】国内外のメーカーが合意した次世代光ディスクの統一規格。青紫色レーザーを用い，DVDの約5倍の記録容量をもつ光ディスク。デジタル-ハイビジョン放送を2時間以上録画できる。略してBD。

プレ-インストール【pre-install】パソ-コンのOSやアプリケーション-ソフトウェアなどをあらかじめハード-ディスクなどに記憶させた状態で販売すること。

プレジデンシャル-スイート【presidential suite】ホテルの客室タイプで，貴賓室。特別室。

プレースメント-テスト【placement test】学校などで，生徒を能力別に振り分ける試験。クラス分け試験。

フレッツ【FLET'S】NTTによる定額制のインターネット常時接続サービスの名称。接続方法によりフレッツ・ADSL，フレッツ・ISDNなどがある。

プレニード【preneed】生前予約。死後の自分の葬儀の方法や費用，墓石などに関し，葬儀社などに生存中に予約すること。

プレバイオティクス【prebiotics】プロバイオティクスを腸内で増殖させるような物質。オリゴ糖など。

フレーミング【flaming（燃え上がる）】かっとなること。特にコンピューター-ネットワーク上で激しい批判や罵倒などの，相手を挑発する発言をすること。

フレンチ-パラドックス【french paradox（逆説）】動物性脂肪を多くとると心臓病による死亡率が高くなるとされるが，肉消費量が多いフランス人の心臓病による死亡率が低いことをいう語。食事とともに飲む赤ワインに含まれるポリフェノールが動脈硬化を防ぐ効果を発揮しているものという説がある。

ブロガー【blogger】ブログを開設する人。ブロッガーとも。

プロキシ【proxy】代理。代理人。委任状。プロキシーとも。

ブログ【blog＜weblog＜web＋log】ニュースや事件，趣味などに関し日記形式で自分の意見を書き込むインターネットのサイトやホーム-ページ。開設者が個人の意見を表明していくことを基本としている点が掲示板と，閲覧利用者が自由に意見を書き込める点がこれまでのホーム-ページと異なり，個人ジャーナリズムとしても注目されている。作成や管理が非常に簡単に行えるソフトが公開され，1999年頃から米国で広まった。

プロダクト-アクティベーション【product activation（活性化）】不正コピー防止技術の1。商用ソフトウェアについて，インターネットなどを通じてライセンス認証を行い，使用可能な状態にする仕組み。ソフトウェアのシリアル番号とパソ-コンの固有情報を照合し，契約に基づく正しい組み合わせについてプロテクトを解除

する。単にアクティベーションとも。
ブロッグ ⇒ブログ。
ブロック-ノイズ【block noise】静止画や動画の圧縮データを表示・再生する際に生じる，矩形（くけい）の誤表示のこと。
プロトタイピング【prototyping】試作開発。ソフトウェア開発方法の1。最初の段階で作成した大まかなプログラムにユーザーの要求を反映させながら完成させていく。
ブロードバンド-コンテンツ【日＜broadband + contents】インターネットのブロードバンド回線による提供が適しているコンテンツ（情報やサービス）のこと。動画配信など。
プロバイオティクス【probiotics】腸内環境を改善し，整腸作用や免疫調節作用などをもたらす，生きた微生物。また，これを含む食品。乳製品などによって摂取し，病気の予防に役立てる。生菌剤。★治療のために用いられる抗生物質【antibiotic】に対比する語。
プロ-パテント【pro-patent】特許の保護範囲の拡大など，知的財産権の保護を強化すること。米国では，1980年代以降，産業の競争力を強めるためプロ-パテント政策がとられている。
プローブ【probe】①探査。②探り針。特に，電子測定器で，測定する場所に接触させる電極。探針。③ある物質の存在を確認するための手掛かりに用いる物質。対象物質と相互作用するような物質が用いられる。
～情報システム 各種センサーを搭載した自動車（プローブ-カー）からブレーキやワイパーの作動状況，速度などの走行状態・環境を収集し，それに位置情報や時間を組み合わせて，道路環境情報・気象情報として提供するシステム。各種の実験が行われている。
プロプライエタリー【proprietary】所有していること。独占しているさま。ソフトウェアなどの知的所有権についていう。
プロプライエタリー-システム【proprietary system】特定メーカーの製品のみで構築されたコンピューター-システム。異なるメーカーの製品を組み合わせて構築するオープン-システムに比していう。
ベアーボーン【bare-bones（骨子だけ)】土台となる部品（ケース・電源・マザー-ボードなど）だけで販売されるパソ-コン。CPU・メモリー・ハード-ディスク・キーボードなどの装置は，別途購入して付け加える。
ペアレンタル-ロック【parental lock】親が子供に見せたくない番組を，テレビ受信機に入力した暗号によって管理し，自由に視聴できないようにする機能。
ペイジー【Pay-easy】パソ-コンや携帯電話，ATMから公共料金，税金およびインターネット-ショッピングなどの支払いが行える電子決済サービス。日本マルチペイメントネットワーク運営機構が運営。
ペイド-パブリシティー【paid publicity】広告に準じた媒体料を支払い，記事形式で行う広報活動。
ベジェ曲線【Bezier curve】ピエール-ベジェによって考案された曲線の表現方法。コンピューター上で，始点・終点・曲率を指定して，滑らかな曲線を描く。
ページ-ビュー【page view】ウェブ-サイトへのアクセス量を判断する基準の1。一定期間内に，サイト内のウェブ-ページが，アクセスしたユーザーによって表示された回数をさす。略してPV。⇒ユニーク-ユーザー。
ベーター-アミロイド【beta-amyloid】アルツハイマー病患者の脳内に沈着するタンパク質。約40個のアミノ酸からなるペプチドで，正常脳にも存在するが，加齢により蓄積が進み，痴呆に至ると考えられている。
ヘッド-ショップ【head shop】ドラッグや使用道具類を販売する小売店の俗称。
ヘッド-マウンテッド-ディスプレー【head mounted display】立体的な映像を個人的に提示するための視覚装置。左右の眼に対応した2つの小型ディスプレーから成り，ゴーグルの形状をしている。略してHMD。
ヘラクレス【Hercules】大阪証券取引所にナスダック-ジャパンの撤退を継承する形で，2002年に開設された株式市場。
ヘリコバクター-ピロリ【Helicobacter pylori】グラム陰性の桿菌（かんきん）。ヒトの胃粘膜より発見された。胃潰瘍，十二指腸潰瘍，慢性胃炎，胃癌との関連が指摘されている。
ヘリコプター-マネー【helicopter money】デフレ対策の1つとして，政府が減税を行い，その財源として発行される国債を中央銀行が買い入れるなどの政策。★ま

るでお金を空からばらまくような政策であることから。

ボイス-ポータル【voice portal】電話でインターネット上の情報を聞き出せるサービス。業者が用意する回線に電話をかけ音声で指示を与えると，天気・株価・交通情報などの情報を引き出せる。⇒ポータル-サイト。

ポイント-ツー-ポイント【point-to-point（2点間）】①大都市近郊や地方都市の空港間を，小・中型機で直接結ぶ運航方式。②コンピューターで，端末それぞれに専用の回線を使う方式。

ボクシング-デー【Boxing Day】イギリスなどで使用人や郵便配達人などにクリスマスの祝儀を与える日。通例12月26日，日曜日の場合は27日。

ポスティング-システム【posting system】米国の大リーグ球団が，移籍を希望する日本のプロ野球選手との独占交渉権を獲得するために行う入札制度。落札した球団は，選手が所属する球団へ落札額（移籍金）を支払う。1998年，日米間選手契約協定に盛り込まれた制度。★ポストは金銭を積む意。

ポスト-ゲノム【post-genome】ヒト-ゲノムの構造解析の成果を用いて行われるゲノム研究の総称。未知の遺伝子の解析や，それらから生成されるタンパク質の研究など。

ホスト-マザー【host mother】借り腹型代理母。夫婦の精子と卵子の人工授精卵を移植して，妊娠・出産する妻以外の女性。⇒サロゲート-マザー。

ポータブル-スキル【portable skill】どのような会社でも通用する，ビジネスに必要とされる普遍的な技能。コミュニケーション能力，人材管理能力，スケジュール管理能力，企画立案能力など。

ポータブル-プレーヤー【portable player】携帯可能な，音声や動画などの再生装置の総称。HDDプレーヤーやシリコン-オーディオなど。携帯プレーヤー。携プレ。

ポータル-サイト【portal site】検索エンジンやリンク集を中心とし，メール-サービスやチャット，掲示板など多くのサービスを提供する巨大なウェブ-サイト。多くはアクセス無料で，バナー広告などによって収益を得る。検索エンジン系やプロバイダー系など母体は多種に及ぶ。★インターネットの「入り口」（portal）となることから。

ポップ-アンダー広告【pop-under ad】ウェブ-ページ（ホーム-ページ）を閲覧した際に表示される広告の1。ブラウザーで目的のウェブ-ページを閲覧しようとすると，閲覧ウインドーの裏側に別ウインドーが現れ，そこに広告が表示される。閲覧ウインドーを閉じることで，初めて可視状態になる仕組み。ポップ-アンダーとも。⇒ポップ-アップ広告。

ホテリング【hoteling】⇒フリー-アドレス-オフィス。

ホーム-イルミネーション【日＜home＋illumination】自宅の外装に，たくさんの電灯を点（とも）して飾ること。近年，クリスマス-シーズンにこれを行う家庭が増えている。また，多くの住宅が行う地域もあり，それを見に訪れる人々もいる。

ホーム-サーバー【home server】家庭のなかで利用されるさまざまなデータを蓄積し，必要なときアクセスして利用するためのコンピューター。また，デジタル放送を自動的に録画し，いつでも再生できる録画装置をさす場合もある。⇒ホーム-ネットワーク。

ホーム-ネットワーク【home network】家庭内のコンピューターやデジタル機器を接続するための通信ネットワーク。ホーム-サーバーを中心にネット家電やPDAなどを接続し，インターネットを介して外部と接続することなどが構想されている。有線・無線LANのほか電灯線を利用する方式などが提案されている。

ホライゾンタル-ポータル【horizontal（水平の）portal】インターネットのポータル-サイトのうち，広範な分野について情報の提供を行うサイト。情報の網羅性によって集客を図る。

ボラバイト【日＜volunteer＋ド Arbeit】ボランティアでもなく，単なるアルバイトでもない中間的な働き方。主に農家やペンション・民宿などの宿泊施設で働き，賃金は最低賃金法で定める最低賃金が基準となる。このような働き方をする人をボラバイターという。

ボリウッド【Bollywood】映画産業の盛んなインド西部の都市ムンバイ（旧称ボンベイ）。★ボンベイ【Bombay】を，映画産業の盛んなアメリカの都市ハリウッド【Hollywood】になぞらえた。

ホールセール-クラブ【wholesale（卸売

り）club】小売店だけでなく一般消費者も対象とする会員制のディスカウント-ショップ。小売業とみなされ，大店法の規制をうける。
ホワイト-ボックス【white box】パソ-コン-ショップなどが，汎用部品を組み合わせて製作し販売するパソ-コン。安価で用途に応じた特別仕様にも対応しやすい。ホワイト-ボックス-パソコン。

マ行

マイクロクレジット【microcredit】金融機関の融資の対象となりにくい，低所得者や貧困層などに対して，NGOや国際機関などが少額の融資を行うこと。
マイクロケミストリー【microchemistry】微量化学。微細な流路のあるチップを使用して，化学反応を効率的に研究する。
マイクロスリープ【microsleep】微小睡眠。瞬間またはほんの数秒間の無意識の睡眠。徹夜など長時間にわたって睡眠を取らない場合に起こる。
マイクロ-ディスプレー【micro display】超小型の映像表示装置。デジタル-カメラ・ヘッド-マウント-ディスプレー・ウェアラブル-コンピューターなどに応用される。
マイナス-イオン【日＜minus＋ion】空気中に存在するイオンのうち，マイナスに帯電したもの。空気の澄んだ森林や高原，滝の周辺などに多く存在し，体内に取り込まれると，新陳代謝を促進し，心身をリラックスさせる効果があるといわれる。
マイ-ライン【日＜my＋line】電話事業における優先接続制度のサービス名。電話番号の先頭に登録してある電話会社以外の識別番号を付けた場合は，その電話会社を利用できる。
マイ-ライン-プラス【日＜my＋line＋plus】電話事業における優先接続制度のサービス名。あらかじめ登録した電話会社しか利用できない。
マイレージ【mileage】総マイル数。走行マイル数。マイレッジとも。⇒マイレージ-サービス。
マイレージ-サービス【mileage service】航空会社の多利用搭乗客向けプログラム。一定搭乗距離になると無料航空券や上級座席への切替えなどをするサービス。FFPとも。
マインド-マップ【mind map】複数のキー-ワードを線で結ぶなどして，断片的な概念を放射的・連想的に図示し，思考の流れやその全体像を明らかにする記録法。または，そのようにして作成した図。トニー-ブザン【Tony Buzan】が開発。
マクロウイルス【macrovirus】アプリケーション-ソフトのマクロ機能を用いて作成されたコンピューター-ウイルス。ワープロや表計算の文書ファイル中に含まれ，電子メールなどを介して感染することが多い。
マクロバースト【macroburst】強風の範囲が広いダウン-バースト。
マクロビオティック【macrobiotics】玄米に自然食品を中心とした食生活。自然との調和を食の観点から捉え，陰陽の原理に基づくバランスを重視し，その土地の旬の穀物や野菜を主食材とする食事法の実践により心身の健康の獲得をめざす。マクロビオティックスとも。★現在の内容の基礎は日本人の桜沢如一(ゆきかず)が築いた。
マーケット-リスク【market risk】市場リスク。市場の相場変動で生じるリスク。金利リスク，為替リスク，有価証券の価格変動リスクがある。
マザー-マシン【mother machine】工作機械を中心とする生産設備機械の総称。機械をつくる機械ともいう。
マジック-マッシュルーム【magic mushroom】幻覚作用のある毒キノコ。メキシコの先住民族などが宗教儀礼に用いた。★一部の若者の間で，合法ドラッグ（脱法ドラッグ）として流通していたが，2002年(平成14)に「麻薬及び向精神薬取締法」に基づく政令が改正され，栽培・販売・所持などが禁止された。
マージナル-グループ【marginal group】周辺集団，マイノリティー（少数派）集団。民族的や社会的に多数集団から差別されている集団。★日本では民族的集団としては在日朝鮮人・韓国人，中国人，日系南米人，琉球人，アイヌなど。社会的には，被差別部落民，ハンセン病患者，同性愛者，フリーターや日雇い，ホームレス，やくざなど。
マス-カスタマイゼーション【mass customization】大量販売を図るため，顧客の注文に応じて，個別化した仕様の製品を

製造すること。パソ-コンの製造・販売などにみられる。
マスター-トラスト【master trust】年金基金が複数に委託して運用していた資産を，信託銀行が一括して管理すること。基金側はこれまで運用委託先ごとにしか把握できなかった資産の運用状況を一括して理解できるメリットがある。信託銀行側は多額のシステム投資を必要とし，提携が進んでいる。
マッチング-ギフト制度【matching gift program】社員が福祉施設に寄付する際に，企業も同額を寄付する制度。
マテリアル-リサイクル【material（材料・原料）recycle】廃棄物を回収し製品の原材料として再生利用すること。
マニフェスト【manifesto】政策綱領。政権綱領。政策の数値目標，実施期限，財源などを明示した文書。
マーベリック【mavérick】①所有者の焼き印が押されていない子牛。★所有する子牛に焼き印を押さなかった19世紀の米国・テキサスの牧場主マーベリックの名に由来。②一匹狼。異端者。どの派にも所属しない政治家や芸術家など。
マリアージュ【フ mariage】①結婚。結婚式。結婚生活。②組み合わせ。色・香り・味わいなどの配合。特にフランス料理などで，料理とワインの組み合わせや相性がよい場合に用いられることが多い。
マルウェア【malware < malicious（悪意ある）software】悪意のもとに開発・利用されるソフトウェアの総称。コンピューター-ウイルス，ワーム，スパイ-ウェア，悪意で用いられるキー-ロガーなど。
マルチベンダー【multivendor】複数のメーカーのコンピューターやその周辺機器を販売すること。特定のメーカーのものだけを扱うシングル-ベンダーに対していう。
マルチメディア-コンテンツ【multimedia contents】デジタル化された映像・音声・文字などを，複合的に組み合わせたコンテンツ（情報やサービス）のこと。電子百科事典など。⇒デジタル-コンテンツ。
マルチメディア-ステーション【multimedia station】動画や音声を用いた分かりやすいインターフェースを持ち，双方向通信により情報の受発信が可能な情報端末。コンビニエンス-ストアなどに設置されている。双方向型の販売・情報提供などの業務を省力化・効率化することができる。
マルチモード端末【multimode terminal】複数の通信方式をもつ移動体通信端末。PDC 方式・GSM 方式・W-CDMA 方式の 3 方式が併用可能な端末など。シングル-モード端末やデュアル-モード端末に対比して使われる。マルチモード機。
マンモグラフィー【mammography】乳房レントゲン撮影法。弱い X 線で乳房の幅を撮影する。触診ではわからない微小な乳癌の発見に有用。
ミクログリア【microglia】グリア細胞の 1。脳内で白血球の代わりに免疫防御を担っている。異常ニューロンの修復や死んだ脳細胞を食作用で処理。アルツハイマー病はこの細胞の暴走が原因といわれている。
ミステリー-ショッパー【mystery shopper】営業中の小売店などで，客に扮して顧客満足度を点検する覆面調査員。
ミティゲーション【mitigation（緩和・軽減）】開発を行う場合，環境への影響を最小限に抑えるために，代替となる処置を行うこと。
ミラーリング【mirroring】コンピューター内のデータを同時に別の記憶装置に書き込むハード-ディスク二重化方法の 1。ハード-ディスク障害によるデータ破壊を防ぐために用いる。
メガキャリア【megacarrier】巨大航空会社。転じて，世界規模で展開する通信企業。
メガコンペティション【megacompetition】世界中の企業が国境や業界を越えて地球的規模で競争を行う状態。大競争。
メガピクセル-カメラ【megapixel camera】100 万を超えるピクセル（画素）数をもつ，デジタル-カメラのこと。
メガブランド【megabrand】世界的な規模で認知されているブランド（企業名・商標名）のこと。
メガマージャー【megamerger】大手企業どうしの合併。国内大手企業どうしや財閥などの系列を越えての合併に止まらず，メガコンペティション時代を迎え，国際間での合併や統合が進んでいる。メガバンクがその代表的な例。
メタデータ【metadata】データの意味について記述したデータ。

メディア-コンプレックス【media complex】書籍・CD・レンタル-ビデオなど，複数のメディアを一店舗に集めて提供する店。
メディア-スクラム【media scrum】集団的過熱取材。社会的関心の高い事件などに対する報道機関の取材行動によって引き起こされる被害。事件の被害者や容疑者およびその親族，近隣に住む住民に対して，多くの取材者が押し寄せたり過剰な取材が繰り返されたりすることによって，取材対象者のプライバシーが侵害され，日常生活が脅かされること。
メモラビリア【memorabilia】記憶すべき出来事・事柄・品物。特に，スポーツや音楽などの分野で，コレクションの対象となるような記念品をさす。プロ野球選手の直筆サイン-ボールなど。
メーラー【mailer】電子メール用ソフト。メールの作成や送受信，管理などを行う。
メール-ボム【mail bomb】嫌がらせを目的として，特定の個人や組織に大量の電子メールを送りつけること。⇒スパム-メール。
メンタル-コミット-ロボット【mental commit robot】生き物のように自律的に行動し，その行動が人間の精神に影響を及ぼすように特化されたロボットの総称。人間の感情を刺激し，心に楽しみや安らぎなどをもたらす作用をもつ。ペット-ロボットなど。
メンタル-ヘルス-ケア【mental health care】精神衛生上の健康管理。心の健康づくり。精神障害の治療と予防。家族・社会の支援が必要とされる。
モーゲージ-バンク【mortgage bank】住宅ローン貸し付け専門の金融機関。預金獲得などは行わず，住宅ローンの証券化を資金調達手段とする。
モーゲージ-ブローカー【mortgage broker】住宅ローン仲介業者。貸し付け金融機関の紹介や住宅ローンに関するさまざまな情報を提供する。
モーション-キャプチャー【motion capture】人間または動物の体にセンサーを取りつけ，動きをコンピューターに取り込むための技術。略して MC。
モバイル-コマース【mobile commerce】携帯情報機器を利用した電子商取引。携帯電話や PDA などを媒体とした通信販売やオークションなど。m-コマースとも。
モバイル-コンテンツ【mobile contents】携帯情報端末や携帯型コンピューターなどのモバイル環境への提供が適しているようなコンテンツ（情報やサービス）。電子書籍や映像，音楽など。
モバイル-バンキング【mobile banking】銀行口座の残高照会や振り込みなどのサービスを，携帯情報端末を通じて受けられるシステム。国内では多くの場合，携帯電話を通じて行うシステムをさす。
モバイル-プロセッサー【mobile processor】ノート-パソコン用の CPU。モバイル-コンピューター用に開発されたもので，消費電力や発熱が抑えられている。
モービリウイルス【Mobilivirus】人獣共通感染症。肺炎や脳炎を起こす。1994 年にオーストラリアで馬の間で大流行し発見された。オオコウモリが自然宿主と推定される。
モーフィング【morphing】コンピューター-グラフィックスで，ある物体が別の物体に変形してゆく一連の効果・手法。
モブログ【moblog < mobile + blog】カメラ付き携帯電話などで撮影した写真やコメントを，簡単な手順で掲載できるブログ。閲覧者がコメントを追記することなども可能。★コンサルタントのアダム-グリーンフィールド【Adam Greenfield】による moblogging が語源。

ヤ行

ヤング-オールド【young old】前期高齢者。老年学の高齢期区分における前期に相当する 65 歳以上 75 歳未満の人。
ヤング-ジョブ-スポット【日< young + job + spot】定職に就かずアルバイトなどの形で仕事を続ける若年層向けの就職支援施設。フリーターとよばれる若者たちの定職に就く意識を高めることを目的に，就職情報の提供や就業に関する相談などを行う。2003 年(平成 15)から，政令指定都市の駅前などを中心に設置。
ユーザー-アカウント【user account】コンピューター-ネットワークのセキュリティーの確保などを目的としたユーザーの識別情報。登録されたユーザーのみがネットワークへ接続できる。
ユーザビリティー【usability】有用性。使いやすさ。特にコンピューターで，ハードウェアやソフトウェアの使い勝手。ユ

ーザビリティーが高いといった場合，利用者側から判断する作業効率の良さや，満足度などの高さを表す。

ユニーク-ユーザー【unique（同じ物が他にない）user】ウェブ-サイトへのアクセス量を判断する基準の1。一定期間内にサイトへ訪れた利用者の数をさす。ページ-ビューなどの基準に比べ判定方法が難しいが，サイトの人気度をより正確に反映できる。

ユニバーサル-アクセス【universal access】個人の障害の有無や社会階層・地域の違いなどにかかわらず，全ての人が情報，または情報インフラを利用できること。

～権 一般の人々があまねくアクセスできること。特に，スポーツなど，公共性の高いイベントを，一般視聴者が特別な料金の支払いなどを必要としないでテレビ放送で視聴できる権利。

ユニバーサル-サービス【日＜universal + service】すべての人のために均質に提供されるサービス。地域・所得などにかかわらず利用できる電話サービスなどをいう。

ユニバーサル-デザイン【universal design】万人向け設計。障害者・高齢者・健常者の区別なしに，すべての人が使いやすいように製品・建物・環境などをデザインすること。1974年，米国のメースによって提唱された概念。

ユニバーサル-バンク【日＜universal + bank】銀行業務のみならず，証券・生損保といった金融の幅広い業務を顧客に提供できる銀行。

ユニバーサル-ファッション【日＜universal + fashion】年齢・サイズ・体型・障害に関係なく着用できる衣服。また，これらに関係なく，好みの衣料を豊富な選択肢から選べる状態。ユニバーサル-ファッション協会による商品推薦制度が実施されている。推薦商品にはユー-マークが表示される。⇒ユニバーサル-デザイン，ユー-マーク。

ユニバーサル-プラン【universal plan】オフィスにおいて，机の大きさなどの執務環境を統一して，その配置を固定しておき，組織変更や人事異動の際に人だけを異動させる方式。レイアウト変更にかかるコストの削減が可能。

ユニバーサル-ルーム【universal room】バリア-フリーに対応した部屋。特にホテルなどで，障害者に利用しやすい設備を備えた部屋。目的によって機能が異なり，車椅子利用に対応した部屋が多くみられるが，聴覚障害や視覚障害，盲導犬利用などにも対応したタイプもある。ハンディキャップ-ルームとも。

ユビキタス【ubiquistous＜ラ ubique（遍在する，どこにもある）】生活のあらゆる場面にコンピューターが使われ，それらが相互に協調して動作するように利用できる環境。具体的には，携帯電話と家電製品などのコンピューター端末が無線ランでつながり，指示したりできること。★1988年，ゼロックス・パロアルト研究所のマーク-ワイザー【Mark Weiser】が提唱した概念。

～IDセンター【Ubiquitous ID Center】ICタグの標準化を推進する団体。ユビキタス-コンピューティングの実現を目的に，バーコードやICタグを包括的に利用して物を自動認識する基盤技術の確立と普及をめざす。ユビキタス-コンピューティング環境を構成するハードウェアやソフトウェアなどの研究開発・標準化を推進する組織。2003年(平成15)設立。

～社会 ユビキタス-コンピューティングが実現されている社会。ユビキタス情報社会とも。

ユビキタス-コンピューティング【ubiquitous computing】いつでもどこでも，利用者が意識せずとも，情報通信技術を活用できる環境。情報通信機器が現実生活の至る所に埋め込まれ，複雑な操作がなくともそれらが有機的に活用できる環境をいう。

ユー-マーク【日＜U + mark】ユニバーサル-ファッション協会が，年齢・サイズ・体型・障害に関係なく着用できる衣服に対して与える推薦マーク。

ユーロカード【Eurocard】ヨーロッパ各地で使用できるPINコード付きのバンク-カード。

ユーロチェック【Eurocheque】ヨーロッパ各地での買物などで，裏面にユーロカードの番号を記入して使用できる小切手。★1968年から発行。

ユーロランド【Euroland】EUの統一通貨ユーロが導入されている国の総称。当初のEU加盟国のうち，イギリス，スウェーデン，デンマークの3か国を除いた地

域。★フランスでは zone euro という。モンテネグロはEU加盟国ではないがユーロを使用。

ヨブ-カルチャー【yob culture】10代の若者による盗みや麻薬使用，器物損壊などの悪行。★1994年イギリスのメージャー首相が命名。

ラ行

ライト-ノベル【日< light + novel】10代の若者を主な読者層に想定した気軽に読める小説の総称。会話の多用やアニメ-タッチの挿絵などが特徴。

ライト-ワンス【write once】記憶媒体に対して一度だけデータを書き込める方式。また，そのような記憶媒体。一度書き込みが行われた記憶領域に上書きすることは不可能。CD-RやDVD-Rなど。

ライフ-イベント【日< life + event】ライフ-プランを考えるにあたって想定される結婚・退職などその人にとっての大きな出来事。

ライフ-ケア-ビジネス【life care business】人間の生命・健康にかかわる総合的産業のこと。医療に加えて，スポーツ・食品などの分野にわたる。

ライブ-コミュニティー【live community】インターネットのチャットを利用して，コミュニケーションをとったりゲームを楽しむサイバー-スペース上の仮想コミュニティー。音声利用も可能。

ライフ-サイクル-コスト【life cycle cost】製品の生涯費用。例えば，建築コストだけでなく，維持管理や改修・廃棄に必要なコストも含めた構造物のコスト。

ライフ-スキル教育【life skills education】生活のために基本的に必要とされる能力に関する教育。日常のさまざまな問題に対し，より建設的かつ効果的に対処するために必要な能力を教える。世界保健機関（WHO）が提唱。

ライフスタイル-ドラッグ【lifestyle drug】生活改善薬。直接生命にはかかわらない，生活の質を高める効果があり，加齢に伴う疾患などの治療薬。抗鬱剤，発毛剤，勃起不全治療薬，禁煙補助剤など。

ランダム-ファイル【random file】データ-レコード位置を指定することで，任意のデータ-レコードにアクセスできるファイル。⇒シーケンシャル-ファイル。

リア-プロジェクション-テレビ【rear projection television】背面投影方式のディスプレーを備えたテレビ受像機。装置内の背面にある小型パネルから映像を投射し，前面スクリーンに映し出す仕組み。大画面の装置を実現できる。リア-プロ-テレビ，リア-プロ，RPとも。★近年，視野角・明るさ・厚さなどの性能が改善。国内の大型テレビ市場で，プラズマ-テレビ・液晶テレビに並ぶ有力商品として再評価されている。

リアル-タイム-エンコーダー【real time encoder】音声や映像のデータを取り込みながら，即時に圧縮されたデジタル情報に加工する，ハードウェアやソフトウェア。

リアル-タイム-エンコード【real time encode】音声や映像のデータを取り込みながら，即時に圧縮されたデジタル情報に加工すること。また，そのような技術。

リアル-マネー-トレーディング【日< real + money + trading】⇒リアル-マネー-トレード。

リアル-マネー-トレード【日< real + money + trade】ネットワーク-ゲームの中で獲得した仮想通貨やアイテムなどを，実社会の現金によって取引すること。ネット-オークションへ出品する方法などがある。リアル-マネー-トレーディングとも。略してRMT。★「ゲーム性を損なう」「犯罪を助長する」などの問題点も指摘され，禁じていることが多い。

リージョナル-コード【regional code】⇒リージョン-コード。

リージョン-コード【region code】DVDのディスクとプレーヤーのそれぞれに記録されている地域識別用のコード。双方の有するコードが一致しないと再生ができない。ソフト供給者が販売地域を管理しやすいよう，世界を六つの地域に分けている。日本のコードは2。地域コード，リージョナル-コードとも。

リッチ-メディア【rich media】よりデータ量の多い情報媒体。また，より高度な技術を用いた情報媒体。静止画に対する動画など。

リッピング【ripping（引き裂く）】コンパクト-ディスク（CD）に記録されている音声を，パソ-コン上にデータとして取り出したり，それをファイル化すること。

リデュース【reduce】削減すること。廃棄物を減らすことなどにいう。「リユース（再利用）」「リサイクル（再資源化）」とともに「3R」とよばれる。
リバース-モーゲージ【reverse mortgage】住宅などの資産はあっても現金収入が少ない高齢者等を対象に，居住中の持ち家を担保に資金を貸し出し，生活費や福祉サービス費にあてる制度。契約時に一括して融資額が支払われ，毎月返済していく通常の融資とは逆に，ローン残高が毎月増えていき，契約終了時や死亡時に資産を売却し精算することから，資産担保年金，住宅担保年金，逆抵当融資，逆住宅ローンなどとも呼ばれる。★日本では1981（昭和56）年，東京都武蔵野市で導入されたのが最初で，武蔵野方式ともいわれる。
リビング-ニーズ特約【living needs —】生命保険の生前給付特約の1。余命6か月以内の診断が下された場合に，死亡保険金と同額または一部が生存中に支払われる。特約に関する保険料は無料。
リブート【reboot】パソ-コンを再起動させること。リスタートとも。
リボ払い　⇒リボルビング-ローン。
リボルビング-ローン【revolving loan】クレジット-カードによる買い物やキャッシング-サービス（自動現金貸し出し）の月間利用限度枠を決めておき，その枠内で反復利用し，返済は一定の額や率で毎月支払っていく方式。
リメーラー【remailer】電子メール転送サービス。多くの場合，匿名の電子メールを送付するための転送サービス（アノニマス-リメーラー）をさす。リメーラーが用意するアドレスに命令付きのメールを送付すると，目的のアドレスに匿名のメールを送付できる。★多くのサービスは言論の自由を確保するためのボランティアだが，犯罪の温床にもなりやすい。
リユース【reuse】再使用すること。また，そのもの。容器などにいう。「リデュース（ごみの減量）」「リサイクル（再資源化）」とともに「3R」とよばれる。
リロード【reload（再装塡，再積載）】再読み込み。更新。ブラウザーに表示済みのウェブ-ページを，改めてインターネットからダウンロードして再表示すること。
リンク-フリー【日＜link + free】俗に，インターネットのウェブ-ページにおいて，他のウェブ-ページからのリンクを許可する意思表示。
ルーター[1]【looter（略奪者）】ネットワーク-ゲームで，他のプレーヤーが倒したモンスターなどから，戦利品のアイテム（武器などの装備品）を持ち逃げするプレーヤー。⇒ルート
ルーター[2]【router＜route（ルート）】複数のコンピューター-ネットワークを接続し，最適な経路を選択して情報を伝送する装置。
ルック-アンド-フィール【look and feel】見た目の印象。特に，OSやアプリケーション-ソフトのインターフェースのデザインをいう。
ルーティング【routing】ネットワークで，相手のデバイスにデータを送信するための経路を決定すること。
ルート【loot（略奪，略奪品）】ネットワーク-ゲームで，他のプレーヤーが倒したモンスターなどから，戦利品のアイテム（武器などの装備品）を持ち逃げする行為。⇒ルーター[1]。
レジューム【resume（再開する）】パソ-コンやワー-プロの電源を切ったときに，その時点での動作中の状態を保存する機能。
レッド-リスト【Red List】レッド-データ-ブックに絶滅の恐れが最も大きい種として記載されている動植物のリスト。
レトロ-フューチャー【retro future】懐古的，かつ未来的な感覚。過去の文化に現れる未来感覚や，それを現在の文化に応用して得られる未来感覚をさす。古いSF映画に登場する未来都市のデザインや，アナログ-シンセサイザーでアレンジされた音楽など。
レファレンス-ナンバー【reference number】①照会番号。②航空券の予約番号。
レリーズ-タイム-ラグ【release time lag】カメラで，シャッターを押してから実際に撮影するまでの時間差。★デジタル-カメラではこの時間が比較的長く，短縮化の改良がされている。
レンタル-ボックス【日＜rental + box】店舗内にカラー-ボックスなどでつくったレンタル用のボックス-スペース。利用者はスペースを借り，自分の手作り品を委託販売するなどして利用する。
レーン-マーカー【lane marker】固定式経路誘導情報発信装置。受信機を持っている視覚障害者に音声情報を送り，安全な

歩行を誘導するほか，自動車・バスなどの自動操舵制御に利用される。

ロイター指数【Reuter's Index of Commondity Prices】イギリスのロイター通信社が毎日発表している商品相場指数。小麦，銅，羊毛，綿花，コーヒーなど国際貿易の需要 17 品目を用い，1931 年 9 月 18 日の相場を基準にして算出する。

ローカライズ【localize】ある国の製品を他国で販売するために，その国の状況にあわせて機能の修正や付加を行うこと。米国で開発されたソフトウェアを日本語化する作業などをさす。ローカライゼーションとも。

ローカライゼーション【localization】⇒ローカライズ。

ローカル-パーティー【local party】地域政党。地方政党。

ロケーション-サービス【location service】携帯電話などのモバイル機器に対して，現在位置に応じた情報を提供するサービス。地図情報・交通情報・店舗情報など。モバイル-ロケーション-サービスとも。

ロボット-アーム【robbot arm】柔軟な関節を持った人間の腕型のロボット。特に，スペース-シャトルの船外活動作業をする SRMS【Space shattle Remote Manipulator system】のこと。

ロボット-スーツ【robot suit】人体に装着し筋力を補助する装置。人が動くとき流れる微弱な電気信号を検知し駆動部分に信号を送り，動作を補助する。高齢者や障害者の歩行補助装置の開発が進められている。パワー-スーツ，パワー-アシスト-スーツとも。

ロール-モデル【role model】役割モデル。ある職掌・役割などの規範となる人。

ロング-フライト血栓症【日＜long flight + thrombosis】エコノミー-クラス症候群のこと。日本旅行医学会が改称を提言している。⇒エコノミー-クラス症候群。

ロング-ライフ住宅【long-life house】森林の再生サイクルといわれる 50 年以上の耐用年数をもつ木造住宅。LL 住宅。

ワ行

ワイアード【wired】情報交換にコンピューターや情報工学の技術，特にインターネットを利用すること。

ワイド-クリア-ビジョン【日＜wide + clear + vision】EDTV を改良した高画質規格テレビの呼称。水平，垂直解像度が改善されており，放送側，受像側共に専用回路を必要とする。EDTV-Ⅱとも。

ワーク-プラザ【日＜work + plaza】公共職業安定所（ハローワーク）の附属施設。高齢者や若年者の求人・求職紹介や求職者の研修などの活動を業務としている。

ワークフロー【workflow（作業の流れ）】オフィスの業務に関連する情報の流れをコンピューターで管理すること。部門間の連携ミスを防いだり，作業効率の向上などをめざして行われるもの。リエンジニアリングの一環として導入される。

ワーク-ライフ-バランス【work-life balance】仕事と生活を両立させること。あるいは，そのような企業の施策目標。勤務形態・休暇制度の多様化，育児・介護の支援，キャリア形成の支援，カウンセリング，退職者の支援などを行う。

ワールド-ワイド-ウェブ【World Wide Web】ハイパーテキストの世界的規模のネットワーク。文字情報のみならず，画像や音声，動画などの情報をも含む。略称 WWW。ネットワークが「蜘蛛の巣」（web）のように形成されていることから。

ワン-コイン-バス【日＜one + coin + bus】一律 100 円で乗車できる路線バス。一部バス会社などが，地方自治体などの助成を受け，特定路線で実施しているもの。主に，市街地における高齢者の移動手段を確保することを目的とする。100 円バス。百円バス。

ワン-ソース-マルチ-ユース【one source multi use】1 つの素材を複数のメディアで使い回すこと。デジタル化が進展し，小説の原稿などを紙の本，CD-ROM，ネット上など複数の商品形態で提供することなど。特にマルチメディア素材では必要に応じて変形，加工が可能となり，その利用が広がる。

ワン-ツー-ワン-マーケティング【one to one marketing】特定の顧客の嗜好や要求などを詳細に把握し，長期的な関係を維持しようとするマーケティング手法。リレーションシップ-マーケティングとも。

ABC略語 ミニ辞典

1. 配列はＡＢＣ順とし，ギリシャ文字は最後にまとめた。
2. 略語の慣用的なつづり読みの読み方がある場合は、（　　）の中に示した。
例，JIS（ジス）・APEC（エーペック）

A

ABM【antiballistic missile】弾道ミサイル迎撃ミサイル。大陸間弾道ミサイル（ICBM）と潜水艦発射弾道ミサイル（SLBM）を迎撃，破壊する目的のミサイル。

ADL【activities of daily living】摂食・着脱衣・排泄（はいせつ）・移動など，人間の基本的な日常生活動作。障害者のリハビリテーションに用いられる語。また，高齢者の介護の必要性の判定指標にも用いられる。日常生活動作能力。

ADSL【asymmetric digital subscriber line】〔非対称デジタル加入者線の意〕電話の加入者線を利用した高速データ伝送技術。上り回線に比べ下り回線の通信が高速。xDSLの一種。

AED【automated external defibrillator】自動体外式除細動器。突然，心停止状態に陥った人に用いる救命装置。心電図を自動計測して，必要な場合は電気ショックを与える。多くの装置は音声指示に従って簡単に操作できる。

AFP【フランス Agence France-Presse】フランスの通信社。1835年に創設されたアバス通信社を，1944年に半官半民の組織に改めたもの。本部はパリ。

AFTA（アフタ）【ASEAN Free Trade Area】ASEAN自由貿易圏。共通効果特恵関税の導入により，ASEAN地域内の貿易拡大をめざす。1992年，第4回ASEAN首脳会議で合意。

AI【artificial intelligence】人工知能。学習・推論・判断といった人間の知能のもつ機能を備えたコンピューター-システム。応用として，自然言語の理解，機械翻訳，エキスパート-システムなどがある。

ALS【amyotrophic lateral sclerosis】筋萎縮性側索硬化症（きんいしゅくせいそくさくこうかしょう）。筋肉が次第に萎縮し，不随意な攣縮（れんしゅく）が起こる疾患。脊髄中にある運動神経繊維の進行性変性によるが，原因は不明。

ALT【assistant language teacher】外国語指導助手。日本人の教員を補佐し，主に会話の指導にあたる外国人補助教員。

AMDA（アムダ）【Association of Medical Doctors of Asia】アジア医師連絡協議会。NGOの1。アジア，アフリカ，ヨーロッパ，中南米各地に支部があり，国内外での緊急医療活動および医療相談などを行う。1984年（昭和59）設立。本部は岡山市。

AMEX（アメックス）【American Stock Exchange; American Exchange】アメリカン証券取引所。2004年，ナスダックの運営母体であるNASDと合併。

AMF【Asian Monetary Fund】アジア通貨基金。アジアの通貨安定と経済危機支援のため構想されているアジア各国が拠出する基金。IMFの地域版として，1997年（平成9）日本が提唱。

AO入試【AOは，admission office（入試担当部局）の略】専任の部署または委員会が，学業成績や活動記録などの書類・小論文・面接などを通じ，人物本位の選考を総合的に行う入試方法。

AP【Associated Press】アメリカの通信社。1848年設立。新聞・放送会社を加盟員とする非営利法人。本部はニューヨーク。

APEC（エーペック）【Asia-Pacific Economic Cooperation】1989年に創設されたアジア太平洋地域初の経済協力のための会議。日本・韓国・中国・台湾・香港・オーストラリア・ニュージーランド・パプア-ニューギニア・アメリカ・カナダ・メキシコ・チリ・ASEAN（アセアン）諸国などが参加。

ASD【acute stress disorder】急性ストレス障害。災害や事故・犯罪にあうなど強いストレスの後に起きる精神障害。心的外

傷後ストレス障害(PTSD)と同種の症状を呈し，アメリカの精神疾患分類ではこれらの症状が1か月以上続くときはPTSDと診断される。

ASEAN＋3
ASEAN加盟10か国に，日本・中国・韓国が加わった13か国の会議。1997年から首脳会議や蔵相会議などが開催されている。ASEANプラス3。

ASEM【Asia-Europe Meeting】アジア-ヨーロッパ首脳会議。ASEANを中心とするアジア諸国とEUとの首脳会議。1996年発足。

ATC【automatic train control】自動列車制御装置。運転士の操作がなくても，列車を自動的に徐行・停止させる装置。

ATM【automated-teller machine】カード・通帳を用いて，現金の払い出し・預け入れ，また振り込みなどを行う装置。現金自動預け入れ払い機。

ATS【automatic train stop】自動列車停止装置。運転士の操作がなくても，赤信号の手前で列車を自動的に停止させる装置。

AU【African Union】アフリカ連合。2002年に，アフリカ統一機構（OAU）を改組して設立された，アフリカの地域的国際機構。アフリカ各国の政治的・経済的・社会的な連合をめざす。安全保障上の相互監視機構も有している。

B

BBC【British Broadcasting Corporation】イギリス放送協会の略称。公共放送のための事業体。1922年にBritish Broadcasting Companyとして設立。1927年改称。

BBS【bulletin board system】ネットワークに加入している人が自由に見たり記入したりできる，コンピューター-システム上の掲示板。電子掲示板。EBBS。

BCG【フランスBacille bilié de Calmette et Guérin】フランスのカルメットとゲランが長年継代培養して弱毒化に成功したウシ型結核菌。結核予防のためにツベルクリン反応陰性者に接種。

bps【bits per second】ビット毎秒。情報送受信速度の単位。

BS【broadcast satellite】放送衛星。放送用の静止衛星。テレビなどの電波を，地上中継局を使わず直接家庭で受信できるよう増幅・中継・送信する。

B/S【balance sheet】貸借対照表。財務諸表の1。一定の時点における企業の財務状態を明らかにするために作成される表で，負債・資本・資産を記載する。バランス-シート。

BSE【bovine spongiform encephalopathy】牛海綿状脳症(うしかいめんじょうのうしょう)。ウシの感染性疾患の1。脳に障害をきたし，行動異常や運動失調などの後，死に至る。病原体は異常型プリオンとされる。1986年にイギリスで発見。狂牛病。

C

CAI【computer-assisted (aided) instruction】コンピューターを用いて，各生徒の理解度に応じた学習内容を提供し，個別指導を実現する教育システム。コンピューター支援教育。

CARE(ケア)インターナショナル【Cooperative for Assistance Relief Everywhere International】NGOの1。1945年設立の発展途上国に対する援助活動を行う国際機関。発足時の名称ケアに1981年インターナショナルを加えた。先進12か国に関連組織がある。事務局はスイスのジュネーブ。

CASA【Citizens Alliance for Saving the Atmosphere and the Earth】地球環境と大気汚染を考える全国市民会議。事務所は大阪市。1988年(昭和63)設立。

CD【cash dispenser】キャッシュ-カードを使って現金を引き出す装置。現金自動支払い機。

CD【Compact Disc】デジタル信号を記録する光ディスクの規格。また，そのディスク。直径12cmまたは8cm。レーザー光による非接触読み出しを行う。コンパクト-ディスク。

CDMA【Code Division Multiple Access】符号分割多元接続。移動体通信の方式の標準の1。複数ユーザーによる同一周波数帯域の共有が可能なので，従来に比べ帯域幅当たりのユーザー数を増やすことが可能になった。

CD-ROM(シーディーロム)【CD read-only memory】CDを，コンピューターの読み出し専用の記憶媒体としたもの。

CEO【chief executive officer】最高経営責任者。企業マネジメント組織上での呼称。

経営上の意思決定において最高の責任をもつ。

CGI【Common Gateway Interface】ネットワークで，ブラウザーから要求されたプログラムをサーバー側で実行し，その実行結果を返す仕組み。ウェブ-サイトの来訪者数の表示や，データベースとの連携処理などに利用される。

CI【corporate identity】企業のもつ特性を，内部的に再認識・再構築し，外部にその特性を明確に打ち出し，認識させること。コーポレート-アイデンティティー。

CLO【collateralized loan obligation】ローン担保証券。不動産貸付などの事業貸付債権を裏付けに発行される証券。

CNN【Cable News Network】アメリカのニュース専門のテレビ局。1980年開局。

CORE(コア)【Congress of Racial Equality】アメリカの，人種平等会議。黒人差別撤廃運動を推進する団体。1942年結成。本部はニューヨーク。

CP【Canadian Press】カナダ通信社。1917年創立。

CPU【central processing unit】中央処理装置。コンピューターの中枢となる装置で，命令の解釈と実行の制御を行う。一般的には演算装置と制御装置に分けられるが，主記憶装置を含めることもある。

CRT【cathode-ray tube】コンピューターの表示装置に用いられるブラウン管のこと。

CS【communications satellite】通信衛星。トランスポンダーを搭載し，地上局の遠距離通信の中継局となる人工衛星。放送事業にも用いられる。

CT スキャナー【computed (computerized) tomography scanner】コンピューター断層撮影装置。X線装置とコンピューターを組み合わせた医療機器。X線を360度回転しながら照射して人体の横断面を撮影，各方向からの像をコンピューターで処理して，その平面の画像を得る。X線のほか，粒子線・超音波などを用いたものもある。イギリスのハウンズフィールド（G. N. Hounsfield 1919～2004），アメリカのコーマック（A. M. Cormack 1924～1998）が開発。CT。

CTC【centralized traffic control】列車集中制御。鉄道の全線あるいは特定区間における列車運行の状態を1か所の制御盤上に表示し，その運行を集中的に制御する方式。

D

dB db【decibel】音の強さや電圧・電力の単位デシベルを表す記号。

DC 年金【DC は defined contribution（確定した拠出)】確定拠出年金。あらかじめ年金支給額を決めるのではなく，拠出する保険料を定め，その運用実績により支給される年金額が決定する仕組みの年金。2001年(平成13)確定拠出年金法が制定され，企業年金に導入された。日本版401k。

DC ブランド【designer-character + brand】有名なデザイナーやメーカーの商標。また，そのファッション商品。

DD 取引【direct deal; direct dealing】金融機関が短期資金を必要とする場合，短資会社などコール市場を介さず，直接他の金融機関などから資金調達すること。また，国際間で銀行どうしで直接為替取引を行うこと。直取引。DD。

DNA【deoxyribonucleic acid】デオキシリボ核酸。遺伝子の本体。デオキシリボースを含む核酸。ウイルスの一部およびすべての生体細胞中に存在し，真核生物では主に核中にある。アデニン・グアニン・シトシン・チミンの4種の塩基を含み，その配列順序に遺伝情報が含まれる。1953年ワトソンとクリックとが，デオキシリボ核酸の分子モデルとして二重螺旋(らせん)構造を提案し，分子生物学を大きく発展させた。

DNR【do not resuscitate】(主治医や患者の親族また患者自身による)「人工蘇生をしない，させない，また望まない」という意思表示。

DPE【development + printing + enlargement】フィルムの現像(development)・焼き付け(printing)・引き伸ばし(enlargement) をすること。

DVD【Digital Versatile Disc】DVD フォーラムが制定した，光ディスクにデジタル情報を記録する際の統一規格。また，そのディスク。デジタル多目的ディスク。

DVD-RAM(ディーブイディーラム)【DVD Random-Access Memory】繰り返し書き換え可能なDVD メディア。また，その規格。コンピューターの外部記憶装置などに利用される。

E

EBBS【electronic bulletin board system】⇒BBS

EC【electronic commerce】電子商取引。ネットワーク上で，個人や企業が商品購入から決済までの商取引を行うこと。e-コマース。

EC【European Community】ヨーロッパ共同体。EECを中核としてECSC・ユーラトムの三つの機関を統合した組織。1967年に原加盟国6か国で発足，73年イギリス・アイルランド・デンマークが加盟。さらに81年ギリシャ，86年スペイン・ポルトガルが加盟。通貨同盟を結成し，経済統合を経て政治同盟の実現を目的として93年にヨーロッパ連合（EU）に発展，その中核となる。

ECB【European Central Bank】ヨーロッパ中央銀行。欧州通貨統合で導入された新通貨ユーロを管理するEUの中央銀行。1998年，欧州通貨機構に代わって，ドイツのフランクフルトに本部を設置。欧州中央銀行。

EEA【European Economic Area】ヨーロッパ経済地域。EUとエフタ加盟国を統合して創設された自由貿易の共同市場。1994年発足。

EEC【European Economic Community】ヨーロッパ経済共同体。関税同盟を結成し，加盟国間の経済政策を調整して広域経済圏を形成することを目的とする。ECSC（ヨーロッパ石炭鉄鋼共同体）を土台として同じ6か国（フランス・西ドイツ・イタリア・ベネルクス三国）で，1957年に発足した。

E-mail e-mail【electronic mail】電子メール。コンピューター-ネットワークを使って，文字情報やデータを通信すること。送信された情報は，受信者がネットワークにアクセスすればいつでも受け取ることができる。Eメール。メール。

EMS【European Monetary System】ヨーロッパ通貨制度。EC（ヨーロッパ共同体）内の通貨安定を図るため，1979年に発足した制度。ECU（ヨーロッパ通貨単位）を定め，EC各国の通貨間にゆるい変動幅をもつ固定レートを設定。ヨーロッパ連合 成立に伴い，経済・通貨統合の基礎的制度となる。

EMU【Economic and Monetary Union】ヨーロッパ経済通貨同盟。単一通貨の発行等を内容とするEUの経済および通貨統合のこと。マーストリヒト条約において3段階での通貨統合計画が規定され，最終的にヨーロッパ中央銀行の下でのヨーロッパ通貨単位の導入，統一金融政策等が実施された。

EPG【electronic program guide】電子番組ガイド。テレビ画面上での放送予定や内容などの番組案内サービス。デジタル放送のデータ放送として情報を送信している。

EQ【educational quotient】学力検査の結果得られた教育年齢を暦年齢で割り，100倍したもの。年齢に比べて学習が進んでいるか遅れているかを示す。教育指数。

EQ【emotional intelligence quotient】感性の豊かさを表すとされる指数。情動指数。感情指数。

ER【emergency room】緊急救命室。救急患者の治療を行う部門。

ET【extraterrestrial】地球外知的生命体。地球以外の天体に存在すると考えられている知能をもった生き物。

ETC【Electronic Toll Collection】電子料金徴収システム。無線通信を用いて有料道路などの料金精算を完全自動化するシステム。ノンストップ自動料金収受システム。

EU【European Union】ヨーロッパ連合。経済・通貨統合の実現，共通の外交・安全保障政策の設定，国家主権の一部移譲などを中心とする，ヨーロッパの地域統合体。1991年のマーストリヒト条約で設立が合意され，93年発足。欧州連合。

F

F1（エフワン）【Formula One】国際自動車連盟の規定する単座席のレースのうちで最高の性能と格式をもつレースの分類。世界各国を転戦する選手権シリーズ戦を行う。

FAO（ファオ）【Food and Agriculture Organization of the United Nations】国際連合食糧農業機関。国際連合の専門機関の1。世界各国民の生活水準の向上，食糧および農産物の生産・供給の改善に寄与する目的で1945年設置。本部はローマ。日本は51年（昭和26）加盟。

FAQ【frequently asked question】だれもが疑問に思うために，頻繁に出てくる質問。また，インターネットなどで，このような質問と回答をまとめた文書。

FAZ(ファズ)【Foreign Access Zone】輸入促進地域。1992年(平成4)制定の輸入・対内投資法に基づき，輸入促進を目的に空港や港湾，その周辺部に指定される地域。輸入関連施設の集積を図るため，補助金や地方税の減免などの措置が設けられている。

FBI【Federal Bureau of Investigation】アメリカ司法省に属する捜査機関。連邦法違反事件の捜査，犯罪情報の収集，科学的捜査法の研究などを行う。1908年発足。本部はワシントンDC。連邦捜査局。

FDD【floppy disk drive】フロッピー-ディスクを読み書きするための駆動装置。

FF【front-engine, front-drive】自動車のエンジンの動力が，後輪にではなく前輪に伝わる方式。
F.I.F.A.(フィーファ)【フランス Fédération internationale de football association】国際サッカー連盟。1904年結成。本部はチューリヒ。日本サッカー協会（JFA）の加盟は29年(昭和4)。
FTP【file transfer protocol】ファイル転送プロトコル。ネットワーク上でのファイルの送受信手順や方法を定めた規約。

G

Gコード　ジェムスター-コードの略。テレビ番組を8桁までの数字に記号化したもの。番組の録画予約に用いる。
G7【Group of 7; Conference of Ministers and Governors of the Group of 7】先進7か国（アメリカ・イギリス・ドイツ・フランス・日本・カナダ・イタリア）のこと。または，その蔵相・中央銀行総裁会議。国際経済や通貨問題について政策協調を推進するため，1986年(昭和61)の東京サミットで設置された。
G8【Group of 8; Conference of Ministers and Governors of the Group of 8】G7に，ロシアを加えたもの。
GAW【Global Atmosphere Watch】全球大気観測計画。WMO（世界気象機関）が地球の温暖化やオゾン層破壊の実態把握のため1989年から開始。
GB【gigabyte】ギガバイト。情報量を示す単位。1GBは1024MB。
GDP【gross domestic product】国内総生産。国民総生産から海外で得た純所得を差し引いたもの。一定期間に国内で生産された財・サービスの価値の合計で，国内の経済活動の水準を表す指標となる。
GEMS【Global Environment Monitoring System】地球環境モニタリング-システム。国連環境計画が運営している観測システム。地球温暖化やオゾン層破壊などにかかわる基礎データを収集する。
GIF(ジフ)【graphics interchange format】コンピューターの画像ファイル保存形式の1。対応するアプリケーション-ソフトウエアが多いためインターネットなどで広く利用される。
GNP【gross national product】国民総生産。一国において一定期間（通常一年間）に生産された財貨・サービスを市場価格によって評価した総計。ただし，企業間で売買される原材料は除く。一国の経済の大きさを測る尺度となる。
GPS【global positioning system】全地球無線測位システム。24個の衛星から発射した時刻信号の電波の到達時間などから，地球上の電波受信者の位置を3次元測位する。カー-ナビゲーション-システムなどに利用されている。
GUI【graphical user interface】コンピューターのグラフィックス表示とマウスなどのポインティング-デバイスを用いたソフトウエアの操作体系。直観的に理解可能で，操作が容易。

H

HDD【hard disk drive】ハード-ディスク-ドライブ。ハード-ディスクの読み書き装置のこと。
HEMS【home energy management system】家庭用ホーム-エネルギー-マネジメント-システム。IT（情報技術）を活用して，一般家庭における家電などのエネルギー消費の効率化を図るシステム。各種の電気機器をネットワークで連結し，センサーでとらえた室内状況（人の有無など）に応じて各機器を最適に自動制御する。
HIV【human immunodeficiency virus】ヒト免疫不全ウイルス。エイズの原因となるレトロウイルスの1。次々と免疫細胞を

侵食して免疫機能を低下させていく。エイズ-ウイルス。

HTML【hypertext markup language】ハイパーテキストを記述するための言語。インターネットのウェブ-ページを作成するのにも用いられる。

I

i モード【i mode】専用の携帯電話を端末にして，電子メールの送受信や情報の閲覧などを可能にするサービス。商標名。〔i は interactive・information・Internet などの頭文字〕

IAEA【International Atomic Energy Agency】国際原子力機関。原子力の平和利用を促進するために，国際連合の下に設立された国際的な協力機関。1957 年発足。平和利用に関する技術情報の交換，原子力施設の運転の安全基準作成，軍事目的への転用の防止などを行う。

IATA(イアタ)【International Air Transport Association】国際航空運送協会。1945 年設立。世界の航空運輸企業の団体。航空運賃の決定を重要な業務とする。事務局はモントリオールとジュネーブ。

IC【integrated circuit】集積回路の 1。数 mm 四方のシリコンまたはガリウムヒ素などの半導体を加工して，多数の回路素子を組み込み電子回路として機能するようにしたもの。小型・軽量で消費電力が小さく，コンピューターをはじめ，多くの電気製品に用いられる。

ICBM【intercontinental ballistic missile】大陸間弾道ミサイル。射程約 6400km 以上の弾道ミサイルの総称。

ICOCA(イコカ)【IC Operating Card】JR 西日本の出改札システムで用いる，非接触 IC カード（定期券・プリペイド-カード）の愛称。

ICOMOS(イコモス)【International Council on Monuments and Sites】国際記念物遺跡会議。ユネスコの諮問・協力に携わる，文化財保存活動を推進する非政府団体。加盟各国に国内委員会がある。1965 年設立。本部はパリ。

ICU【intensive care unit】重症患者を収容して，集中的な治療を行うための病室。酸素テントや人工呼吸器などのほか，監視用の各種のモニターや記録装置を備え，医師・看護師のチームにより常時看護が行われる。集中治療室。

ID【identification】①識別。身分証明。同定。一体化。②識別子。コンピューター-ネットワークなどで，ユーザーや機器を識別するための符号。通例，数字やアルファベットを組み合わせたものが用いられ，パスワードと組み合わせてログインする。

ILO【International Labor Organization】国際労働機関。国際連合の専門機関の 1。1919 年ベルサイユ条約に基づいて創設され，46 年国際連合の専門機関となる。政府・労使の代表によって構成され，国際的規模での労働条件の改善を目指し，完全雇用，生活水準の向上，最低賃金の保障，団結権擁護などを活動の基本とする。

IMF【International Monetary Fund】国際通貨基金。第 2 次大戦後の国際経済の安定を目指すブレトンウッズ協定に基づき，1945 年 12 月に設立された国連の専門機関。通貨に関する国際協力と為替の安定・自由化を通じて，国際貿易の均衡のとれた発展を図ることを目的とする。日本は 52 年に加盟。本部はワシントン DC。

INF 条約【INF Treaty】地上発射方式の中距離核戦力（戦域核）を全廃することを目的として米ソ間で 1987 年締結された条約。91 年に完全履行された。中距離核戦力全廃条約。INF 全廃条約。

IOC【International Olympic Committee】国際オリンピック委員会。オリンピック大会の国際的統轄機関。1894 年創立。本部はスイスのローザンヌ。

IP【Internet protocol】コンピューター-ネットワークにおける，通信規約（プロトコル）の 1。ネットワークに接続する個々のコンピューターにアドレスを割り振り，データ転送における伝送経路の確定方法を定めている。〔IP によって世界中のコンピューターが相互に接続した状態がインターネット〕

IP 電話 インターネット-プロトコルを用いた音声通話やその機能の総称。端末（通常の電話機・パソコンなど）や通信経路（インターネット・専用回線など）について，さまざまな形態がある。インターネット電話。

IQ【intelligence quotient】知能指数。知能検査の結果得られる知能の尺度の 1。知能検査で測定した精神年齢を暦年齢で割って 100 を掛けた数で表す。平均値を 100

とし，90～110は普通，それ以上は知的発達の進んでいること，それ以下は遅れていることを示す。
IRC【International Red Cross】国際赤十字。赤十字国際会議・赤十字国際委員会（ICRC）・各国赤十字社（赤新月社を含む）・赤十字社-赤新月社連盟の総称。
ISDN【integrated service digital network】デジタル総合サービス網。デジタル化された公衆通信網で，電話・ファクシミリ・データ通信などのサービスを一つのインターフェースを介して利用できる。
ISO感度【ISO speed】ISOが制定する写真感光材料の感度。かつてはASAとして表示された。ISO 100，ISO 200などと表示。数値が倍になれば感光度も倍になる。
ISO 9000【International Standardization Organization 9000】ISOによる，設計・製造から検査・アフター-サービスに至る，企業の品質管理システムを認証するための一連の規格。
ISO 14000【International Standardization Organization 14000】ISOによる，設計・製造から消費・回収・廃棄に至る，製品生涯における企業の環境管理・監査システムを認証するための一連の国際規格。環境管理規格を定めるISO14001，環境監査について規格を定めるISO14010番台などが含まれる。環境JIS。
IT【information technology】情報技術。情報通信技術からその応用利用場面まで広く使用され，コンピューターやインターネットの進化と広がりで，工学的技術から企業経営，人文・社会科学，コミュニケーションまでその応用範囲を広げている技術・手法を総称していう。

J

JA【Japan Agricultural Cooperative】農業協同組合。1947年（昭和22）設立の農民を正組合員とする協同組合。資金の貸し付け・貯金の受け入れ・物資の購入・農産物の販売・施設の設置・技術指導など，農業だけでなく日常生活にわたるさまざまな事業を行う。
JAEA【Japan Atomic Energy Agency】日本原子力研究開発機構。原子力に関する研究ならびに核燃料サイクルを確立するための研究開発を行う独立行政法人。日本原子力研究所（JAERI）と核燃料サイクル開発機構（JNC）を統合して2005年（平成17）設立。
JAF（ジャフ）【Japan Automobile Federation】日本自動車連盟。自動車の所有者や家族が任意で入会し，ロード-サービスや交通関係情報を受けるための社団法人組織。国際自動車連盟の傘下。
JAS（ジャス）【Japanese Agricultural Standard】日本農林規格。農林水産物およびその加工品の品質について，「農林物資の規格及び品質表示の適正化に関する法律」が定める規格。
JCA【Japan Consumers' Association】日本消費者協会。英米の消費者団体組織にならって1961年（昭和36）発足。消費者運動を推進する非営利団体。
JETRO（ジェトロ）【Japan External Trade Organization】日本貿易振興機構。海外の市場調査，商品の宣伝，見本市の開催などを行うため1958年（昭和33）旧通商産業省所管の特殊法人として発足。2003年（平成15）独立行政法人に移行。
JIS（ジス）【Japanese Industrial Standard】日本工業規格。工業標準化法により主務大臣が定める，鉱工業品の種類・形状・寸法・構造などに関する規格。日本工業標準調査会が規格制定を行い，経済産業省が認定する。
JOC【Japanese Olympic Committee】日本オリンピック委員会。日本の国内オリンピック委員会。オリンピック規約に基づいた独自の諸活動を行っている。
JRA【Japan Racing Association】日本中央競馬会。国営競馬を受け継いで，1954年（昭和29），日本中央競馬会法に基づいて設立された特殊法人。全額国庫出資で，農林水産省の監督下にあり，中央競馬の開催，競走馬の育成，騎手の養成などを行う。
JRCS【Japanese Red Cross Society】日本赤十字社。災害・疾病の救助・予防にあたる機関。前身は1877年（明治10）西南戦争の際に設立された博愛社で，86年赤十字条約に加盟，翌年改称されたもの。1952年（昭和27）日本赤十字社法による特殊法人となる。日赤。

K，L

KB【kilobyte】コンピューターの情報量の単位キロバイトを表す記号。1キロバイト

は 1024（＝2^{10}）バイト。
LBO【leveraged buyout】企業買収で，対象となる企業の資産を担保にし，少ない自己資金で買収すること。
LCD【liquid crystal display】液晶表示ディスプレー。
LD【learning disability】学習障害。全般的な知能の水準や身体機能に障害は見られないが，読み書き・計算や注意の集中といった能力に欠けるために学習が困難な状態。ラーニング-ディスアビリティー。
LED【light emitting diode】接合部に電流が流れると光を放射するダイオード。材料によって決まった波長の光を発する。エネルギー効率に優れ，低消費電力，高速応答などの特徴をもつ。発光ダイオード。〔1990 年代に青色 LED が開発され，LED によるフルカラー表示が可能となった〕
LPG【liquefied petroleum gas】液化石油ガス。常温常圧下で気体の低級炭化水素（炭素数 3 ないし 4）を，冷却または加圧して液化したもの。主成分はプロパン・プロピレン・ブタン・ブチレンなど。家庭用・工業用・自動車用燃料，化学工業の原料に用いる。LP ガス。〔プロパンガスはプロパンを主成分とする液化石油ガスの一つ〕
LSD【lysergic acid diethylamide】リセルグ酸ジエチルアミド。麦角（ばっかく）中のアルカロイドから合成的に得られる強力な幻覚誘発剤。視覚・触覚の幻覚が顕著。麻薬に指定され法律で規制されている。
LSI【large-scale integrated circuit】集積回路の 1。多層化・微細化などにより IC よりさらに素子の集積度を高くしたものをさす。高密度集積回路。大規模集積回路。

M

M & A【merger and acquisition】企業の合併・買収。
MB【megabyte】コンピューターの情報量の単位メガバイトを表す記号。1MB は 1,000,000（＝10^6）バイト，または 1,045,876（＝2^{20}）バイト。
MBO【management buy-out】M & A の手法の 1。企業の事業部門や子会社等の責任者や従業員が，事業の継続性を前提に本体企業から株式等を買い取り，経営権を得て独立する手法。企業の成長分野への資金集中や新会計基準の連結決算の導入から不採算部門の切り離しなどのために行われる。マネジメント-バイアウト。
MD【Mini Disc】デジタル方式の小型録音再生機用の光磁気ディスク。直径 64mm。デジタル信号を圧縮技術により CD の約 5 分の 1 に圧縮，最大 74 分のデジタル録音・再生が可能。ミニ-ディスク。
MD【missile defense】ミサイル防衛。弾道ミサイルによる攻撃から自国を防衛する概念やシステムのこと。敵が発射した弾道ミサイルを人工衛星や地上のレーダーで探知・追尾し，飛行中に陸・海・空などから迎撃ミサイルなどで撃破するためのさまざまな防衛システムが考えられている。
MLB【Major League Baseball】大リーグ。アメリカのプロ野球で，最上位の連盟。ナショナル-リーグとアメリカン-リーグの 2 つがある。メジャー-リーグ。ビッグ-リーグ。
MMC【money market certificate】金融商品の 1。市場金利に連動して金利が変動する預金。金融自由化に伴って新設。市場金利連動型預金。
MO ディスク【magneto-optical disk】光磁気ディスク。レーザー光の熱による磁性の反転を用いた外部記憶装置。容量が大きく，書き込み・読み出しが可能。
MP3 プレーヤー【MP3 player】MP3 形式の音楽データを再生するソフトウエアや機器の総称。パソコンなどの情報機器で動作するソフトをさす場合と，携帯用の専用装置をさす場合がある。
MRI【magnetic resonance imaging】核磁気共鳴映像法。人体の細胞がもつ磁気を核磁気共鳴を利用して検出し，その情報をコンピューターにより画像化する診断法。生体に害を与えず，任意の断層像や，軟らかい組織を診断できる。

N, O

NBA【National Basketball Association】全米バスケットボール協会。プロ-バスケットボールの組織で，全米を 6 リーグに分けて試合を行う。1946 年結成。
NBC【National Broadcasting Company】アメリカの放送会社。3 大ネットワークの 1。1926 年創立。

NGO【nongovernmental organization】非政府組織。政府間の協定によらずに創立された，民間の国際協力機構。
NICE【National Institute on Consumer Education】消費者教育支援センター。消費者教育の効果的・総合的な推進を目的に，1990年(平成2)設立。
NPO【nonprofit organization】政府・自治体や私企業とは独立した存在として，市民・民間の支援のもとで社会的な公益活動を行う組織・団体。特定非営利活動法人。非営利組織。非営利団体。市民活動法人。市民事業体。
NPT【Nuclear Non-proliferation Treaty】核不拡散条約。正称，核兵器の不拡散に関する条約。核兵器拡散の防止を目的とし，核兵器保有国の核兵器委譲等の禁止，非保有国の製造等の禁止，原子力の平和利用についての国際原子力機関による査察等を定める。1968年米英ソで作成，70年に発効。日本は76年加入。核拡散防止条約。
OA【office automation】会社の事務部門における能率向上のために行われる自動化。特に，パソコン・ファクシミリなどの導入により，書類の作成・保存・検索・送付などの事務を合理化することをいう。オフィス-オートメーション。
ODA【Official Development Assistance】政府開発援助。発展途上国または国際機関へ，先進国の政府機関からなされる援助。贈与・借款・技術援助などの形をとる。
OECD【Organisation for Economic Co-operation and Development】経済協力開発機構。1961年OEECを改組し，アメリカ・カナダなども参加して発足した西側の経済協力機構。貿易・資本の自由化，発展途上国援助，経済政策の調整などを目的とする。日本は64年(昭和39)加盟。
OEM【original equipment manufacturing】取引先の会社の商標で販売される製品の受注生産。
OHP【overhead projector】OA機器の1。シートやフィルムに書かれた文字や図表を，背後のスクリーンに投影する装置。オーバーヘッド-プロジェクター。

P

PCB【polychlorinated biphenyl】ベンゼンの2量体であるビフェニルに2個以上の塩素が置換した化合物。一般式$C_{12}H_{10-n}Cl_n$化学的に安定で絶縁性にすぐれ，絶縁油・熱媒体・可塑剤などに広く用いたが，毒性および化学的安定性による人体蓄積・廃棄処理難のため，日本では1972年(昭和47)から製造・使用禁止。ポリクロロビフェニル。ポリ塩化ビフェニル。
PCM【pulse code modulation】パルス変調方式の1。周期的パルスの振幅・幅・位置などは変えず，信号波の振幅に応じて，パルスの有無の組み合わせなどの符号化された信号にする。ひずみが少なく，雑音がない。パルス符号変調。
PDA【personal digital assistance】携帯情報端末。住所録，スケジュール管理などの個人情報管理やデータ通信に用いる，小型の情報機器。
PDF【Portable Document Format】異種のパソコン間でのドキュメントの交換を可能にするファイル形式の一つ。
PEN(ペン)【International Association of Poets, Playwrights, Editors, Essayists and Novelists】〔略称PEN。文の道を表すペンの意も兼ねる〕国際ペンクラブ。文筆を通じて各国民の理解を深め，表現の自由を守ろうとする文筆家の国際団体。1921年イギリスでジョン＝ゴールズワージーを中心に結成。
PHS【personal handyphone system】微弱な電波を用いるコードレス電話機を屋外でも利用できるように，多数の無線基地局を設け専用の番号を与えたデジタル電話。
PKF【Peacekeeping Force】国際連合平和維持軍。平和維持活動を任務とする軍隊。受け入れ国の同意を基礎とし，停戦や撤兵の実施を助け，治安維持にあたるなど，戦闘以外の活動を行う。紛争当事者に対して公正な立場で望むことが要求されるので中立的な国から編成され，国連の直接の統制下におかれる。
PKO【Peacekeeping Operation】国際連合平和維持活動。国際紛争に対処し，国際的平和および安全を維持するために，国連総会または安全保障理事会の決議に基づき，国連の統括の下に行われる活動。交戦部隊の引き離しや治安回復を目的とするPKF（平和維持軍），停戦確保のための停戦監視や武力紛争終了後の民主的な手段での統治組織の設立のための選挙

監視などの活動がある。

P/L【profit and loss statement】損益計算書。財務諸表の1。決算に際し，一営業期間における企業の経営成績を明らかにするために費用と収益とを対照して一表に表示した計算書。

PLO【Palestine Liberation Organization】パレスチナ解放機構。反イスラエル解放組織の統合機関として結成，1974年アラブ首脳会議でパレスチナ人を代表する唯一の政治機構と公認され，国連オブザーバーの資格を得た。

PPC広告【pay per click】インターネット上の広告のうち，ネット-ユーザーが広告をクリックし広告サイトに移動した場合にのみ広告主から広告掲載者に広告料が支払われるシステムの広告。クリック課金広告。ペイ-パー-クリック。〔1回のクリックでの広告料をCPC（cost per click）ということから，CPC広告ともいわれる〕

PSD【psychosomatic disease】心身症。心理的要因・精神的ストレスが原因で，胃炎・胃潰瘍・狭心症その他，身体に疾患としての病的変調が現れる過程，またその現れた疾患。広義には，診断や治療に心理的要因への配慮が必要とされるすべての身体疾患を含む。

PTSD【posttraumatic stress disorders】心的外傷後ストレス障害。地震・交通事故・監禁などによる強いストレスを受けたあとに起きる精神障害。不安・睡眠障害・抑鬱(よくうつ)がみられ，夢や錯覚により外傷を繰り返し体験する。

Q，R

QRコード【QR Code】〔QRはquick response（素早い反応）から〕2次元バー-コードの方式の1。製造・流通などの分野で使用されている。商標名。

REM(レム) **睡眠**【rapid eye movement sleep】睡眠の一型。眠りは深いが脳波は覚醒時のような型を示す状態。四肢や体幹の筋緊張は消失しているが，速い眼球運動を伴い，夢をみていることが多い。逆説睡眠。パラ睡眠。賦活睡眠。

RGB信号【red, green, blue signal】カラー-ビデオ信号の1。カラー映像信号の3原色の信号を独立した3つの信号として扱う。帯域が広いので鮮明に映像を伝送できる。

RNA【ribonucleic acid】リボ核酸。リボースを含む核酸。塩基成分は主にアデニン・グアニン・シトシン・ウラシルの4種。植物ウイルス，一部の動物ウイルスおよび動植物細胞の核と細胞質に存在。リボソームRNA・伝令RNA・転移RNAなどがあり，一般にDNAを鋳型として合成され，タンパク質合成に関与する。ウイルスの中には，RNAを遺伝子としてもつものも多い。

ROM(ロム)【read only member】インターネット上の掲示板・メーリング-リスト・チャットなどで，他人の発言を読むだけで自分から発言しない人。また，そのような状態。

RV【recreational vehicle】野外のレクリエーションを目的とした車両の総称。レクリエーショナル-ビークル。

S，T

SAT【Special Assault Team】警視庁などに置かれる特殊急襲部隊。

SCAD(スカッド)【subsonic cruise armed decoy】亜音速巡航武装おとり機。

SFX【special effects】映像・画像における視覚効果。光学的処理技術やコンピューター-グラフィックスの技術などを用いる。特殊視覚効果技術。VFX。

SRSエアバッグ【supplemental restraint system air bag】自動車のエア-バッグの1。3点式シートベルトの装着を前提とし，顔面の保護を目的とするもの。

Suica(スイカ)【Super Urban Intelligent Card】JR東日本の出改札システムで用いる，非接触ICカード（定期券・プリペイド-カード）の愛称。

SWIFT(スウィフト)【Society for Worldwide Interbank Financial Telecommunication】国際銀行間通信協会。国際金融機関の通信業務を遂行するために1973年設立。本部はベルギー。

TCP/IP【Transmission Control Protocol/Internet Protocol】コンピューター-ネットワーク用の通信プロトコル。UNIXやインターネットに採用されているために世界的に普及している。

TOB【take-over bid】株式公開買付け。会社の支配権の取得や強化のため，株式の価格・数などを公表して証券市場の外で不特定多数の株主に対して行う株式買取

りの提案。テンダー-オファー。
TOPIX（トピックス）【Tokyo Stock Price Index】東証株価指数。東京証券取引所一部上場全銘柄を対象とした株価指数のこと。1968年(昭和43)1月4日を基準日とし，その時価総額を100として上場株式の時価総額から算出。日本の代表的株価指数の1。
TPO 時(time)と場所(place)と場合(occasion)。また，その三つの条件。

U, V

UPI【United Press International】アメリカの通信社。1958年，UP（1907年設立）とINS（1909年設立）が合併して成立。
URL【uniform resource locator】インターネットで使用される，接続先を指定する規格の1。各々の情報の種類に対する通信プロトコルとファイルの指定方法を定めた規格。WWWブラウザーはこれを指定する機能をもつ。
USB【universal serial bus】パソコンと周辺機器を接続するためのインターフェース仕様の1。キーボードやマウスなどの接続に用いる。
UV【ultraviolet; ultraviolet rays】紫外線。波長が可視光線より短く，X線より長い電磁波の総称。波長約400～1nm。目には見えないが，太陽光・水銀灯などに含まれ，日焼け，殺菌の作用をもつ。
VFX【visual effects】⇒SFX

W, X, Y, Z, その他

WHO(フー)【World Health Organization】世界保健機関。保健衛生問題のための国際協力を目的とする国際連合の専門機関。婦人や児童の厚生，医学教育などをも扱う。1948年設立。
WPC【World Population Conference】国連の，世界人口会議。1974年の世界人口年に第1回会議を開催。
WTC【World Trade Center】世界貿易センター。
WTO【World Trade Organization】世界貿易機関。1995年1月にガットに代わって発足した国際機関。ウルグアイ-ラウンドに最終合意した120か国以上が参加し，サービスや知的財産権をも含めた世界の貿易を統括する。常設の理事会・総務会の設置や紛争処理制度の整備など，ガットより機能が強化された。
xDSL【x digital subscriber line】〔xは総称を表す〕電話の加入者線を利用した高速データ伝送技術の総称。ADSLやVDSLなど。単にDSLともよばれる。
YMCA【Young Men's Christian Association】キリスト教の信仰に基づき，人格の向上と奉仕の精神による社会活動を目指す国際的な団体。1844年，ウィリアムズ（George Williams(1821-1905)）がイギリスに創立。キリスト教青年会。
YWCA【Young Women's Christian Association】キリスト教の信仰に基づいて，女子青年の精神的・社会的向上を目指す国際的な団体。1855年ロンドンで発足。キリスト教女子青年会。
4WD【four-wheel drive】四輪駆動。自動車で，前後の4つの車輪すべてに駆動力を伝える方式。4WD。四駆。全輪駆動。
4WS【four-wheel steering】四輪操舵。自動車の方向を変えるとき，前二輪だけでなく，後二輪も向きを変えて操舵する構造の自動車。
A α（アルファ）【alpha】①ギリシャ語のアルファベットの第1字。②最初。はじめ。③有機化合物において，炭素原子の位置を示す語。主な基の結合している位置を示す。④金属・合金の相の区別を表す記号の1。
B β（ベータ）【bēta】①ギリシャ語のアルファベットの第2字。②有機化合物において，炭素原子の位置を示す語。主な基の結合している炭素から2番目の位置を示す。③金属・合金の相の区別を表す記号の1。④家庭用VTRの方式の1。
Γ γ（ガンマ）【gamma】①ギリシャ語のアルファベットの第3字。②質量の単位。100万分の1g。マイクログラム。③写真の感光材料の階調度を示す数値。④有機化合物において，炭素原子の位置を示す記号。基本となるものから3番目のものを示す。⑤金属・合金の相の区別を表す記号の1。

書店サイト

- □ 紀伊國屋書店……https://www.kinokuniya.co.jp/
- □ 三省堂書店……https://www.books-sanseido.co.jp/
- □ ジュンク堂書店……https://www.junkudo.co.jp/

オンライン書店

- □ アマゾンジャパン……https://www.amazon.co.jp/
- □ e-hon……https://www.e-hon.ne.jp/bec/EB/Top
- □ Honya Club……https://www.honyaclub.com/
- □ ハイブリッド型総合書店　honto……https://honto.jp/

ブログサービス提供サイト

ホスティング型（→261ページ参照）で始める際のレンタルサービスを提供しているサイトの一部を紹介する。

- □ ウェブリブログ……http://webryblog.biglobe.ne.jp/
  運営会社：ビッグローブ株式会社
- □ GOOブログ……http://blog.goo.ne.jp/
  運営会社：NTTレゾナント株式会社
- □ ココログ……http://www.cocolog-nifty.com/
  運営会社：ニフティ株式会社
- □ Yahoo! ブログ……https://blogs.yahoo.co.jp/
  運営会社：ヤフー株式会社
- □ LINE BLOG……https://lineblog.me/
  運営会社：LINE株式会社
- □ 楽天BLOG……https://plaza.rakuten.co.jp/
  運営会社：楽天株式会社

日本語を使うとき・調べるときに便利なサイト一覧

本書関連サイト

- □ 文化庁……http://www.bunka.go.jp/
- □ NTT東日本D-MAIL……http://www.ntt-east.co.jp/dmail/
- □ NTT西日本D-MAIL……https://dmail.denpo-west.ne.jp/

電子図書館

□ 国立国会図書館　デジタルコレクション……http://dl.ndl.go.jp/
明治期に刊行された図書を画像として収録したもの。文化庁長官の裁定を受けたものなどが収録され、当時の雰囲気のまま閲覧できる。

□ 青空文庫……http://www.aozora.gr.jp/
著作権の消滅した、明治から昭和初期の作品を中心に展開。さまざまなジャンルの作品が収録されている。夏目漱石、芥川龍之介、太宰治などの名作を読みたいときにおすすめ。

新聞社

- □ 読売新聞（YOMIURI ONLINE）……http://www.yomiuri.co.jp/
- □ 朝日新聞（朝日新聞デジタル）……https://www.asahi.com/
- □ 毎日新聞……https://www.mainichi.jp/
- □ 日本経済新聞（日経電子版）……https://www.nikkei.com/
- □ 産経新聞（産経ニュース）……https://www.sankei.co.jp/
- □ 共同通信社……https://www.kyodo.co.jp/

50音主要索引

[略号一覧]

1. 原則として，本文の内容に沿った略号を項目末尾に付した。
2. 内容の異なる複数箇所に出現する項目には，複数の略号を付した。
3. 「四字熟語」「慣用句」および分野を特定しにくい項目については，略号を省略した。

冠…出生や成人などの祝い事に関係する言葉
婚…婚礼に関係する言葉
葬…葬儀に関係する言葉
祭…年中行事や祭祀に関係する言葉
暦…暦に関係する言葉
季…季節に関係する言葉
建…建築様式に関係する言葉
調…調度品の名称
衣…衣類に関係する言葉
敬…敬語を使用する際に覚えておきたい言葉
表…日本語表記のルールに関係する言葉
芸…芸能・文化に関係する言葉
手…手紙を書く際に覚えておきたい言葉
メ…電子メールを使う際に覚えておきたい言葉
星…星座・惑星などに関係する言葉

あ

合縁奇縁(あいえんきえん)……226
愛想が尽きる……96
あいの風 季……148
曖昧模糊(あいまいもこ)……226
会うは別れの始め……37
青嵐(あおあらし) 季……148
青息吐息(あおいきといき)……226
青田(あおた) 季……148
赤い羽根共同募金 季……150
閼伽棚(あかだな) 調……168
明星(あかぼし) 星……180
明るみに出る……92
秋の土用(どよう) 暦……136
秋の彼岸 祭 暦……43・136
悪戦苦闘(あくせんくとう)……226
胡座(あぐら)をかく……96
明けの明星 星……180
赤穂浪士討ち入り 季……153
顎(あご)を出す……96
足が付く……89
足が出る……90
味を占める……96

足を掬(すく)う……92
校倉(あぜくら)造り建……168
悪口雑言(あっこうぞうごん)……226
あとを濁す……92
あなじ季……152
鐙(あぶみ)調……168
油照り季……148
阿諛追従(あゆついしょう)……226
泡を食う……96
行火(あんか)調……168
暗黒(あんこく)星雲星……181
暗中模索(あんちゅうもさく)……226
アンドロメダ座星……178
アンドロメダ銀河星……181
行灯(あんどん)調……168

い

唯唯諾諾(いいだくだく)……226
庵(いおり)建……168
息が合う……86
意気消沈(いきしょうちん)……226
意気衝天(いきしょうてん)……226
意気投合(いきとうごう)……226
意気揚揚(いきようよう)……226
異口同音(いくどうおん)……226
十六夜月(いざよいづき)暦……143
意地になる……90
医食同源(いしょくどうげん)……227
以心伝心(いしんでんしん)……227
磯遊び季……147
至れり尽くせり……96
一言居士(いちげんこじ)……227
一期一会(いちごいちえ)……227
一言半句(いちごんはんく)……227
一言片句(いちごんへんく)……227
一日千秋(いちじつせんしゅう)……227
一族郎党(いちぞくろうとう)……227
一念発起(いちねんほっき)……227
一望千里(いちぼうせんり)……227
一網打尽(いちもうだじん)……227
一目瞭然(いちもくりょうぜん)……227
一蓮托生(いちれんたくしょう)……227
一攫千金(いっかくせんきん)……227
一家団欒(いっかだんらん)……227
一喜一憂(いっきいちゆう)……227
一気呵成(いっきかせい)……228
一騎当千(いっきとうせん)……228
一挙一動(いっきょいちどう)……228
一挙手一投足
(いっきょしゅいっとうそく)……228
一挙両得(いっきょりょうとく)……228
一計を案じる……96
一触即発(いっしょくそくはつ)……228
一矢(いっし)を報いる……92
一進一退(いっしんいったい)……228
一心同体(いっしんどうたい)……228
一心不乱(いっしんふらん)……228
一世一代(いっせいいちだい)……228
一世を風靡(ふうび)する……96
一石二鳥(いっせきにちょう)……228
一旦緩急(いったんかんきゅう)……228
一朝一夕(いっちょういっせき)……228
一長一短(いっちょういったん)……228
一点一画(いってんいっかく)……228
一刀両断(いっとうりょうだん)……228
射手(いて)座星……177
糸を引く……91
意表を衝(つ)く……96

居待ち月(いまちづき)季……143
今わの際(きわ)……96
意味深長(いみしんちょう)……228
芋(いも)名月季……150
いやがうえにも……96
嫌気(いやけ)が差す……92
いやでも応でも……92
甍(いらか)建……169
慰霊供養葬……43
いわし雲季……150
岩田帯冠……40
因果応報(いんがおうほう)……229
慇懃無礼(いんぎんぶれい)……229
引導を渡す……92
隠忍自重(いんにんじちょう)……229

う

有為転変(ういてんぺん)……229
右往左往(うおうさおう)……229
魚(うお)座星……178
胡散(うさん)くさい……96
牛飼(うしかい)座星……176
後ろ指をさされる……96
雨水(うすい)暦……134
有象無象(うぞうむぞう)……229
唄浄瑠璃(うたじょうるり)芸……175
裲襠・打掛(うちかけ)衣……173
打ち水季……149
卯月(うづき)暦……140
現(うつつ)を抜かす……96
腕が立つ……89
腕を拱(こまぬ)く……97
卯の花腐(くた)し季……148
旨(うま)い汁を吸う……97
馬が合う……86
海千山千(うみせんやません)……229
海の日祭……137
海のものとも山のものともつかぬ……23
紆余曲折(うよきょくせつ)……229
裏鬼門暦……145
盂蘭盆会(うらぼんえ)祭……43
うららか季……146
閏年(うるうどし)暦……143
うろこ雲季……150
雲散霧消(うんさんむしょう)……229
雲泥の差……97

え

栄枯盛衰(えいこせいすい)……229
益者三友(えきしゃさんゆう)……22
依怙贔屓(えこひいき)……229
会者定離(えしゃじょうり)……229
得手勝手(えてかって)……229
干支暦……138
江戸脚絆(きゃはん)衣……174
干支表暦……139
烏帽子(えぼし)衣……173
衣紋(えもん)衣……174
襟(えり)を正す……92
縁談婚……40

お

追い討ちをかける……97
牡牛(おうし)座星……179
応接に暇(いとま)がない……92
大犬(おおいぬ)座星……179
大熊(おおぐま)座星……176
大津脚絆(きゃはん)衣……174

形見分け[葬]……19
肩を入れる……87
花鳥風月(かちょうふうげつ)……230
合従連衡(がっしょうれんこう)……230
活を入れる……87
我田引水(がでんいんすい)……231
角(かど)が立つ……89
門松[祭]……43
仮名遣いの移り変わり[表]……114
仮名の使い方[表]……104
蟹(かに)座[星]……179
歌舞伎浄瑠璃(かぶきじょうるり)[芸]……175
冠木門(かぶきもん)[建]……169
框(かまち)[建]……169
裃(かみしも)[衣]……174
体を張る……91
空っ風[季]……152
刈田(かりた)[季]……150
画竜点睛(がりょうてんせい)……231
雁(かり)渡し[季]……150
夏炉冬扇(かろとうせん)……231
蛙(かわず)の目借り時[季]……147
我(が)を張る……91
感慨無量(かんがいむりょう)……231
侃侃諤諤(かんかんがくがく)……231
緩急自在(かんきゅうじざい)……231
頑固一徹(がんこいってつ)……231
換骨奪胎(かんこつだったい)……231
閑古鳥(かんこどり)が鳴く……97
冠婚葬祭(かんこんそうさい)……40・231
元日[祭]……137
勧善懲悪(かんぜんちょうあく)……231
感嘆符[表]……110
神無月(かんなづき)[暦]……140
艱難辛苦(かんなんしんく)……231
閂(かんぬき)[調]……169
寒波[季]……152
乾杯の音頭……21
灌仏会(かんぶつえ)[季]……147
頑迷固陋(がんめいころう)……231
慣用句……92・96
還暦(かんれき)[冠]……34・50
寒露(かんろ)[暦]……135

き

気宇壮大(きうそうだい)……231
気炎を上げる……86
机下[手]……55
気が置けない……93
気が立つ……89
気が付く……89
気が張る……91
危機一髪(ききいっぱつ)……231
危急存亡(ききゅうそんぼう)……232
菊の節句[季]……150
菊日和(きくびより)[季]……150
機嫌をとる……90
季語一覧[季]……154
如月(きさらぎ)[暦]……140
起死回生(きしかいせい)……232
起首[手]……52・53・55
喜寿(きじゅ)[冠]……34・51
機種依存文字[メ]……72
起承転結(きしょうてんけつ)……232
喜色満面(きしょくまんめん)……232
疑心暗鬼(ぎしんあんき)……232
帰省客(きせいきゃく)[季]……149
気勢を上げる……86

鬼籍に入る……37
季節感を表す言葉[季]……146
奇想天外(きそうてんがい)……232
気息奄奄(きそくえんえん)……232
義太夫節(ぎだゆうぶし)[芸]……175
狐(きつね)につままれる……93
狐(きつね)の嫁入り[季]……149
狐日和(きつねびより)[季]……149
木で鼻を括(くく)る……97
喜怒哀楽(きどあいらく)……232
気になる……90
気骨(きぼね)が折れる……97
肝(きも)が据わる……97
鬼門[暦]……145
疑問符[表]……110
脚光を浴びる……93
脚絆[衣]……174
牛飲馬食(ぎゅういんばしょく)……232
球状(きゅうじょう)星団[星]……181
旧態依然(きゅうたいいぜん)……232
急転直下(きゅうてんちょっか)……232
窮余の一策……98
旧暦[暦]……143
灸(きゅう)を据える……98
胸襟を開く……98
強仕(きょうし)[冠]……50
行住坐臥(ぎょうじゅうざが)……232
共存共栄(きょうそんきょうえい)……232
驚天動地(きょうてんどうち)……232
器用貧乏(きようびんぼう)……232
興味津津(きょうみしんしん)……232
虚虚実実(きょきょじつじつ)……233
玉石混淆(ぎょくせきこんこう)……233
馭者(ぎょしゃ)座[星]……179
虚心坦懐(きょしんたんかい)……233
毀誉褒貶(きよほうへん)……233
霧[季]……151
桐一葉[季]……151
議論百出(ぎろんひゃくしゅつ)……233
気を引く……91
欣喜雀躍(きんきじゃくやく)……233
謹厳実直(きんげんじっちょく)……233
金星[星]……180
琴線に触れる……98
勤労感謝の日[祭]……137

く

空前絶後(くうぜんぜつご)……233
空中楼閣(くうちゅうろうかく)……233
空理空論(くうりくうろん)……233
区切り符号[表]……107
草いきれ[季]……148
楔(くさび)を打ち込む……98
鯨(くじら)座[星]……178
口裏を合わせる……93
口に合う……86
嘴(くちばし)が黄色い……98
口火を切る……88
口を出す……88
口を拭(ぬぐ)う……98
句点[表]……107
句読点[表]……107
くの字点[表]……111
苦杯を嘗(な)める……98
首を傾(かし)げる……93
繰り返し符号[表]……110
クリスマス[祭][季]……43・153
栗名月(くりめいげつ)[季]……150

群雄割拠(ぐんゆうかっきょ)……233
訓令式[表]……115
群を抜く……98

け

軽挙妄動(けいきょもうどう)……233
敬語の種類[敬]……8
経世済民(けいせいさいみん)……233
啓蟄(けいちつ)[暦]……134
慶弔電報定型文例一覧……44
軽佻浮薄(けいちょうふはく)……233
笄年(けいねん)[冠]……51
敬老の日[祭]……137
袈裟(けさ)[衣]……174
夏至(げし)[暦]……134
結語[手]……53・55
結婚祝い[婚]……42
結婚式[婚]……41
結露[季]……152
験(げん)がいい……98
牽牛(けんぎゅう)星[星]……181
牽強付会(けんきょうふかい)……233
紫雲英田(げんげだ)[季]……147
元号一覧……184
言行一致(げんこういっち)……233
建国記念の日[祭]……137
謙譲語Ⅰ[敬]……8・9
謙譲語Ⅱ[敬]……8・9
現代仮名遣い[表]……114・118
ケンタウルス座[星]……176
捲土重来(けんどちょうらい)……233
堅忍不抜(けんにんふばつ)……234
憲法記念日[祭]……137
けんもほろろ……98

こ

小犬(こいぬ)座[星]……179
鯉幟(こいのぼり)[季]……147
更(こう)[暦]……144
口角泡を飛ばす……98
豪華絢爛(ごうかけんらん)……234
効果覿面(こうかてきめん)……234
傲岸不遜(ごうがんふそん)……234
厚顔無恥(こうがんむち)……234
綱紀粛正(こうきしゅくせい)……234
巧言令色(こうげんれいしょく)……234
孝行をしたいときには親はなし……38
黄砂[季]……147
皇寿(こうじゅ)[冠]……51
公序良俗(こうじょりょうぞく)……234
恒星[星]……181
広大無辺(こうだいむへん)……234
香典[葬]……42
香典返し[葬]……43
荒唐無稽(こうとうむけい)……234
公平無私(こうへいむし)……234
豪放磊落(ごうほうらいらく)……234
公明正大(こうめいせいだい)……234
紅葉前線[季]……151
行李(こうり)[調]……169
功を奏する……98
呉越同舟(ごえつどうしゅう)……20・234
木枯らし[季]……151
古稀・古希(こき)[冠]……34・51
五行(ごぎょう)[暦]……138
五行(ごぎょう)説による方位[暦]……145
極悪非道(ごくあくひどう)……234
穀雨(こくう)[暦]……134

国際単位系[表]……182
国士無双(こくしむそう)……234
黒白(こくびゃく)を争う……98
告別式[葬]……42
小熊(こぐま)座[星]……177
国民の祝日[祭]……137
孤軍奮闘(こぐんふんとう)……234
沽券(こけん)にかかわる……98
九日月(ここのかづき)[暦]……143
居士(こじ)……227
木下闇(こしたやみ)[季]……148
虎視眈眈(こしたんたん)……234
後生大事(ごしょうだいじ)……234
古浄瑠璃(こじょうるり)[芸]……175
古色蒼然(こしょくそうぜん)……235
故事来歴(こじらいれき)……235
五節句(ごせっく)[暦]……135
誇大妄想(こだいもうそう)……235
御託を並べる……93
東風(こち)[季]……146
琴(こと)座[星]……43・177
こどもの日[祭]……137
木の実の雨(このみのあめ)[季]……151
木の実時(このみどき)[季]……151
小春[季]……151
小春日和[季]……151
子安貝[季]……147
五里霧中(ごりむちゅう)……235
衣替え[季]……148
言語道断(ごんごどうだん)……235
渾然一体(こんぜんいったい)……235
婚約解消[婚]……41

さ

才気煥発(さいきかんぱつ)……235
才子佳人(さいしかじん)……235
才色兼備(さいしょくけんび)……235
サイト一覧……313
左義長・三毬杖(さぎちょう)[季]……153
桜前線[季]……147
山茶花梅雨(さざんかつゆ)[季]……152
蠍(さそり)座[星]……177
沙汰(さた)の限り……99
皐月(さつき)[暦]……140
五月闇(さつきやみ)[季]……148
雑節[暦]……136
里神楽(さとかぐら)[芸]……175
鯖雲[季]……150
さまになる……90
五月雨(さみだれ・さつきあめ)[季]……148
ざらめ雪[季]……152
散開(さんかい)星団[星]……181
三寒四温(さんかんしおん)[季]……153・235
散光(さんこう)星雲[星]……181
山紫水明(さんしすいめい)……235
傘寿(さんじゅ)[冠]……34・51
三尺童子(さんせきのどうじ)[冠]……50
三拝九拝(さんぱいきゅうはい)……235
算を乱す……93

し

CC[メ]……70
潮干狩り[季]……147
枝折り戸(しおりど)[建]……169
志学(しがく)[冠]……51
四角四面(しかくしめん)……235

自画自賛(じがじさん)……235
敷居が高い……88
四苦八苦(しくはっく)……235
時雨(しぐれ)季……151
試行錯誤(しこうさくご)……235
自業自得(じごうじとく)……235
時候のあいさつ手……56
時刻を表す言葉暦……144
侍史手……55
獅子(しし)座星……176
獅子奮迅(ししふんじん)……235
四十九日葬……39
耳順(じじゅん)冠……50
自縄自縛(じじょうじばく)……236
時代錯誤(じだいさくご)……236
舌先三寸(したさきさんずん)……236
舌の根の乾かぬうちに……93
七五三冠季……40・50・151
七夕(しちせき)祭暦……43・136
七転八倒(しちてんばっとう)……236
十干(じっかん)暦……138
質実剛健(しつじつごうけん)……236
疾風怒濤(しっぷうどとう)……236
尻尾(しっぽ)を出す……88
死出の旅に出る……37
自腹を切る……88
しばれる季……152
自暴自棄(じぼうじき)……236
注連(しめ)飾り祭……43
四面楚歌(しめんそか)……236
霜月(しもつき)暦……140
霜柱季……152
杓子定規(しゃくしじょうぎ)……236
弱肉強食(じゃくにくきょうしょく)……236
社日(しゃじつ・しゃにち)季……146
弱冠(じゃっかん)冠……51
尺貫法表……183
赤口(しゃっく・しゃっこう)暦……142
驟雨(しゅうう)季……149
縦横無尽(じゅうおうむじん)……236
十五夜(じゅうごや)季……150
十三夜(じゅうさんや)季……150
十三夜月(じゅうさんやづき)暦……143
終始一貫(しゅうしいっかん)……236
従心(じゅうしん)冠……50
十二支暦……138
十二支による方位暦……145
十二単(じゅうにひとえ)衣……174
十人十色(じゅうにんといろ)……236
秋分(しゅうぶん)暦……135
秋分の日祭……137
熟慮断行(じゅくりょだんこう)……236
取捨選択(しゅしゃせんたく)……236
数珠(じゅず)衣……174
出産祝い冠……40
出処進退(しゅっしょしんたい)……236
首尾一貫(しゅびいっかん)……237
樹氷季……152
順風満帆(じゅんぷうまんぱん)……237
春分(しゅんぶん)暦……134
春分の日祭……137
上意下達(じょういかたつ)……237
正月祭……43
小括弧表……110
小寒(しょうかん)暦……135
常軌(じょうき)を逸する……99
性懲りもない……93
上巳(じょうし)暦……135

盛者必衰(じょうしゃひっすい)……………237
常住坐臥(じょうじゅうざが)……………237
小暑(しょうしょ)暦……………134
小心翼翼(しょうしんよくよく)……………237
小数表……………111・112
小雪(しょうせつ)暦……………135
性(しょう)に合う……………86
菖蒲湯(しょうぶゆ)季……………147
枝葉末節(しようまっせつ)……………237
小満(しょうまん)暦……………134
精霊(しょうりょう)流し季……………149
浄瑠璃(じょうるり)芸……………175
昭和の日祭……………137
諸行無常(しょぎょうむじょう)……………237
触手を伸ばす……………99
織女(しょくじょ)星星……………181
初志貫徹(しょしかんてつ)……………237
処暑(しょしょ)暦……………135
白(しら)を切る……………88
尻馬(しりうま)に乗る……………99
而立(じりつ)冠……………51
尻目(しりめ)に掛ける……………99
白酒季……………146
師走(しわす)暦……………140
心機一転(しんきいってん)……………20・237
新月暦……………143
人日(じんじつ)暦……………135
神出鬼没(しんしゅつきぼつ)……………237
信賞必罰(しんしょうひつばつ)……………237
針小棒大(しんしょうぼうだい)……………237
新進気鋭(しんしんきえい)……………237
人跡未踏(じんせきみとう)……………237
森羅万象(しんらばんしょう)……………237
新暦暦……………143

す

水星星……………180
彗(すい)星星……………181
酔生夢死(すいせいむし)……………237
数字の書き方表……………111
数寄屋(すきや)建調……………169
筋がいい……………87
簾(すだれ)季……………149
すばる(昴)星……………181
隅に置けない……………99
相撲(すもう)芸……………175
擂粉木(すりこぎ)調……………169
寸暇を惜しむ……………93

せ

星雲星……………181
清音表……………104
晴耕雨読(せいこううどく)……………237
星座・星の名前星……………176
成人式冠……………40
成人の日祭……………137
正正堂堂(せいせいどうどう)……………238
生生流転(せいせいるてん)……………238
青天白日(せいてんはくじつ)……………238
清明(せいめい)暦……………134
青嵐(せいらん)季……………148
清廉潔白(せいれんけっぱく)……………238
蒸籠(せいろう)調……………169
精を出す……………89
施餓鬼(せがき)季……………149
積乱雲季……………149
是是非非(ぜぜひひ)……………238
切磋琢磨(せっさたくま)……………238

切歯扼腕(せっしやくわん) ……………………238
絶体絶命(ぜったいぜつめい) …………………238
節分[祭][暦] ………………………………43・136
是非もない…………………………………………99
蟬時雨(せみしぐれ)[季] ………………………149
浅学非才(せんがくひさい) ……………………238
千客万来(せんきゃくばんらい)…………………238
前後不覚(ぜんごふかく)…………………………238
千載一遇(せんざいいちぐう) …………………238
千差万別(せんさばんべつ) ……………………238
先勝(せんしょう・せんかち)[暦] ……………142
全身全霊(ぜんしんぜんれい) …………………238
前人未到(ぜんじんみとう) ……………………239
戦戦兢兢(せんせんきょうきょう)………………239
前代未聞(ぜんだいみもん) ……………………239
先手を打つ…………………………………………87
先頭を切る…………………………………………88
前途洋洋(ぜんとようよう) ……………………239
先負(せんぶ・せんまけ)[暦]……………………142
千篇一律(せんぺんいちりつ)……………………239
千変万化(せんぺんばんか) ……………………239

そ

粗衣粗食(そいそしょく)…………………………239
創意工夫(そういくふう)…………………………239
葬儀[葬]……………………………………………42
霜降(そうこう)[暦] ……………………………135
双柱[表] …………………………………………110
桑年(そうねん)[冠]………………………………50
促音[表]…………………………………104・132
即身成仏(そくしんじょうぶつ)…………………239
粗製濫造(そせいらんぞう) ……………………239
即決即断(そっけつそくだん) …………………239
卒寿(そつじゅ)[冠]………………………………51
率先垂範(そっせんすいはん) …………………239
ぞっとしない………………………………………99
尊敬語[敬] …………………………………………8
尊父[敬]……………………………………………14

た

ダービー[季] ……………………………………148
大安[暦] …………………………………………142
体育の日[祭] ……………………………………137
大寒(だいかん)[暦] ……………………………135
大願成就(たいがんじょうじゅ)…………………239
対義語 ……………………………………………220
大器晩成(たいきばんせい) ……………………239
大義名分(たいぎめいぶん) ……………………239
大言壮語(たいげんそうご) ……………………239
大暑(たいしょ)[暦] ……………………………134
大所高所(たいしょこうしょ) …………………239
大雪(たいせつ)[暦] ……………………………135
泰然自若(たいぜんじじゃく) …………………239
大胆不敵(だいたんふてき) ……………………239
大同小異(だいどうしょうい) …………………240
大同団結(だいどうだんけつ) …………………240
台風[季] …………………………………………150
ダイヤモンドダスト[季] ………………………152
太陽[星] …………………………………………181
体(たい)を成す……………………………………99
箍(たが)が緩む……………………………………99
鏨(たがね)[調]……………………………………170
濁音[表] …………………………………………104
竹の秋[季] ………………………………………150
竹の春[季] ………………………………………150
だし[季] …………………………………………148
多士済済(たしせいせい)…………………………240
多事多端(たじたたん) …………………………240

多事多難(たじたなん)……240
三和土(たたき)[建]……170
踏鞴(たたら)[調]……172
立ち待ち月(たちまちづき)[暦]……143
ダッシュ[表]……109
立つ瀬がない……99
盾にとる……90
棚に上げる……86
七夕(たなばた)[祭][暦]……43・136
惰眠を貪(むさぼ)る……99
他力本願(たりきほんがん)……240
端午(たんご)[暦]……136
端午の節句[季]……147
単刀直入(たんとうちょくにゅう)……240

ち

力を入れる……87
地球[星]……180
知行合一(ちこうごういつ)……240
魑魅魍魎(ちみもうりょう)……240
知命(ちめい)[冠]……50
茶寿(ちゃじゅ)[冠]……51
注意を引く……91
中秋の名月[季]……150
昼夜を舎(お)かず……99
長音[表]……104・119・132
朝三暮四(ちょうさんぼし)……240
帳尻(ちょうじり)を合わせる……99
丁丁発止(ちょうちょうはっし)……240
提灯(ちょうちん)を持つ……93
重陽(ちょうよう)[暦]……136
重陽(ちょうよう)の節句[季]……150
朝令暮改(ちょうれいぼかい)……240
直音[表]……104
猪突猛進(ちょとつもうしん)……240
血を引く……91
沈思黙考(ちんしもっこう)……240

つ

追伸[手]……53・55
継ぎ上下(かみしも)[衣]……174
月の名称・異名[暦]……140
蹲(つくばい)[建]……170
土が付く……89
つちふる[季]……147
津津浦浦(つつうらうら)……240
葛籠(つづら)[調]……170
茅花流し(つばなながし)[季]……148
通夜[葬]……42
梅雨寒(つゆざむ)[季]……148
面(つら)の皮が厚い……100
釣瓶(つるべ)落とし[季]……150

て

定時法[暦]……144
丁寧語[敬]……8・10
丁年(ていねん)[冠]……51
手紙の組み立て方[手]……52
手紙の形式[手]……53
適材適所(てきざいてきしょ)……240
手塩にかける……94
手燭石(てしょくいし)[建]……170
徹頭徹尾(てっとうてつび)……241
手に入れる……87
出端(でばな)を挫(くじ)く……100
手回しがいい……87
手練手管(てれんてくだ)……241
手を上げる……86

手を打つ……87
手を切る……88
手を拱(こまぬ)く ……100
手を出す……89
手を引く……91
天衣無縫(てんいむほう)……241
天王星(てんお[の]うせい)[星]……180
電光石火(でんこうせっか)……241
電子メールの組み立て方[メ]……70
電子メールのマナー[メ]……72
天寿を全うす……38
天真爛漫(てんしんらんまん) ……241
天地開闢(てんちかいびゃく) ……241
天地神明(てんちしんめい)……241
天皇誕生日[祭] ……137
天罰覿面(てんばつてきめん) ……241
天秤(てんびん)座[星]……177
天変地異(てんぺんちい)……241

と

当意即妙(とういそくみょう) ……241
燈(灯)火親しむ[季] ……151
頭語[手]……52・53・55
同工異曲(どうこういきょく) ……241
冬至[祭][暦] ……43・135
同床異夢(どうしょういむ)……241
東大寺お水取り[季] ……146
読点[表] ……107
同の字点[表] ……110
東奔西走(とうほんせいそう) ……241
灯籠(とうろう)流し[季] ……149
十日余りの月(とおかあまりのつき)[暦] …143
十日戎(とおかえびす)[季]……153
度肝(どぎも)を抜く……100
独立独歩(どくりつどっぽ) ……241
年端(としは)も行かぬ ……100
土星[星] ……180
帳(とばり)[調] ……170
飛ぶ鳥を落とす勢い ……100
苫屋(とまや)[建]……170
苫屋形(とまやかた)[建] ……170
止め処(ど)がない……100
友引(ともびき)[暦] ……142
土用(どよう)[季] ……149
土用波(どようなみ)[季] ……149
取り付く島がない……94
酉(とり)の市[季]……151
度量衡[表] ……182
どんど焼き[季] ……153

な

内柔外剛(ないじゅうがいごう) ……241
内憂外患(ないゆうがいかん) ……241
長上下(ながかみしも)[衣]……174
中黒[表] ……109
鳴かず飛ばず ……100
長月(ながつき)[暦] ……140
中点(なかてん)[表] ……109
長押(なげし)[建] ……170
仲人[婚]……41
仲人への謝礼[婚]……42
鉈(なた)[調]……171
菜種梅雨(なたねづゆ)[季] ……147
夏の土用(どよう)[暦] ……136
七草[季] ……153
七日月(なのかづき)[暦]……143
生木(なまき)を裂く……100
波風が立つ ……100

波ダッシュ[表] ……110
鳴りを潜める ……100
難行苦行(なんぎょうくぎょう) ……241
難癖を付ける ……100
難攻不落(なんこうふらく) ……242
納戸(なんど)[建] ……171
難読語 ……246

に

憎まれ口を叩(たた)く ……100
二重かぎ括弧[表] ……110
二十三夜月(にじゅうさんやづき)[暦] ……143
二十四節気[暦] ……134
日進月歩(にっしんげっぽ) ……25・242
煮ても焼いても食えない ……101
二の足を踏む ……101
二の字点[表] ……111
二百十日(にひゃくとおか)[暦][季] …136・150
二百二十日(にひゃくはつか)[暦] ……136
入梅(にゅうばい)[暦][季] ……136・148
人形浄瑠璃(にんぎょうじょうるり)[芸] …175

ぬ

抜き差しならない ……101

ね

猫の恋[季] ……146
ねじを巻く ……101
ネチケット[メ] ……72
熱帯夜[季] ……149
熱に浮かされる ……94
熱を上げる ……86
寝間(ねま)[建] ……171
寝待ち月(ねまちづき)[暦] ……143
音(ね)を上げる ……86
根を張る ……91
年貢の納め時 ……101
念珠[衣] ……174
年年歳歳(ねんねんさいさい) ……242

の

納骨[葬] ……43
長閑(のどか)[季] ……146
喉(のど)から手が出る ……90
ノノ点[表] ……111
のべつ幕なし ……94
鑿(のみ)[調] ……171
野焼き[季] ……146
伸(の)るか反(そ)るか ……101
暖簾(のれん)[調] ……172
野分(のわき・のわけ)[季] ……150

は

媒酌人のあいさつ[婚] ……27
ハイフン[表] ……110
南風(はえ)[季] ……148
破瓜(はか)[冠] ……51
場数を踏む ……94
歯切れがいい ……87
博学多才(はくがくたさい) ……242
箔(はく)が付く ……101
白砂青松(はくしゃせいしょう) ……242
白寿(はくじゅ)[冠] ……34・51
麦秋(ばくしゅう)[季] ……148
白鳥(はくちょう)座[星] ……177
博覧強記(はくらんきょうき) ……242
白露(はくろ)[暦] ……135
羽子板市[季] ……153

雛祭り季 ……146
眉目秀麗(びもくしゅうれい) ……242
百戦錬磨(ひゃくせんれんま) ……242
百聞は一見に如かず……25
百発百中(ひゃっぱつひゃくちゅう)……243
氷山の一角 ……101
披露宴婚……41
披露宴への出席婚……41
顰蹙(ひんしゅく)を買う……102

ふ

鞴(ふいご)調 ……172
風樹の嘆……38
風雪に耐える……102
風木の嘆……38
武運長久(ぶうんちょうきゅう)……243
分(ぶ)がいい ……87
不快指数季 ……149
不覚をとる……90
不帰の客となる……37
不倶戴天(ふぐたいてん)……243
不言実行(ふげんじっこう) ……243
無事息災(ぶじそくさい) ……243
臥し待ち月(ふしまちづき)暦……143
夫唱婦随(ふしょうふずい) ……32・243
双子(ふたご)座星 ……179
二日月(ふつかづき)暦 ……143
仏滅暦 ……142
不定時法暦 ……144
筆が立つ……89
不撓不屈(ふとうふくつ)……243
腑(ふ)に落ちない……102
舟を漕(こ)ぐ……102
吹雪季 ……152
訃報に接したら葬……42
文月(ふみづき)暦 ……140
冬将軍季 ……152
冬の土用(どよう)暦 ……136
ぶり起こし季 ……152
篩(ふるい)調 ……172
ブログの基礎知識 ……260
不惑(ふわく)冠……50
付和雷同(ふわらいどう)……243
文化の日祭 ……137
粉骨砕身(ふんこつさいしん) ……243
文人墨客(ぶんじんぼっかく) ……243
分数表……111・112
文武両道(ぶんぶりょうどう) ……243

へ

米寿(べいじゅ)冠……34・35・51
ペガスス座星 ……178
ヘッダーメ……70
ヘボン式表 ……115
篦(へら)調……172
ヘルクレス座星 ……177
ペルセウス座星 ……179
変幻自在(へんげんじざい)……243
片言隻句(へんげんせきく)……243

ほ

方位を表す言葉暦 ……145
判官贔屓(ほうがんびいき)……243
防災の日季 ……150
傍若無人(ぼうじゃくぶじん) ……243
芒種(ぼうしゅ)暦……134
茫然自失(ぼうぜんじしつ)……243
棒に振る ……102

無味乾燥(むみかんそう)……244
無理無体(むりむたい)……244

め

冥王(めいおう)星[星] ……181
明鏡止水(めいきょうしすい) ……244
命(めい)は天にあり……36
メートル法[表] ……183
目が高い……88
目処(めど)が付く ……103
目に付く……90
目の黒いうち ……103
目鼻が付く……95
芽を摘む ……103
面従腹背(めんじゅうふくはい) ……244
面子(メンツ)を立てる ……103
面目一新(めんもくいっしん) ……244

も

木星[星] ……180
望月(もちづき)[暦] ……143
勿体(もったい)を付ける ……103
物になる……91
ものを数える言葉[表] ……160
桃の節句[季] ……146
門戸開放(もんこかいほう) ……244

や

焼きが回る ……103
山羊(やぎ)座[星]……177
厄年(やくどし)[暦] ……143
櫓(やぐら)[建] ……172
鑢(やすり)[調] ……173
簗(やな)[調]……173
山颪(やまおろし)[季] ……152
やまじ[季] ……150
山背(やませ)[季] ……148
山眠る[季] ……152
山開き[季] ……148
山粧(よそお)う[季] ……151
山笑う[季] ……146
矢も盾(たて)もたまらず ……103
弥生(やよい)[暦] ……140

ゆ

唯我独尊(ゆいがどくそん) ……244
結納[婚]……41
有終の美……95
優柔不断(ゆうじゅうふだん) ……244
融通無碍(ゆうずうむげ)……244
夕涼み[季] ……149
夕星(ゆうずつ)[星] ……180
幽明境(ゆうめいさかい)を異にする ……37
有名無実(ゆうめいむじつ) ……244
悠悠自適(ゆうゆうじてき) ……244
湯桶石(ゆおけいし)[建] ……170
雪起こし[季] ……152
雪形(ゆきがた)[季] ……146
雪吊り[季] ……152
逝く者はかくの如きか……36
油断大敵(ゆだんたいてき) ……244

よ

宵の明星[星] ……180
用意周到(よういしゅうとう) ……245
拗音(ようおん)[表] ……104
幼学(ようがく)[冠]……51
八日月(ようかづき)[暦] ……143

養花天(ようかてん)季 ……………………147
羊頭狗肉(ようとうくにく)……………………245
欲の皮が張る ……………………………………103
横車を押す……………………………………………95
横槍(よこやり)を入れる ………………………103
四字熟語 ………………………………………………226
寄席(よせ)芸 …………………………………………175
世に出る …………………………………………………90
呼び声が高い …………………………………………103
黄泉(よみ)の客となる…………………………………37
余裕綽綽(よゆうしゃくしゃく) ………………245

ら

埒(らち)が明かない ……………………………103

り

リーダー表 ……………………………………………109
離合集散(りごうしゅうさん) ……………………245
立夏(りっか)暦 ……………………………………134
立秋(りっしゅう)暦 ………………………………135
立春(りっしゅん)暦 ………………………………134
立冬(りっとう)暦 …………………………………135
理非曲直(りひきょくちょく) ……………………245
溜飲(りゅういん)が下がる ……………………95
流言蜚語(りゅうげんひご)…………………………245
竜頭蛇尾(りゅうとうだび)…………………………245
粒粒辛苦(りゅうりゅうしんく) …………………245
良妻賢母(りょうさいけんぼ) ……………………245
理路整然(りろせいぜん)……………………………245
臨機応変(りんきおうへん) ………………………245
臨終葬…………………………………………………………42

れ

令室敬…………………………………………………………14
歴史的仮名遣い表……………………………114・118
連木(れんぎ)調 ……………………………………169

ろ

蠟燭(ろうそく)調 …………………………………173
ローマ字のつづり方表 ……………………………115
ローマ字表表 …………………………………………116
六月の花嫁婚……………………………………………29
六曜(ろくよう)暦 …………………………………142
論功行賞(ろんこうこうしょう) …………………245

わ

若気の至り ……………………………………………103
和気藹藹(わきあいあい) …………………………245
わき付け手………………………………………………55
惑星星 …………………………………………………180
和魂漢才(わこんかんさい) ………………………245
和魂洋才(わこんようさい) ………………………245
災星(わざわいぼし)星 ……………………………180
鷲(わし)座星……………………………………43・177
草鞋(わらじ)衣 ……………………………………175

〈主要参考文献〉
『大辞林　第三版』
『手紙文例・スピーチ例事典』
『【絵で見る】冠婚葬祭大事典』
『何でもわかる　日本語便利帳』
『何でもわかる　ことばの知識百科』
『コンサイス　カタカナ語辞典　第3版』
＊以上　三省堂刊

〈挿絵・カット〉
『大辞林　第三版』

〈編集協力〉
株式会社　一校舎

〈本文レイアウト・装幀〉
石原　亮

すぐに役立つ　日本語活用ブック

2007年9月10日　第1刷発行
2018年3月10日　第3刷発行

編　者　三省堂編修所
発行者　株式会社 三省堂　代表者　北口克彦
印刷者　三省堂印刷株式会社
発行所　株式会社 三省堂
〒101-8371
東京都千代田区神田三崎町二丁目22番14号
電話　編集 (03) 3230-9411
　　　営業 (03) 3230-9412
http://www.sanseido.co.jp/

〈日本語活用ブック・336pp.〉

落丁本・乱丁本はお取り替えいたします。

ISBN978-4-385-36306-6